O SANTO GRAAL DO INVESTIMENTO

TONY ROBBINS

O SANTO GRAAL DO INVESTIMENTO

AS ESTRATÉGIAS DOS MAIORES INVESTIDORES DO MUNDO PARA A LIBERDADE FINANCEIRA

Tradução
Eduardo Rieche

1ª edição

BestSeller

Rio de Janeiro | 2025

TÍTULO ORIGINAL
The Holy Grail of Investing: The World's Greatest Investors Reveal Their Ultimate Strategies for Financial Freedom

TRADUÇÃO
Eduardo Rieche

DESIGN DE CAPA
OPORTO Design

CIP-BRASIL. CATALOGAÇÃO NA PUBLICAÇÃO
SINDICATO NACIONAL DOS EDITORES DE LIVROS, RJ

R545s Robbins, Anthony, 1960-
O santo graal do investimento : as estratégias dos maiores investidores do mundo para a liberdade financeira / Tony Robbins, Christopher Zook ; tradução Eduardo Rieche. - 1. ed. - Rio de Janeiro : BestSeller, 2025.

Tradução de: The holy grail of investing : the world's greatest investors reveal their ultimate strategies for financial freedom
ISBN 978-65-5712-455-0

1. Finanças pessoais. 2. Investimentos. 3. Investimentos - Manuais, guias, etc. I. Zook, Christopher. II. Rieche, Eduardo. III. Título.

24-94101 CDD: 332.678
CDU: 330.322

Meri Gleice Rodrigues de Souza - Bibliotecária - CRB-7/6439

Texto revisado segundo o novo Acordo Ortográfico da Língua Portuguesa.

Impresso no Brasil

ISBN 978-65-5712-455-0

Seja um leitor preferencial Record.
Cadastre-se no site www.record.com.br e receba informações sobre nossos lançamentos e nossas promoções.

Atendimento e venda direta ao leitor:
sac@record.com.br

AVISO

Este livro foi elaborado para transmitir informações que o(s) autor(es) e o(s) entrevistado(s) acreditam ser precisas em relação ao assunto abordado, mas é comercializado sob o entendimento de que nem o(s) autor(es), nem o(s) entrevistado(s), nem o editor estão oferecendo consultoria individual voltada para algum portfólio específico ou para as necessidades particulares de algum indivíduo, nem prestando consultoria de investimentos e tampouco de outros serviços profissionais, como orientação jurídica ou contábil. Caso seja necessária assistência especializada em áreas que envolvam consultoria de investimentos, jurídica e contábil, deverão ser procurados os serviços de um profissional competente. Esta publicação faz referência a dados de desempenho coletados durante vários períodos. Os resultados passados não garantem os desempenhos futuros. Além disso, as informações de performance, além das leis e regulamentações, mudam ao longo do tempo, o que pode alterar o status das informações aqui apresentadas. Este livro fornece apenas dados históricos com a finalidade de discutir e ilustrar os princípios que lhe fundamentam. Também não pretende servir como base para quaisquer decisões financeiras, como recomendação de um consultor de investimentos específico nem como uma oferta de venda ou de compra de quaisquer títulos. Somente um prospecto, um memorando de colocação privada ou um contrato de sociedade em comandita podem ser usados para promover a oferta de venda ou compra de títulos, e os documentos jurídicos devem ser lidos e avaliados com toda a atenção antes de se investir ou se gastar dinheiro. Não se oferece nenhuma garantia com relação à exatidão ou à integridade das informações aqui contidas, e tanto o(s) autor(es) quanto o(s) entrevistado(s), bem como o editor, se isentam especificamente de quaisquer responsabilidades por quais-

quer obrigações, perdas ou riscos, pessoais ou de outra natureza, incorridos como consequências, diretas ou indiretas, do uso e da aplicação de quaisquer conteúdos deste livro.

Aviso legal: Tony Robbins é acionista passivo minoritário da CAZ Investments e consultor de investimentos registrado na Comissão de Valores Mobiliários (SEC, na sigla em inglês). O Sr. Robbins não desempenha um papel ativo na empresa. No entanto, como acionistas, o Sr. Robbins e o Sr. Zook recebem um incentivo financeiro com a finalidade de promover e direcionar os negócios para a CAZ Investments.

SUMÁRIO

PREFÁCIO À EDIÇÃO BRASILEIRA

"Investir é uma ciência exata, meu amigo!" Essa frase chamou minha atenção quando a li um tempo atrás. Se é uma ciência exata, por que a maioria das pessoas não consegue investir com qualidade? Sempre acreditei que, para mudar de vida, você precisa parar de trabalhar com a "força do seu braço" e fazer o dinheiro trabalhar para você. Quando você troca tempo por dinheiro, seu rendimento é limitado — você se cansa, pois o tempo é finito, e um dia a conta chega. Investir, por outro lado, é multiplicar. Você cria uma fonte de renda que cresce com o tempo e proporciona mais tranquilidade e liberdade financeira para si.

É claro que não adianta investir de qualquer jeito, e você sabe disso, pois está lendo este livro para aprender a usar o dinheiro de forma inteligente e estratégica. Você escolheu ser guiado(a) por mentes brilhantes que, além de riquezas, conquistaram influência e impacto no mundo todo.

Tony Robbins é um gigante no mundo dos negócios e do desenvolvimento pessoal e alcançou esse patamar transformando milhares de vidas. Quem já me viu palestrar sabe que o nome dele surge frequentemente em minhas apresentações, afinal, como costumo dizer, é preciso dar honra a quem tem honra. E Robbins precisa ser honrado, pois, mais do que um mestre em alavancar pessoas, é um estrategista de sucesso em suas empresas e investimentos. Ele transformou sua trajetória em um exemplo de como o poder da mentalidade e das ações focadas pode levar a conquistas extraordinárias.

Além da mente de Tony Robbins, este livro conta com os mais de trinta anos de experiência de Christopher Zook no setor financeiro. Investidor de destaque, ele se estabeleceu como uma figura importante em classes de ativos tradicionais e alternativos. Em 2001, fundou a CAZ Investments, reconhecida por seu modelo único, no qual a empresa investe seu próprio dinheiro junto com o dos clientes, garantindo interesses alinhados e acesso a oportunidades de maior escala. Esses dois gigantes dos investimentos guiarão você nas próximas páginas.

Há quem discorde de que existe um caminho para o sucesso. Afirmo, com toda a certeza, que a fórmula é real: **estar nos lugares certos, rodeado(a) das pessoas certas, adquirindo o conhecimento certo.** Isso diferencia as pessoas que estão estagnadas — paralisadas pela zona de conforto e incapazes de buscar a prosperidade — daquelas que estão vivendo a sua melhor versão, crescendo cada vez mais e contribuindo para um mundo melhor e mais rico em todos os sentidos da palavra. Por isso, se você quer construir um patrimônio abundante, é fundamental aprender com aqueles que já pavimentaram o caminho.

Para escrever este livro, Robbins e Zook conversaram com os melhores e mostraram o caminho para investir com sabedoria e obter sucesso. Grandes investidores mostraram segredos financeiros fundamentais e suas estratégias, revelando como construíram fortunas e alcançaram a liberdade financeira em grande escala. Mais do que táticas, eles mostraram uma mentalidade, uma forma de ver e se relacionar com o dinheiro.

O que você encontrará aqui não é uma orientação específica de no que investir, mas um mapa mental de estratégias de como investir, vindo de pessoas que alcançaram o sucesso. Ainda que alguns exemplos sejam específicos da realidade dos Estados Unidos, existem princípios universais e imutáveis que todo grande investidor deve conhecer. E é isso que os diferencia, é o que separa quem joga para ganhar de quem joga para não perder.

Você terá acesso a histórias de sucesso e a estratégias usadas por investidores como Robert F. Smith, Ramzi Musallam e Vinod Khosla, grandes empresários e investidores de muito sucesso. Eles se mantiveram relevantes durante as oscilações do mercado e prosperaram, dominando setores inteiros. Você verá como a visão de cada um desses gigantes os levou a investir em mercados alternativos, que exigem uma postura diferenciada e uma mentalidade única.

Na Parte 1, você será apresentado(a) a várias categorias de investimentos alternativos — setores e ativos que têm o potencial de oferecer retornos exponenciais. Investir em empresas de tecnologia disruptiva, por exemplo, é o tipo de escolha que poucos têm a ousadia de fazer, especialmente quando o mercado está instável, mas que traz grandes recompensas. Investir em crédito privado, esportes profissionais ou mesmo energia renovável exige uma mentalidade aberta e disposta a explorar o novo. Você é uma dessas pessoas?

Entenda: a liberdade financeira está ao alcance de todos, mas exige coragem. Exige fazer o que outros não fazem, ter a ousadia de explorar o desconhecido, corrigir a rota quando perceber que errou. Erros acontecem, e os grandes investidores sabem disso. O segredo é ter humildade para reconhecer e aprender com eles, ajustando a estratégia para voltar mais forte.

Na Parte 2, você se sentará à mesa com esses gigantes. Cada capítulo mostra como esses investidores pensam, como tomam decisões e o que realmente importa para eles quando estão construindo seu legado. Eles não investem apenas por lucro; investem em causas, em pessoas, em oportunidades de mudança e crescimento. Essa mentalidade é o que leva esses grandes nomes a investir de forma a gerar impactos duradouros, enquanto expandem suas fortunas e influências.

Nenhum consultor financeiro será capaz de torná-lo(a) rico(a) se você não desenvolver uma mentalidade de sucesso e de abundância. Ao estudar a sabedoria desses investidores, você descobrirá que ela é construída com disciplina, visão e uma prática intencional e persistente. Trata-se de criar um legado, algo maior que você mesmo, e fazer a diferença enquanto constrói seu patrimônio.

A jornada para a liberdade financeira não é para quem busca o fácil, mas para quem almeja o extraordinário. Ao abrir este livro, você já deu o primeiro passo. Agora, vá em frente, leia cada página com a mente preparada para absorver todo esse conhecimento e visualizando a sua transformação financeira. Prepare-se, porque aqui começa a sua jornada em direção ao que muitos buscam e poucos encontram: a verdadeira liberdade financeira.

Desejo uma excelente leitura!

Paulo Vieira

Ph.D. em Business Administration e mestre em Coaching pela Florida Christian University (FCU), criador da metodologia de coaching integral sistêmico e autor best-seller de sucessos como *O poder da ação* e *O poder da autorresponsabilidade.*

PARTE I

CAPÍTULO 1

A BUSCA PELO SANTO GRAAL

Nos últimos dez anos, tive o privilégio de ser autor de dois livros na área das finanças pessoais (*Dinheiro: Domine esse jogo* e *Inabalável*) que se tornaram número um na lista de mais vendidos do *New York Times*. Esses livros fizeram sucesso não pelo fato de eu ser um especialista na área, mas porque tenho uma coisa importante: **acesso!**

Mais de quatro décadas de trabalho como estrategista de vida e de negócios me deram acesso pessoal às mentes financeiras mais brilhantes do mundo, muitas das quais também são fãs do meu trabalho. De Alan Greenspan a Ray Dalio, do falecido Jack Bogle a Paul Tudor Jones, além de inúmeros outros, tive o prazer de estar diante de gigantes dos investimentos e pude absorver as ferramentas, as táticas e a mentalidade que qualquer um, independente da fase da vida, pode — e deve — aplicar na busca pela liberdade financeira. Essas pessoas foram generosas em compartilhar seu tempo e seus princípios, o que me ajudou a escrever, com este, três livros sobre o assunto — recomendo que você leia os outros dois, caso ainda não o tenha feito.

Comecei a me aprofundar no domínio do dinheiro após a crise financeira de 2008, quando a economia mundial estava à beira do colapso por causa da imprudência e da ganância de uma minoria. Ninguém escapou dos reveses econômicos — nem eu. Meu telefone não parava de tocar enquanto eu procurava orientar amigos e familiares que haviam perdido o emprego ou a casa, e cujos planos de aposentadoria tinham sido destruídos. Do barbeiro ao bilionário, a tempestade se abateu sobre todos, com graus variados de devastação.

Sem me colocar no papel de vítima das circunstâncias, decidi agir imediatamente para me tornar parte da solução. Com uma boa dose de ceticismo, decidi responder à pergunta mais importante que uma sociedade financeiramente analfabeta enfrenta: **O jogo *ainda* pode ser vencido?** No mundo pós-crise financeira, o investidor comum seria capaz de vencer o jogo dos investimentos? O cidadão mediano conseguiria se tornar financeiramente livre, mesmo que nunca vendesse um negócio, herdasse um pecúlio ou ganhasse na loteria? **Depois de entrevistar mais de cinquenta das mentes financeiras mais brilhantes do mundo e de resumir centenas de horas de gravações de entrevistas, a resposta àquela pergunta foi um retumbante SIM! O jogo ainda pode ser vencido.** Embora os gigantes que entrevistei adotassem abordagens muito diferentes, todos concordavam a respeito de certas leis e passos imutáveis que o investidor precisa adotar (ou evitar) para ganhar o jogo.

Ainda que existam muitos outros, os quatro princípios básicos mencionados por esses grandes nomes foram os seguintes:

1. **Primeiro, não perca.** Como sintetiza Warren Buffett: "Regra nº 1: não perca dinheiro. Regra nº 2: consulte a regra nº 1." Se você perder 50% em um investimento ruim, precisará de um retorno de 100% só para reequilibrar as contas. Uma coisa que os investidores mais bem-sucedidos têm em comum é que eles reconhecem que, algumas vezes, perderão (sim, até mesmo Buffett). Para mitigar essa situação, nunca arriscam demais, nem apostam todas as fichas em um único investimento, o que nos leva ao segundo princípio…
2. **Em segundo lugar, está o princípio fundamental da alocação de ativos**, ou seja, distribuir ativos entre diferentes tipos de investimento com diferentes relações risco/recompensa. Quando estive com o falecido David Swensen, o homem que assumiu a centenária dotação de Yale e a elevou de US$ 1 bilhão para US$ 31 bilhões, ele explicou que essa máxima representa 90% dos retornos sobre o investimento! **Como você verá, investidores com patrimônio líquido altíssimo e os maiores investidores institucionais adotam uma abor-**

dagem radicalmente diferente para a alocação de ativos em comparação com o investidor comum.

3. **Terceiro, sempre que possível, procure oportunidades com relação risco/recompensa "assimétrica".** Em poucas palavras, investidores bem-sucedidos procuram investimentos cuja recompensa potencial exceda muito o risco de perda. Meu bom amigo e lendário operador Paul Tudor Jones só participa de negociações em que a relação risco/recompensa lhe pareça ser de um para cinco. Ele arriscará US$ 1 para ganhar US$ 5. Dessa forma, ele consegue errar mais do que acertar e ainda assim obter êxito.
4. **O quarto, e último, é o princípio da diversificação.** Você deve possuir amplos *tipos* de investimento (ações, títulos de dívida, bens imobiliários, fundo de capital privado, crédito privado etc.) em várias classes de ativos, regiões geográficas, períodos de tempo etc.

Meu palpite é: se você está lendo este livro, você NÃO é um investidor comum. Talvez você ou seus clientes já tenham segurança financeira o suficiente para ir além desses princípios básicos e acrescentar algum impulso à sua capacidade de investir. **Como veremos nas páginas seguintes, investimentos alternativos geraram retornos extraordinários para os investidores mais astuciosos do mundo. Entre 1986 e 2022, por exemplo, os fundos de capital privado, como um todo, superaram o S&P 500 em mais de 5% anualmente (9,2%, em comparação com 14,28%). Isso representa um retorno de 50% ou mais. O crédito privado, uma alternativa às obrigações, gerou de duas a três vezes mais do que a relação receita/renda.**[1]

É inegável que um investidor inteligente é aquele que se vale de aplicações alternativas de alta qualidade como motores para uma maior variação e um crescimento acelerado. É isso que os gigantes das finanças fazem com o próprio capital pessoal. Eu sei disso porque eles mesmos me contaram. Ao longo de décadas, criei e mantive relações com esses "mestres do universo financeiro". Para preparar este livro, entrevistamos 13 dos mais bem-sucedidos gestores de investimentos alternativos que alcançaram extraordinários retornos acumulados, fenômeno raramente visto pelo público em geral. Pessoas estas:

- **Robert F. Smith** — Fundador da Vista Equity Partners, é considerado o investidor em software empresarial mais bem-sucedido de todos os tempos, administrando mais de US$ 100 bilhões e gerando retornos excepcionais para os parceiros da empresa (há mais de duas décadas). O portfólio da Vista abrange mais de oitenta empresas, com 90 mil colaboradores. Em março de 2023, as empresas pertencentes ao portfólio da Vista geraram mais de US$ 25 bilhões em receita anual!
- **Bill Ford** — Pioneiro no mundo dos fundos de capital privado, aumentou os ativos sob gestão da General Atlantic de US$ 12 bilhões para mais de US$ 80 bilhões, além de ter expandido a presença global da empresa. Ao longo de sua história, a General Atlantic investiu mais de US$ 55 bilhões em mais de quinhentas empresas de tecnologia, serviços financeiros, cuidados de saúde e ciências biológicas.
- **Vinod Khosla** — Fundador da Khosla Ventures, é uma lenda do capital de risco. Seus primeiros investimentos em empresas de tecnologias disruptivas fizeram com que ele passasse de imigrante com poucos recursos a empreendedor multibilionário. Ganhou fama por ter transformado uma aplicação de US$ 4 milhões na Juniper Networks em um lucro inesperado de US$ 7 bilhões para os investidores.
- **Michael B. Kim** — "Chefe dos Fundos de Capital Privado Asiáticos", criou a maior empresa independente de capital privado da Ásia, com foco na China, no Japão e na Coreia do Sul. O surpreendente sucesso junto aos investidores também fez com que ele se tornasse o homem mais rico da Coreia do Sul.
- **David Sacks** — Fundador da Craft Ventures, um dos apresentadores do podcast *All In* e membro original da "máfia" do PayPal com Elon Musk e Peter Thiel, investiu em mais de vinte empresas unicórnio, entre elas, Affirm, Airbnb, Eventbrite, Facebook, Houzz, Lyft, Palantir, Postmates, Slack, SpaceX, X (antes nomeado Twitter) e Uber.

E isso é só o começo!

Todos os entrevistados do livro jogam o jogo do dinheiro no nível mais elevado possível. Porém, fazem isso com um privilégio: **a vantagem do acesso!** Contudo, status e suas redes profissionais **lhes proporcionam um acesso extraordinário a investimentos únicos, aos quais, sejamos**

sinceros, 99,9% das pessoas jamais terão acesso. O mais intrigante é que todos tendem a ter um bom desempenho nos bons e nos maus momentos. **Esses investidores demonstraram repetidas vezes que, embora não estejam imunes às oscilações da economia, sabem prosperar, e não apenas sobreviver, durante as recessões econômicas.** Em vez de se contentar em fugir da tempestade, vão às compras quando os preços estão baixos. Para eles, uma tempestade é uma oportunidade. Uma coisa é ganhar dinheiro quando os mercados sobem, pois uma maré alta ergue todos os barcos. Mas como gerar retornos quando os mercados estão instáveis? É isso que distingue os bons dos excelentes.

Um dos integrantes do "hall da fama" no jogo do dinheiro inteligente é meu amigo **Ray Dalio**. Ele é o Tom Brady dos gestores de fundos de cobertura "macro". O maior de todos os tempos. Para quem não o conhece, Ray é fundador da Bridgewater,[2] o maior fundo de cobertura do mundo (US$ 196 bilhões), com um histórico surpreendente tanto nos bons quanto nos maus momentos. Dalio foi um dos primeiros a prever a Grande Recessão e a tirar proveito disso. **Em 2008, enquanto o mercado derretia em 37%, a Bridgewater contrariou a tendência e proporcionou um ganho de 9,4% aos investidores.** Seu fundo "Pure Alpha" tem alcançado uma média anual de mais de 11%[3] desde que foi criado, em 1991 (em comparação com, aproximadamente, 7% do S&P 500). Nem é necessário dizer que, quando um fundo de cobertura supera de maneira consistente o mercado por amplas margens por mais de trinta anos, ele se torna um dos fundos mais procurados pelos mais ricos do mundo. Dos fundos soberanos dos países mais ricos do planeta aos mais influentes bilionários, Ray está em contato direto com muitas das pessoas mais poderosas do mundo.

Em algumas de nossas primeiras conversas, há quase uma década, ele me revelou o que considera ser o princípio mais importante para um investimento bem-sucedido. Um princípio de diversificação para maximizar as recompensas e minimizar os riscos. Um princípio que vem orientando a minha estratégia pessoal de investimento e, mais importante, forneceu a inspiração para o título e o conteúdo deste terceiro e último livro da minha trilogia sobre finanças: o que Ray chama de **Santo Graal do investimento**. Uma estratégia simples, mas profunda, que é pouco colocada em prática. Vou explicar como funciona.

Em primeiro lugar, é importante entender que a maioria dos portfólios tradicionais espera **reduzir os riscos e maximizar os ganhos valendo-se do princípio fundamental da diversificação: não apostar todas as fichas em um número só.** Contudo, infelizmente, nem sempre funciona como o esperado, e isso acontece porque, hoje em dia, muitos investimentos tradicionais estão "correlacionados", o que significa simplesmente que eles sobem ou descem em conjunto.

A correlação mede quantos investimentos se movimentam juntos na mesma direção: a correlação positiva significa que eles se movimentam em conjunto, e a correlação negativa significa o oposto. Além disso, há vários níveis de correlação, o que significa que os investimentos se movem juntos, mas não em completa sincronia. **Ações e obrigações, por exemplo, geralmente não estão correlacionadas. Quando as ações caem, é interessante que as obrigações subam para proporcionar alguma proteção. No entanto, as correlações estão sempre mudando, e, muitas vezes, podem levar a alguns caminhos enganosos e inesperados.**

Em 2022, as ações e as obrigações caíram simultaneamente. Embora isso seja um tanto raro, é possível que, no futuro, não seja tão incomum assim. O AQR, um dos fundos de cobertura orientados por algoritmos mais bem-sucedidos do mundo, acredita que *"as mudanças macroeconômicas — tais como uma maior incerteza quanto à inflação — podem levar ao reaparecimento da correlação positiva entre ações e obrigações, observada nas décadas de 1970, 1980 e 1990"*. Em agosto de 2023, me deparei com a seguinte manchete da *Bloomberg* na minha tela: ***"Obrigações são uma cobertura inútil para perdas em ações, à medida que a correlação aumenta."***[4] A matéria observava que a correlação positiva entre obrigações do Tesouro e ações estava no nível mais alto desde 1996!

E, ultimamente, não foram apenas as ações e as obrigações que demonstraram ter uma correlação positiva. Os fundos de investimentos imobiliários de capital aberto (empresas que possuem e administram portfólios com empreendimentos no setor) tendem a ter um forte grau de correlação com ações, apesar de serem uma classe de ativos diferente. Entre 2010 e 2020, os fundos de investimentos imobiliários tiveram uma correlação positiva de 80% com o S&P 500.[5] Acrescentar tais bens ao portfólio pode parecer uma maneira inteligente de diversificar, mas, na verdade, é mais provável que seus fundos de investimentos imobiliários e suas ações caminhem em conjunto.

Para sermos justos, esse empreendimento teve um desempenho bastante bom durante o período de 2010 a 2020. Entretanto, eis o ponto principal: em 2022, quando as ações despencaram, os fundos de investimentos imobiliários também sofreram uma queda. Isso mostra quanto é recomendável manter uma porção das suas fichas sã e salva.

Da mesma forma, a criptomoeda, muitas vezes considerada por seus defensores como o "ouro digital" e uma cobertura contra a volatilidade do mercado, tem evoluído, nos últimos anos, em sintonia com as ações. Em 2022, o bitcoin despencou 65%, saindo de aproximadamente US$ 47 mil para quase US$ 16 mil. No mesmo ano, as ações encontraram um mercado com tendência de baixa, e a inflação criou raízes. Um estudo da Universidade de Georgetown apontou que "os criptoativos seguiram a orientação do mercado ainda mais de perto durante períodos de alta volatilidade do mercado, como a pandemia de covid-19 e a invasão da Ucrânia pela Rússia".[6] Ninguém sabe como será seu desempenho no futuro, só que, mais recentemente, ficou bastante claro que o bitcoin falhou como barreira de proteção.

O problema é que, atualmente, a maioria das estratégias tradicionais de diversificação tende a envolver o acréscimo de mais e mais investimentos positivamente *correlacionados*! Alguns investidores, conscientemente ou não, parecem ter desistido de procurar por investimentos não correlacionados, que os ajudariam a administrar as grandes oscilações. **Uma manchete recente e assustadora surgiu no meu canal de notícias: os estadunidenses mais velhos, aqueles que já estão aposentados ou perto de se aposentar, estão renunciando às obrigações que oferecem cobertura e apostando a maior parte ou a totalidade do futuro deles apenas em ações.** Isso é praticamente um jogo de azar. O *Wall Street Journal* fez a seguinte observação sobre os clientes da Vanguard: "Um quinto dos investidores com 85 anos ou mais alocou quase todo o dinheiro em ações, ultrapassando os 16% medidos em 2012. O mesmo se aplica a quase um quarto (25%) daqueles clientes entre 75 e 84 anos."[7] **Esse abandono da diversificação é uma jogada de alto risco, mas, infelizmente, muitos estadunidenses sentem que não têm escolha quando os portfólios "diversificados" não cumprem seu papel.**

Então, qual seria o Santo Graal do investimento?

Segundo Dalio, o Santo Graal é um portfólio de oito a doze investimentos ***descorrelacionados (ou não correlacionados)*** que, juntos, reduzirão radicalmente os riscos sem sacrificar os retornos. **Dalio demonstra que**

um portfólio estruturado dessa forma pode reduzir os riscos em até 80%, com o mesmo, ou praticamente o mesmo, potencial de valorização. Assim ele expõe:

> *Com base em fracassos anteriores, eu sabia que, por maior que fosse a minha confiança em fazer alguma aposta, eu ainda poderia estar errado — e que uma diversificação adequada era o segredo para reduzir os riscos sem reduzir os retornos. Se eu pudesse montar [um portfólio repleto de fluxos de retorno de alta qualidade, que fossem] devidamente diversificados (eles oscilariam de modo a se equilibrar mutuamente), eu poderia oferecer aos clientes um retorno geral do portfólio muito mais consistente e confiável do que eles conseguiriam obter em outros lugares.*

Parece bastante simples, não é? No entanto, existe um grande desafio aí: onde obter acesso a tantos investimentos não correlacionados e de alta qualidade? **Ora, o acesso é, de fato, a parte complicada — e foi exatamente por esse motivo que escrevi este livro.**

O MANUAL DO BILIONÁRIO

Desde que adotei a filosofia do Santo Graal, desenvolvi um portfólio de ações negociadas publicamente, combinado com uma grande dose de investimentos alternativos exclusivos. Sou fã, por exemplo, de **bens imobiliários privados** que oferecem rendimentos estáveis e benefícios fiscais (como depreciação). Sou fã de **fundos de capital privado**, já que quase todas as grandes empresas privadas precisam de capital para crescer, e os retornos dos fundos de capital privado têm superado, consistentemente, e com bastante folga, o desempenho das ações. O **crédito privado**, quando gerido corretamente, provou ser uma excelente alternativa às obrigações, ainda mais em momentos em que os índices estão em tendência. Também acrescento algum capital de risco, pois trata-se de um risco mais elevado, mas que sempre contribui para ampliar os limites da inovação e da disrupção, o que faz bastante sentido para o empreendedor que há em mim.

Como você já deve saber, quando se alcança determinado patrimônio líquido, a Comissão de Valores Mobiliários (CVM) convida o investidor a fazer parte de um clube especial. **Eles atribuem o título de credenciado ao investidor que atinge US$ 200 mil de renda anual, ou US$ 1 milhão em patrimônio líquido (com exceção da casa própria).** Isso dá acesso a alguns, mas não muitos, investimentos alternativos. **A boa notícia é que no momento em que este livro estava sendo escrito, havia uma proposta de legislação pendente para permitir que qualquer pessoa possa fazer um teste para se tornar "credenciada", independentemente do patrimônio líquido que possui (falaremos mais sobre isso ainda neste capítulo).**

A CVM eleva o investidor ao status de **comprador qualificado** quando ele possui US$ 5 milhões em investimentos totais. Isso abre todo um universo de investimentos alternativos, sim, mas eis o problema: só porque o investidor se qualifica, não significa que ele possa de fato ser alocado... **Na verdade, muitos dos melhores investimentos alternativos estão bloqueados a novos investidores ou, tal qual um carro extravagante de edição limitada, esgotam-se antes mesmo de chegarem ao mercado.**

No início da minha carreira de investidor, passei por essa frustração inúmeras vezes. A verdade é que há muita demanda e muito dinheiro em busca de investimentos alternativos. Quem está no começo da fila, afinal? As maiores e mais abastadas instituições do mundo. Os fundos soberanos, as dotações universitárias e os grandes patrimônios familiares exercem a autoridade que lhes compete e expulsam o investidor individual.

Meu coautor, Christopher Zook, compartilhou uma história engraçada que viveu no início da carreira:

Passei a manhã inteira esperando o fax. Sim, isso foi há mais de 25 anos, na época das antigas máquinas de fac-símile. Eu tinha recebido uma ligação no dia anterior, comunicando a boa notícia de que meus clientes e eu estávamos autorizados a investir em um determinado e emblemático fundo de capital privado. Tentávamos havia anos (sem sucesso) obter acesso àquele gestor específico, uma vez que todos os fundos estavam "com alta demanda".

Havia chegado a hora de descobrir qual cota nos seria oferecida. Finalmente, seríamos admitidos no clube dos populares. Meus clientes e eu havíamos juntado aproximadamente US$ 5 milhões do nosso dinheiro para investir. O aparelho de fax *começou a fazer aquele barulho inconfundível e a cuspir seu fino rolinho de papel no chão. Eu desabei quando li que a nossa cota total (também conhecida como a nossa alocação) era de colossais US$ 250 mil. Era como fazer uma reserva na melhor pizzaria de Nova York, apenas para receber uma única fatia e ter de compartilhá-la com uma mesa lotada de amigos.*

UM APETITE INSACIÁVEL

O apetite por investimentos alternativos nas áreas dos fundos de capital privado, bens imobiliários privados e crédito privado parece insaciável. De acordo com a empresa de pesquisas Preqin, em 2006 os gestores de fundos de capital privado estavam administrando cerca de US$ 1 trilhão. **Hoje, há mais de US$ 6 trilhões alocados em fundos de capital privado, com projeções de que o mercado superará os US$ 14 trilhões até 2025.** Essa "Grande Migração" para os investimentos alternativos parece irrefreável, considerando que o dinheiro inteligente vem sendo realocado. Menos fundos de ações públicas, mais fundos de ações privadas. Menos crédito público (obrigações), mais crédito privado. Menos fundos de investimentos imobiliários públicos, mais bens imobiliários privados.

Minhas suspeitas foram confirmadas por meu querido amigo e conselheiro Ajay Gupta. Ajay representa minha família há mais de 15 anos. Contextualizando sua experiência, ele é ex-estrategista-chefe de investimentos (atualmente aposentado) de uma das maiores consultorias de investimentos independentes dos Estados Unidos, com aproximadamente US$ 200 bilhões em ativos sob gestão. Ele a vendeu para uma das maiores empresas de fundos de capital privado e agora comanda a Robbins Gupta Holdings, nossa empresa conjunta de gestão de patrimônio familiar.

Um dia, Ajay me entregou um relatório da KKR, uma das maiores empresas de fundos de capital privado do mundo. Eles haviam acabado de realizar uma pesquisa com as empresas de gestão de patrimônio familiar, as dotações e os fundos de pensão mais ricos do mundo, e aquele relatório nos permitiu vislumbrar algumas coisas. Fiquei surpreso com a vontade dos participantes da pesquisa de compartilhar as respectivas alocações de ativos. Vale a pena repetir que a nossa alocação de ativos — quanto escolhemos investir e em qual classe de ativos o fazemos — é o maior impulsionador do nosso sucesso nos investimentos. Essa é uma verdade universal entre todos os investidores que entrevistei nas últimas duas décadas.

O relatório da KKR trazia uma estatística chocante.

As famílias com patrimônio líquido muito elevado (as com mais de US$ 30 milhões) têm quase 46% dos ativos em investimentos alternativos, com apenas 29% em ações negociadas publicamente.[8] Esses empreendimentos, que costumavam ser um complemento em um portfólio, hoje são praticamente o elemento básico. **Do dinheiro que esses grupos detinham em investimentos alternativos, mais da metade (52%) estava investido em fundos de capital privado, com um balanceamento distribuído quase equitativamente entre bens imobiliários (25%) e fundos de cobertura (23%).**

Investimentos alternativos como percentual da alocação total de ativos

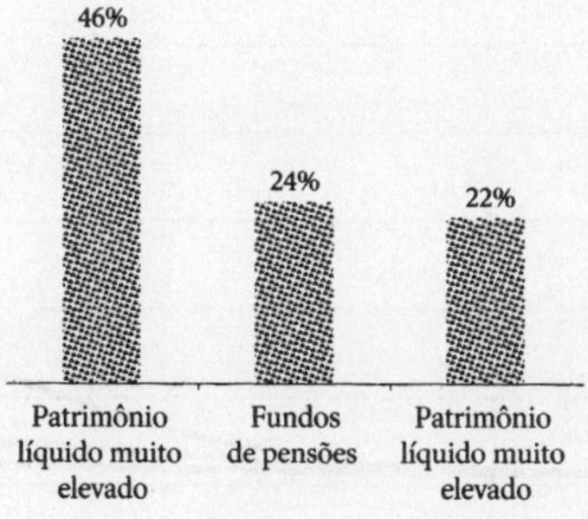

Dados de março de 2017. Fonte: Pesquisa Willis Towers Watson Global 2017 sobre ativos dos fundos de pensão, dados de gestores de patrimônio privado, publicamente disponíveis. KKR 2017 HNW Survey.

Por que se deu esta profunda mudança em direção aos investimentos alternativos? Bem, não é tão difícil de adivinhar...

Em nível global, os fundos de capital privado tiveram um desempenho superior ao dos mercados públicos nos últimos 35 anos (entre 1986 e 2020)![9]

Como se pode observar no gráfico a seguir, como uma classe inteira de ativos, os fundos de capital privado[10] **produziram retornos médios anuais de 14,28% durante o período de 36 anos encerrado em 2022. O**

S&P 500 produziu 9,24%. Isso representa um aumento de mais de 5% nos retornos anuais, o que se traduz em um galopante crescimento composto. Para colocar isso em perspectiva, entre 1986 e 2022, um hipotético investimento de US$ 1 milhão no S&P 500 teria aumentado para **US$ 26.310.105,00**. Nada mal. Contudo, o mesmo US$ 1 milhão teria aumentado para impressionantes **US$ 139.604.229,00** nos fundos de capital privado! Tenha em mente que tais retornos são a média desse setor como um todo, mas várias empresas obtiveram retornos muito superiores.

Desempenhos simulados dos fundos de capital privado* versus *capitais públicos

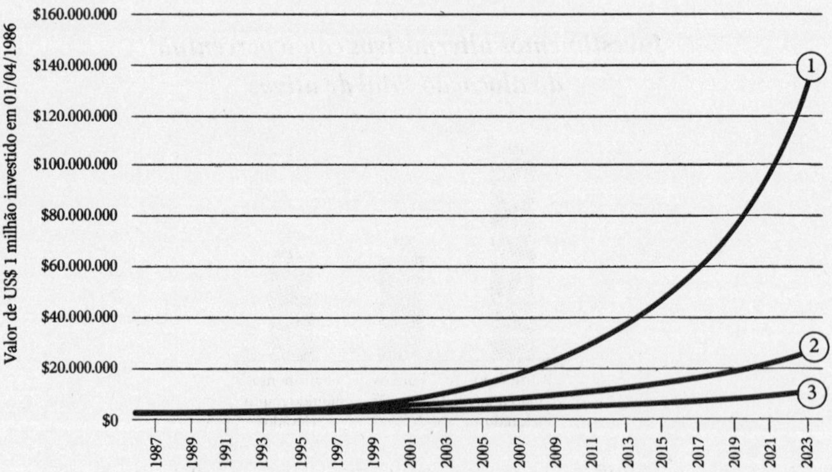

Dados de 31 de março, 2023

(1) Cambridge Associates, LLC
U.S. Private Equity Index
US$ 139.604.229,00
(14,28% Taxa Interna de Retorno Líquido)

(2) mPME S&P 500 Index
US$ 26.310.105,00
(9,24% Taxa Interna de Retorno Líquido)

(3) mPME Constructed Index:
MSCI World/MSCI All Country World Index:
US$ 12.351.066,00
(7,03% Taxa Interna de Retorno Líquido)

O índice é um cálculo horizontal baseado em dados compilados a partir de 1.505 fundos, incluídas parcerias totalmente liquidadas, formadas entre 1986 e 2022.

Os índices privados são cálculos horizontais agrupados da taxa interna de retorno (TIR), livres de taxas, despesas e juros transitados. O Equivalente de Mercado Público Modificado (mPME, na sigla em inglês), da Cambridge Associates, replica o desempenho dos investimentos privados sob as condições do mercado público. As participações do índice público são compradas e vendidas de acordo com o cronograma de fluxo de caixa dos fundos privados, com distribuições calculadas na mesma proporção dos fundos privados, e o mPME NAV é uma função dos fluxos de caixa do mPME e dos retornos dos índices públicos. O "Valor Agregado" mostra (nos pontos-base) a diferença entre o verdadeiro retorno dos investimentos privados e os retornos calculados pelo mPME Constructed Index: MSCI World/MSCI All Country World Index: dados de 01/01/1986 a 31/12/1987, representados pelo retorno total bruto do índice MSCI. Dados de 01/01/1988 até o momento, representados pelo retorno total bruto do MSCI ACWI. A sincronicidade e a magnitude dos fluxos de caixa dos fundos são essenciais para o cálculo do desempenho da TIR. Os índices públicos são cálculos de retorno médio anual composto (AACR, na sigla em inglês), que são medidas ponderadas no tempo ao longo do horizonte especificado e divulgadas apenas para fins de referência e orientação. Devido às diferenças fundamentais entre os dois cálculos, não se recomenda a comparação direta das TIRs com as AACRs.

Fontes: Cambridge Associates LLC, MSCI, Standard & Poor's.

O DESEMPENHO PASSADO NÃO É GARANTIA DE RESULTADOS ATUAIS OU FUTUROS. Os exemplos passados apresentados não constituem, nem pretendem constituir, uma promessa de resultados futuros similares. As informações e os dados estatísticos aqui apresentados são retirados de fontes consideradas precisas e não foram verificados de forma independente pela CAZ Investments. Exemplos passados são fornecidos apenas para fins informativos e não se destinam a representar quaisquer investimentos específicos.

Como se pode perceber, os fundos de capital privado apresentam um bom desempenho em momentos bons, mas também já foram motivo de tormento para muitas pessoas. Ao observarmos a história recente, identificamos três grandes recessões no mercado (e subsequentes recuperações): **o estouro da bolha da internet em 2001; a Grande Recessão de 2008; e a pandemia de covid-19 em 2020. Nos três casos, as quedas "de alto a baixo" (*peak to trough*) do S&P 500 foram muito mais acentuadas quando comparadas aos fundos de capital privado.**[11] Um estudo conduzido por Neuberger Berman, uma gigante de Wall Street, resumiu a questão muito bem: **"Historicamente, os fundos de capital privado experimentaram um levantamento de crédito menos significativo e uma recuperação mais rápida do que os capitais públicos em todas as três [desacelerações]." Em 2021, por exemplo, na esteira da pandemia e de uma crise global na cadeia de abastecimento, os fundos de capital privado tiveram um dos seus melhores anos, produzindo retornos agregados de 27%,**[12] **ou seja, apenas ligeiramente abaixo do desempenho estelar de 33%, observado**

no ano de 2020.[13] A Bain Capital, peso pesado dos fundos de capital privado, escreveu: "Os fundos de capital privado estouraram em 2021, quando trilhões de dólares em estímulos relacionados à pandemia produziram um aumento histórico nas transações e nas saídas."[14]

Isso explica a imensa mudança em direção aos investimentos privados. Eles simplesmente oferecem um conjunto maior de oportunidades. É preciso pescar onde os peixes estão. Cada vez mais, as empresas não precisam abrir o capital como costumavam fazer. Elas podem obter acesso ao capital sem lidar com a enxurrada de aspectos jurídicos e procedimentos que acompanham uma negociação pública. Na verdade, de acordo com o *Financial Times*,[15] **o número de empresas estadunidenses de capital aberto caiu quase pela metade, para cerca de 4.400, desde o pico em 1996. Isso significa que os investidores têm apenas 4.400 empresas para considerar**, e todos nós sabemos que muitas delas são, na melhor das hipóteses, medíocres quando se trata de lucratividade, crescimento e perspectivas futuras. **De fato, em 2009, 81% das empresas de capital aberto eram lucrativas (após a oferta pública inicial); em 2021, apenas 28% eram lucrativas (após a oferta pública inicial).**[16]

Em contrapartida, existem dezenas de milhares de empresas privadas crescendo, inovando e alterando o cenário em torno. Aproximadamente 80% de todas as empresas com mais de US$ 100 milhões em receita anual são privadas. **Ao analisamos o valor total de todas as empresas negociadas publicamente em todo o mundo, é possível observar uma constatação inesperada: o valor de todas as empresas geridas por fundos de capital privado supera as ações públicas em uma proporção de quase 4 para 1!**[17]

Todavia, isso não quer dizer que as ações públicas não exerçam uma função nos nossos portfólios. Com certeza exercem, além de serem um ingrediente importante em muitos portfólios do Santo Graal (inclusive o meu). As ações permitem que todos se tornem donos da nossa economia, e não apenas consumidores. É possível ser dono da Apple, e não apenas de um iPhone. **As ações nos permitem ter acesso a milhares de empresas globais que operam em diversas regiões geográficas, com a possibilidade de comprar/vender suas ações apenas com o clique de um botão.** *Não* há uma competição entre o capital público e o capital privado. **São mercados complementares!**

Inúmeros estudos demonstraram que acrescentar capital privado a um típico portfólio de ações e obrigações tende não apenas a reduzir a volatilidade, mas também a aumentar os retornos.[18] É disso que se trata: reduzir os riscos (volatilidade) e, ao mesmo tempo, aumentar os retornos.

DEMOCRATIZAÇÃO

Além dos muitos trilhões de dólares que já estão fluindo para os mercados privados, as regulamentações também vêm sendo flexibilizadas.[19] Espera-se que, em breve, o investidor comum possa investir nos mercados privados por meio da sua previdência privada. Isso poderia ser um acréscimo de combustível a uma indústria já em expansão. **E aqui está a melhor notícia de todas...**

Como mencionei anteriormente, sempre me pareceu injusto que apenas pessoas com patrimônio líquido considerado suficiente pudessem participar de investimentos alternativos de alta qualidade. Ora, muitos indivíduos ricos ficaram ricos ao vender um negócio — e isso não significa, necessariamente, que sejam investidores sofisticados. Em contrapartida, existem muitas pessoas com recursos financeiros mais modestos que têm desejo e inteligência para atuar nos mercados privados. Na minha humilde opinião, se a pessoa for inteligente o bastante e compreender os riscos, ela também deveria ser autorizada a participar. Felizmente, o Congresso concorda com isso. **No momento em que este livro estava sendo escrito, a Câmara dos Representantes dos Estados Unidos tinha aprovado um projeto de lei bipartidário que permitirá a qualquer pessoa, mesmo sem cumprir os requisitos de riqueza, se tornar uma investidora credenciada, desde que seja aprovada em um teste.** Minha esperança é a de que, quando você estiver lendo isto, o projeto já tenha se tornado lei e todos possam ter acesso a grandes oportunidades.

À medida que o futuro brilhante dos investimentos alternativos começou a tomar forma na minha mente, minha pergunta instintiva foi: **como podemos participar dessa grande tendência de trilhões de dólares na busca por investimentos alternativos? Como podemos aproveitar essa onda, esse tsunami, além de apenas nos contentarmos com o acesso a um punhado de oportunidades?**

O fato é que muitos dos melhores e mais brilhantes magos financeiros já descobriram uma maneira de fazer isso, e posso garantir que a maioria das pessoas nunca ouviu falar dela.

MINHA GRANDE DESCOBERTA

Como muitos de vocês sabem, tenho sido mentor do meu querido amigo Paul Tudor Jones há mais de duas décadas. Paul é considerado por muitos um dos dez maiores gestores de fundos de cobertura da história, além de excelente filantropo — a Robin Hood Foundation doou mais de US$ 3 bilhões para o combate à pobreza na cidade de Nova York.

Há quase uma década, eu e um dos antigos sócios de Paul (que, desde então, lançou um bem-sucedido fundo próprio) estávamos conversando sobre investimentos alternativos. Eu lamentava o desafio frequente de não aproveitar algumas daquelas grandes oportunidades de investimento. **Conseguir uma "alocação" em um fundo de capital privado muito procurado é a versão da pessoa rica que tenta entrar em uma boate nova e badalada, mesmo sem estar na lista VIP.** Na maioria das vezes, a pessoa é barrada e fica do lado de fora com o dinheiro nas mãos.

Por consideração a mim, Paul decidiu revelar o que fazia com boa parte de seu dinheiro pessoal. Apurei os ouvidos imediatamente. Ali estava um gestor de fundos de alto nível prestes a me contar o que fazia com o tesouro dele. Era como se fosse o Tiger Woods contando onde ele compra seus tacos de golfe: melhor anotar! Ele explicou que usava, pessoalmente, os serviços de uma empresa de Houston, no Texas, que vinha adotando uma abordagem um pouco diferente. No Texas? Achei que um cara de Greenwich, Connecticut, estivesse recorrendo a uma empresa de elite de Wall Street, Londres ou Singapura. No entanto, assim como a maioria das pessoas brilhantes do setor financeiro que vivem em grandes altitudes, ele estava trilhando a estrada menos percorrida.

Paul passou a hora seguinte me contando sobre uma abordagem específica, que parecia uma resposta precisa à minha pergunta.

Como podemos participar dessa mudança sísmica em direção aos investimentos alternativos?

Enquanto eu rabiscava anotações o mais rápido possível, ele explicou que, em vez de lutar para entrar em um fundo como investidor (sócio comanditário), às vezes há uma maneira de se associar e se tornar proprietário da organização conhecida como ilimitada (sócio comanditado). A sociedade ilimitada é a própria empresa operacional, também conhecida como gestora de ativos, que administra os fundos de investimento subjacentes. Geralmente, ela pertence aos fundadores e aos funcionários de alto escalão. *"Mas é possível comprar um pedaço da sociedade ilimitada?!"*, perguntei, um tanto perplexo. Ele assentiu, com o sorriso de um veterano titular. Foi um momento de mudança de paradigma para mim. Afinal de contas, muitos dos gigantes financeiros que entrevistei se tornaram bilionários por possuírem empresas de gestão de ativos próprios (sendo, portanto, os sócios comanditados).

Não é nenhum segredo que a maior concentração de bilionários na *Forbes 400* não está nas grandes empresas de tecnologia, tampouco nas de petróleo e gás. Os bilionários são os magnatas dos fundos de capital privado, dos bens imobiliários e dos créditos privados. São esses os gênios financeiros que, muitas vezes, geram imensa riqueza para seus clientes (os sócios comanditários) e para eles próprios (os sócios comanditados). Essas são as pessoas que dominaram o jogo do dinheiro e administram dezenas ou, até mesmo, centenas de bilhões de dólares. Essas são as pessoas de quem, dadas as oportunidades, eu gostaria de me tornar sócio. Seria *realmente* possível que eu pudesse ser dono de uma parte do negócio deles de gestão de dinheiro, especialmente quando trilhões de dólares estão sendo direcionados para os investimentos alternativos? A resposta, ao que parece, é sim. Esse mundo, conhecido como "participações em empresas gestoras de ativos" (no termo em inglês, GP Stakes), tornou-se cada vez mais popular entre os grandes investidores institucionais ao longo da última década, mas está apenas começando a ser conhecido pelo grande público. Uma matéria do *Wall Street Journal*[20] resumiu a questão com a seguinte manchete: **"Comprar participações em empresas de capital privado, e não apenas em seus fundos, rende muito."**

E por que rende muito?

Os clientes dessas empresas, os investidores/sócios comanditários, pagam aos gestores pelo menos duas taxas diferentes. Primeiro, uma taxa de administração, que gira em torno de 2% ao ano sobre o valor do investimento. Segundo, se o fundo de investimentos tiver um bom desempenho, a empresa fica com 20% dos lucros. Assim, no caso das empresas de primeira linha que fazem a felicidade dos investidores, a própria empresa é uma máquina de geração de riqueza para seus fundadores e proprietários.

Enquanto meu cérebro trabalhava para processar o que acabara de ouvir, elaborei vinte perguntas rápidas. Paul resumiu tudo para mim ao explicar que tornar-se proprietário minoritário/passivo em uma empresa de gestão de ativos traz três benefícios distintos:

1. **Fluxo de caixa:** A previsibilidade da renda é uma coisa maravilhosa. Se você administra um negócio, sabe como é raro e maravilhoso saber de antemão que terá uma receita estável e previsível durante anos. Bem-vindo à gestão de ativos privados. Uma típica empresa de gestão de ativos administra vários fundos em nome dos investidores. Muitas vezes, os investidores concordam em "bloquear" seus empreendimentos por períodos mais longos, em troca da probabilidade de retornos descomunais. Isso cria um horizonte de longo prazo para o gestor, dando-lhe bastante tempo para tomar as melhores decisões possíveis. Ao movimentar o dinheiro dos investidores, o gestor tem direito a uma taxa de gestão (cerca de 2% ao ano sobre todos os dólares investidos). **Quando os investidores concordam com disposições específicas de "bloqueio" (que vão, de cinco a dez anos), o gestor de ativos sabe que, ao longo daquele período, serão obtidas receitas de taxas de gestão de forma previsível e contratualmente segura. Isso se traduz em fluxos de caixa confiáveis para os proprietários da empresa — neste caso, isso também nos incluiria!** Melhor ainda: esse fluxo constante de rendimentos também aumentará à medida que a empresa for aumentando a quantidade de dinheiro que gerencia!
2. **Uma parte dos lucros:** Tal qual mencionado, como retribuição pelo dinheiro que amealha para seus investidores, **a empresa gestora recebe uma porcentagem considerável dos lucros, em geral 20%, sobre todo o capital que gerencia.** Isso é conhecido como juros transitados ou taxas de desempenho.

Ganhar dinheiro com o dinheiro de outras pessoas, ao mesmo tempo que lhes proporciona grandes benefícios; é uma situação que beneficia a todos e pode criar retornos extraordinários para o gestor (nós, de novo!).

3. **Diversificação**: Nas sábias palavras do ganhador do Prêmio Nobel Harry Markowitz, **"a diversificação é o único almoço grátis"**. Possuir parte de uma empresa de gestão de ativos proporciona uma enorme diversificação. **Por quê? Porque uma empresa típica administra vários fundos.** Cada um deles tem uma data de início única ou uma "safra", o que significa que estão distribuídos por diferentes ciclos econômicos e de mercado. Além disso, cada um dos fundos contém um portfólio próprio de empresas/investimentos espalhado por várias indústrias, setores, regiões geográficas e estágios de crescimento, ou seja, diversificação no mais alto nível.

Há um quarto e último benefício primordial. Às vezes, uma empresa gestora de ativos privados promove a abertura de capital ou é incorporada por uma empresa maior. Nesse caso, o patrimônio que os proprietários — com quem você e eu estamos intimamente relacionados — possuíam no momento da venda pode ser multiplicado. Há muitos benefícios adicionais que você ficará sabendo à medida que prosseguir a leitura, mas nem é preciso dizer que, àquela altura da conversa, eu já estava inclinado para a frente na cadeira. Tudo parecia muito atraente (e bom demais para ser verdade). Eu não pude deixar de me perguntar...

Por que uma empresa gestora de ativos privados venderia uma participação em seu negócio?

A resposta? Você precisa conhecer Christopher Zook.

HOUSTON, TEMOS UMA OPORTUNIDADE

Fiquei surpreso quando conheci Christopher, porque a primeira coisa que ele me disse foi que se sentiu inspirado a criar a CAZ Investments há mais de trinta anos depois de ouvir a minha série original de fitas *Personal Power* (sim, aquelas fitas cassete antigas!). Era 1991 e ele trabalhava para um grande banco de Wall Street. Christopher estabeleceu um limite e disse à esposa que, em dez anos, abriria uma empresa própria. Em 2001, fiel à palavra, lançou a CAZ Investments — apenas para se deparar com o mercado em baixa, logo após o Onze de Setembro. Entretanto, como ficará claro, Christopher não desanima com facilidade, e é um caçador de oportunidades muito eficaz, independentemente das condições do mercado. Além disso, ele é respeitadíssimo no mundo dos investimentos alternativos. **Em 2019, o governador do Texas o nomeou para a Comissão de Revisão da Previdência do estado, no qual ele atua como presidente do Comitê de Investimentos.**

A CAZ Investments não é uma empresa de investimentos típica. Uma agradável franqueza e uma ética profissional de comprometimento, de colocar a mão na massa, são o reflexo de suas profundas raízes em Houston. Sob as mais de duas décadas de liderança de Christopher, eles traçaram um caminho singular e próprio. E tiveram de fazê-lo porque Christopher sabia que, para competir com as grandes instituições, precisaria repensar o antigo e obsoleto modelo.

Ao longo de mais de duas décadas, Christopher e a equipe construíram uma rede de famílias com patrimônio líquido elevado que se organiza como um "instivíduo" (instituição indivíduo), e usam o poder de compra coletivo que possuem para negociar o acesso a oportunidades de investimento únicas. Mais uma vez: o acesso é a principal questão quando se trata de investimentos alternativos. Como Christopher me explicou: *"Nosso papel é acordar todos os dias e selecionar oportunidades exclusivas para a apreciação de nossa rede de investidores (que sempre podem optar por investir ou desistir). Em troca, nossos colaboradores concordaram em unir forças como uma frente unificada. Reunimos nosso dinheiro a cada nova oportunidade e investimos juntos em algo que irá trazer mudanças, como se faz em qualquer grande instituição."*

Hoje, a empresa tem mais de três mil clientes com elevado patrimônio líquido em todo o mundo, bem como inúmeras empresas de consultoria de investimentos que participam de suas oportunidades selecionadas. A empresa cresceu e se tornou uma das duzentas maiores alocadoras de investimentos de capital privado em todo o mundo, à frente de grandes investidores institucionais, como as dotações das universidades de Columbia, Duke e MIT.[21]

Durante o jantar, Christopher me passou informações sobre as inúmeras oportunidades de investimento que foram financiadas pela rede dele ao longo de duas décadas. Fiquei impressionado com o escopo de oportunidades temáticas e apropriadas com a qual a empresa colaborava. Da venda a descoberto nas hipotecas subprime durante a crise imobiliária às oportunidades energéticas durante a crise do petróleo, e à compra de participações fracionárias em equipes da NBA, NHL e MLB — a lista é extensa. Contudo, foi no mundo das "participações em empresas gestoras de ativos" que **a CAZ cresceu e se tornou uma das maiores operadoras, possuindo ações em mais de sessenta empresas importantes de capital privado, crédito privado e bens imobiliários privados em todo o mundo.**

Após uma longa diligência prévia, tornei-me cliente, e meu sócio na gestão de patrimônio familiar, Ajay Gupta, ingressou no conselho da CAZ. Ao longo dos anos, quanto mais passávamos tempo com Christopher e a equipe dele, mais apreciávamos o método da empresa de analisar mais de 1.500 oportunidades por ano, apenas para investir em alguns dos melhores e mais vantajosos investimentos. A equipe da CAZ foi fundamental na montagem do meu portfólio no Santo Graal. Com isso, decidi que queria amplificar a voz e a sabedoria de Christopher dentro da minha rede, e Christopher nos proporcionou a oportunidade de nos juntarmos a algumas dezenas de outras pessoas para nos tornarmos acionistas minoritários na própria CAZ. Não estou ativamente envolvido no negócio, mas adoro estar bem informado sobre essas tendências de investimento, saber como e para onde o dinheiro inteligente está se movendo e como capitalizar as oportunidades adequadas.

VAMOS ESPALHAR A PALAVRA

Em meados de 2022, o mundo estava passando por uma grande mudança, à medida que a era das taxas de juro zero chegava abruptamente um fim abrupto. A inflação persistente, uma crise na cadeia de abastecimento, a guerra entre Ucrânia e a Rússia e vários outros fatores estavam repercutindo nos mercados. Consultei minha agenda de gigantes financeiros (muitos dos quais entrevistamos para este livro) e verifiquei que nenhum deles parecia estar com medo. Na verdade, estavam entusiasmados. Estavam enxergando uma oportunidade. **Por exemplo, ao mesmo tempo que as obrigações entravam em colapso, o aumento das taxas estava, na verdade, *ajudando* as empresas de crédito privado (tenho participação como gestor em algumas delas) a obter retornos substancialmente mais elevados, porque as taxas cobradas haviam sido reajustadas para cima. Antes desse reajuste, muitas empresas estavam acostumadas a pagar de 5% a 6% aos credores de crédito privado, mas assim que elas dispararam essas mesmas empresas foram obrigadas a pagar mais de 11%, à medida que os empréstimos se ajustavam à taxa de mercado então praticada. O mesmo devedor, o mesmo empréstimo — mas com um aumento na lucratividade do credor.**

Eu me lembro de estar sentado, olhando para o mar, grato pelos princípios que Dalio e muitos outros me ensinaram ao longo da minha jornada. Grato pelas estratégias que estava implantando no meu portfólio. Grato por poder compartilhar todas as percepções que vim acumulando depois de ter acesso a tudo isso. Naquele momento, percebi que Christopher e eu precisávamos escrever este livro. Tratava-se de um assunto muito importante e encorajador, e deveríamos compartilhá-lo. Havia muitas estratégias interessantes para serem reveladas e exploradas. Muitas vozes de veteranos experientes e bem-sucedidos que precisavam ser ouvidas. Peguei o telefone e disse a Christopher que precisávamos escrever este livro por dois motivos:

1. Ambos temos acesso único a muitas das mentes mais brilhantes e bem-sucedidas no ramo de investimentos alternativos. **Pessoas como Barry Sternlicht, fundador da Starwood Capital, que construiu um império global de investimento em bens imobiliários que se estende por trinta países, com mais de US$ 115 bilhões em ativos imobiliários sob gestão. Pessoas como Wil VanLoh, fundador da Quantum Energy, um dos maiores investidores privados em energia, com um histórico surpreendente (apesar de investir em uma classe de ativos que apresenta grande volatilidade). Conversar com ele foi incrivelmente interessante, sobretudo se for considerado o foco mundial em energias renováveis e nas oportunidades que elas representam.** Essas conversas envolventes incorporam a verdade atemporal de que **conhecimento é poder quando não apenas é aprendido, mas aplicado na prática.**

2. **Mesmo nos círculos das famílias com patrimônio líquido elevado e dos conselheiros que as representam, existe uma ausência geral de consciência quanto à amplitude das possibilidades que os investimentos alternativos representam.** Isso já foi uma verdade para mim, e sei que é verdade para muitas pessoas de sucesso em meu círculo íntimo. Com bastante frequência, aqueles que trabalham com consultores bem-intencionados enxergam apenas um conjunto limitado de oportunidades, que, muitas vezes, é pré-selecionado pela empresa-mãe do consultor. **Queremos que todos, investidores e consultores, estejam bem informados e equipados com a consciência e as oportunidades que muitos dos maiores investidores do mundo vêm utilizando na própria abordagem do Santo Graal.**

SETE ESTRATÉGIAS ÚNICAS

Então, vamos em frente! Este livro é dividido em duas partes. **Na Parte I, cada capítulo é dedicado a uma estratégia (ou categoria) específica de investimentos alternativos.** Selecionamos *sete estratégias únicas* que têm proporcionado retornos extraordinários durante longos períodos de tempo. **Cada uma delas é uma oportunidade de investimento não correlacionada e foi por esse motivo que as selecionamos, considerando o universo de opções potenciais.** Daremos início cobrindo, primeiro, as participações em empresas gestoras de ativos com mais profundidade. Em seguida, revelaremos como os investidores já podem participar de um dos únicos monopólios legais da América do Norte: a propriedade de equipes esportivas profissionais. Mudanças relativamente recentes nas regras possibilitaram que investidores detenham um portfólio com vários times da Liga Principal de Beisebol, da Liga Principal de Futebol, da Associação Nacional de Basquete e da Liga Nacional de Hóquei. Essas equipes têm modelos de receita incrivelmente duráveis, com a vantagem de fortes ventos a favor delas. **O dinheiro que ganham não vêm mais apenas de cerveja e fidelização da audiência — elas se tornaram impérios globais multifacetados que comandam bilhões de dólares em direitos de streaming, patrocínios de agentes envolvidos em jogos de azar legalizados, receitas de hotéis e restaurantes e muito**

mais. Essa é apenas uma amostra do que está por vir. Cada uma das outras estratégias que apresentaremos é igualmente empolgante!

Na Parte II, conversamos com uma lista estelar de experientes gestores de ativos que, juntos, administram mais de meio trilhão de dólares! Eles foram generosos e reservaram um tempo para compartilhar as origens e os instintos, as técnicas, os princípios e as estratégias que os guiaram até um sucesso inimaginável. Pedimos que cada um desses gestores compartilhasse o que consideram ser o Santo Graal do investimento. As respostas são diversificadas, surpreendentes, profundas e sábias. Assim sendo, viraremos a página e começaremos com as participações em empresas gestoras de ativos, a fim de descobrir por que dezenas de bilhões em dinheiro inteligente estão buscando essa estratégia.

Uma observação dos autores: nós, Christopher e Tony, escrevemos este livro em conjunto, conduzimos as entrevistas juntos e colaboramos um com o outro para transmitir informações da melhor qualidade. Assim, em vez de passar o bastão entre os capítulos ou parágrafos no restante do livro, decidimos escrever em uma voz clara e unificada.

CAPÍTULO 2

PARTICIPAÇÕES EM EMPRESAS GESTORAS DE ATIVOS

UM PEDACINHO DA AÇÃO

"Qual o melhor caminho para a riqueza? Finanças e investimentos. Mais de 25% das pessoas mais ricas dos Estados Unidos ganharam dinheiro nesse setor, que inclui fundos de cobertura, fundos de capital privado e gestão de dinheiro."

— Forbes[1]

"Você quer apostar em um cavalo ou ser dono de uma parte da pista?"

Desde que a CAZ Investments começou a investir em participações em empresas gestoras de ativos, há quase dez anos, adquirimos participações minoritárias em mais de sessenta diferentes e respeitados nomes nos ramos de fundos de capital, crédito e bens imobiliários privados. No total, temos bilhões de dólares em investidores alocados em participações em gestoras de ativos, o que torna a empresa uma das maiores empreendedoras mundiais do setor. Digo isso não para me gabar, mas, sim, para demonstrar nossa profunda compreensão das muitas boas razões pelas quais uma empresa estaria disposta a vender uma participação passiva minoritária a investidores

— especialmente se investidores forem estratégicos. Iremos nos aprofundar nessas razões nas páginas seguintes, mas, primeiro, vamos explorar o que torna esses negócios de gestão de ativos tão atraentes.

O MOTOR DE RECEITAS

Ao comprar uma participação em qualquer tipo de negócio, primeiro precisamos entender seu motor de receitas. Como a empresa ganhará dinheiro? Precisamos dedicar um tempo para entender o negócio por trás do negócio.

A maioria das empresas de gestão de ativos privados é constituída da mesma forma. O(s) fundo(s) administrado(s) é(são) capital(is) reunido(s) de vários investidores. Ao constituir um fundo de investimento, a empresa utilizará, de forma geral, uma entidade jurídica denominada sociedade em comandita, de modo que os investidores sejam considerados sócios comanditários do fundo. Há, também, o gestor de ativos, que é responsável pela gestão do dinheiro. Este é o sócio comanditado, que é a empresa/entidade de gestão de ativos responsável pela criação, comercialização e gestão de vários instrumentos de fundos.

Para recapitular, a empresa gestora normalmente recebe pelo menos duas fontes distintas de receita pelos serviços de gestão prestados:

1. **Taxa de administração:** Uma taxa de administração anual, que pode variar entre 1% e 3% do capital total administrado (2% era o padrão no momento em que este livro foi escrito). Essa taxa é paga independentemente do desempenho do fundo.
2. **Taxa de desempenho:** Chamada, algumas vezes, de juros transitados ou taxa de incentivo, a taxa de desempenho é paga como uma porcentagem dos ganhos obtidos com os investimentos do fundo. A taxa de incentivo padrão é de 20% dos lucros.

Tomemos um exemplo simples de quão atraentes são essas empresas de gestão de ativos do ponto de vista das receitas. Imagine a ABC Private Equity, uma empresa hipotética que gerencia um fundo de US$ 1 bilhão. A empresa receberá 2% ao ano (ou US$ 20 milhões) em taxas de administração, por um período mínimo de cinco anos. Isso representa um total de US$ 100 milhões em receita, o mais próximo que se pode chegar contratualmente a uma garantia. Essa receita de taxa de administração cria fluxos de pagamentos consistentes para os sócios comanditados (o que inclui você, se tiver uma participação na empresa gestora). Em geral, uma participação na empresa gestora produzirá distribuições anuais de liquidez na faixa de 5% a 10% ao ano, e isso desde o primeiro dia dos investimentos. Assim, por exemplo, se você investisse US$ 1 milhão em uma participação em uma empresa gestora de ativos, isso geraria entre US$ 50 mil e US$ 100 mil anualmente em dividendos de receitas relativas às taxas de administração (para os nerds dos investimentos como nós, isso significa a real eliminação da Curva J).[2]

Em seguida, suponhamos que o fundo faça um trabalho razoavelmente bom e duplique o valor do seu portfólio ao longo desses mesmos cinco anos — US$ 1 bilhão se torna US$ 2 bilhões. Os investidores ficam felizes e a empresa tem direito a 20% dos lucros de US$ 1 bilhão. São US$ 200 milhões. Nada mal.

Resumindo o potencial de receita total da empresa gestora de ativos:

US$ 100 milhões em taxas de administração

+

US$ 200 milhões em taxas de desempenho

=

US$ 300 milhões em receita bruta
(por bilhão de dólares em ativos administrados)

Trata-se de uma matemática incrível, dificilmente vista em qualquer outro negócio no planeta — e é por isso que adoramos ser sócios dessas empresas de gestão de ativos. Tenha em mente que o exemplo acima é, de certa forma, conservador. Muitos gestores de alto nível produziram retornos muito mais elevados, resultando em receitas extraordinárias para o sócio comanditado.

Além de serem modelos de receitas atraentes, esses negócios também são eficazes e rentáveis ao extremo quando se trata de economias de escala. **Uma empresa de vinte pessoas que gerencia US$ 1 bilhão pode duplicar o tamanho dos fundos gerenciados sem nem sequer duplicar o seu efetivo.**

Conheço pessoalmente uma empresa com apenas 75 colaboradores que administra US$ 47 bilhões. Lembra-se do exemplo acima, com US$ 300 milhões de receitas potenciais por bilhão? Faça as contas rapidamente e você entenderá por que essas empresas que administram bilhões de dólares podem ser máquinas de geração de riqueza para o sócio comanditado (e para aqueles que possuem participações nas empresas gestoras).

Para se beneficiar das economias de escala, as empresas mais bem-sucedidas lançarão um novo fundo a cada um ou três anos, acrescentando mais um fluxo de receitas à empresa a cada fundo criado. As empresas que existem há décadas e possuem múltiplas linhas de negócios podem ter vinte ou mais fundos sob gestão. **É aqui que a matemática se torna exponencial e começamos a compreender como a *Forbes 400* é dominada por fundadores de empresas desse tipo.**

SUAVIZANDO O PERCURSO

No sudoeste da França, perto do rio Garonne, existe um dos mais renomados produtores de vinho do mundo: *Château Lafite Rothschild*. Eles produzem alguns dos vinhos Bordeaux mais caros já fabricados. Como amante do Bordeaux, posso afirmar que certos anos, ou safras, são muito melhores do que outros. O mesmo acontece com os fundos de investimento privados.

Normalmente, as empresas levantam um novo fundo de poucos em poucos anos, como se fosse uma nova "safra". Cada novo fundo adquire um conjunto diversificado de investimentos. Cada fundo de capital privado, por exemplo, pode adquirir algo entre cinco e quinze empresas. Sem conhecimento suficiente sobre o desempenho de cada uma dessas empresas/desses ativos, nem sobre o momento econômico/ciclo de mercado em que o fundo foi lançado, o desempenho de cada safra pode variar de modo radical.

Entretanto, ao contrário do vinho, na qualidade de investidor você só ficará sabendo qual safra será ótima *depois* de ter gastado o dinheiro. É preciso investir primeiro — e depois esperar — para poder ver os resultados da "colheita". **É precisamente por esse motivo que a maioria dos empreendedores institucionais decidirá investir em inúmeras safras, gerenciadas por diversos gestores. Essa estratégia oferece uma diversificação mais**

ampla e garante a exposição ao maior número possível de colheitas. Não é necessário dizer que se trata de uma tarefa árdua para um investidor individual. Mesmo aqueles com muito dinheiro não detêm tantos recursos assim para participar de inúmeras safras distribuídas por múltiplos gestores, e por isso eles acabam, naturalmente, tendo um risco mais concentrado, investindo em um pequeno número de fundos.

Em contrapartida, com a participação e a escalada até a posição de sócio comanditado, herdamos o que chamamos de "Diversificação da Safra". Por que comprar um ano de colheita da Lafite Rothschild quando se pode comprar uma parte do vinhedo? Ao considerarmos que uma empresa típica possui inúmeros fundos e inúmeras safras, a participação na gestão de ativos dessa empresa renderá uma parcela proporcional dos lucros gerados por toda a sua linha de fundos (passados, presentes e futuros). Se uma safra ou fundo específico não tiver o desempenho esperado, será menos prejudicial para quem detém a participação na empresa gestora, já que, normalmente, ela possuirá vários fundos de safras diferentes.

Dando um passo adiante, distintas empresas de gestão de ativos se concentram em diferentes setores e regiões geográficas. Da tecnologia de consumo aos bens imobiliários, dos cuidados de saúde ao setor aeroespacial, do software empresarial à hotelaria e muitas mais. Embora muitas dessas empresas estejam localizadas nos Estados Unidos, algumas estão sediadas, ou possuem escritórios, em outras partes do mundo. Elas caçam oportunidades em todos os lugares. Enquanto algumas economias estão sofrendo, outras estão prosperando, e é por isso que não estar geograficamente limitado é uma enorme vantagem.

Imagine, agora, um portfólio de dezenas de participações em empresas gestoras com alguns dos administradores de ativos mais eficientes e consolidados do mundo em vários segmentos de mercado. Essa é a abordagem que a nossa empresa adota, e que oferece inúmeros benefícios, entre eles:

- Diversificação pelos tipos de empresa que você detém (fundos de capital privado, crédito privado, bens imobiliários privados etc.).
- Diversificação na experiência única (por exemplo, aeroespacial, cuidados de saúde, software, varejo, tecnologia financeira…) dos fundos nos quais você possui participação como gestor.

- Diversificação pelo foco geográfico (Estados Unidos, Europa, Ásia etc.) das empresas nas quais você possui participação como gestor.
- Diversificação entre safras/fundos (fundos passados, presentes e futuros) administrados pelas empresas nas quais você possui participação como gestor.
- Diversificação entre o portfólio de empresas (ou ativos) dentro de cada fundo/safra individual administrado pelas empresas nas quais você possui participação como gestor.

Assim, um portfólio de diversas participações de alta qualidade em empresas gestoras pode oferecer um fluxo de caixa consistente e ao mesmo tempo com uma relação risco/recompensa "assimétrica", ideal para aumentar vantagens e limitar desvantagens. Esse nível de diversificação não correlacionada é o paraíso financeiro para aqueles que procuram se alinhar com a filosofia do Santo Graal proposta por Dalio. Com efeito, muitos dos principais consultores de investimentos dos Estados Unidos estão começando a usar as participações em empresas gestoras de ativos nos portfólios dos seus clientes. A Creative Planning (que gerencia mais de US$ 200 bilhões em ativos), repetidamente classificada como a principal consultora de investimentos desse país pela *Barron's* e pela CNBC, acredita fortemente em investimentos alternativos e participações em empresas gestoras de ativos. "As participações em empresas gestoras de ativos são uma forma única de os nossos clientes obterem acesso a capital privado de alto nível em um ângulo totalmente diferente e experimentarem os benefícios da propriedade", afirmou Peter Mallouk, presidente da Creative Planning.

VALOR DA EMPRESA

Um último benefício da compra de uma participação em empresas gestoras de ativos deriva do crescimento do valor empresarial do negócio. À medida que a empresa aumenta seus "ativos sob gestão" e as receitas correspondentes, pode se esperar que o valor da participação na empresa gestora também aumente. A gigante de consultoria McKinsey informou que "o total de ativos sob gestão nos mercados privados atingiu um máximo histórico de US$ 9,8 trilhões em 30 de junho de 2021, superando os US$ 7,4 trilhões dos 12 meses anteriores". A maioria dos especialistas do setor concorda que, provavelmente, essa tendência persistirá.

Quando empresas de capital, crédito ou bens imobiliários privados angariam um novo capital para gerir, há um aumento dos fluxos de caixa provenientes das taxas de administração (que beiram, 2% ao ano), bem como a um maior potencial de distribuição dos lucros no que tange às taxas de desempenho. Algumas das companhias em que adquirimos participações ao longo dos anos cresceram razoavelmente bem, enquanto muitas outras tiveram um crescimento exponencial. Uma das empresas de capital privado em que possuímos participação tinha US$ 13 bilhões sob gestão quando a compramos; hoje, eles administram mais de US$ 100 bilhões! A receita proveniente das taxas de administração e desempenho tornou extraordinário possuir esse tipo de negócio.

Então, como identificar o valor crescente da participação em empresas gestoras de ativos? Bem, isso naturalmente leva à pergunta ***"O que acontece se eu precisar sair? Como posso obter liquidez no futuro?".*** Para além do fluxo de rendimentos pagos aos investidores, a verdade é que, em geral, as participações em empresas gestoras de ativos são consideradas sem liquidez. Dito isso, existem algumas maneiras de gerar liquidez caso você queira vender a sua posição:

1. Certos instrumentos fornecerão, periodicamente, uma "oferta pública de aquisição" para sua posição de propriedade. Isso significa que eles comprarão a sua parte pelo atual "valor patrimonial líquido" da sua posição.
2. Provavelmente, você conseguirá vender suas posições em uma transação "secundária", dependendo da qualidade do ativo. Isso significa que você pode vender a sua posição a terceiros por um preço mutuamente acordado. É algo comum no ambiente dos investimentos alternativos (e um tópico que abordaremos com mais profundidade no Capítulo 9).
3. Muitas empresas acabam sendo adquiridas por outros integrantes do mesmo setor, o que cria um evento de colheita para todos os proprietários do negócio. Com frequência, isso representa um índice multiplicador significativo sobre os lucros da empresa.

4. Algumas empresas optam por promover a abertura de capital, o que proporciona ações negociadas publicamente aos donos de participações na empresa gestora de ativos.

LIDERE COM EFICÁCIA

Parece tudo muito bom até agora, certo? No entanto, se você é como eu, pode estar se perguntando sobre o elefante na sala...

Por que uma bem-sucedida empresa de capital privado, de crédito privado, ou qualquer gestora de ativos privados venderia uma parte de seu negócio?

Precisamos retroceder um pouco no tempo para encontrar a resposta. O ano era 2013. A Bain Capital, uma das maiores empresas de capital privado do mundo, tinha acabado de anunciar que estava angariando mais de US$ 4 bilhões para o seu primeiro fundo criado desde a crise financeira de 2008. Não obstante, o que poderia ter sido apenas mais um anúncio sacudiu a indústria de gestão de ativos privados. **A Bain declarou, corajosamente, que colocaria US$ 800 milhões do próprio capital no fundo**, ou seja, eles estavam falando do capital que pertencia aos sócios comanditados da empresa, um grupo formado por executivos e sócios da Bain que vivenciavam o cotidiano da companhia. **Podemos dizer que a Bain estava sinalizando ao mundo que se dispunha a praticar o que pregava. Se eles vencerem, você vencerá; se eles perderem, você também perderá.** Lembre-se: o pano de fundo daquele ousado anúncio era uma indústria financeira que quase implodira devido à imprudência de muitas empresas de Wall Street que levaram a economia estadunidense e mundial à beira do colapso. **Em uma era de inimputabilidade, a Bain dera um passo adiante e declarara que compromissos sérios envolvendo o capital pessoal eram o negócio do futuro para investidores que se mostravam compreensivelmente tímidos.** Eles estavam dispostos a liderar com eficácia.

Para muitos, foi o início de uma nova era. Hoje, seguindo seu exemplo, é comum que as empresas (as sociedades ilimitadas) invistam uma quantidade significativa do próprio capital pessoal em cada fundo que gerenciam. Isso pode significar dezenas ou, até mesmo, centenas de milhões de dólares em cada fundo/safra.

Na prática, essa abordagem se torna muito intensiva em necessidade de caixa para essas empresas. Digamos que a XYZ Private Equity comprometa 5% do próprio capital como gestora em cada fundo que lançar. Isso significa que, para cada US$ 1 bilhão angariado junto aos investidores, a XYZ tem de desembolsar e investir US$ 50 milhões do próprio dinheiro. Se lançarem um novo fundo a cada dois ou três anos, e se o próximo for maior do que o anterior, essas empresas podem enfrentar, facilmente, uma crise de caixa — sobretudo porque pode demorar de cinco a dez anos para que cada fundo seja liquidado por inteiro e retribuir as recompensas aos investidores (incluídos os gestores da empresa). Ironicamente, eles se tornam vítimas do próprio sucesso. **Quanto melhor o desempenho da empresa — ou seja, quanto mais fundos ela levanta —, mais capital ela terá de reunir. É aqui que entram as participações nas empresas gestoras.**

Quando uma empresa vende uma participação minoritária na gestão de ativos, estabelece-se um claro "uso dos proventos". Isso significa que ela se compromete a fazer algo específico com o valor faturado na venda das participações. Em geral, tais arrecadações são usadas para ajudar a financiar os habituais "compromissos das sociedades ilimitadas" com os fundos que elas administram.

Assim, investir em participações em empresas gestoras de ativos nunca é uma situação de sacar-o-dinheiro-e-sentar-na-praia-para-beber-caipirinha. Esses investimentos estão estruturados com o alinhamento de acrescentar combustível a um foguete que já se encontra em órbita. O investidor que opta por participações em uma empresa gestora de ativos ganha por possuir uma parte de um negócio operacional de alta qualidade, ao passo que a empresa ganha por trazer o capital tão necessário que ajudará a acelerar o crescimento do valor da empresa.

Apesar das boas razões para uma empresa de gestão de ativos vender uma parte de seu negócio, **o mundo das participações em empresas gestoras de ativos é relativamente pequeno.** Afinal, o universo de gestores de ativos privados de alta qualidade é muito limitado e a porcentagem de empresas próprias que eles estão dispostos a vender é, em média, cerca de 18%.[3] Uma matéria da *Forbes*[4] de 2022 explica isso bem:

As oportunidades são raras — mesmo dentro do espaço institucional. Provavelmente, o acesso aos pequenos investidores será sempre — na melhor das hipóteses — bastante raro, mas é algo que pode ser inestimável como instrumento financeiro: proporcionando um desempenho que não apenas não está correlacionado, mas que também gera um inigualável e absoluto desempenho ajustado ao risco. Nada mais se aproxima disso.

O autor foi certeiro. As participações em empresas gestoras de ativos são, de fato, raras, e sempre com capacidade finita. **Além disso, de modo geral, o acesso às participações na gestão é limitado aos investidores que têm relações de longa data com a referida empresa, uma vez que as equipes de gestão são compreensivelmente cautelosas quanto a quem incorporar como sócios minoritários.** Uma coisa é certa: à medida que o mundo da gestão de ativos privados continuar crescendo, haverá, sem dúvida, mais empresas de alta qualidade que venderão participações minoritárias.

Para indivíduos que desejam acessar um portfólio de participações em empresas gestoras de ativos, existem apenas alguns instrumentos disponíveis. Se você estiver procurando mais informações sobre as participações em empresas gestoras de ativos, sinta-se à vontade para entrar em contato com a nossa equipe, visitando **www.WhyGPStakes.com** (site em inglês).

AGREGANDO MAIS VALOR DO QUE QUALQUER UM

Vivi minha vida, tanto pessoal quanto profissional, com base em um princípio fundamental: fazer mais pelos outros do que qualquer um poderia esperar. **Agregue mais valor do que qualquer um poderia imaginar, e você terá fãs alucinados e não apenas clientes satisfeitos.** Se você já compareceu a algum dos meus eventos ao vivo, em que passamos mais de 12 horas por dia em total imersão, você sabe que isso é verdade. Ao entrevistar os investidores mais bem-sucedidos do mundo, deve-se fazer uma distinção importante entre os traders e o pessoal dos fundos de capital privado. Os primeiros estão procurando por arbitragem. Eles procuram criar "alfa", ou retornos agregados, comprando e vendendo ativos no momento certo.

O pessoal dos fundos de capital privado adota uma abordagem diferente, mais alinhada com a minha filosofia de vida. O objetivo é comprar bons negócios e torná-los melhores. Depois desse passo, eles procuram todas as maneiras de agregar valor à empresa. Isso pode significar tirar partido de economias de escala, trazer novas lideranças, melhorar as aquisições na cadeia de abastecimento, implementar práticas mais avançadas etc. Nos primórdios dos fundos de capital privado, é verdade que houve aquisições implacáveis de empresas em dificuldades, mas muitas décadas se passaram e a indústria evoluiu. **Hoje em dia, os melhores do mundo procuram desenvolver bons negócios.** Esse processo foi exemplificado na entrevista com Robert Smith, da Vista Equity Partners, que você encontrará no Capítulo 10. Há mais de duas décadas, eles vêm criando um manual para todas as empresas que adquirem. O guia é um conjunto comprovado de sistemas e ferramentas que, sem dúvida, agregará valor a qualquer companhia que tenha a sorte de fazer parte do ecossistema Vista. É por isso que tenho tanta afinidade com as pessoas incríveis que entrevistamos para este livro. Elas realmente se preocupam com as instituições e os colaboradores com quem estabelecem sociedade. São mentes brilhantes na engenharia do valor agregado, e graças a isso são generosamente recompensadas— assim como seus investidores.

Chegou a hora de entrar no emocionante mundo da propriedade de equipes esportivas profissionais, que **superaram o S&P 500 ao longo da última década e são incrivelmente resilientes em tempos econômicos conturbados.** No entanto, até as recentes mudanças nas regras, a propriedade de equipes esportivas estava limitada a bilionários. **E então o jogo mudou!** Vire a página e vamos descobrir outro investimento não correlacionado, e o poder da propriedade de equipes esportivas profissionais…

CAPÍTULO 3

PROPRIEDADE DE EQUIPES ESPORTIVAS PROFISSIONAIS

EMPENHANDO-SE AO MÁXIMO

"O esporte tem o poder de mudar o mundo. Tem o poder de inspirar, de unir as pessoas de uma forma que poucos conseguem."

— Nelson Mandela

Em março de 2012, o Los Angeles Dodgers ganhou as manchetes ao ser vendido pelo preço recorde de US$ 2 bilhões. A venda mais recente que servia de parâmetro tinha sido a do famoso Chicago Cubs, por "apenas" US$ 850 milhões. O novo grupo de proprietários do Dodgers incluía meu querido amigo e sócio Peter Guber (coproprietário do Golden State Warriors e do LAFC, o Los Angeles Football Club), Mark Walter (CEO da potência financeira Guggenheim Partners) e o integrante do Hall da Fama da NBA, Magic Johnson.

A maioria dos economistas esperava que o preço de venda do Dodgers ficasse mais próximo de US$ 1 bilhão. À primeira vista, US$ 2 bilhões parecia uma cifra muito fora da realidade, e os especialistas questionaram o valor imediatamente. Andrew Zimbalis, aclamado economista esportivo e professor universitário, zombou da venda ao dizer: "Tenha em mente que, além do preço, o novo grupo proprietário terá de investir algo em torno de US$ 300 milhões na reforma do Dodger Stadium, e que o preço não inclui

US$ 150 milhões para os imóveis nos arredores. No fim das contas, é preciso questionar essa negociação."

Mark Rosentraub, professor de Gestão Esportiva da Universidade de Michigan, não conteve sua crítica ácida quando afirmou: "É a negociação mais maluca de todos os tempos; não faz o menor sentido. [O preço] está mais de US$ 800 milhões acima do que um time de beisebol conseguiria obter em um investimento lucrativo. Se o importante é não ganhar dinheiro, esta é uma grande jogada."

Tendo assistido de perto ao brilhantismo de Peter nos negócios nos últimos trinta anos, eu sabia que deveria haver algo além naquela história. Primeiro, algumas informações básicas: Peter é ex-CEO da Sony Pictures e fundador da Mandalay Entertainment. **Dentre seus lendários filmes, estão *O Expresso da Meia-Noite*, *Rain Man*, *Batman*, *A Cor Púrpura*, *A Montanha dos Gorilas*, *O Exterminador do Futuro 2*, *Feitiço do Tempo*, *Amigos, Sempre Amigos*, *Uma Questão de Honra* e muitos outros!** Além de serem clássicos do cinema (recebendo cerca de cinquenta indicações ao Oscar), **esses filmes arrecadaram mais de US$ 3 bilhões em todo o mundo.**

Procurei Peter e perguntei o que ele estava planejando. Por que estaria disposto a pagar um preço tão astronômico assim? Ele respondeu: "Tony, não quero estragar a surpresa. Espere até ouvir o anúncio dos próximos passos no noticiário e depois me ligue." Não sei o que eu estava imaginando, mas é claro que um lendário produtor de cinema me deixaria em suspense, à espera da próxima cena!

Os economistas esportivos e vários apresentadores tiveram de se resignar quando leram o comunicado à imprensa:

> *"Dodgers e Time Warner fecham acordo de transmissão televisiva de mais de US$ 7 bilhões."* [1]

Era o maior acordo de transmissão televisiva na história do esporte — algo ainda mais surpreendente quando lembramos que abarcava apenas os direitos *televisivos locais* e a formação de uma nova rede regional do Dodgers. **Uma aquisição de US$ 2 bilhões para US$ 7 bilhões em receitas esperadas, menos de um ano após a compra.** O mundo dos esportes ficou impressionado. Na década seguinte, o Dodgers se tornou uma potência do beisebol, dando à sua cidade natal um título da World Series em 2020, o primeiro em mais de trinta anos.

VAIDADE OU VALOR

Durante grande parte do século passado, ter uma franquia esportiva era a expressão máxima da vaidade. Qualquer bilionário pode comprar um avião ou um iate, mas existem apenas trinta (ou 32) equipes esportivas em cada uma das principais ligas estadunidenses (NBA, MLB, NFL, NHL e MLS). Como descobriremos aqui, aconteceram mudanças relativamente recentes nas regras (no fim de 2019) que abriram as portas para que tipos bastante específicos de fundos de investimento pudessem comprar uma participação minoritária não apenas em uma, mas também em várias equipes. Quer você seja fã de esportes, quer não, esses negócios globais têm algumas características únicas que os tornam extremamente atraentes como parte da estratégia do Santo Graal.

Dito isso, uma equipe esportiva é mais do que um trunfo patrimonial. Há algo muito mais profundo e significativo nisso. Nos Estados Unidos, ser proprietário de uma equipe significa pertencer à cultura nacional. O esporte transcende a cor ou o credo, as fronteiras estaduais, o status socioeconômico. Conecta o indivíduo a amigos e familiares, lhes oferece uma "tribo" pela qual torcer enquanto eles vão para a "batalha" no campo. Os esportes espairecem da rotina diária, dão ao espectador uma chance de vencer, não importa quão difícil tenha sido o dia. **Com vencedores e perdedores, triunfos e tragédias, os esportes são uma parte inegável dos pilares da humanidade.** E também são incrivelmente lucrativos.

Durante grande parte do século XX, os esportes se resumiram, quase exclusivamente, a um negócio de eventos presenciais ao vivo. Os números provenientes da venda de ingressos e das concessões de direitos eram os principais impulsionadores de seu valor. Contudo, as receitas da mídia sempre foram importantes, e isso desde os primórdios. **A primeira "venda" de direitos de transmissão aconteceu em 1897.** Os times de beisebol convenceram a Western Union a oferecer telégrafos gratuitos aos jogadores que estavam trabalhando fora de suas cidades; em troca, eles permitiriam que os jogos fossem telegrafados para os bares. Depois de algum tempo, a empresa começou a pagar às equipes pelos direitos de telegrafia. Os clientes dos bares em todo o país esperavam, ansiosos, para ver as pontuações atualizadas, enviadas a cada metade de entrada. Muitos proprietários de times temiam que os telégrafos fossem diminuir as vendas de ingressos, mas, na realidade, a mídia contribuiu para impulsionar a popularidade do beisebol. O eterno casamento entre o esporte e a mídia se consolidava.

Depois dos telégrafos, a cobertura radiofônica e jornalística se tornou parte integrante do esporte e de seus torcedores fanáticos. Pessoas de todas as camadas sociais se aglomeravam em torno dos rádios para ouvir os sons crepitantes de seu time favorito no calor da batalha. **E então, em 26 de agosto de 1939, aconteceu o primeiro jogo de beisebol televisionado.** O locutor Red Barber narrou um jogo entre o Cincinnati Reds e o Brooklyn Dodgers. **Isso ocorreu em uma época em que havia apenas quatrocentos aparelhos de televisão em toda a área de Nova York! Em 1946, apenas sete anos depois, o New York Yankees se tornou o primeiro time da história a vender seus direitos de transmissão televisiva local por US$ 75 mil, ou cerca de US$ 1,14 milhão em valores atuais. Na época, o número de aparelhos de TV nos lares dos Estados Unidos havia subido para oito mil. Em torno de 1960, o número pulou para 45 milhões de lares!**

Em 1979, foi lançado um canal inteiramente dedicado ao esporte. Muitos previram seu fracasso, mas a ESPN ganhou força imediata. A cobertura 24 horas por dia elevou o esporte a outro patamar. **Avançando para 2002, os direitos de mídia do beisebol ultrapassaram, pela primeira vez na história, a "receita de bilheteria".**[2]

As últimas duas décadas testemunharam uma explosão da tecnologia, o que deu um *boom* ao negócio dos esportes. Internet de alta velocidade, redes sociais, smartphones e serviços de streaming encurtaram as distâncias e trouxeram uma acessibilidade sem precedentes para quase todas as modalidades, em qualquer lugar. Os esportes evoluíram de um negócio mal-ajambrado de cachorros-quentes e canhotos de ingresso para uma máquina global de produção e distribuição de conteúdo.

DINHEIRO

Esportes como "classe de ativos" é um conceito relativamente novo. Somente a partir do início da década de 2000 é que as ligas nos Estados Unidos e suas equipes se transformaram em empresas globais sofisticadas. Antes de olharmos para os bastidores desses impérios multifacetados, vamos explorar seus desempenhos do ponto de vista de um investidor.

Entre 2012 e 2022, o S&P 500 apresentou um retorno aproximado de 11% ao ano. O Russell 2000 (um índice composto por ações de pequena capitalização) teve um retorno anual de 8%. No mesmo período, **as quatro**

grandes ligas (NBA, MLB, NFL e NHL) somadas geraram um retorno composto de 18% (veja o gráfico abaixo). Além de tudo, usa-se pouquíssima alavancagem (de acordo com a política das ligas), de modo que esses retornos não são "anabolizados" de nenhuma forma.

Ainda mais interessante é o fato de o desempenho das franquias esportivas parecer ter muito pouca correlação com os mercados públicos (para os especialistas em investimentos, a correlação foi de 0,14 entre 2000 e 2022). **A baixa alavancagem e a baixa correlação são uma combinação bastante atraente para qualquer portfólio do Santo Graal.**

Retorno anualizado de 2012–2022

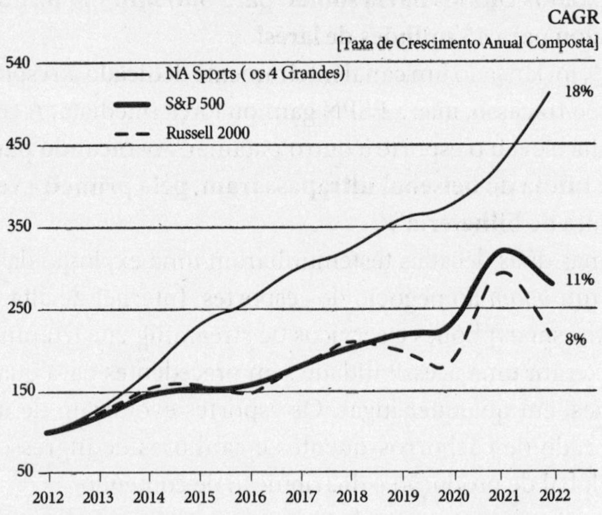

Fonte: *Forbes,* Capital IQ

Vamos um pouco mais fundo.

Entre 2002 e 2021, o preço médio de uma equipe da NBA aumentou 1.057%! Em comparação, o S&P 500 apresentou um retorno total de 458% durante aquele mesmo período. Além disso, 2023 foi um ano de grande sucesso nos Estados Unidos, com quebras de recordes nas transações da NBA:

- **O Phoenix Suns foi vendido por um valor recorde de US$ 4 bilhões para meu amigo e magnata das hipotecas Mat Ishbia.**

- **O proprietário do Milwaukee Bucks, Marc Lasry, vendeu uma participação minoritária que somou US$ 3,5 bilhões ao valor do time.**
- **Michael Jordan vendeu sua participação majoritária no Charlotte Hornets por US$ 3 bilhões (embora ainda mantenha uma posição minoritária!). Isso representa mais de dez vezes seu investimento original de US$ 275 milhões, realizado em 2010.**

Outras ligas também ofereceram grandes retornos (com base nos preços de venda anteriores e atuais). **As equipes da Liga Principal de Beisebol geraram um retorno total médio de 669% entre 2002 e 2021, e a Liga Nacional de Hóquei gerou 467% no mesmo período.** A Liga Principal de Futebol dos Estados Unidos, a novata do setor, é hoje considerada a quinta liga principal, e atingiu um marco importante em 2023 com sua primeira avaliação de US$ 1 bilhão, atribuída ao LAFC (Los Angeles Football Club).[3] Transparência total: nós (Peter Guber e Tony) fomos os primeiros investidores no lançamento do LAFC, e ficamos muito orgulhosos pelo time ter vencido a MLS Cup de 2022 na disputa de pênaltis, com emoção digna de Hollywood!

À medida que entramos em uma era de inflação mais elevada, a preservação da riqueza e o poder de compra são a palavra de ordem. Nesse sentido, as tais franquias parecem ser investimentos defensivos (sim, planejamos utilizar o maior número possível de analogias esportivas neste capítulo). Analisando retrospectivamente, nota-se que os esportes prosperaram durante outros períodos inflacionários, como a década de 1970 e o início da década de 1980. Durante o período de 1968 a 1982, o S&P 500 gerou um retorno anual de 7%, enquanto o valor empresarial das quatro grandes ligas cresceu a uma taxa de crescimento anual de 16%. **Como exemplo, em agosto de 2022, durante o mais rápido ciclo de aumento das taxas de juros da história dos Estados Unidos, o Denver Broncos foi vendido por US$ 4,65 bilhões, um recorde nas franquias esportivas estadunidenses.**

Resumindo, ao longo dos últimos cem anos, essas ligas sobreviveram a pandemias, bloqueios, guerras mundiais, greves de jogadores, depressões e recessões econômicas, entre outros. São ativos incrivelmente duráveis. As ligas e suas equipes estão evoluindo a olhos vistos e a oportunidade de participar está, enfim, aberta para investidores como nós.

"Não sei qual empresa de software como serviço (SaaS, na sigla em inglês) existirá daqui a cinco anos, mas sei que daqui a cinquenta anos continuará havendo uma World Series em outubro."

— Ian Charles, Arctos Sports Partners

MÚLTIPLOS FLUXOS DE CAIXA

Quando se considera uma equipe esportiva um investimento, existem duas categorias principais de receitas: as receitas da liga e as receitas do time. Vamos analisar esse aspecto e explorar por que as equipes têm tanta resiliência econômica, o que as torna ótimos ativos para possuir em um portfólio do Santo Graal (e não se preocupe porque explicarei como obter acesso a elas nas páginas seguintes).

1. As equipes recebem uma parte da receita da liga: As ligas sempre foram responsáveis por negociar os direitos de transmissão e os patrocínios nacionais (e internacionais) (isto é, a voz retumbante que diz "O Ford F-150 é a picape oficial da NFL"). **As receitas da liga são divididas igualmente entre todas as equipes, por isso elas trabalham juntas para obter o preço mais alto possível pelos direitos de transmissão e patrocínio.** Mudanças recentes no comportamento do consumidor atribuíram-nas mais poder. **As redes e os anunciantes estão cada vez mais desesperados, à medida que o "corte do cabo" mina a capacidade de alcançar clientes-alvo por meio da televisão a cabo. Em outras palavras, o número de pessoas que assiste à TV a cabo está diminuindo. As transmissões ao vivo são as únicas que contrariam essa tendência. Os esportes são, disparado, os programas com maior audiência em todas as redes. Como resultado, os anunciantes cobiçam a programação esportiva, pois a televisão ao vivo é, praticamente, o único local em que grandes audiências estarão dispostas a ver anúncios. Em 2019, 92 dos 100 programas de maior audiência na TV eram eventos esportivos.**[4] As ligas sabem disso e potencializaram essa dinâmica em contratos monumentais de direitos de mídia que geram receitas. **Uma segunda força motriz é a**

crescente popularidade dos esportes estadunidenses no restante do mundo, da Europa à China. A NFL terá um recorde de cinco jogos da temporada regular realizados em solo europeu durante a temporada de 2023. Hoje, a programação da NBA inclui jogos na Cidade do México, no Japão e em Paris. Esses esportes também estão se tornando virais nas redes sociais ao redor do mundo: **recentemente, a NBA ultrapassou mais de 75 milhões de seguidores no Instagram, e 70% desses seguidores estão localizados fora dos Estados Unidos.**

A terceira força motriz por trás do aumento das receitas da liga é a guerra do streaming. Apple, Amazon, Netflix e YouTube estão lutando para se tornar a plataforma dominante e todas cobiçam os direitos dos esportes ao vivo. **Os esportes não só atraem espectadores, mas também exigem custos de produção muito baixos se comparados com a criação das mais recentes séries dignas de maratonar. Não é preciso contratar atores, nem cenários caros — basta montar as câmeras e pronto.** Em 2014, os direitos de transmissão anuais acumulados para as Cinco Grandes ligas totalizaram US$ 7,6 bilhões. **Estima-se que o valor em 2024 será de US$ 16,6 bilhões.** À medida que a guerra do streaming for avançando, os esportes serão, sem dúvida, os maiores beneficiários.

As equipes geram suas próprias receitas: Além da considerável parcela anual de receitas da liga, cada equipe tem inúmeras outras fontes de receitas auxiliares que guarda para si. Como veremos, sentar e esperar são apenas duas fatias dessa lucrativa torta…

Mídia local: Vítimas de uma perturbação do mercado que ataca de todos os lados (streaming, YouTube, redes sociais etc.), as emissoras locais enfrentam uma crise da audiência. Os esportes têm sido a tábua de salvação para esse modelo de negócio quase ultrapassado. **Em comparação com a programação típica, os esportes geram de duas a quatro vezes mais audiência. E, já que cada equipe retém a receita da venda dos direitos de mídia local, isso pode ser bastante lucrativo (basta pensar naquele acordo de US$ 7 bilhões para a rede regional do LA Dodgers).** Muitas equipes seguiram o exemplo do Dodgers e criaram redes próprias locais ou firmaram parcerias em acordos de propriedade conjunta com redes de televisão locais.

Imóveis: **Muitos times são donos de seus estádios e obtêm todas as receitas adicionais de shows, eventos, competições de esportes**

eletrônicos e muito mais. De forma brilhante, muitas equipes também compraram grande parte dos imóveis ao redor. **A vizinhança de um estádio ou campo esportivo onde podem ocorrer centenas de eventos é um ambiente divertido e cheio de vida, atrativo para jovens profissionais com renda disponível.** Desde locais de estacionamento até hotéis, passando por apartamentos e lojas varejistas, as equipes estão se tornando, cada vez mais rápido, verticalmente integradas, com o intuito de capturar o máximo possível das receitas periféricas.

Licenciamento/Patrocínios: Quando eu (Christopher) passeio pelo campo do Astros em Houston, fico maravilhado com o número de patrocínios locais. Há placas de empresas regionais espalhadas por toda parte, inclusive o nome do estádio, "Minute Maid Park". Restaurantes, cervejarias e cafeterias locais funcionam dentro do time e angariam enorme credibilidade por serem o "complemento" oficial local. Essa conexão leva a uma fidelidade mensurável à marca.

Ingressos/Direitos de exploração: A última vez que fui a uma partida, vi pessoas pagarem US$ 12 por um cachorro-quente. Havia vinte pessoas na fila, e ninguém reclamou do preço. **Essas equipes aperfeiçoaram a ciência das vendas para um público cativo, que parece não se importar — ou, pelo menos, está disposto a aceitar — com os preços astronômicos.** Em 2008, Jerry Jones, proprietário do New York Yankees e do Dallas Cowboys, anunciou um empreendimento conjunto chamado Legends Hospitality. Percebendo que suas equipes eram excelentes em maximizar as vendas de alimentos, bebidas e mercadorias, passaram a oferecer serviços e estratégias de gestão a outros locais e a outras equipes em todo o mundo. Eles utilizam economias de escala, sofisticadas ferramentas logísticas e análises de dados de comportamento do consumidor para levar outros times e seus estádios ao século XXI. **O fato é que eles operam no mais alto nível de experiência no varejo e sabem exatamente como extrair todo o suco da laranja proverbial.** Hoje, a empresa tem clientes na NFL, na MLB e na NBA, e também expandiu a atuação para o UFC (Ultimate Fighting Championship), Wimbledon e vários estádios da Premier League Soccer.

Camarotes e suítes de luxo: Durante décadas, camarotes de luxo forneceram fluxos de caixa com altas margens, fundamentais para as arrecadações. Peter Guber e Joe Lacob, nossos amigos e parceiros do Golden State Warriors, quebraram os paradigmas com sua recém-inaugurada arena esportiva e de entretenimento de última geração, o Chase Center. Essa obra de arte de US$ 1,4 bilhão fica em Mission Bay e abrange 44 mil metros quadrados de lojas, restaurantes e bares, bem como um parque à beira-mar com 20 mil metros quadrados. Contemporâneo, o espaço é tão agradável quanto qualquer hotel de cinco estrelas e cria uma experiência bastante superior, luxuosa, ouso dizer. Com mais de duzentos eventos e jogos ao vivo por ano, eles criaram uma máquina de fazer dinheiro. As suítes de luxo custam até US$ 2,5 milhões por ano e exigem um contrato mínimo de dez anos. Companhias de tecnologia do Vale do Silício e empresas de capital de risco lutaram com unhas e dentes para conseguir um bom número de suítes, tornando-as o ingresso mais procurado da cidade. Desde estacionamento com manobrista até suítes com champanhe e bufês de sushi, as equipes estão apostando em sofisticadas experiências VIP, que exigem preços de ingressos muito mais altos.

Jogos de azar: Em 2018, a Suprema Corte dos Estados Unidos pôs fim à proibição da expansão da indústria de jogos de azar esportivos. Embora **anteriormente os jogos de azar esportivos tenham estado confinados às apostas de Las Vegas, desde agosto de 2023 eles são considerados legais em 35 estados do país.** Ao que tudo indica, trata-se de uma moderna corrida do ouro. **Em 2021, o faturamento dos jogos de azar esportivos duplicou, com mais de US$ 57 bilhões apostados.**[5] Desde anúncios televisivos a patrocínios variados (impresso nos uniformes, por exemplo), o aumento da receita publicitária das empresas de apostas esportivas propiciou lucros significativos tanto para as ligas quanto para as equipes. Embora eu fique apreensivo com as implicações sociais do jogo legalizado, esse navio já partiu e as apostas se tornarão uma parte cada vez mais inextricável dos esportes profissionais.

UM ASSENTO NO BANCO DOS DONOS

Tornar-se proprietário de uma equipe esportiva profissional não é pouca coisa. Em primeiro lugar, a liga vai escrutinar toda a sua vida. Você representa um risco moral? Um risco de escândalo nos noticiários? Um risco financeiro?

Por muitos anos, a liga exigiu que os proprietários fossem pessoas físicas. Antigamente, eram admitidas instituições e empresas de mídia (por exemplo, que a Disney fosse dona do Anaheim Mighty Ducks), mas essas empresas não se mostraram confiáveis por conta de problemas em seus negócios principais e devido à frequente rotatividade de gestores. Assim, durante muitos anos, a propriedade de equipes esportivas esteve limitada aos megarricos líderes da indústria, como Steve Balmer (Microsoft), Dan Gilbert (Rocket Mortgage), Joe Lacob (Kleiner Perkins), Charles Johnson (Franklin Templeton) etc.

Então, em 2019, a Liga Principal de Beisebol mudou sua política. Inteligentemente, eles perceberam que suas equipes tinham evoluído para empresas sofisticadas, com avaliações tão superiores que os mais ricos dos mais ricos estariam dispostos a pagar. **Além disso, embora a maioria tivesse um único proprietário controlador, havia vários proprietários/investidores de menor envergadura, ou seja, que estavam presentes, mas não tinham nenhum controle operacional. Esses indivíduos, muitos dos quais eram bem idosos, precisavam de um caminho para a liquidez, quer por razões de diversificação, quer por motivos de planejamento patrimonial.**

Assim, a Liga aprovou a regra: certos tipos de fundos de investimento podem comprar participações minoritárias em uma equipe, desde que cumpram uma longa lista de critérios e, o mais importante, contanto que as empresas evitem conflitos de interesses. A princípio, muitos esperavam que a mudança de regra abrisse as portas para empresas de capital privado, que, pelas razões descritas neste capítulo, adorariam uma oportunidade de investir. **No entanto, numerosos obstáculos fizeram com que muitas empresas se tornassem inelegíveis. Por exemplo, não seria permitido que elas estivessem envolvidas com jogos de azar esportivos ou agências esportivas.** Como muitos dos maiores magnatas dos fundos de capital privado já tinham uma participação pessoal em um time, suas empresas foram imediatamente desqualificadas. Quando a poeira baixou, apenas algumas empresas de fundos de capital privado permaneceram elegíveis. Desde então, elas levantaram e implantaram bilhões de dólares em capital para comprar participações minoritárias nas principais ligas desportivas (sendo a NFL a última a abrir as portas para investidores).

Hoje, investidores individuais qualificados têm um caminho para a propriedade de esportes profissionais. Em vez de investir em uma única equipe, alguns desses fundos agrupados detêm um conjunto diversificado de numerosas equipes em todas as ligas elegíveis **(MLB, NBA, NHL, MLS e Premier League). A *Bloomberg* informou que o Fenway Sports Group (dono do Boston Red Sox, do Pittsburgh Penguins e do Liverpool), o Sacramento Kings, o Golden State Warriors e o Tampa Bay Lightning (NHL) são apenas algumas das organizações que agregaram um investidor dos fundos de capital privado.**[6] E, de acordo com a PitchBook, atualmente mais de um terço das cinco grandes ligas de futebol da Europa são apoiadas por fundos de capital privado.[7]

Manter inúmeras equipes, em várias organizações e regiões geográficas, cria uma diversificação significativa e não correlacionada. E, como bônus, ser dono de parte de uma equipe pode oferecer benefícios fiscais, uma vez que a depreciação ou amortização pode ser diluída entre os investidores do fundo. Agora ficou claro por que muitos dos indivíduos mais ricos do mundo são proprietários equipes esportivas: elas não são apenas um trunfo em termos de investimento. Na verdade, depois de muitas décadas entre os empreendimentos alternativos, eu consideraria sua propriedade um sucesso absoluto, com uma estatística incrível: um investimento globalmente diversificado e não correlacionado que provou ser sustentável ao longo de um século.

Para saber mais sobre como acessar essas oportunidades, você pode visitar **www.WhyProSports.com** (site em inglês).

LÍDERES EM EMPRÉSTIMOS

À medida que mudarmos de direção para o mundo do crédito privado, você sentirá um segundo choque. A maioria dos investidores utiliza apenas os tradicionais títulos de dívida quando se trata da parcela de renda fixa de seus portfólios. Ocorre que você não é como a maioria! Assim como Neo em *Matrix*, agora você está enxergando uma realidade alternativa. **É assim que o dinheiro inteligente tem utilizado o crédito privado há décadas, como uma forma mais segura e menos volátil de gerar retornos de dois dígitos.**

Então, vamos mais fundo nessa questão para descobrir por que o crédito privado está preparado para um crescimento maciço, à medida que as taxas de juros sobem e os bancos restringem seu apetite por empréstimos…

CAPÍTULO 4

CRÉDITO PRIVADO

LÍDERES EM FINANCIAMENTO

"Nos últimos anos, menos empresas promoveram a abertura de capital, mas o número de empresas privadas cresceu proporcionalmente, ensejando um grupo maior de empreendimentos privados que procuram acesso ao capital."

— CNBC, *Desmistificando o Crédito Privado,*
21 DE JUNHO DE 2023[1]

Em 2022, trilhões em valor foram dilapidados conforme o valor das obrigações entrava em colapso. Dezenas de milhões de estadunidenses devem ter sentido o impacto em seus portfólios. **E, no entanto, enquanto o investidor tradicional perdia o sono segurando obrigações negociadas publicamente, os donos do dinheiro inteligente viviam, mais uma vez, em uma realidade alternativa ao gerarem retornos saudáveis com a parte de "renda fixa" de seus portfólios, enquanto sofriam perdas mínimas ou nenhuma perda.** Bem-vindo ao mundo do crédito privado.

Para quem não conhece, o crédito privado é uma forma de as empresas estabelecidas pedirem dinheiro emprestado sem recorrer a um banco. **Para investidores como nós, cujo capital está sendo emprestado, isso pode gerar de duas a três vezes mais do que o retorno de receitas das obrigações**

tradicionais e servir como outra estratégia de renda não correlacionada em nosso portfólio do Santo Graal. Por que é tão importante criar um fluxo de receitas estável?

Os ultrarricos estão conscientes de que o valor dos ativos vai flutuar. **Mas não se "gastam" ativos. Gasta-se dinheiro.** Quando os mercados entram em queda, muitas pessoas logo ficam com muitos ativos e sem nenhum dinheiro. Apesar de não quererem vender seus ativos quando o mercado está em baixa, podem ser forçadas a fazê-lo se não tiverem receita/liquidez suficientes. **É por isso que sigo o mantra "A receita é o resultado". Construir uma massa crítica de ativos que proporcione um fluxo de caixa considerável nos dá a estabilidade crucial necessária para sobreviver a uma seca econômica.**

Nas páginas seguintes, exploraremos como o crédito privado cresceu de apenas US$ 42 bilhões em ativos sob gestão no ano 2000 para mais de US$ 1,5 trilhão atualmente![2] Tendo em vista que os bancos continuam a dificultar o acesso a empréstimos, espera-se que o setor ultrapasse os US$ 2,3 trilhões até 2027. A seguir, explicaremos como os investidores podem tirar proveito do crédito privado. No entanto, primeiro vamos voltar no tempo e descobrir por que o crédito privado se tornou a estratégia favorita do dinheiro inteligente.

VENTOS MUDANDO DE DIREÇÃO *"O portfólio 60/40 está apresentando os piores retornos em um século."*

— The *Wall Street Journal*, 14 de outubro de 2022

Durante muitas décadas, uma estratégia testada pelo tempo pela maioria dos investidores comuns foi o portfólio 60/40 (60% de ações, 40% de obrigações). Além de proporcionar renda, ou rendimentos, as **obrigações** têm servido, historicamente, para amortecer um portfólio nos períodos em que as ações estão em baixa. **Contudo, em 2022, esse colchão financeiro foi arrancado dos investidores e eles sofreram uma baita queda.** *Tanto* as ações *quanto* as obrigações despencaram à medida que as taxas de juros subiam e a economia estadunidense começava a desacelerar. Ações e obrigações movendo-se em sincronia, um movimento também conhecido como correlação, é exatamente o que você *não* deseja em mercados em baixa. **O ano de 2022 foi o primeiro na história em que ambas caíram com a mesma magnitude (queda anual de -22% até 31 de outubro de 2022).[3] As sete maiores ações do S&P 500 caíram, em média, 46%. Juntando tudo isso, a estratégia 60/40 registrou um dos piores desempenhos em quase cem anos.[4] Desde então, esses dois fatores tornaram-se ainda mais correlacionadas, e não menos. A *Bloomberg* afirmou que "as obrigações são uma cobertura inútil para perdas em ações à medida que a correlação aumenta".[5]**

"O seu portfólio de investimentos está equilibrado. Tudo que você possui está perdendo dinheiro de forma igualitária."

Antes da pandemia de covid-19, os investidores que procuravam rendimentos eram forçados a arriscar mais à medida que se embrenhavam em águas mais profundas e perigosas. **Com taxas de juros tão baixas, e ínfimos retornos de receita provenientes das obrigações tradicionais, muitos investidores sentiram-se tentados a comprar as de alto risco, de maior rendimento e mais especulativas, habilmente rebatizadas como obrigações de "alto rendimento".** Entretanto, não se deixe enganar pelo nome: elas estavam pagando meros 3,97% no verão de 2021. **Compare isso com o crédito privado, que estava rendendo 9% naquele mesmo ano...**[6]

Investidores sofisticados sentiam um desconforto ao ouvir falar de obrigações de alto risco e baixo rendimento, e de como elas haviam proliferado nos portfólios dos investidores comuns. Tal qual um cachorro que percebe um terremoto minutos antes dos tremores, aqueles que estavam prestando atenção sabiam que algo não ia bem. Àquela altura, as taxas de juros não tinham para onde ir senão para cima, o que significava que o preço das obrigações de alto risco e qualidade inferior logo entraria em colapso. A relação risco/recompensa estava tão desequilibrada que sabíamos que os ventos acabariam mudando. E assim foi.

Em 9 de novembro de 2021, a *Bloomberg* escreveu:

"Obrigações de alto risco nos Estados Unidos batem recorde de US$ 432 bilhões."[7]

Menos de um ano depois, em 22 de outubro de 2022, o mesmo veículo escreveu:

"As vendas globais de obrigações de alto risco caem mais do que nunca, sem sinais de recuperação."[8]

Enquanto os valores das obrigações entravam em colapso com o aumento das taxas, muitas das maiores instituições aproveitavam os benefícios do crédito privado. Em vez de contabilizarem perdas, seus pagamentos de rendimentos provenientes do crédito privado aumentavam de maneira contínua, acompanhando as taxas de juros.

A REALIDADE ALTERNATIVA ATACA NOVAMENTE

"Um banco é um estabelecimento que nos empresta um guarda-chuva em um dia de sol e nos pede de volta quando começa a chover."

— Robert Frost

"Você gostaria de se envolver com algumas obrigações de alto risco e de alta qualidade?"

Há décadas, os donos do dinheiro inteligente investem somas gigantescas em credores "não bancários", que geram retornos muito mais elevados do que as obrigações tradicionais. Esse é o mundo do crédito privado. O capital privado está para os capitais públicos assim como o crédito privado está para as obrigações.

Embora grandes empresas como Amazon, Google e Tesla não tenham problemas em obter empréstimos de grandes bancos nem em vender obrigações negociadas publicamente para angariar capital, uma enorme faixa de empresas de médio porte é forçada a buscar outras opções. Não estamos, porém, falando da sua loja de ferragens nem do florista do bairro pedindo dinheiro emprestado para fechar a folha de pagamento. De acordo com o Corporate Finance Institute, **empresas de médio porte nos Estados Unidos são as que apresentam receitas entre US$ 100 milhões e US$ 3 bilhões, com algo entre 100 e 2.500 colaboradores. E, acredite ou não, existem mais de 200 mil empresas no país que se enquadram nessa categoria!**

Todos sabemos que, quando se trata de empréstimos, os bancos são rígidos. Se você já comprou uma casa, está mais do que familiarizado com o escrutínio financeiro ao qual é preciso se submeter. Os empréstimos, contudo, são uma necessidade para as empresas bem-sucedidas, que dependem dessa ferramenta para financiar suas operações. Afinal, elas têm de pagar adiantado uma série de despesas — aluguel, folha de pagamento, estoque — e esperar um pouco até que a receita apareça. Entretanto, os financiamentos bancários nem sempre estão disponíveis ou são suficientes. **Após a crise financeira global de 2008, os bancos se viram ainda mais restringidos pelos órgãos reguladores, diminuindo a capacidade deles de conceder empréstimos. E, para muitas empresas, só sobrou uma opção para manter o fluxo de caixa: o crédito privado.**

A recente expansão do capital privado lançou ainda mais lenha na fogueira do crédito privado. Quando uma empresa desse tipo faz uma aquisição, muitas vezes recorre a alguma forma de alavancagem (assim como um indivíduo que hipoteca uma casa nova). De onde vem essa alavancagem? A essa altura, você não ficará surpreso ao descobrir que uma grande porcentagem dessas fusões e aquisições são financiadas por empresas de crédito privado.

OS TRÊS PILARES DO CRÉDITO PRIVADO

Vale a pena repetir que, há apenas 23 anos, o mundo do crédito privado superava os US$ 42 bilhões em empréstimos totais. Depois da bolha da internet e da Grande Crise Financeira, a evaporação da disponibilidade de créditos bancários resultou em uma expansão desse tipo de crédito. **No fim de 2022, o mercado global de crédito privado ultrapassou a marca de US$ 1,5 trilhão. A empresa de pesquisas Preqin estima que o setor superará os US$ 2,3 trilhões até 2027, à medida que os bancos tradicionais se retraírem.**

A tendência parece estar em franca aceleração. No início de 2023, o Silicon Valley Bank faliu quase da noite para o dia e vários outros bancos regionais seguiram o mesmo caminho. A rápida subida das taxas de juros causou um colapso em seus portfólios de obrigações. As empresas de crédito privado, no entanto, não enfrentam os mesmos riscos (como explicaremos mais adiante). É por isso que, à luz das falências bancárias, muitas empresas enxergam um "momento de ouro" nesse campo.[9] Além disso, os bancos regionais respondem por cerca de 80% dos financiamentos imobiliários comerciais, e com o acúmulo de edifícios de salas comerciais ociosos, poderíamos vislumbrar uma grande calamidade acontecendo nos próximos anos, com esses empréstimos vencendo e a inadimplência provocando um efeito dominó. **Tudo isso aponta para o uso continuado de empresas de crédito privado, que não são restringidas por muitas das limitações que afetam os bancos tradicionais.**

Uma coisa é certa: o crédito privado está solidificando sua posição como força dominante para as necessidades das empresas do mercado intermediário. Essas são extremamente cautelosas, mas estarão dispostas a emprestar apenas se a relação risco/recompensa fizer sentido. Elas são rápidas, flexíveis e criativas no que concerne ao quando, onde e como emprestam. O resultado, muitas vezes, é uma situação de risco/recompensa muito melhor para investidores como você e eu, que aplicamos nosso capital. Vamos analisar os três pilares do crédito privado, e por que razão ele se tornou uma classe de ativos procurada do ponto de vista do investidor:

1. Taxas de retorno mais elevadas: O crédito privado oferece taxas de retorno substancialmente melhores do que outros instrumentos de crédito (também conhecidos como altos rendimentos) e **provou sua capacidade nesse sentido tanto em ambientes de taxas de juros baixas quanto elevadas**. Entre 2015 e 2021, quando as mesmas se mantiveram em mínimas históricas nos Estados Unidos, o crédito privado conseguiu continuar obtendo retornos de dois dígitos! **Como se pode constatar no gráfico na página seguinte, em 2021–22, os empréstimos de crédito privado (também conhecidos como empréstimos diretos) proporcionaram mais do que o dobro dos rendimentos das obrigações de alto risco e, muitas vezes, com melhores proteções.**
2. O crédito privado costuma apresentar menos risco de taxa de juros: De modo geral, os empréstimos concedidos a empresas privadas possuem taxas variáveis que se ajustam às taxas de mercado. Assim, quando os juros sobem, os pagamentos feitos pelo mutuário também sobem. O crédito privado faz com que os mutuários tenham dificuldade de fixar taxas baixas durante longos períodos, o que serve como uma grande proteção para os credores/investidores, até mesmo quando colhem recompensas sob a forma de retornos mais elevados. **Esse arranjo pode ser muito significativo durante períodos de inflação elevada, e é precisamente por isso que centenas de bilhões de dólares estão sendo investidos no crédito privado, apesar dos intensos ventos contrários da inflação.**

Empréstimo direto: retornos historicamente maiores

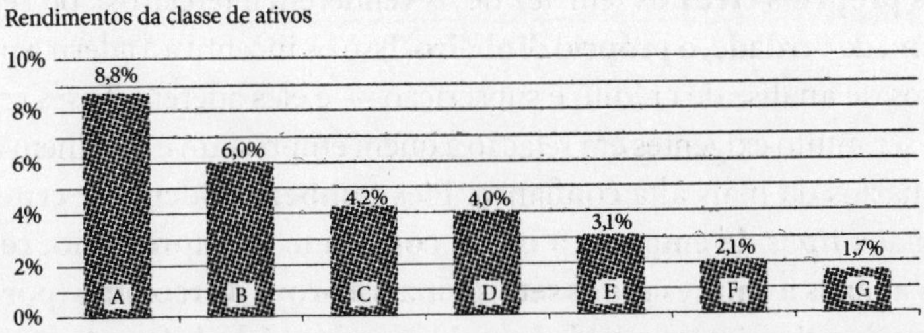

A: Empréstimo direto
B: Imóveis comerciais com financiamento mezanino*
C: Imóveis comerciais sênior*
D: Altos rendimentos
E: Dívida de infraestrutura dos EUA
F: Grau de investimentos nos EUA
G: Nota promissória com vencimento de 10 anos

Fonte: BofA Securities, Bloomberg Finance L.P., Clarkson, Cliffwater, Drewry Maritime Consultants, Federal Reserve, FTSE, MSCI, NCREIF, FactSet, Wells Fargo, J.P. Morgan Assest Management. *Os rendimentos de imóveis comerciais (CRE, na sigla em inglês) foram auferidos em 30 de setembro de 2021. CRE — o rendimento do financiamento mezanino é derivado de pesquisas do J.P. Morgan e do Tesouro dos Estados Unidos, de duração semelhante. CRE — o rendimento sênior é proveniente do Índice Agregado Gilberto-Levy de Desempenho (desalavancado), Altos rendimentos nos Estados Unidos: Índice Bloomberg USAggregate Credit — Corporate — High Yield, Dívida de infraestrutura dos Estados Unidos: Índice iBoxx USD Infrastructure, capturando a emissão de títulos de dívida de infraestrutura em dólares acima de US$ 500 milhões, Notas promissórias dos Estados Unidos com vencimento de 10 anos: Índice Bloomberg de rendimentos do Tesouro dos Estados Unidos de 10 anos, Grau de investimentos nos Estados Unidos: Índice Bloomberg do grau de investimentos corporativos nos Estados Unidos. Os dados se baseiam no que estava disponível em 31 de maio de 2022.

3. O crédito privado pode proporcionar estabilidade em mercados difíceis e tem registrado baixas taxas de inadimplência: Os portfólios de crédito privado provaram que conseguem resistir muito bem às tempestades. **No período de 18 anos, entre junho de 2004 e junho de 2022, que incluiu tanto a Crise Financeira Global quanto a pandemia de covid-19, as porcentagens de perda referentes a empréstimos desse crédito atingiram, em média, cerca de -1% da taxa anual, uma cifra que a maioria dos bancos invejaria.** Além disso, um estudo do intervalo compreendido entre 1998 e 2018 demonstrou que **o pior intervalo de cinco anos para o setor de crédito privado continuou produzindo retornos positivos para os investidores. Por quê?** Na verdade, existem dois principais motivos:

Primeiro, porque os cedentes de crédito privado, muitas vezes, são donos dos próprios créditos (em vez de os venderem a terceiros), ou seja, **eles arriscam, de verdade, o próprio dinheiro.** Isso os incentiva a aderir a padrões rigorosos de análise de crédito e subscrição — e eles aderem. Esses credores podem ser muito exigentes em relação a quem emprestam e escolhem apenas os mutuários da mais alta confiança. **Eles também podem ser criteriosos quanto aos *tipos* de empresa a quem concedem o empréstimo, cedendo crédito apenas a empresas nos setores mais à prova de recessão (por exemplo, bens de primeira necessidade, cuidados de saúde, infraestrutura etc.).**

A segunda característica atraente desses empréstimos são as proteções que o credor pode incorporar. Quando as empresas de crédito privado os concede a outras organizações, as transações são estruturadas como "empréstimos garantidos sênior". **Isso significa, simplesmente, que o credor será o primeiro na fila a receber o reembolso caso a empresa enfrente problemas.** Além disso, são criativas, e, muitas vezes, incluem acordos, proteções e requisitos de garantias específicos que conferem um elevado grau de confiança à transação, de modo a certificar-se de que não perderão dinheiro.

Lembra-se da regra nº 1 de investimento de Buffett? *Não perca dinheiro!* **No próximo gráfico, é possível observar que, até mesmo no pior período de cinco anos, o crédito privado continuou produzindo dinheiro! Bastante impressionante quando comparamos isso com outras classes de ativos.**

Desempenho historicamente consistente

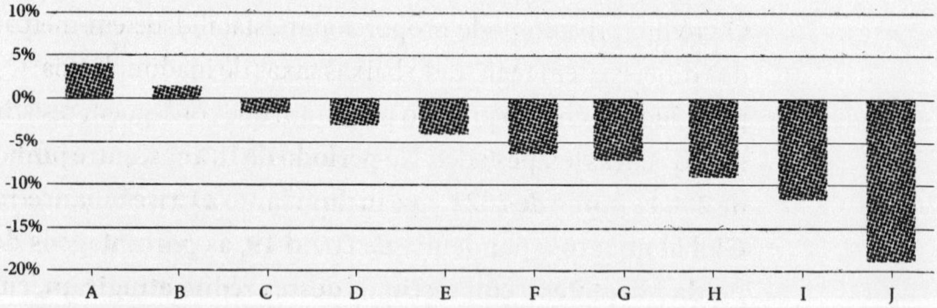

A: Crédito privado
B: Aquisições nos EUA
C: Altos rendimentos nos EUA
D: Financiamentos alavancados
E: Recursos naturais
F: S&P 500
G: Bens imobiliários privados
H: Fundos de investimentos imobiliários
I: MSCI World Energy
J: Capital de risco

Fonte: Burgiss. Crédito privado = Índice Burgiss US Private Debt. Aquisições nos Estados Unidos = Índice Burgiss US Buyout Funds. Altos rendimentos nos Estados Unidos = Índice

ICE BofA US High Yield. Financiamentos alavancados = Índice Credit Suisse de empréstimos alavancados. Recursos naturais = Índice Burgiss US Natural Resources. S&P 500 = Índice S&P 500 de Retorno Total. Bens imobiliários privados = Índice Burgiss de fundos imobiliários dos Estados Unidos. Fundos de investimentos imobiliários = Índice S&P de fundos de investimentos imobiliários dos Estados Unidos. MSCI World Energy = Retorno total. Capital de risco = Índice Burgiss de fundos de capital de risco dos Estados Unidos. Todos os dados foram obtidos de fontes consideradas confiáveis, mas que não podem ser garantidas.

O desempenho passado não é necessariamente indicativo de resultados futuros.

DO CONCEITO À EXECUÇÃO

"Ninguém jamais dominou qualquer competência senão através de prática intensiva, persistente e inteligente."

— Norman Vincent Peale

A essa altura, já deve ter ficado claro por que razão os maiores investidores institucionais se sentem confortáveis com seus investimentos de crédito privado. **Eles entendem que a receita é o resultado! Recapitulando, estas são as três principais razões pelas quais o dinheiro inteligente se diversificou em crédito privado para obter receitas consistentes.**

1. Baixa correlação com os mercados públicos (pense no Santo Graal);
2. Retornos atraentes ajustados ao risco, com proteções de taxas variáveis à medida que as taxas de juros começam a subir;
3. Fortes proteções para o cedente contra a inadimplência (por exemplo, posição sênior, a ser reembolsada primeiro).

Agora que entendemos o conceito do crédito privado, qual seria, então, a melhor estratégia para um investidor que deseje alocar parte de seu portfólio nisso? Embora não exista uma solução única para todos, podemos compartilhar a nossa perspectiva, uma vez que fazemos tal investimento há décadas.

Em primeiro lugar, selecionar um excelente gestor de crédito privado é crucial. Por quê? Porque todos os responsáveis devem ter conhecimento

profundo no processo de obtenção, inscrição e execução de centenas de empréstimos, a fim de criar uma carteira diversificada para seus investidores. O sucesso desses empréstimos depende do conjunto de competências de seus signatários, habilidades que as melhores empresas desenvolveram ao longo de décadas. **Na segunda parte deste livro, entrevistamos David Golub, da Golub Capital. Ele é um dos gestores de crédito privado com melhor desempenho no mundo, com mais de US$ 60 bilhões em ativos sob gestão, e um histórico consistentemente excepcional.**

Existem inúmeras categorias e subcategorias de crédito privado nas quais não precisamos nos aprofundar aqui; no entanto, a tabela na página seguinte mostra os impressionantes retornos médios **(taxa de crescimento anual composta, ou CAGR, na sigla em inglês)** de diferentes estratégias de crédito privado em diferentes regiões geográficas, na indústria como um todo.

A filosofia da nossa empresa é nunca apostar todas as fichas em apenas um cavalo em uma determinada corrida. Preferimos construir parcerias com gestores em múltiplas estratégias de crédito privado, criando uma imensa diversificação em vários tipos de financiamento, com perfis de risco variados, em vários setores e regiões geográficas. Em suma, não queremos ser impactados caso uma estratégia específica tenha uma taxa de inadimplência superior ao normal. Ter vários parceiros e várias estratégias de crédito ajuda a amenizar o processo e a criar retornos mais previsíveis.

Histórico da dívida privada e previsão de desempenho

Desempenho	**Taxa de Crescimento Anual Composta (2015 -2021)**	**Taxa de Crescimento Anual Composta (2018 -2021)**
Dívida privada	9.37%	11.44%
Dívida privada — empréstimo direto	6.83%	7.98%
Dívida privada — ativos estressados	9.18%	12.64%
Dívida privada — outros	11.74%	14.28%

América do Norte — dívida privada	8.92%	12.09%
Europa — dívida privada	8.92%	9.62%
Ásia-Pacífico — dívida privada	10.09%	11.42%
Resto do mundo — dívida privada	13.44%	16.26%
Dívida privada multirregional diversificada	14.29%	21.30%

Fonte: PREQIN

Há alguma desvantagem no crédito privado? O lado negativo é a liquidez. Embora o cedente continue recebendo os rendimentos de forma mensal ou trimestral, é preciso aguardar de três a cinco anos para que o investimento seja recuperado de maneira integral — um tempo relativamente longo em comparação com as obrigações, que podem ser vendidas com um clique. Isso acontece porque os financiadores de crédito privado costumam aguardar até o vencimento dos empréstimos concedidos. No entanto, é isso que também proporciona a previsibilidade que os investidores passaram a apreciar nessa classe de ativos.

Para saber mais sobre as especificidades do crédito privado, você pode visitar nossa página informativa: **www.WhyPrivateCredit.com** (site em inglês).

A seguir, mergulharemos em um dos tópicos mais relevantes para a nossa capacidade de sobreviver e prosperar neste planeta... a energia! Estamos no meio de uma revolução energética, voltando-nos para uma combinação de fontes renováveis (eólica, solar etc.) e novas tecnologias que podem reduzir ou eliminar o carbono da tradicional queima de combustíveis fósseis. **Com as maiores instituições e governos mundiais apoiando esse nicho, surge uma enorme oportunidade para os investidores.**

CAPÍTULO 5

ENERGIA

A FORÇA DA NOSSA VIDA (PARTE I)

"A energia é a chave para o progresso humano."

— John F. Kennedy

Uma observação rápida: o tema da energia, para dizer o mínimo, é robusto! Por isso, dedicamos dois capítulos para abordá-lo adequadamente. Neste capítulo, prepararemos o cenário e compreenderemos a nossa atual situação energética global. No seguinte, abordaremos algumas das oportunidades de investimento que estão surgindo à medida que o mundo embarca em uma revolução energética multimilionária.

PROSPERIDADE COMPARTILHADA

A história do progresso humano é uma história da energia. Antes de conseguirmos a capacidade de aproveitar a energia de forma eficiente, apenas sobrevivíamos, levando vidas brutalmente curtas. O ser humano caçava, coletava e acendia fogueiras para se manter aquecido e preparar alimentos. Esse foi nosso modo de vida por milênios. A não ser as elites, a maioria era pobre, analfabeta, sem instrução, doente e desnutrida. Tanto naquela época quanto hoje, esses são os flagelos de uma população sem energia.

A partir do momento em que descobrimos como explorá-la, a vida neste planeta iniciou uma marcha constante em direção ao progresso. Não à perfeição, mas ao progresso. A vida se tornou muito mais fácil quando inventamos os métodos de aquecimento, iluminação e transporte. Bastou a transição da madeira para o carvão enquanto combustível para ensejar a Revolução Industrial. A máquina a vapor transformou as viagens e o comércio de uma só vez. Na década de 1890, Nikola Tesla desenvolveu a geração de energia por corrente alternada e deslumbrou o mundo ao usá-la para acender 100 mil luzes na Feira Mundial de Chicago. **Menos de quatro décadas depois, lares em todos os Estados Unidos estavam repletos de aparelhos elétricos, ferramentas com as quais os nossos antepassados nem sequer sonhariam.**

Em 1990, quase 1,9 bilhão de pessoas (35% da população mundial) vivia em pobreza extrema, que por definição é viver com menos de US$ 2 por dia. Hoje, apenas algumas décadas depois, esse número caiu para 782 milhões de pessoas (ou 10% da população mundial). O presidente do Grupo Banco Mundial, Jim Yong Kim, afirmou: "*Nos últimos 25 anos, mais de um bilhão de pessoas saiu da extrema pobreza, e a taxa de pobreza global, atualmente, é a mais baixa de que se tem registro na história. Esta é uma das maiores conquistas humanas do nosso tempo.*" Esse grande feito nunca teria sido possível sem o acesso à energia. **A energia é a corda pela qual os pobres podem ascender e é também a corda que nós, no mundo desenvolvido, devemos lançar. É a base para o emprego, a educação, a segurança alimentar, a água potável, os cuidados básicos de saúde, o acesso à internet, o empreendedorismo, o comércio global e a prosperidade compartilhada. A energia é a precursora da indústria e, tal como nosso corpo precisa de oxigênio, a indústria precisa dela.**

Hoje, temos duas realidades importantes a enfrentar.

Primeiro, estamos vivendo uma revolução energética em que as fontes renováveis de energia (mais) limpa vêm ocupando a faixa de participação de mercado das fontes de energia menos limpa. Essa tendência vai continuar, mas, de acordo com especialistas que entrevistamos, é provável que os combustíveis fósseis tradicionais nunca sejam substituídos por completo. Isso pode ser um choque para quem acreditava que a sociedade apertaria um botão e se livraria deles. Porque é mais ou menos assim que parece quando as energias renováveis são discutidas nos veículos de comunicação. Contudo, como discutiremos mais adiante neste capítulo, o resultado mais provável é que as inovações tecnológicas tornem os combustíveis fósseis existentes muito mais limpos e verdes. Na verdade, já existem tecnologias capazes de fazer isso, mas será preciso tempo para que estejam disponíveis em larga escala.

Além disso, a crescente população mundial e os bilhões de pessoas em economias emergentes como a China e a Índia necessitarão de *todas* as formas de energia possíveis para atender à demanda cada vez maior. Como exemplo, o país gera, atualmente, 63% de sua eletricidade a partir do carvão. Esse percentual é inferior aos 77% registrados em 2000,[1] mas o carvão continuará sendo usado lá por muito tempo. O Climate Action Tracker informou que a produção de carvão [na China] atingiu níveis recordes em 2022 pelo segundo ano consecutivo. E, embora o mundo inteiro tenha descontinuado 187 gigawatts de usinas a carvão entre 2017 e 2022, os chineses acrescentaram 113 gigawatts de novas centrais movidas a esse combustível apenas nos últimos dois anos.[2] Apesar dos Acordos Climáticos de Paris, a China autorizou, recentemente, a construção de 180 novas minas de carvão, e, no momento em que este livro estava sendo escrito, autorizava duas novas centrais elétricas por semana.[3] Em fevereiro de 2023, o Centro de Pesquisa em Energia e Ar Limpo informou que ***"a capacidade energética com base no carvão que ainda existe na China é seis vezes maior do que no restante do mundo como um todo"***.

A verdade é que a Índia e a China, cujas populações somam quase 3 bilhões de pessoas, estão atravessando uma Revolução Industrial própria, sem qualquer intenção de desacelerar. Essas nações sabem que a energia impulsiona a indústria e que a indústria será a responsável por conduzir centenas de milhões de pessoas da pobreza para a classe média. O presidente da China, Xi Jinping, afirma que os objetivos climáticos *"não podem ser separados da realidade"* nem podem ser alcançados à custa da energia e da segurança alimentar dos cidadãos chineses.

Geração líquida de eletricidade na China por tipo de combustível (2000–2020)

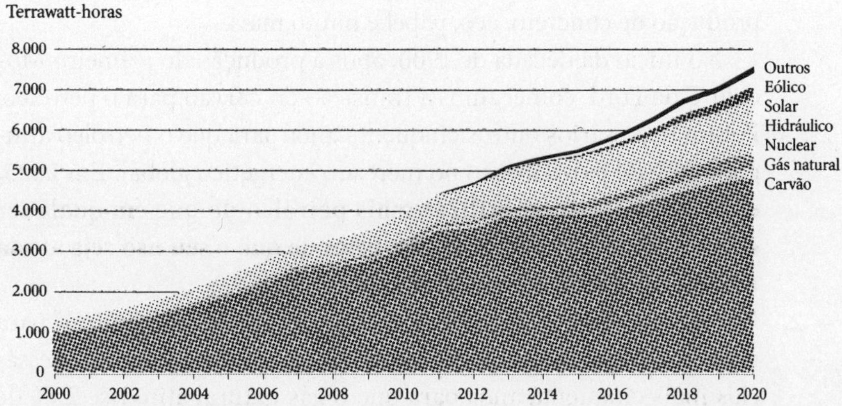

Fonte dos dados: Administração de Energia e Informação dos Estados Unidos, Estatísticas Internacionais sobre Energia.

SEPARANDO FATOS DE SENTIMENTOS

Ao ouvir a expressão "transição energética", alguém poderia, naturalmente, pensar que o planeta está migrando dos combustíveis fósseis para as energias renováveis. Nada poderia estar mais longe da verdade. O homem moderno sempre esteve "em transição" para diferentes formas de energia, e é por isso que tal palavra é uma denominação infeliz e imprópria. O especialista em energia Wil VanLoh, com quem conversaremos na Parte II do livro, acredita que "adição" de energia seria um termo mais adequado. Por quê? VanLoh explicou que, ao analisarmos a história, podemos constatar que se passa muito tempo até que novas fontes de energia sejam adotadas, e elas nunca substituem as formas antes dominantes. Ele expôs dados que mostram que, neste momento, estamos passando pela quinta adição/transição de energia na história moderna. Vamos dar uma olhada.

1. No fim do século XVIII, iniciamos a transição da madeira para o carvão. Foram necessários cinquenta anos para que o carvão atingisse 35% de participação no mercado energético global. Embora esse combustível tenha perdido participação de mercado (em porcenta-

gem) em relação a outras fontes de energia, **em 2022 utilizamos mais carvão do que NUNCA na história,** ou seja, o combustível continua sendo a maior fonte de energia para a eletricidade, e é vital para a produção de concreto, aço, papel e muito mais.

No início da década de 1900, após a produção do primeiro Modelo T da Ford, começamos a transição do carvão para o petróleo. Foram necessários outros cinquenta anos para que o petróleo atingisse 25% de participação no mercado energético global. **Em 2023, estávamos prestes a utilizar mais petróleo do que em qualquer outro ano da história, e há previsões de que o seu uso seja ainda maior daqui para a frente.**[4]

2. Em 1938, os Estados Unidos aprovaram a "Lei do Gás Natural" para regular a transição do petróleo para o gás natural. Foram necessários mais cinquenta anos para que o gás natural atingisse 25% de participação no mercado energético global e, tal como aconteceu com o petróleo, **2023 marcou mais um ano de demanda recorde, prevendo-se que a demanda só cresça.**[5]

A década de 1960 testemunhou o início da proliferação da energia nuclear, que atingiu o pico em 1977, com cerca de 5% de participação no mercado energético global, mas parece prestes a voltar com força total (falaremos mais sobre isso adiante!).

Por volta de 2010, a sociedade iniciou a mudança em direção às energias eólica, solar e outras opções renováveis. Hoje, depois de 13 anos e quase US$ 1 trilhão investido, **essas fontes renováveis fornecem apenas 3% das necessidades energéticas mundiais.**

Se pudéssemos escolher, todos desejaríamos formas de energia mais limpas, e, certamente, conseguiremos chegar lá por meio de inovações. Contudo, também precisamos compreender que leva tempo para que novas fontes de energia passem a integrar de forma substancial o mercado. E isso, meus caros, representa uma enorme oportunidade de investimento.

DEMANDA EXPONENCIAL

Quando olhamos para o futuro, os especialistas preveem duas variáveis inevitáveis que impactarão a demanda por energia:

1. Crescimento populacional: a população global cresceu de 2,5 bilhões de pessoas em 1950 para mais de 8 bilhões atualmente. O Fundo Monetário Internacional (FMI) prevê que a população mundial continuará a aumentar, atingindo 9,7 bilhões de pessoas em 2050.[6]
2. Crescimento da classe média: à medida que o mundo for avançando, **uma combinação de tecnologia, avanços nos cuidados de saúde e acesso à energia conduzirá bilhões de pessoas da pobreza relativa para a classe média.** Pessoas que ganham mais gastam mais e, sem dúvida, consomem mais energia.

A questão é que não estamos lidando com uma quantidade estática de uso de energia, e sim com uma demanda cada vez maior. Atualmente, a população mundial utiliza cerca de **100 milhões de barris de petróleo por dia**, e a expectativa é a de que esse número aumente. **A maioria dos especialistas acredita que, até 2050, a demanda global total aumentará cerca de 50%.** Trata-se de uma estimativa razoável, considerando que o consumo cresceu 50% entre 1990 e 2020. A empresa petrolífera estatal Saudi Aramco é uma das maiores beneficiárias desse aumento. **Ela ficou em segundo lugar na lista das maiores empresas do mundo segundo a *Fortune Global 500*, com receitas de US$ 604 bilhões em 2022.**[7] Esses números de receita superam os da Amazon (nº 4 na lista) e os da Apple (nº 8), e podem colocá-la na primeira posição (acima da Walmart) já no próximo ano, se ela continuar a crescer no ritmo atual.

Como disse Mark Twain, *"a história nunca se repete, mas rima"*. Quando olhamos para o futuro, a maioria dos especialistas não hesita em dizer que as energias renováveis crescerão para ocupar uma porcentagem do fornecimento global. As opções renováveis ganharão uma participação no mercado — como sempre acontece com as novas fontes durante períodos de adição de energia —, mas, provavelmente, nunca substituirão os combustíveis fósseis. Na verdade, muito pelo contrário. **De acordo com a Administração de Energia e Informação dos Estados Unidos (EIA, na sigla em inglês), até 2050 *todos* os usos de gás natural, carvão, petróleo, energia nuclear e energias renováveis se expandirão para atender à demanda** (veja o gráfico abaixo). Todo ano eu (Tony) organizo um evento financeiro privado para os maiores doadores da minha fundação. Reunimos a nata de especialistas financeiros, ex-presidentes, elaboradores de políticas e muito mais. Tal como neste livro, sentamo-nos em uma proverbial mesa de gigantes para vislumbrar o futuro e trocar ideias sobre como é possível lucrar com isso.

Consumo global de energia primária por fonte de energia (2010-2050)

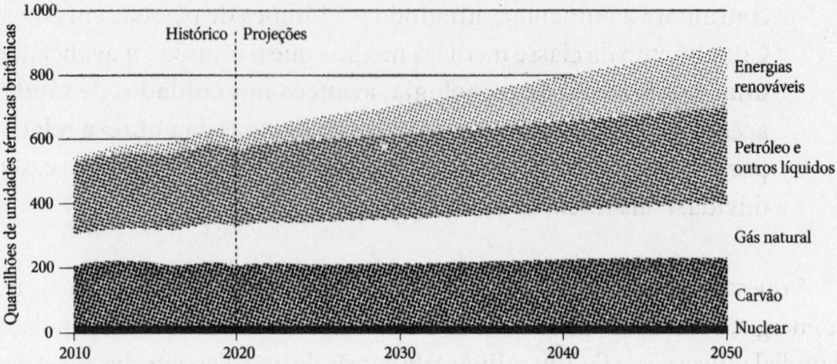

Fonte: Administração de Energia e Informação dos Estados Unidos, referência nas Perspectivas Energéticas Internacionais de 2021.
* Petróleo e outros líquidos incluem os biocombustíveis.

Jamie Dimon é CEO do J.P. Morgan, o maior banco do mundo e uma empresa que se comprometeu com zero emissões líquidas de carbono até 2050. Gentilmente, ele aceitou o meu convite para o evento, e grande parte do nosso debate foi dedicada ao futuro das fontes de energia. Sugerir que Dimon é um defensor da energia verde é um eufemismo. Ele nos contou que o **J.P. Morgan estabeleceu uma alocação em energia limpa, e que está prestes a financiar US$ 1,1 trilhão em projetos na área até 2030! O banco também está pressionando o Congresso dos Estados Unidos para acelerar o licenciamento de tecnologias de energia verde. E, mesmo assim, como Dimon explicou à plateia, o banco pode ter se precipitado em seu desejo de mudar as fontes de energia:** *"A lição que aprendemos com a Ucrânia é que precisamos de energia barata, confiável, segura e protegida, 80% da qual provêm do petróleo e do gás. E essa porcentagem continuará muito alta durante dez ou vinte anos."* Aumentar os preços do petróleo e do gás natural é uma medida punitiva que, na verdade, vem piorando a situação, por forçar as nações a religar suas usinas movidas a carvão. Em uma carta aos acionistas do J.P. Morgan, Dimon escreveu que *"a utilização do gás (natural) para diminuir o consumo de carvão é uma forma prática de reduzir rapidamente as emissões de CO2".*

Para aqueles que talvez façam cara feia para a ideia de mais combustíveis fósseis nesse meio-tempo, não se preocupem. **Há incontáveis bilhões de dólares sendo investidos em tecnologias de captura (e armazenamento) de carbono, que, embora ainda não sejam escaláveis, tornarão a utilização de combustíveis fósseis muito mais ecológica.** Destacaremos algumas descobertas interessantes no Capítulo 6.

Vamos nos aprofundar mais um pouco.

PREVISÃO DE SOL E VENTO

As energias eólica e solar são as principais tecnologias para a geração de energia renovável, mas enfrentam fortes ventos contrários... o trocadilho é intencional. Em primeiro lugar, existem vencedores e perdedores do ponto de vista geográfico. O vento precisa soprar *intensamente* se quisermos usar a energia eólica. O sol deve brilhar *intensamente* se quisermos energia solar. Céu parcialmente nublado com uma leve brisa não vai adiantar nada. Para que fique claro, não estou falando de painéis solares domésticos, e sim de campos solares com potência industrial, capazes de alimentar uma rede elétrica.

Nos Estados Unidos, existem enormes extensões de terra ricas em ventos uivantes (no centro do país) e sol escaldante (no sudoeste). Mas esse não é o caso de boa parte do mundo. Na verdade, a maioria dos países é considerada inapta para produzir energia eólica ou energia solar, ou ambas, com potência industrial. Praticamente todas as cidades do mundo com populações superiores a 1 milhão de pessoas não são ideais para a geração de energia renovável com potência industrial. Assim, quaisquer parques solares ou eólicos que as alimentem devem ser instalados em locais afastados e linhas de transmissão devem ser construídas para transportar a eletricidade. Isso está longe do ideal e é incrivelmente caro quando comparado a outras fontes disponíveis. Não pretendo ser desmancha-prazeres, mas, no fim das contas, existe um consenso entre os especialistas de que as energias solar e eólica têm limitações bastante reais em termos de escala. Entre outras razões, é por isso que a China e a Índia estão duplicando a aposta na energia nuclear.

ENERGIA NUCLEAR

Apenas três reatores nucleares entraram em funcionamento nos Estados Unidos nas últimas três décadas, em parte porque os horrores de Three Mile Island, Chernobyl e Fukushima deixaram uma marca indelével em toda uma geração. Embora os desastres nucleares sejam intoleráveis, também é importante contrabalançar a memória e as lições daqueles desastres com as novas e mais seguras tecnologias e com o impacto ambiental de todos os outros tipos de energia. Desde a combustão do carvão até a extração de minerais essenciais para os carros elétricos, quase todas as formas de energia têm desvantagens. Como afirmou, certa vez, o sábio Thomas Sowell: *"Não existem soluções, apenas situações de perdas ou ganhos."* Isso certamente se aplica aqui, já que a energia nuclear ainda é a forma de energia mais limpa e densa conhecida pelo homem. Do ponto de vista tecnológico, muitos dos reatores que estão em uso hoje em dia utilizam tecnologia com décadas de existência, e todos os acidentes ocorridos ficaram para trás. Sejamos justos: devemos nos valer da tecnologia e dos padrões de segurança atuais para julgar a energia nuclear. É aqui que entram em ação os reatores modulares pequenos (SMRs, na sigla em inglês).

Após décadas de inovações, especialistas acreditam que os SMRs sejam bastante promissores. Mais ou menos do tamanho de um pequeno avião comercial, esses reatores são minúsculos em comparação com os enormes reatores tradicionais que, provavelmente, nos vêm à cabeça quando ouvimos falar em "energia nuclear". **Os SMRs são muito mais confiáveis e possuem inúmeros dispositivos de segurança capazes de evitar uma catástrofe.** Ao contrário dos reatores tradicionais, cuja construção pode levar uma década, eles podem ser rapidamente construídos e montados em uma fábrica, e levados por caminhão até o destino final. Isso permite que sejam instalados em áreas isoladas e locais com acesso restrito à água. **Se unidades como essas se tornarem onipresentes, falaremos de energia verde e barata para grandes parcelas da população mundial.**

Em 2022, os reguladores aprovaram a construção do primeiro reator modular pequeno baseado nos Estados Unidos, em Idaho. Hoje, existem várias empresas que desenvolvem SMRs incrivelmente eficientes, que produzirão tanta eletricidade quanto os reatores mais antigos e muito maiores **— e farão isso usando apenas 1% do espaço físico que outras energias renováveis (eólica, solar, hidrelétrica) precisariam para produzir a mesma quantidade de eletricidade!**

Existem várias empresas disputando entre si para criar as tecnologias nucleares da próxima geração (incluídos os SMRs), o que é importante porque, globalmente, estamos bastante atrasados. A maioria dos especialistas acredita que, se quisermos de fato zerar as emissões de carbono, a energia nuclear terá de ser uma parte importante da equação. No entanto, ela tende a dividir opiniões devido à tensão entre seus perigos potenciais e ao fato de ser a forma de energia mais verde que conseguimos produzir. Por exemplo: durante anos, grupos ambientalistas pressionaram pelo fechamento do reator nuclear da usina de Indian Point, que supria a demanda de fontes em quase 25% da cidade de Nova York. Eles argumentavam que o reator poderia ser substituído por fontes renováveis, como a eólica e a solar. Em 2021, a usina foi fechada e as consequências indesejadas começaram a se acumular: 89% da eletricidade provêm, agora, do gás natural e do petróleo, acima dos 77% do ano anterior, quando ambos os reatores da Indian Point estavam em funcionamento.[8] Certamente, não é o resultado que os ambientalistas tinham em mente.

Esse posicionamento antinuclear também se mostrou contraproducente na Alemanha. Em 2022, eles já haviam desativado todas as usinas nucleares do país. Exacerbados pela guerra com a Ucrânia e pela supressão do gás natural russo, os alemães tiveram de recorrer ao religamento de suas usinas a carvão, substituindo a energia nuclear verde por energia suja. Depois, em outro movimento desesperado, eles desmontaram um grande parque eólico para expandir as operações de extração de carvão![9]

Muitos defensores da energia nuclear sugerem que a Alemanha deveria ter olhado para os vizinhos franceses, com abastecimento por fonte nuclear em taxas que chegam a 70%. Em vez de fechar as usinas, a França contará com seis novos reatores, que entrarão em funcionamento antes de 2050. Os franceses também foram pioneiros em uma incrível estratégia para reciclar resíduos nucleares e maximizar sua vida útil.

Quem está construindo reatores nucleares?

Os dez principais países por capacidade nuclear em construção

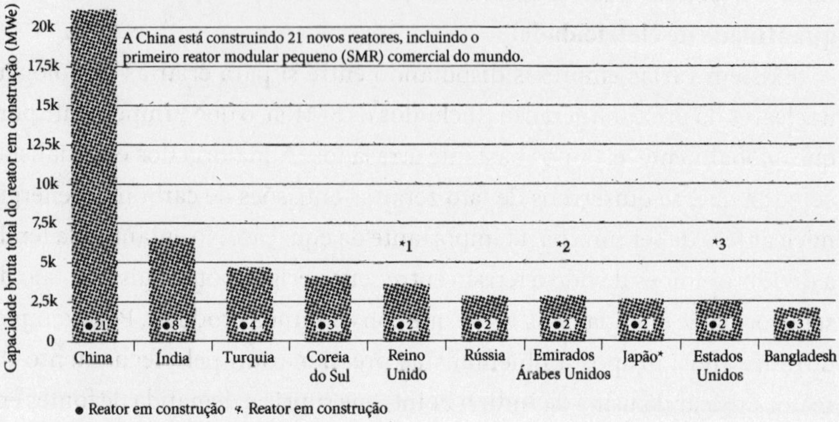

*1 Apesar de estar construindo um reator a menos, o Reino Unido tem mais capacidade em construção do que a Rússia, uma vez que seus reatores podem gerar mais eletricidade.

*2 Quando os dois reatores em construção estiverem operando, a Central Nuclear de Barakah, nos Emirados Árabes Unidos, fornecerá 25% da eletricidade do país.

*3 Os dois reatores norte-americanos entraram em operação em julho de 2023 (Unit 3) e abril de 2024 (Unit 4).

Fonte: World Nuclear Association

Em abril de 2023, a Finlândia ligou uma nova central nuclear. **A usina foi tão eficaz na criação abundante de energia verde e acessível que os preços ficaram abaixo de zero por um breve período!** Hoje em dia, o país tem condições de utilizar a quantidade de energia que quiser, sabendo que é quase 100% verde. China e Índia também compreendem que a energia nuclear é vital para um futuro verde e reconhecem, para além da crescente demanda energética que enfrentam grandes problemas de qualidade do ar e de poluição. À medida que o mundo avança com os compromissos da agenda ESG, esses dois países deixaram bem claras suas necessidades de equilibrar as preocupações ambientais com a economia em desenvolvimento. Ambos os países deram sinais de que farão isso por meio da energia nuclear, e a China está vencendo a disputa com facilidade. Apoiada por amplos recursos governamentais e pela ausência de obstruções, o país estava construindo, enquanto este livro estava sendo escrito, 21 centrais nucleares. Além disso, estava investindo meio trilhão de dólares para construir 150 reatores nos próximos 15 anos![10] Esse ritmo de expansão não se compara a nada que o mundo já tenha visto.

A Índia também vem se movendo a uma velocidade vertiginosa, e, atualmente, está construindo oito impressionantes usinas nucleares. Até mesmo a Arábia Saudita, rica em petróleo, planeja construir 16 reatores nas próximas duas décadas. Compare isso com os Estados Unidos, que recentemente construíram apenas dois reatores. Os legisladores estadunidenses precisam agir rapidamente se o país ainda pretende liderar a revolução da tecnologia nuclear. A maioria dos especialistas acredita que os ambientalistas e os políticos precisam olhar para essa tecnologia através de lentes mais modernas. Se não julgamos a segurança dos automóveis com base em modelos construídos na década de 1950, o mesmo deveria valer para a energia nuclear!

MÁQUINAS VERDES E A CORRIDA PELOS MINERAIS

Os veículos elétricos (VEs) estão tendo seu momento de destaque. Com a Tesla na liderança, todos os fabricantes de automóveis embarcaram na revolução dos VEs. Contudo, embora os carros elétricos sejam mais ecológicos nas estradas, é inegável que a produção deles é muito desgastante para o meio ambiente. O mesmo vale para as turbinas eólicas e os painéis solares. A realidade é que essas "máquinas verdes" precisam ser fabricadas com fontes tradicionais de energia. Precisa-se de petróleo, gás natural e carvão para produzir o concreto, o aço e os plásticos necessários. **Por exemplo, para fabricar uma única bateria VE capaz de armazenar o equivalente a um barril de petróleo, é necessária a energia equivalente a cem barris de petróleo.** Além disso, temos a grande quantidade de minerais críticos necessários para fabricar baterias, painéis solares, transformadores, geradores e outros componentes internos dessas novas máquinas. O processo de descoberta, mineração, refino e transporte desses minerais não é nem um pouco verde. Considere estes fatos:

- Quase 230 mil quilos de terra são escavados e processados para criar apenas uma bateria VE de 455 quilos. Essa mineração, geralmente, é feita com equipamentos pesados que queimam diesel.

- Uma bateria VE padrão contém cerca de 11 quilos de lítio, 13 quilos de cobalto, 27 quilos de níquel, 50 quilos de grafite e 41 quilos de cobre.
- Uma bateria VE contém mil vezes mais cobalto do que um smartphone.
- Até 2030, mais de dez milhões de toneladas de baterias se tornarão lixo todos os anos.

Naturalmente, há uma compensação por sua excepcional economia de combustível.

Para que fique claro, os veículos elétricos, os parques eólicos e os painéis solares são, de fato, uma parte importante das energias renováveis. No entanto, se quisermos ser intelectualmente honestos, toda a cadeia de abastecimento precisa ser descarbonizada. A China tem o maior número de VEs do mundo, mas a maioria deles é carregada com eletricidade proveniente do carvão. Podemos, de fato, considerar os carros movidos a carvão como "verdes"?

A questão que estou defendendo é que precisamos separar os fatos da ficção e o marketing da realidade. Todos nós queremos energia limpa e queremos cuidar do nosso planeta. É preciso, no entanto, assimilar algumas verdades difíceis. Uma delas é o controle de minerais críticos por países que, muitas vezes, são adversários.

CONTROLE TOTAL(ITÁRIO)

No início dos anos 2000, a China pressentiu o que estava por vir. Eles perceberam que o mundo estava se comprometendo com tecnologias mais verdes, e sabiam que cada uma delas exigiria minerais críticos. Sem jazidas substanciais no país, o governo chinês gastou centenas de bilhões de dólares para garantir o controle de inúmeras operações de mineração ao redor do mundo. É evidente que flexibilizaram seu poder (e suas carteiras) com governos por vezes corruptos do continente africano, que é rico em recursos naturais. Assim o Congo foi a principal conquista da China.

O cobalto é usado em quase todos os smartphones, tablets, laptops e veículos elétricos para dar estabilidade às baterias e evitar o superaquecimento. A República Democrática do Congo possui mais jazidas de cobalto do que o restante do mundo. Na verdade, quase 70% do suprimento mundial conhecido está escondido sob a superfície de terra vermelha do país, onde o minério é facilmente acessível (o que é um tanto irônico, considerando-se que, segundo o Banco Mundial, apenas 19% da população do Congo têm acesso à eletricidade).[11]

Estima-se que 15 das 19 principais minas do Congo sejam controladas direta ou indiretamente pela China. Algumas delas são do tamanho de uma cidade europeia! O mais perturbador são os relatos de permanentes abusos contra os direitos humanos. O Congo tem uma triste história de exploração e escravização que remonta ao fim do século XIX. Por volta de 1890, houve uma "febre das bicicletas", quando milhões de pessoas em todo o mundo começaram a pedalar. Acredite ou não, as primeiras bicicletas tinham rodas de aço e/ou madeira — por isso, foi um grande feito quando, em 1888, o inventor John Dunlop patenteou uma nova forma de pneu de borracha. E sua invenção realmente decolou quando os automóveis entraram em cena. A demanda por borracha explodiu, e o fato é que o Congo possuía seringueiras até onde a vista alcançava. Sob a opressão colonial do rei belga Leopoldo II, um grande número de aldeões congoleses foi escravizado, ao mesmo tempo em que o desmatamento assolava suas terras. O Congo se tornou o maior exportador mundial de borracha e, ainda assim, a população continuou empobrecida. Publicado em 1899, o famoso romance *Coração das trevas*, de Joseph Conrad, documentou a terrível tragédia de uma população privada de liberdade e de um país consumido pelos fins comerciais.

Hoje, o Congo está sendo devastado mais uma vez — não por causa da borracha, mas por causa do cobalto. Em todo o mundo, as empresas de tecnologia que compram cobalto são, com frequência, informadas pelos revendedores de que a cadeia de abastecimento é limpa, mas isso não é verdade na maioria das operações de mineração. Graças ao trabalho corajoso de jornalistas investigativos como Siddharth Kara (autor de *Cobalt Red: How the Blood of the Congo is Powering Our Lives* [Vermelho cobalto: Como o sangue do Congo está abastecendo nossa vida, em tradução livre]), sabemos como é a base da nossa cadeia de abastecimento. Muitas das minas funcionam à custa de escravizados modernos. Sob o olhar de milícias armadas, homens, mulheres e crianças escavam o solo incessantemente em busca do minério. Eles vasculham com paus, picaretas, pás e vergalhões, expostos a substâncias tóxicas e cancerígenas. Durante 12 horas por dia, centenas de milhares de congoleses se exaurem sob o sol para ganhar US$ 1 ou US$ 2. Apenas o suficiente para sobreviver.

Assim, os defensores da eletrificação de todas as coisas também precisam lidar com o verdadeiro significado das práticas ESG: Governança Ambiental, Social e Corporativa. Será que cada letra tem o mesmo valor? Se o meio ambiente está sendo destruído no Congo (e em outros locais) enquanto centenas de milhares de cidadãos são escravizados, será possível afirmar que o fim justifica os meios? Em última análise, as grandes empresas de tecnologia precisam acordar e começar a abordar essas questões conjuntamente. **O poder de compra dessas empresas está em condições de exigir mudanças, para que esses trabalhadores sejam remunerados e tratados de forma justa.** Também devemos continuar em busca de tecnologias mais avançadas, que talvez possam prescindir de alguns desses minerais críticos. Baterias de estado sólido e sem cobalto estão sendo implementadas. No momento, a Tesla as está utilizando em 50% dos seus carros, e sinalizou que pretende removê-lo completamente de seus produtos. Tiramos o chapéu para Elon, mas restam alguns problemas a resolver.

O BLOCO RÚSSIA-CHINA

A Rússia, um país repleto de recursos naturais, inclusive de reservas substanciais de minerais críticos, uniu forças com a China em uma relação mutuamente benéfica. Por exemplo, enquanto os chineses investiram centenas de bilhões de dólares na África, a Rússia apelou para a força com uso de mercenários, agentes contratados pelo governo para manter as populações sob controle.

Obviamente, esse bloco China-Rússia está levando os líderes mundiais a refletir e a perceber que ambos os países controlam com mão de ferro o suprimento global de minerais. Enquanto isso, outros regimes nem tão amigáveis também detêm um nível de controle crítico sobre eles. Consideremos a China, a Rússia, o Irã, o Cazaquistão, a Coreia do Norte e a Venezuela. Esses seis regimes totalitários possuem um controle dominante sobre os minerais (veja o gráfico X.X na página XX do encarte) necessários para fabricar smartphones, tablets, baterias de veículos elétricos, painéis solares, moinhos de vento e muito mais. Isso levanta uma série de questões. ***Como garantimos uma cadeia de abastecimento segura e confiável? Como podemos nos certificar de que os direitos humanos sejam respeitados? Como países como os Estados Unidos podem satisfazer a crescente demanda por minerais críticos se as políticas ambientais os impedem de explorar a mineração em seu próprio território?*** Essas perguntas ainda não têm grandes respostas, mas, sem dúvida, precisarão ser analisadas.

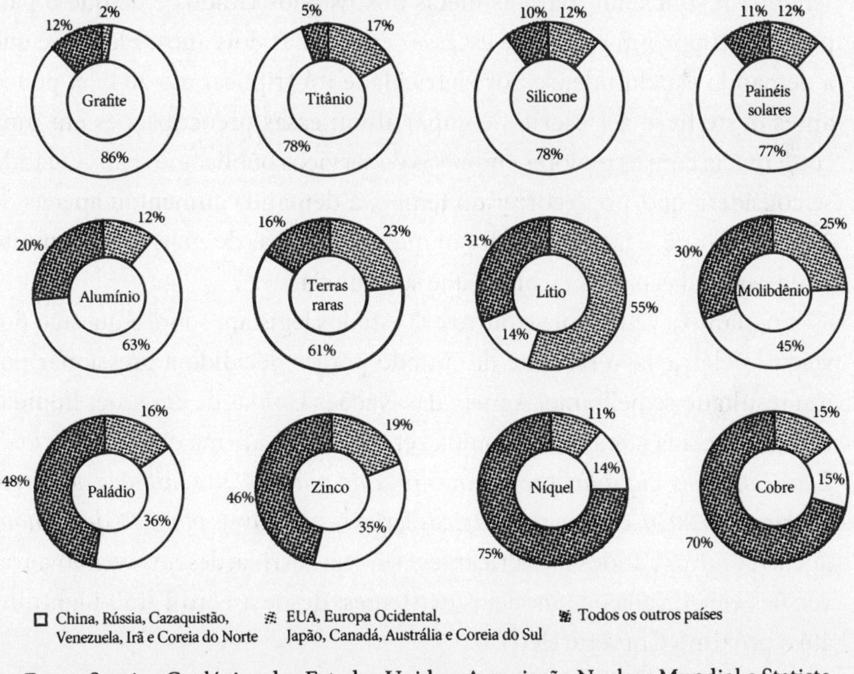

Fonte: Serviço Geológico dos Estados Unidos, Associação Nuclear Mundial e Statista

UM MUNDO ELETRIFICADO

Em 2022, a Califórnia determinou que, até 2035, todos os veículos novos vendidos em seu território deveriam ter emissões zero (elétricos, movidos a hidrogênio etc.).[12] Ironicamente, não muito tempo depois do anúncio, a Califórnia sofreu uma onda de calor e implorou às pessoas que evitassem carregar seus veículos elétricos por medo de sobrecarregar a rede de eletricidade já obsoleta. Isso levanta uma questão genuína: a Califórnia conseguirá lidar com um aumento de 15 a 30 vezes no número de carros elétricos? **Estima-se que, para chegar lá, será necessário triplicar a geração de energia na próxima década.** Para colocar isso em perspectiva, o estado está gerando quase a mesma quantidade de energia que gerava há 13 anos.[13] Até mesmo um pequeno aumento já representa um cenário bastante desafiador, e foi provavelmente por isso que a comissão responsável não divulgou nenhum plano sobre como irá cumprir essa meta monumental.

Elon Musk, fundador da Tesla (o maior fabricante de veículos elétricos do mundo), tem sido bastante sincero sobre sua preocupação de que haja "energia insuficiente" para as metas dos Estados Unidos e de que o país poderia atingir um estado de escassez em apenas dois anos. Ele prevê que a demanda estadunidense por eletricidade irá triplicar até 2045 e, pouco antes deste livro ser escrito, compartilhou essas preocupações em uma conferência com as maiores empresas de serviços públicos do país. Quando se considera que, no decorrer do tempo, a demanda aumentou apenas de 2% a 3% ao ano, é fácil perceber por que as empresas de energia estão muito mal preparadas para a escalada que se anuncia.

Enquanto a Califórnia e outros 12 estados legislam sobre a questão dos veículos elétricos, o restante do mundo parece decidido a pressionar por um resultado semelhante. A meta das Nações Unidas de emissões líquidas zero, conhecida como meta líquida zero até 2050, afirma que "*o cenário de Zero Emissões Líquidas prevê uma frota de mais de 300 milhões de carros elétricos em 2030, e os carros elétricos serão responsáveis por 60% das vendas de carros novos*". Todos os fabricantes estão na corrida, desenvolvendo novas versões eletrificadas de modelos existentes, desde a Ford F-150 Lightning até o próximo Corvette elétrico.

Metas de produção de veículos elétricos novos

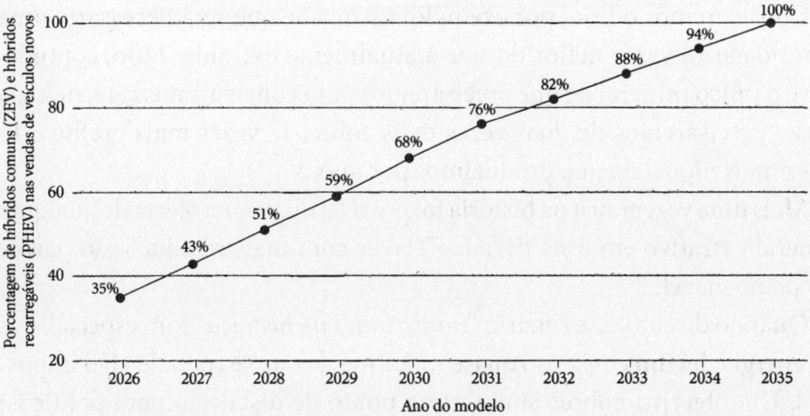

Atualmente, cerca de 2,5 milhões de veículos elétricos e híbridos circulam nos Estados Unidos, de um total de 290 milhões de carros (menos de 1%). O número total em todo o mundo é de 16,8 milhões, diante de cerca de 1,44 bilhão de carros (também cerca de 1%). **Portanto, com a meta de 300 milhões de automóveis com emissões líquidas zero até 2030, estamos falando de um nível sem precedentes de demanda pelos minerais críticos necessários.** É mesmo factível? Porque os desafios para alcançar resultados tão ambiciosos são bastante reais.

Vamos começar dando uma olhada na história. **A indústria extrativa (petróleo, gás, ouro, minério de ferro etc.) *nunca* conseguiu aumentar a produção global em 100% em uma única década.** A mineração é cara, trabalhosa, demorada, e é um pesadelo regulatório, especialmente em países desenvolvidos onde os direitos humanos e os estudos de impacto ambiental são priorizados. Muitas vezes, uma jazida recém-descoberta pode levar muitos anos para ficar disponível e começar a produzir as matérias-primas necessárias.

Deixando de lado os trilhões de dólares em investimentos exigidos, especialistas ambientais acreditam que a extração dos minerais críticos necessários para produzir 300 milhões de veículos com emissões líquidas zero pode representar um fardo extraordinário para o planeta. Quando se acrescentam os megaparques eólicos, as baterias de armazenamento industrial e os milhares de hectares de painéis solares, a quantidade de minerais requerida para atingir a meta *"líquida zero até 2030"* é impressionante. A figura X.X (veja a página XX do encarte) mostra a demanda exponencial pelos vários minerais necessários.

Consideremos o lítio, por exemplo. Estima-se que será necessária uma quantidade 18 vezes maior do que a atualmente extraída. Lítio, contudo, não é o único mineral de que precisaremos para construir nossa tecnologia verde. Precisaremos de duas vezes mais cobre, 17 vezes mais grafite e 11 vezes mais níquel do que produzimos por ano.[14]

Mais uma vez, nunca na história foi possível duplicar a oferta de qualquer mineral extrativo em uma década. "Cavar com mais rapidez" não parece um plano viável.

Quando discuto esse cenário "*nunca antes na história*" com especialistas em energia, há um consenso quase unânime de que se trata de algo impossível. Um objetivo nobre? Sim. Ótimo ponto de discussão para políticos? Certamente. **No entanto, é preciso levar em conta a realidade daquilo que a Terra nos proporcionará e em quais outros custos, tanto humanos quanto ambientais, incorreremos.**

Demanda atual* versus *demanda futura pelos usos de energia limpa (em toneladas)

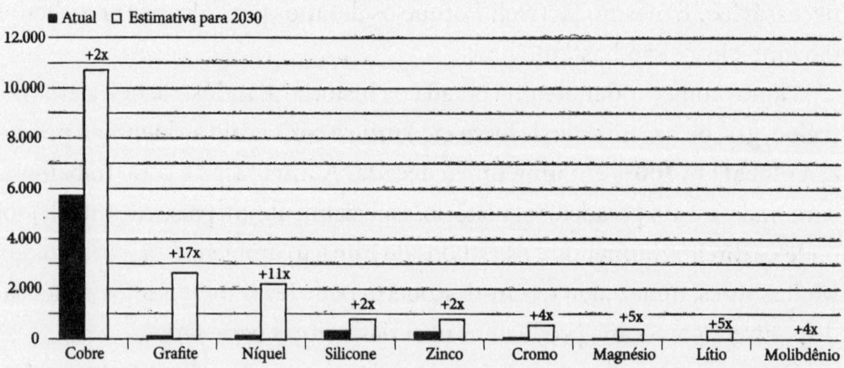

Fonte: Panorama dos Minerais Críticos da Agência Internacional de Energia

Ora, dependendo das pressuposições, muitos dos fatos que expus até agora podem ser difíceis de digerir. Acredito que todos nós adoraríamos ligar o interruptor verde e descarbonizar o planeta. Vários especialistas de fato acreditam, e eu também, que isso é possível com mais inovações a longo prazo.

Nesse intervalo, porém, surgirão inúmeras oportunidades de investimento em uma classe de ativos em que o aumento da demanda parece inevitável.

QUEM BEBEU TODO O LEITE?

Na época em que meu filho morava comigo, muitas vezes eu abria a porta da geladeira e encontrava uma caixa de leite praticamente vazia. Parecia que não importava quanto leite comprássemos, o recipiente sempre se esvaziava mais rápido do que conseguíamos substituí-lo. Viver com um adolescente em casa é análogo a nossa situação energética atual. Acompanhe o meu raciocínio:

A energia, tal como o leite que está dentro de uma embalagem específica, é finita e precisa ser substituída. Agora, pense em um reservatório de petróleo ou gás natural. Quando se abre a parte superior, encontra-se certa quantidade que pode ser extraída antes que ele seque. **As empresas de energia e seus investidores precisam gastar, antecipadamente, centenas de bilhões de dólares para pesquisar e apresentar novos projetos só para satisfazer o atual apetite do planeta.**

Mas o que acontece quando paramos drasticamente de investir em uma nova produção? O que acontece quando não conseguimos substituir nossa oferta diante da demanda atual e crescente? Todos nós, mais cedo ou mais tarde, descobriremos.

Em junho de 2014, o preço do barril de petróleo aumentou para US$ 107. Então, em uma reviravolta dramática, apenas seis meses depois o preço caiu para US$ 44. Essas perdas rápidas foram devastadoras, e as maiores empresas de energia apertaram as rédeas dos gastos enquanto lambiam as feridas. Na mesma época, o ESG começou a ganhar bastante força. Com objetivos nobres, essas práticas infelizmente estabeleceram prazos irreais. Em vez de procurar tecnologias inovadoras para tornar o petróleo/gás/carvão mais limpos, o movimento se concentrou em eliminar os combustíveis fósseis, uma meta que foi, inclusive, vocalizada pelo então candidato à presidência dos Estados Unidos, Joe Biden, que prometeu: "*Garanto a vocês: vamos acabar com os combustíveis fósseis.*"

As empresas de energia ficaram entre a cruz e a espada. Os investidores que, historicamente, haviam financiado a exploração de novas fontes substitutas de energia foram pressionados a evitar investimentos em combustíveis fósseis, como se estivessem lidando com uma praga. Os CEOs das grandes empresas do setor energético também se encontravam sob enorme pressão. Os membros do conselho de administração e os grandes acionistas lhes diziam, tanto explícita quanto implicitamente, para *não* gastarem tanto em novos projetos de energia alternativa. Em vez disso, eles foram encorajados a devolver o excesso de caixa aos investidores, fosse por meio de dividendos, fosse por meio da recompra de ações. **Assim, os investimentos na descoberta e extração de novas fontes de energia caíram quase 50% nos anos subsequentes.** Colocando em perspectiva, antes de 2014, as principais empresas petrolíferas investiam cerca de US$ 700 bilhões por ano em energia de substituição. A partir de 2014, passaram a gastar apenas cerca de US$ 300 a US$ 350 bilhões globalmente.

Os críticos argumentam que menos gastos em novos projetos de energia *upstream* são uma coisa boa. Uma coisa verde. Entretanto, na realidade, especialistas acreditam que isso poderá nos colocar diante de uma reação em cadeia, com preços mais altos de energia e, por consequência, de alimentos além de menos segurança nacional. Foi este o primeiro argumento de Jamie Dimon no que se refere às consequências não intencionais de movimentos de curto prazo: que poderiam, na verdade, inibir as metas líquidas zero de longo prazo no mundo inteiro.

SETE ARÁBIAS SAUDITAS

Como mencionado anteriormente, o consumo mundial de energia alcança cerca de **100 milhões de barris por dia (ou o equivalente em barris).** Para se ter uma ideia, um estádio de futebol americano teria capacidade para cerca de 2 milhões de barris. Esse uso total equivale a cinquenta estádios de futebol americano cheios de petróleo *todos os dias*. **Isso significa 36,5 bilhões de barris todos os anos, apenas para manter em funcionamento o motor econômico do planeta. O crescimento populacional e a expansão econômica significam que a demanda deverá aumentar de 1% a 2% por ano, ou entre 365 milhões e 700 milhões de barris.**

No entanto, o quanto esgotamos as fontes existentes a cada ano? Quanto custa a já tão conhecida caixa de leite? Esta é a pergunta de um trilhão de dólares...

A "taxa de declínio da oferta" global é de 7% a 8% ao ano. Isso significa que os reservatórios e os depósitos de combustíveis fósseis existentes estão perdendo de 7% a 8% de sua capacidade finita total por ano. **Precisamos substituir de 7 milhões a 8 milhões de barris de oferta diária em *todo e qualquer* ano, apenas para acompanhar o ritmo da demanda atual, isso sem mencionar a tentativa de atender ao aumento futuro da demanda. Wil VanLoh, fundador da Quantum Energy Partners, uma das maiores empresas de capital privado focada no setor de energia do mundo, definiu melhor a atual situação: "É o equivalente à necessidade de encontrar sete novas Arábias Sauditas em termos de produção de energia nos próximos vinte anos."** Em outras palavras, ao diminuir os nossos gastos em energia de substituição ao longo da última década, ficamos em apuros. VanLoh também acredita que, só agora, a falta de investimentos em fontes alternativas nos últimos anos está começando a refletir nos preços.

Resumindo: esgotar projetos finitos sem investimentos suficientes para substituí-los é a receita para a limitação da oferta, preços mais altos de energia, preços mais altos dos alimentos e preços mais altos ao consumidor final.

HORA DE FAZER NOSSAS APOSTAS

Agora que separamos os fatos da ficção, fica nítido que haverá enormes oportunidades nos próximos anos. Na verdade, muitos dos especialistas com quem converso acreditam que podemos estar diante de uma era de ouro para o investimento energético. No que diz respeito aos combustíveis fósseis, haverá uma diminuição da oferta e um aumento da demanda, provavelmente levando a uma alta dos preços. Para as energias eólica, solar e nuclear, haverá uma adoção acelerada e trilhões de dólares aplicados em empresas inventivas. E, finalmente, para a tecnologia verde, existem inúmeras estratégias inovadoras de descarbonização sendo disponibilizadas que permitirão, provavelmente, que continuemos a utilizar combustíveis fósseis de uma forma muito mais ecológica!

Analisaremos melhor essas oportunidades na Parte II!

CAPÍTULO 6

ENERGIA

A FORÇA DA NOSSA VIDA (PARTE II)

"A energia não pode ser criada nem destruída,
apenas transformada de uma forma em outra."

— Albert Einstein

ENERGIA PARA TODOS

Afirmar que menos poluição é melhor para este belo planeta que compartilhamos não deveria gerar controvérsias. Todos deveríamos lutar por soluções mais ecológicas, seja por meio de investimentos pesados em energias renováveis, seja por inovações na área dos combustíveis fósseis tradicionais (ou seja, captura de carbono).

No entanto, tal como relatado na Parte I, especialistas concordam que vivemos sob a tensão de duas realidades inegáveis:

1. A demanda por todas as formas de energia continuará crescendo, incluindo os combustíveis fósseis.
2. As queimas de carvão, gás natural e petróleo criam uma quantidade significativa e impactante de CO2 na atmosfera terrestre, e deveríamos reduzi-las utilizando ***os melhores meios possíveis.***

Os "melhores meios possíveis" é o ponto em que os especialistas têm grandes divergências. Em março de 2023, o secretário-geral da ONU apelou à "interrupção de qualquer licenciamento ou financiamento de novas empresas de petróleo e gás", bem como à "suspensão de qualquer expansão das atuais reservas de petróleo e gás".

Embora todos possamos querer 100% de energia verde para ontem, o mundo é como um bairro gigante. Precisamos que todas as nações cooperem e trabalhem juntas. A verdade, porém, é que nem todos os estados estão em sintonia e cada um tem um prazo muito diferente para alcançar a neutralidade carbônica. É um equilíbrio delicado entre não prejudicar o meio ambiente e, ao mesmo tempo, não prejudicar as pessoas e a capacidade que elas têm se sustentar, preparar alimentos, ter acesso a transporte e assim por diante.

China, Índia e muitos outros países em desenvolvimento sabem que interromper subitamente o uso dos combustíveis fósseis é inviável. Especialistas alertam que medidas drásticas encaminhariam o mundo a uma depressão global catastrófica, em que centenas de milhões de pessoas poderiam morrer de fome. Em uma audiência no Congresso, Jamie Dimon, do J.P. Morgan, reiterou que para os Estados Unidos, suspender o financiamento de petróleo e gás seria um caminho em direção ao inferno. Lembre-se: são necessários cerca de 36 bilhões de barris de petróleo por ano para manter a máquina econômica global funcionando, o que significa que não podemos apenas puxar o fio da tomada.

Então, seria esta, realmente, a escolha binária da humanidade? Ser destroçado pela profecia da ONU de uma "*bomba-relógio da mudança climática*", ou parar de imediato de utilizar todos os combustíveis fósseis e ficar relegado a uma vida de pobreza verde? A maioria dos especialistas acredita que basta adotar uma perspectiva equilibrada. Precisamos nos esforçar para encontrar soluções inovadoras que possam manter o mundo em seu caminho de crescimento populacional e erradicar a extrema pobreza em todo o planeta. **Devemos fornecer a energia mais limpa possível a tantas pessoas quanto possível, a fim de impulsionar o crescimento econômico e a segurança alimentar globais, e devemos fazê-lo de maneira eficaz em termos de custos.** As inovações sempre foram — e sempre serão — a resposta para problemas como esse. **Como diz o ditado, a Idade da Pedra não terminou porque o mundo ficou sem pedras.**

A PRIMEIRA USINA DE GÁS NATURAL DO MUNDO COM EMISSÕES PRATICAMENTE NULAS

Rodney Allam é um engenheiro químico que, aos 82 anos, prefere fazer cálculos em papel quadriculado com lápis e calculadora padrão. Como principal inventor da 8 Rivers, empresa provedora de soluções de descarbonização, Allam tenta analisar os problemas relacionados à energia de maneira bastante diferente. Essa abordagem única lhe rendeu inúmeras patentes, bem como o prestigiado Prêmio de Energia Global (2012).

Enquanto a maioria tentava descobrir como capturar e sequestrar o dióxido de carbono, Allam se perguntava se poderíamos usá-lo a nosso favor. Em 2013, ele patenteou um método revolucionário para capturar quase 97% do composto químico criado pela queima de gás natural. Funciona assim...

No método padrão de hoje, o gás natural é queimado para gerar calor. O calor gera vapor, que faz girar uma turbina. Esse movimento gera eletricidade. Esse processo é responsável por cerca de 40% da eletricidade dos Estados Unidos. O problema é que o subproduto da queima do gás é o dióxido de carbono, que é lançado na atmosfera. O mesmo acontece com o carvão, embora este seja significativamente mais poluente.

Allam especulava se, em vez de usar vapor para alimentar o mecanismo, seria possível capturar e comprimir o CO2 e usar *isso* para fazer a turbina girar. E se ele conseguisse criar um sistema de circuito fechado no qual a maior parte do composto nunca fosse lançada na atmosfera? Se funcionasse, isso criaria gás natural com emissões praticamente nulas! Com o tempo, Allam aprimorou os cálculos e, finalmente, patenteou a incrível inovação. E aí chegou a hora de passar do papel para a fábrica. Trabalhando com uma empresa chamada NetPower, ele se dedicou a concluir um projeto-piloto para construir a primeira usina de gás natural com emissões praticamente nulas. A unidade de ensaio começou a ser desenvolvida em 2018 e, após alguns anos de testes e refinamentos, conectaram-na com sucesso à rede elétrica do Texas! No momento, estão trabalhando na construção de uma primeira fábrica em grande escala no oeste do Texas *(Aviso: para que fique claro,* não *éramos investidores na NetPower quando este livro foi escrito).*

Embora a NetPower esteja atualmente à frente do grupo, esse tipo de história de inovação vem acontecendo em todo o mundo. Existem centenas de empresas inventivas com soluções potenciais ou comprovadas para realizar a captura (e o armazenamento) do carbono. De ventiladores gigantes que sugam CO2 para retirá-lo do ar até empresas que bombeiam o excesso de carbono em formações rochosas subterrâneas para armazenamento, elas estão em vários estágios de desenvolvimento (e viabilidade), mas a questão mais ampla está clara — segundo os especialistas, provavelmente serão as novas ideias que nos levarão a emissões líquidas zero, e não a eliminação completa dos combustíveis fósseis. Enquanto isso, existirão inúmeras oportunidades de investimento à medida que o mundo continuar lidando com a rivalidade entre a realidade e a retórica. Vamos averiguar um pouco mais.

"PETRÓLEO, QUER DIZER, OURO NEGRO. O CHÁ DO TEXAS!"

Se você perguntar a cem pessoas quem é o maior produtor de energia do mundo, muitos diriam que é a Arábia Saudita. E estariam erradas. **Os Estados Unidos são o maior produtor mundial de petróleo e gás. Os norte-americanos produzem cerca de 22% da oferta mundial, com a Rússia (15%) e a Arábia Saudita (9%) em segundo e terceiro lugares.**[1] **Os estadunidenses não são apenas os maiores, como também os mais limpos (relativamente falando). O gás natural do país, por exemplo, é cerca de 30% mais limpo do que o russo.**[2] O mesmo se aplica ao petróleo. Você já observou uma chama constantemente acesa no topo de uma plataforma de petróleo? Antigamente, essa era uma visão comum para os texanos. Isso é o resultado de uma prática chamada *flaring*, que queima o excesso de matéria criada durante a perfuração de petróleo. **O produto dessa combustão é o metano é um gás de efeito estufa muito mais potente do que o CO2**, o que torna a queima bastante poluente. É por isso que os Estados Unidos têm liderado os esforços para acabar com a prática, e reduziram a intensidade da queima em 46%, ao mesmo tempo em que continuam a aumentar a produção.[3] Infelizmente, países com menos regulamentações ambientais aumentaram a queima na última década. **Por exemplo, em comparação com os Estados Unidos, a Venezuela emite 18 vezes mais *flaring*. A questão é que nem toda a energia é criada da mesma forma.** Os estadunidenses possuem as mais rigorosas regulamentações e leis de impacto ambiental.

Além de trabalhar para gerar as versões mais limpas dos combustíveis fósseis, **a independência energética e a posição de maior produtor mundial dos Estados Unidos lhes dão uma enorme vantagem em termos de segurança econômica, alimentar e nacional.** Nas últimas décadas, o planeta se tornou cada vez mais interdependente. Muitas vezes, por uma questão de lucros, o Ocidente exportou empregos em troca de produtos mais baratos. **Também exportou emissões ao permitir que países em desenvolvimento com mão de obra barata poluíssem o próprio ar e a própria água enquanto fabricavam os produtos que compramos.** Tendemos a esquecer que, se as alterações climáticas são uma questão global, poluir outros países não resolve o problema. Vivemos todos em um "beco sem saída" global, e a poluição não tem fronteiras.

E então veio a pandemia. No mínimo, a pandemia de covid-19 descerrou a cortina que escondia a fragilidade da nossa máquina econômica global. Os estadunidenses perceberam, muito rápido, que suas cadeias de abastecimento estão quase que por inteiro fora do país e, portanto, fora de controle. Desde produtos farmacêuticos até móveis, os Estados Unidos não conseguiam acesso ao que precisavam — qualquer cidadão que tenha tentado comprar um carro nos últimos anos sabe exatamente do que estou falando. As prateleiras vazias das lojas causaram a todos uma sensação estranha. Tínhamos como certo que a reposição dos estoques nunca seria um problema... até que foi.

Após este alerta, os países começaram a manter os elementos cruciais da cadeia de abastecimento no território e a trazer a indústria para o próprio quintal. Dos alimentos aos microchips e à fabricação de equipamentos, essa "desglobalização" exigirá energia doméstica. Os países com independência energética são os que tendem a prosperar. E aqueles com excesso de energia para além de suas necessidades internas serão forças dominantes, com a capacidade de ser um "exportador líquido" para seus aliados.

Embora essa indústria estadunidense tenha sido *persona non grata* nos últimos tempos (por todas as razões expostas na Parte I), ela deverá se tornar extremamente importante para a prosperidade de toda a nação nas próximas décadas. Teremos uma incrível vantagem à medida que liderarmos tanto a implementação de energias renováveis quanto as soluções inovadoras para combustíveis fósseis mais ecológicos.

Vamos explorar alguns temas nos quais os especialistas acreditam que surgirão oportunidades. Observe que muitos desses assuntos podem ser discutidos tanto em mercados públicos quanto em privados (para os que se qualificarem). **A energia é notoriamente volátil, por isso proceda com cautela. A propósito, a CAZ Investments nunca investe direto em energia sem um parceiro estratégico, com atuação expressiva na área, décadas de experiência e histórico comprovado.**

FUTURAS OPORTUNIDADES PARA INVESTIMENTOS EM ENERGIA

1. Capital privado: **Há aproximadamente dez anos, apenas 15% das plataformas petrolíferas que operam nos Estados Unidos eram financiadas pelo capital privado, sendo o restante propriedade das grandes empresas negociadas publicamente. Hoje, mais de 50% das plataformas em funcionamento são mantidas por capital privado.** Tais plataformas geram fluxos de caixa um tanto previsíveis, e, com frequência, as companhias mais conservadoras também pagarão por uma cobertura contra a queda dos preços, o que efetivamente preserva os lucros. Dito isso, as empresas de energia de capital privado ainda enfrentam relutância por parte dos investidores institucionais, o que significa que os empreendedores mais bem posicionados podem obter um acesso inédito a grandes oportunidades de qualidade. **Mais adiante neste livro, dissertaremos sobre alguns ensinamentos de dois dos investidores em energia mais bem-sucedidos do mundo: Bob Zorich, cofundador da EnCap Investments, e Wil VanLoh, da Quantum Energy Partners. Ambas as empresas têm um histórico de várias décadas de excelência no ramo.**
2. Empresas de petróleo e gás negociadas publicamente e subvalorizadas: Em 2016, as empresas de exploração de petróleo e gás do S&P 1500 estavam negociando a 13 vezes EBITDA, que é um acrônimo sofisticado para lucros (na sigla em inglês, EBITDA significa lucro antes dos juros, impostos, depreciação e amortização). **Na época,**

esse índice multiplicador era superior aos segmentos financeiro, industrial e de cuidados de saúde. Apesar da recuperação do financeiro do setor de petróleo e gás, ambos caíram em desuso pelas razões discutidas anteriormente, e agora são negociados a insignificantes 4,7 vezes o EBITDA. Com base nas realidades expostas neste livro, muitos especialistas em energia acreditam que, no momento, essa é uma das classes de ativos mais subvalorizadas no mundo.

3. Refinarias: Em junho de 2022, a seguinte matéria surgiu na minha caixa de entrada. **Mike Wirth, CEO da Chevron, estava sendo entrevistado pela *Bloomberg* e aproveitou para largar uma bomba.**[4] **Observando que não haviam sido construídas novas refinarias nos Estados Unidos desde a década de 1970, ele previu, severamente: *"Minha opinião é que nunca será construída uma nova refinaria nos Estados Unidos."***

   Em um contexto de demanda crescente e de aumento da população, isto poderá representar um desastre para os preços ao consumidor final, mas ao mesmo tempo uma boa oportunidade para os investidores. As refinarias desempenham um papel crítico ao transformar o petróleo bruto em produtos como gasolina, diesel e combustível de aviação. **Mais de quatro milhões de caminhões de carga movidos a diesel mantêm as lojas abastecidas e os pacotes da Amazon entregues todos os dias. Há mais de 22 milhões de voos todos os anos que requerem imensas quantidades de combustível. Quando as companhias aéreas pagam mais pelo combustível, pagamos mais para voar. Quando os caminhoneiros pagam mais para encher o tanque, pagamos mais na caixa registradora.**

   Em abril de 2022, quando algumas refinarias da Califórnia fecharam para manutenção sazonal, os preços do gás subiram a níveis quase recordes. O que acontecerá se (ou quando) esses desligamentos se tornarem permanentes? De acordo com Laura Sanicola, da *Reuters*, "*desde o início da pandemia global, os Estados Unidos perderam quase um milhão de barris por dia em capacidade de refinamento de petróleo, e mais refinarias deverão ser fechadas nos próximos anos*". Em 2022, o *Washington Post* informou que "*cinco refinarias foram desligadas nos últimos dois anos, reduzindo a capacidade de refino do país em 5%*".

Uma porcentagem de 5% pode parecer pouco, mas foi suficiente para desencadear um choque de oferta em todo o sistema. À medida que os preços do gás disparavam, o governo dos Estados Unidos, desesperado, apelava às refinarias para que aumentassem a oferta, mas elas já estavam funcionando perto do pico da capacidade.

E, agora, a pergunta óbvia: **por que diabos estaríamos fechando refinarias em pleno aumento da demanda?**

Historicamente, refinarias são negócios de altos e baixos. Elas obtêm muitos lucros quando os preços sobem e sofrem perdas significativas quando caem. Os equipamentos são obsoletos e as refinarias encontram alguns impasses: **em primeiro lugar, são necessários bilhões de dólares para modernizar essas unidades envelhecidas, e a renovação pode levar uma década para ser concluída. Em segundo lugar, enquanto este livro está sendo escrito há uma dificuldade em angariar capital para tais renovações, de modo que algumas optaram, simplesmente, por desmantelar suas instalações e vender os valiosos imóveis a incorporadoras.** Se continuarmos perdendo capacidade de refino, poderemos constatar aumentos expressivos de preços à medida que a demanda continuar a crescer.

4. Liquefação: **O gás natural barato, confiável e relativamente limpo pode ser uma ferramenta poderosa para a descarbonização. Entre 2009 e 2015, os Estados Unidos reduziram suas emissões mais do que os oito países a serem citados em conjunto — tudo por causa do gás natural. No entanto, seu transporte do gás natural é onde as coisas se complicam. A matéria padrão pode ser transportada em gasodutos, mas essas instalações levam anos para serem construídos, e estão geograficamente circunscritos aos locais alcançados pelos dutos. Então falemos sobre o gás natural liquefeito, ou "GNL", abreviadamente. O gás natural pode ser liquefeito quando resfriado a -162º C Uma vez liquefeito, pode ser transportado em navios cargueiros e caminhões equipados com sofisticado armazenamento criogênico. Depois, ao chegar ao destino final, ele é reaquecido e transformado novamente em gás. É uma inovação incrível. Contudo, aqui está o problema: não há nenhuma perspectiva de aumentar a capacidade de liquefação em um futuro**

próximo. Simplesmente, não temos instalações suficientes para realizar essa complexa tarefa e corresponder à demanda. No início de 2023, a Comissão Federal Reguladora de Energia informou que *"a limitada oferta de GNL contribuiu para o aumento dos preços internacionais, que atingiram níveis recordes"*. **Está começando a captar uma constante aqui?** Quando a realidade se choca contra as vãs ilusões de uma política mal elaborada, os preços tendem a subir.

Consideremos que, no momento em que escrevo este trecho, a Europa está pagando de seis a dez vezes mais pelo gás do que há um ano, uma vez que 40% de seu fornecimento costumava vir da Rússia. Agora, essa válvula está literalmente fechada, devido às sanções e aos danos ao gasoduto Nord Stream. **Segundo a *Reuters*, os Estados Unidos estão prestes a se tornar o maior produtor mundial de GNL em 2023, logo à frente da Austrália.[5] Isso representará uma importante vantagem, mas a questão da capacidade de liquefação ainda persiste.**

5. Crédito privado para a indústria energética: Como abordamos anteriormente, essa modalidade vem intervindo no empréstimo de dinheiro às empresas quando os bancos não podem ou não querem fazê-lo. Algumas dessas empresas são de petróleo e gás. **Muitos bancos assinaram um "compromisso líquido zero", uma declaração autoimposta que acaba por limitar o acesso das organizações de combustíveis fósseis a seus financiamentos. Embora alguns continuem a conceder empréstimos de forma discriminada, isso não é suficiente para corresponder aos bilhões de dólares de capital exigido. Mais uma vez, surgem oportunidades para investidores experientes em uma indústria de capital altamente intensivo.**

CRIANDO UM MUNDO COM EMISSÕES LÍQUIDAS ZERO A PARTIR DE TECNOLOGIAS DE CARBONO LIMPO

Imagine o melhor de todos os mundos… **Se pudéssemos converter os já abundantes recursos de petróleo, carvão e gás natural em energia 100% verde e com emissões líquidas zero, poderíamos ter um planeta mais**

limpo e, ao mesmo tempo, fornecer a bilhões de pessoas em todo o mundo a energia de que necessitam — não apenas aos cidadãos dos países desenvolvidos, mas também dos emergentes que precisam de energia barata e abundante para alimentar sua economia e sair da pobreza.

Uma empresa na qual eu (Tony) estou pessoalmente envolvido é a Omnigen Global. **Sua impressionante tecnologia, que gira em torno do hidrogênio, está pronta para mudar o rumo das coisas. Embora não seja, enquanto este livro é escrito, uma empresa de capital aberto, nem esteja disponível para investimentos, ela pode nos oferecer uma ideia do tipo de inovação revolucionária que muitas empresas ao redor do mundo estão buscando a fim de conduzir a humanidade em direção a uma energia limpa e barata.**

Quando o assunto é energia verde, o hidrogênio é considerado, por muitos especialistas, o "Santo Graal". **Quando o hidrogênio queima, o único subproduto é o vapor d'água! No entanto, criar, armazenar e transportar hidrogênio é caro, com um custo atual de mercado na ordem dos US$ 10 mil por tonelada. Compare isso com o custo atual do carvão, que é de cerca de US$ 100 por tonelada. Dito isso, tenha em mente que o hidrogênio é gerado comercialmente desde 1783, é crucial para a fabricação de tudo, desde o aço até semicondutores e fertilizantes.**

Existem três métodos principais para produzir hidrogênio e, como veremos, nem todo o quantitativo é gerado da mesma forma.

- Reforma de vapor: O gás natural reage com o vapor para produzir hidrogênio. Esse é o método mais barato, mas produz uma quantidade significativa de gases do efeito estufa.
- Hidrólise da água: A água é dividida em hidrogênio e oxigênio por meio de eletricidade. Contudo, a fonte de eletricidade pode ser poluente e cara — por vezes, até 2,5 vezes mais cara do que o valor do hidrogênio criado.
- Pirólise: Combustível fóssil (ou biomassa) é aquecido a altas temperaturas (815–980º C) para produzir hidrogênio. As formas anteriores dessa tecnologia são extremamente caras para serem economicamente viáveis, e ainda geram uma quantidade significativa de resíduos de carbono e emissões de gases do efeito estufa.

Considerando-se que existem vários níveis de proteção ambiental, há uma classificação universal por cores, baseada na forma como o hidrogênio é produzido. Por exemplo, o "azul" e o "cinza" são feitos com gás natural, mas mesmo assim liberam emissões significativas quando produzidos. O elemento denominado "verde, considerado o mais ecológico, é produzido com fontes de energia renováveis, mas não é verdadeiramente verde. Por exemplo, se a energia solar for utilizada para produzir eletricidade, sabemos que a fabricação desses painéis terá uma pegada de carbono substancial. **A fabricação de painéis solares requer a mineração e o transporte de minerais críticos (dominados pela China), o uso e o descarte de produtos químicos cáusticos perigosos e fornos industriais poluentes. Com o tempo, eles acabarão apresentando falhas e, no fim, poderão até ser descartados em um aterro sanitário.** A *Harvard Business Review* estima que painéis solares desativados poderão totalizar 78 milhões de toneladas de resíduos até 2050, pois sua reciclagem ainda não é rentável.[6]

Como mencionei acima, transportar hidrogênio é um feito monumental e dispendioso. **Enquanto o carvão pode ser acomodado em trens e navios, o hidrogênio deve ser resfriado até -253º C — apenas 20º C mais quente do que o zero absoluto, em que toda a matéria se torna, essencialmente, imóvel! Em seguida, ele deve ser altamente pressurizado a mais de 10 mil psi. E, mesmo depois de tudo isso, normalmente mais de 10% são perdidos em vazamentos durante o transporte.** A sofisticação e o custo desse processo, de ponta a ponta, apresentam desafios muito reais à ampla utilização do hidrogênio para as necessidades energéticas mundiais. Isso até que um grupo de brilhantes cientistas de materiais começassem a formular perguntas melhores. Faça perguntas melhores e obtenha respostas melhores.

E se pudéssemos usar centrais elétricas existentes para gerar hidrogênio limpo e abundante? Uma vez que essas já se encontram ligadas à rede, os enormes custos de refrigeração, pressurização e transporte sofisticado não seriam necessários.

Além disso, e se pudéssemos utilizar os combustíveis fósseis existentes (carvão, petróleo e gás natural) para gerar hidrogênio de uma forma totalmente verde — ou seja, sem qualquer liberação de CO2 —, fornecendo, assim, a abundante energia limpa de que o mundo precisa e exige desesperadamente?

E se pudéssemos fornecer hidrogênio de fato verde, aquilo que os inventores chamam "Hidrogênio Quântico", ao mesmo preço que as tradicionais fontes de energia da atualidade?

Como todos os grandes pioneiros anteriores, esses cientistas enxergaram o "impossível" de um ângulo diferente. Eles partiram da crença de que deve haver uma solução, enquanto os "especialistas" ficaram parados, de braços cruzados, presos ao ceticismo. Verdade seja dita, eu também estava cético até visitar uma das maiores usinas de distribuição de carvão da Pensilvânia, que, há muitos anos, tem feito o que parecia impossível. Lá, conheci Simon Hodson, fundador da Omnigen Global, que me convidou a ver com meus próprios olhos a tecnologia em ação. Como cientista de materiais, Simon detém a impressionante marca de 140 patentes emitidas.[7] Ele desenvolveu, por exemplo, alguns dos concretos mais resistentes do mundo e licenciou sua tecnologia para uso na construção da Freedom Tower, em Nova York. Simon também foi fundamental em avanços pioneiros no campo da perfuração horizontal, que é a principal razão pela qual os Estados Unidos se tornaram uma força dominante na energia global (a partir do que ficou conhecido como Revolução do Xisto).

Simon também me apresentou ao parceiro dele, o Dr. Nansen Saleri, outro cientista brilhante da área de energia. Por quase uma década, o Dr. Saleri foi chefe de gestão de reservatórios da Saudi Aramco, a empresa mais lucrativa da história. Durante o tempo em que trabalhou lá, o Dr. Saleri foi o arquiteto-chefe da otimização da produção de Ghawar, o maior campo de petróleo do mundo, além de ter sido pioneiro no uso de tecnologias baseadas em inteligência artificial nesse campo. Juntos, Simon e o Dr. Saleri batalharam para trazer essas tecnologias à luz.

Eu já havia conversado inúmeras vezes com Simon e o Dr. Saleri pelo Zoom, mas em muitos casos é preciso ver para crer. Adentrei o edifício metálico sem muita personalidade onde a Omnigen vinha testando e refinando suas novas tecnologias havia quatro anos (em parceria com a Consol Energy, uma empresa que gera o carvão e o gás natural para quase um terço da eletricidade utilizada nos Estados Unidos).[8]

Coloquei protetores auriculares antes de entrar, pois, o som era ensurdecedor. A porta se abriu e lá estava o que Simon chamou de "Reformadores Quânticos". Esses sistemas de três pavimentos são capazes de decompor carvão, petróleo ou gás natural a 3.040º C (e com predominância de oxigênio zero). Isso é cerca de metade da temperatura da superfície do sol! Seu maior avanço foi a descoberta de uma forma para evitar que o próprio sistema se desintegrasse a tais temperaturas — como qualquer engenheiro poderia assegurar, não se trata de uma tarefa fácil. Isso faz parte de uma reviravolta particular introduzida por ambos, em um processo chamado pirólise pulsada. Existem outros tipos desse sistema, mas nenhum é capaz de funcionar nessas temperaturas e ainda fazê-lo sem gerar resíduos de carbono, ou de maneira eficiente em termos de custo.

Quando inserido no Reformador Quântico, o combustível fóssil é instantaneamente vaporizado pela temperatura extrema. Isto separa o combustível fóssil em suas partes elementares individuais (carbono e hidrogênio). O "Hidrogênio Quântico", então, é capturado em forma quase pura e encaminhado diretamente até a usina para gerar eletricidade verde. Não há necessidade de transporte! **A parte mais surpreendente é que a Omnigen acredita poder conseguir isso sem custo adicional algum à eletricidade após a conversão da usina! Dito de outra forma, eles acreditam que serão capazes de produzir hidrogênio aproximadamente 90% mais barato do que o produzido por outros métodos.**

E o que acontece com o carbono? Bem, **o carbono é capturado (ou sequestrado) e transformado em grafite de alta qualidade!** Milhares de quilos de flocos de grafite saem do outro lado do equipamento à medida que ele resfria. Em outras palavras, o "resíduo" subproduto do processo é um valioso mineral crítico.

O grafite é usado em tudo, desde em estado sólido até em baterias e reatores nucleares. À medida que a popularidade dos veículos elétricos vem crescendo, o custo do mineral aumentou mais de 50% desde 2020. Como vimos no capítulo anterior, a China controla 86% do grafite mundial. **Desbloquear a capacidade de todos os demais países de criar enormes quantidades com baixo custo será fundamental para as questões da cadeia de abastecimento e as metas mundiais de eletrificação.** A Tesla e os outros fabricantes de veículos elétricos, por exemplo, estão tentando desesperadamente obter o mineral de outras fontes que não a China, tanto para a diversificação da cadeia de abastecimento quanto para garantir que os compradores obtenham as deduções fiscais dos Estados Unidos (para as quais se tornam inelegíveis se os fabricantes tiverem obtido minerais de "preocupantes entidades estrangeiras", incluída a China).[9]

O grafite de alta qualidade criado por esse processo é composto por uma porcentagem elevada de grafeno, **um material incrível, com apenas um átomo de espessura, duzentas vezes mais forte do que o aço, leve como o papel e que conduz eletricidade melhor do que o cobre**! Recentemente, cientistas do MIT fizeram experiências com camadas de grafeno e descobriram que, se sobreposto em um "ângulo mágico", essa variação de carbono se transforma em um supercondutor — uma classe rara de materiais capazes de conduzir eletricidade sem perda de energia e sem produção de calor![10]

Antes, o grafeno era proibitivamente caro, com preços que chegavam a US$ 200 mil por tonelada! Se fosse mais barato, seria usado de forma onipresente por suas características superiores. No entanto, o fato de o grafite de alta qualidade ser efetivamente um subproduto do processo da Omnigen poderia reduzir de maneira drástica os custos. Quando isso acontecer, a empresa acredita que o fornecimento abundante de grafeno se tornará muito mais viável, talvez até desencadeando sua própria onda de inovações empolgantes.

No momento em que este livro estava sendo escrito, a Omnigen Global havia adquirido uma grande usina movida a carvão na Virgínia Ocidental, com a intenção de reformá-la, além de fecharem contratos com várias outras. Para se ter uma ideia, existem aproximadamente 225 centrais elétricas alimentadas a carvão nos Estados Unidos e mais de 1.100 na China (onde, a cada semana, duas novas centrais elétricas estão sendo autorizadas a funcionar). Muitas das usinas a carvão estadunidenses estão lutando para se manter (apesar do fato indigesto de que precisamos dessa eletricidade para alimentar nossas casas e empresas). Agora, milhares de empregos na usina recém-adquirida serão salvos. Uma verdadeira dádiva para muitos trabalhadores e suas famílias.

O ambiente regulatório dos Estados Unidos, juntamente com a escassez de capital investido, está acelerando o fechamento das usinas a carvão, que produzem, atualmente, 25% da eletricidade do país. Milhares de empregos e as famílias sustentadas estão em risco. **Então por que eliminar essas fontes cruciais (que já estão ligadas à rede), se podemos convertê-las em máquinas geradoras de energia verde, com emissões líquidas zero?** E quanto às milhares de usinas a carvão em todo o mundo, especialmente aquelas em países em desenvolvimento que não pretendem fechar as portas? Estou empolgado por fazer parte dessa empresa em particular, pois é provável que sua tecnologia seja uma das muitas inovações revolucionárias necessárias para zerar as emissões líquidas. Naturalmente, temos muita esperança de que a Omnigen seja capaz de realizar tudo o que acredita ser capaz, pois isso mudaria o rumo das coisas. O tempo dirá se a ciência e a tecnologia serão redimensionadas para o uso generalizado, mas tenha certeza de que estaremos torcendo por elas!

A TECNOLOGIA LEVA À ABUNDÂNCIA

Em 1973, eu tinha 13 anos e estava na oitava série. Em poucos anos poderia tirar a carteira de motorista e sentir o primeiro gostinho da liberdade. E aí veio o Embargo do Petróleo Árabe. A falta de combustível engendrou um programa de racionamento, no qual os automóveis só poderiam ser abastecidos nos dias que correspondessem ao último número das respectivas. As filas nos postos de gasolina muitas vezes se estendiam por quilômetros, e a escassez criava uma tensão palpável. Meus amigos e eu nos perguntávamos se algum dia conseguiríamos dirigir um carro, pois os especialistas profetizavam um mundo que, em breve, seria convertido em trevas. Ainda me lembro daquela ansiedade angustiante.

Meu professor do curso técnico na oitava série era um homem de sessenta e poucos anos que poderia ser descrito como um pouco rabugento. Certo dia, ele leu um discurso pessimista do renomado cientista Thomas Huxley sobre o fim do mundo como o conhecíamos. Huxley discutia como "*a oferta do nosso combustível está diminuindo, e não é improvável que um dia, em um futuro não muito distante, esteja totalmente esgotada*". Meu estômago embrulhou. Eu nunca dirigiria um carro. Talvez fosse melhor começar a economizar para comprar um cavalo.

Então, o professor pediu a um colega que fosse até a frente na sala e lesse em voz alta a data em que o discurso havia sido proferido. O garoto se arrastou até a frente, e diante de todos, semicerrou os olhos para enxergar as letrinhas e, com um olhar perplexo, leu: "mil oitocentos e sessenta e oito?" **O discurso era sobre a redução da oferta de *óleo de baleia***, antes da virada do século.

De forma dramática, o professor lembrara à turma que **a necessidade é a mãe da invenção. Quando se depara com um obstáculo, a humanidade**

descobre um meio de seguir adiante. Nós sempre fizemos isso e sempre faremos. Sempre haverá soluções enquanto as pessoas se importarem o suficiente com a questão. Quando a humanidade foca todo o seu poder cerebral coletivo nas inovações, nada é impossível. Como sabemos, os seres humanos utilizaram o petróleo e os óleos vegetais para substituir o óleo de baleia. Depois, vieram o carvão, o gás natural, a energia nuclear, a eólica, a solar e muito mais.

Nunca esqueci aquele momento poderoso em que a sabedoria do meu professor sensato prevaleceu. Não podemos jamais esquecer que a escassez é eliminada com a tecnologia, e é a tecnologia que leva à abundância. Isso foi comprovado ao longo da história, repetidas vezes. E, no entanto, os defensores das teorias do Juízo Final, que não conseguem se ancorar na história, parecem ser as vozes mais estridentes. Infelizmente, o medo vende.

Em seu livro *The Population Bomb* [A bomba populacional], de 1968, Paul Ehrlich alertava, por exemplo, sobre a iminente e maciça fome mundial que chegaria na década de 1970. Ele não poderia estar mais errado. Mais tarde, em 1981, o *New York Times* publicou uma matéria intitulada "A fome iminente, em que autor escreveu: "*O mundo está à beira de uma crise alimentar*" e "*a explosão populacional está ultrapassando a produção de alimentos, cujo resultado será a fome generalizada*".

Avançando até o presente, e de acordo com as Nações Unidas, o número de pessoas subnutridas no mundo caiu de 1,9 bilhão em 1990 para 821 milhões em 2019. Isso representa uma diminuição de 50%! Esse fato foi inteiramente impulsionado pelas novas tecnologias e inovações. É claro que ainda precisamos aprimorar a distribuição e o destino dos resíduos da cadeia de abastecimento, mas, com o tempo, a tecnologia também ajudará a mitigar esses problemas.

HORA DE LIDERAR

Em tempos desafiadores, líderes precisam manter um compromisso com a capacidade de imaginar algo melhor. Se você está lendo este livro, aposto que você é um líder. Que seja de uma empresa, da sua comunidade, da sua igreja, da sua família ou até mesmo, de você próprio. **Na minha experiência, existem três mandamentos de um verdadeiro líder.**

Primeiro, **os líderes veem as coisas como elas são e não piores do que são.** Muitas pessoas costumam ver as coisas com olhos pessimistas. Algumas se autodenominam céticas, mas, na realidade, estão assustadas. Não é preciso ter coragem para ficar imóvel e ver o mundo pelas lentes do ceticismo, sempre à espera de que o pior aconteça.

Em segundo lugar, **os líderes veem as coisas como melhores do que são** porque eles enxergam o potencial, como as coisas *poderiam* ser. Os líderes não mentem para si próprios sobre a situação atual, mas precisam ser capazes de ter uma visão do futuro. **Como diz a sabedoria dos provérbios: "*Onde não houver visão, o povo perecerá.*"**

E, finalmente, **os líderes realizam as coisas da maneira que veem**. Eles tornam essa visão uma realidade, sendo corajosos e trabalhando com afinco. Felizmente, existem pessoas em todo o mundo, indivíduos como Simon e o Dr. Saleri, extremamente focadas em soluções que possam atender às nossas necessidades energéticas, ao mesmo tempo em que cuidam do planeta que tão graciosamente nos foi confiado. As soluções estão aqui, e há ainda mais por vir! Lembre-se disso quando ler a próxima manchete sobre o "óleo de baleia".

Enquanto isso, a realidade das nossas exigências energéticas criará enormes oportunidades para os investidores. A energia pode fazer parte do seu portfólio pessoal do Santo Graal.

Como já mencionado, na Parte II deste livro ouviremos Wil VanLoh, da Quantum Energy, e Bob Zorich, da EnCap Investments, dois dos maiores investidores privados em energia do mundo. Eles compartilharão suas visões e suas ideias sobre como tirar proveito do nosso clima atual (sem trocadilhos).

Para obter mais informações sobre energia e os itens aqui abordados, visite **www.WhyEnergyNow.com** (site em inglês).

APOSTANDO EM QUEM ESTÁ FORA DA CURVA

Vejamos agora o capital de risco, um subconjunto do capital privado que está disposto e disponível para assumir riscos gigantescos em empresas recém-criadas, com o intuito de provocar mudanças substanciais e rearranjar o *status quo*. Várias empresas de capital de risco estão investindo em tecnologias verdes inovadoras que acabamos de discutir neste capítulo. De fato, elas são bastante corajosas, pois sabem que, provavelmente, a grande maioria das organizações nas quais investem irá à falência. A questão é: as que sobreviverem poderão muito bem ser o próximo Google ou a próxima Tesla. Vamos seguir desbravando esse segmento emocionante, que é a ponta da lança para as inovações globais.

CAPÍTULO 7

CAPITAL DE RISCO E TECNOLOGIA DISRUPTIVA

"A tecnologia é uma força que converte
escassez em abundância, continuamente."

— Peter Diamandis

Em 1996, Vinod Khosla vislumbrou uma oportunidade altamente improvável. A internet estava apenas começando a se firmar e a Juniper Networks era uma startup com um prognóstico ambicioso. Seus fundadores acreditavam que se a internet de alta velocidade fosse mesmo o futuro, todos precisariam comprar o equipamento necessário (roteadores de IP). Isso foi em uma época em que as pessoas usavam conexão discada, o Google ainda não existia e havia menos de 100 mil sites em todo o mundo (hoje, existem mais de 2 bilhões, e o número continua aumentando).

Os fundadores da Juniper Networks procuraram Khosla em busca de um vultoso investimento de risco. Ele procedeu às diligências prévias, e todas as grandes empresas de telecomunicações com quem conversou lhe disseram que não viam necessidade de um acesso onipresente à internet de alta velocidade. **Irredutível e, como todos os grandes investidores de capital de risco, um tanto inconformista, Khosla sabia que nem sempre é inteligente ouvir o cliente.** Como dizia Henry Ford: "Se eu tivesse perguntado o que as pessoas queriam, elas teriam respondido cavalos mais rápidos." **Khosla confiou nos seus instintos, acreditando que a Internet de alta velocidade seria o caminho do futuro e que as empresas de telecomunicações acabariam por precisar comprar uma grande quantidade de equipamentos da Juniper.**

Khosla e seus sócios da Kleiner Perkins investiram US$ 4 milhões na startup. **Esse único investimento representou um retorno de US$ 7 bilhões em lucros para os investidores.** Até hoje, continua sendo um dos investimentos de maior sucesso na história desse tipo de investimento. **Retornos como esse são raros, mas a busca por oportunidades de alto risco/alta recompensa é, essencialmente, o cerne da modalidade.**

Para relembrar rapidamente, o capital de risco é um subconjunto do capital privado. Todavia, enquanto o capital privado tradicional tende a se concentrar em empresas estabelecidas, com receitas e lucros significativos — isto é, boas organizações que podem ser melhoradas —, o capital de risco foca, normalmente, em empresas privadas em fase inicial, que podem ter pouca ou nenhuma receita. Embora tenham grande potencial para rearranjar o status quo no futuro, **ainda assim, investir em startups, que estão sujeitas ao fracasso, é um empreendimento de alto risco. Costuma-se dizer que cerca de um em cada dez investimentos desse tipo sobrevive, mas** aquele que sobrevive, se for realmente exitoso, compensa todos os outros fracassos e mais alguns. **Enfrentar esse nível de risco não é sinônimo de diversão para todo mundo. A maioria dos indivíduos com patrimônio líquido elevado detém uma média de 1% a 5% do portfólio empregados em capital de risco.** Alguns, certamente, empregam ainda mais, mas outros optam por evitá-lo totalmente, pois, às vezes, é preciso ter nervos de aço para lidar com a pressão.

Como regra geral, Khosla procura fazer com que seu investimento original obtenha um retorno mínimo de dez a cinquenta vezes mais. Ele busca empresas ousadas, que enfrentem enormes dificuldades, mas que, se forem bem-sucedidas, remodelarão o futuro (e produzirão um retorno substancial sobre seu investimento). Seu histórico extraordinário, tanto como empresário quanto como capitalista de risco, lhe valeu um lugar entre os indivíduos mais ricos da *Forbes 400*, muito distante de suas humildes raízes na Índia rural.

ALUGANDO REVISTAS

Filho de um oficial do Exército, Khosla cresceu em uma época em que a tecnologia só estava disponível para as elites. Quando entrou na universidade, ele ainda não tinha aparelho de televisão nem telefone em casa. Em compensação, alugava revistas e se deixava inspirar por empreendedores do outro lado do globo. Khosla ficou profundamente comovido com a história de Andy Grove, um imigrante húngaro que se mudou para o Vale do Silício com o propósito de se juntar à equipe fundadora da Intel. A empresa se tornaria uma das maiores fabricantes de chips do mundo.

Aos 30 anos, apenas dois anos depois de sair da escola de administração de Stanford, Khosla fundou a Sun Microsystems, com investimentos da Kleiner Perkins e da Sequoia, ambas emblemáticas empresas de capital de risco do Vale do Silício. A Sun Microsystems decolou como um foguete e, em cinco anos, acumulava mais de US$ 1 bilhão em vendas anuais! Só que, no fim das contas, Khosla chegou à conclusão de que administrar um empreendimento não era tão empolgante quanto ajudar a encontrar, financiar e promover a próxima tecnologia disruptiva. Tornou-se então sócio da Kleiner Perkins, por meio da qual fez investimentos extraordinários em pequenas startups como Amazon, Google e Twitter.

Em 2004, Khosla decidiu que queria investir apenas sua fortuna pessoal, tendo criado a Khosla Ventures com essa finalidade. A missão era ajudar empresas com ideias arrojadas em cuidados de saúde, infraestrutura, robótica, transporte, realidade aumentada e inteligência artificial. Em 2009, passou a permitir que investidores externos se associassem à empresa, embora ele continuasse com poder de decisão majoritária. Pense no conceito de alinhamento!

Dizer que a Khosla Ventures foi bem-sucedida é um eufemismo. Eles são consistentemente reconhecidos como donos de um dos melhores desempenhos na área do capital de risco, e ajudaram a formar mais de quarenta empresas unicórnio (uma empresa unicórnio é uma startup que possui uma avaliação de mercado que vai de zero a um bilhão de dólares estadunidenses, ou mais). Foram os primeiros investidores em empresas às quais muitos de nós recorremos todos os dias: Affirm, Instacart, DoorDash, Stripe, Opendoor, Impossible (alimentos) e OpenAI (a empresa por trás do ChatGPT).

Outro investimento notável da Khosla Ventures foi a Square. Jack Dorsey (fundador do Twitter) procurou Khosla para apresentar uma nova proposta que revolucionaria a antiga indústria de processamento de cartões de crédito. Na época, ele tinha apenas quatro funcionários. Hoje, a empresa está avaliada em mais de US$ 40 bilhões.

Mais adiante, neste livro, teremos o privilégio de conversar com Vinod Khosla em uma entrevista. Transparência total: somos grandes fãs de Khosla, e a CAZ Investments tem um relacionamento estratégico de investimento com a empresa.

NEM TUDO SÃO FLORES

Embora Vinod Khosla represente uma história de sucesso digna de destaque, o desempenho global do capital de risco tem sido instável e pouco previsível. Segundo a Preqin, existem 5.048 fundos de capital de risco no mercado global. Isso resulta em um ambiente muito saturado, porque para cada Khosla Ventures, existem dezenas de empresas com desempenho bastante ruim. Embora o mundo tenda a exaltar os inúmeros sucessos dos investimentos de risco, não podemos ignorar os muitos e épicos fracassos. Devido à sua natureza um tanto especulativa, o setor muitas vezes é acusado de aderir às últimas tendências e de se deixar levar por propagandas exageradas. A síndrome de FOMO (*fear of missing out*, na sigla em inglês, o "medo de ficar de fora") é bastante comum quando há uma disputa pelo pioneirismo. A WeWork talvez seja um dos melhores exemplos de empresa que se capitalizou dentro da indústria do capital de risco valendo-se da mentalidade de rebanho. O negócio da empresa era: arrendar espaços para escritórios, modernizar o interior e alugar as mesas para jovens que gostam de ambientes de trabalho compartilhados. Contudo, em vez de avaliá-la como o negócio imobiliário que de fato era, seu carismático fundador comercializou a WeWork como "*a primeira rede social física do mundo*". A cada rodada de angariação de fundos, as empresas de capital de risco lutavam para obter uma parte das ações. Foi um frenesi, e a WeWork se tornou uma das maiores locadoras de espaços comerciais do país, com mais de um milhão de metros quadrados disponíveis para aluguel.

Voando muito perto do sol, as avaliações da empresa dispararam para absurdos US$ 47 bilhões antes do pedido de abertura de capital. Quando Wall Street finalmente analisou os bastidores, as finanças contavam a história de um empreendimento com um modelo de negócios totalmente insustentável, que estava desperdiçando rios de dinheiro. No fim das contas, as perspectivas financeiras da WeWork implodiram. Em novembro de 2023, entraram com pedido de falência, abalando todo o setor. Hoje, a empresa tem uma avaliação total de pouco menos de US$ 100 milhões, deixando para trás um rastro de destruição.

Quando se trata de capital de risco, a disparidade entre as grandes estrelas e "o resto" é gritante. **Entre 2004 e 2016, 10% das principais empresas de capital de risco geraram retornos anuais de 34%.** Foi a era de ouro, que nos deu a invenção do iPhone, do YouTube, do Uber e de centenas de outras empresas de tecnologia disruptivas. **Outros 10% dos investimentos de capital de risco, as menos bem-sucedidas, perderam dinheiro durante aquele período, com retornos médios de -6,5%. As que se mantiveram na posição intermediária não apresentaram um desempenho muito melhor do que as ações tradicionais. A NASDAQ 100, que reúne as cem maiores ações de tecnologia, gerou retornos de pouco mais de 10% anualizados; o retorno médio para empresas de capital de risco foi de pouco mais de 12% (ver gráfico abaixo). Não vamos dourar a pílula: retornos medíocres como esses não compensam a desvantagem de ter seu dinheiro retido em um fundo durante uma década.**

Retornos para empresas de capital de risco (2004-2016)	**Retornos anualizados**
Decil superior	34,60%
Quartil superior	22,40%
Mediana da Taxa Interna de Retorno	12,15%
Quartil inferior	3,36%
Decil inferior	-6,50%

Fonte: Cambridge and Associates

Não é por acaso que as mesmas empresas de capital de risco costumam aparecer no topo das listas de desempenho todos os anos, tanto em termos do número de empresas bem-sucedidas nas quais investiram quanto dos retornos gerados pelas empresas das quais saíram. Atribuo isso a uma dinâmica única que chamo de "volante do sucesso".

O VOLANTE DO SUCESSO

Se estiver investindo em uma estratégia cujo prognóstico é perder nove em cada dez vezes, você vai precisar de algumas coisas para ser bem-sucedido:

1. Recursos consideráveis: Diversificar entre muitas empresas exige recursos bastante consideráveis. Os investidores que apostam na startup de tecnologia do próprio cunhado têm péssimas probabilidades em comparação com os profissionais que alocam seu portfólio em inúmeras empresas.
2. Longevidade: As empresas de capital de risco mais bem-sucedidas possuem vários veículos financeiros e lançam novos fundos a cada dois ou quatro anos (como se fosse uma nova safra). Essa estratégia fornece diversificação entre os ciclos de mercado. Distribuir investimentos ao longo do tempo também aumenta as chances de um de seus portfólios conter o próximo Facebook, SpaceX ou Salesforce.
3. Fluxo de negócios: Os empreendedores de startups visam, inevitavelmente, atrair os investimentos das melhores empresas de capital de risco, que, além do financiamento em si, podem ser fonte de conhecimentos e orientação inestimáveis. Quando uma empresa líder faz um investimento, ela envia ao mercado uma mensagem de confiança, o que ajuda os empreendedores a levantar capital, contratar talentos e conquistar clientes. Portanto, as principais empresas de capital de risco são *convidadas* a investir em startups de sucesso , ao passo que as que são menos bem-sucedidas têm de procurar outros negócios, o que resulta em uma seleção adversa e em um desempenho fraco em relação aos seus pares.

O dinheiro inteligente conhece muito bem essa dinâmica do "volante", razão pela qual os investidores (e as instituições) com mais recursos investem quase exclusivamente nas empresas mais bem posicionadas. Em 2022, aproximadamente 73% de todo o capital novo angariado foi para empresas de capital de risco experientes que tinham em seu histórico a criação e o gerenciamento bem-sucedido de, no mínimo, quatro fundos de investimentos (também conhecidos como safras).

Naturalmente, a questão que se impõe é: **como um investidor individual obtém acesso às empresas de capital de risco mais bem-sucedidas?**

Frequentemente, as empresas de capital de risco com altas taxas de sucesso terão um mínimo "declarado" de US$ 10 milhões a US$ 25 milhões para potenciais investidores. Sabemos, porém, que isso é um pouco falacioso, pois normalmente essas apresentam excesso de subscrições, o que significa que novos investidores não serão admitidos — nem mesmo aqueles com a carteira mais recheada. Portanto, o único caminho para esses empreendimentos é firmar parceria com empresas como a nossa, que já têm relacionamentos estabelecidos. Os indivíduos e seus consultores podem se valer do nosso poder de compra e das nossas relações de longa data. E, ao se juntar aos nossos clientes como um único investidor, somos capazes de negociar as melhores taxas e outros benefícios, como uma posição prioritária para investir diretamente em alguns dos campeões dos empreendimentos de risco (algo que também é conhecido como oportunidades de coinvestimento). Para sermos justos, não somos a única empresa que adota essa abordagem; portanto, eu consideraria dois critérios importantes antes de se associar a uma empresa:

1. As taxas totais "inclusas" são razoáveis quando se acrescenta o custo do gestor de capital de risco e da parceria que está lhe propiciando o acesso? Gestores de capital de risco de alto nível costumam ser bem remunerados, mas a organização que lhe fornece acesso deveria receber um tratamento preferencial, em virtude de seu poder de compra.
2. Os interesses estão alinhados? Os capitais pessoais do fornecedor do acesso e de seus acionistas estão em risco? Ou você está usando uma "plataforma" de acesso que não se importaria muito com o desempenho dos investimentos?

A próxima pergunta razoável: **este é o momento certo para investir em capital de risco?**

PÓ SECO

Enquanto escrevo isto, o capital de risco está atravessando uma rigorosa seca. O setor tecnológico foi severamente atingido, tanto no mercado público quanto nos privados. Certos fundos de capital de risco enfrentarão turbulências à medida que as empresas de seu portfólio continuarem lutando para sobreviver. E, no entanto, depois da seca sempre vem a chuva. Depois de um mercado em baixa, vem um mercado em alta. Essa fase de austeridade criou um regresso a práticas de investimento saudáveis. Em um ambiente em que as avaliações são mais razoáveis, as empresas serão mais cuidadosas com seus recursos financeiros.

Muitas das maiores e melhores companhias voltadas para o capital de risco da atualidade têm uma perspectiva incrivelmente otimista. **Em primeiro lugar, a comunidade global de capital de risco possui centenas de bilhões de dólares em reservas (também conhecidas como pó seco), prontamente disponíveis para serem postas à mesa assim que surgirem as oportunidades certas.** Em segundo lugar, hoje as empresas esperam mais para promover a abertura de capital, o que significa que há mais tempo para a criação de valor. Isso também quer dizer melhores retornos para os investidores. **Considere este fato: desde 2008, o tempo médio que uma empresa leva desde o lançamento até a abertura de capital duplicou para quase dez anos.**

ACELERAÇÃO DAS INOVAÇÕES

Vislumbrando o horizonte, **vê-se que estamos caminhando para a maior aceleração das inovações na história da humanidade**, e os investidores de capital de risco são a ponta da lança. Eles assumem riscos enormes e, às vezes, perdem muito. Entretanto, quando ganham, ganham muito, ao mesmo tempo em que financiam a próxima geração de inovações. Imagine um mundo sem smartphones, computadores pessoais ou internet. **Empresas como Apple, Amazon, Zoom, Tesla, Spotify, Airbnb, Facebook, Twitter e SpaceX foram todas financiadas por capital de risco.** Como elas, centenas de outras transformaram nossa vida cotidiana, e tudo graças aos audaciosos investidores de capital que aceitaram correr riscos.

Hoje, estamos à beira de inovações ainda mais excepcionais e transformadoras. Da inteligência artificial (IA) à robótica, da impressão 3-D aos surpreendentes avanços nos cuidados de saúde de precisão, o futuro da humanidade é promissor. Vamos destacar apenas algumas das incríveis inovações que darão origem a milhares de novas empresas e aumentarão substancialmente a qualidade de vida em todo o mundo.

- Inteligência Artificial (IA): O aplicativo de internet com crescimento mais rápido na história não é o Facebook, nem o Instagram, nem o Twitter. Chama-se ChatGPT, uma plataforma de inteligência artificial na qual investimos. Poucos meses após seu lançamento, o ChatGPT conquistou cem milhões de usuários. A Forbes descreve o app como "uma *ferramenta inteligente de pergunte-me-qualquer-coisa, [que] tem sido o recurso ideal para obter respostas sobre praticamente qualquer tema no qual tenha sido treinada, e que é capaz de cumprir tarefas complexas, como depurar códigos, fazer pesquisas e escrever artigos em um tom cativante, semelhante ao humano*". Provavelmente, você já deve estar usando o ChatGPT ou um de seus concorrentes (por exemplo, o Bard, do Google).

  Assim como nós, que trabalhamos nas economias do conhecimento e dos serviços, já conseguimos constatar, a inteligência artificial tornará as pessoas mais produtivas do que nunca. Contudo, existe o receio legítimo de que essa tecnologia elimine determinados empregos. Embora o debate seja controverso de ambos os lados, aqueles que não se limitam e utilizam a inteligência artificial para expandir seu trabalho e se tornar mais eficientes correm menor risco. Os conservadores, que resistem e se apegam aos costumes, correm maior risco de se tornar obsoletos.

  Os especialistas acreditam que médicos, advogados, pesquisadores médicos, roteiristas e programadores de computador são apenas alguns dos profissionais que poderão avançar mais depressa do que nunca. A inteligência artificial também poderá auxiliar os professores. **A Khan Academy, uma popular plataforma on-line de educação gratuita, lançou recentemente o Khanmingo, descrito como um "tutor de inteligência artificial de excelência para qual-**

quer pessoa, em qualquer lugar". Sua tecnologia possibilita uma solução infinitamente escalável de tutoria por inteligência artificial, ao mesmo tempo em que atua como assistente do professor em ambientes educacionais tradicionais. Ao considerarmos que a educação de alta qualidade é o grande equalizador, a ferramenta poderá ser maravilhosa para a sociedade como um todo.

Estamos nos estágios iniciais da inteligência artificial, mas sua força como tecnologia disruptiva, e incrivelmente útil, já é evidente. Provavelmente, ela se tornará tão importante em nossa vida como o smartphone.

A inteligência artificial já conquistou o mundo do capital de risco. **O *New York Times* afirma que "a corrida do ouro às startups que trabalham com inteligência artificial 'generativa' se transformou em uma irrefreada febre de fazer negócios".** Como bem sabemos, a maioria dessas startups fracassará terrivelmente, mas é provável que, neste exato momento, o próximo Google, Apple ou Facebook esteja sendo criado por duas pessoas dentro de uma garagem. Com sua disposição de fazer apostas arriscadas em startups que lhes garantam a possibilidade de uma gigantesca vantagem assimétrica, é aqui que os investidores de capital de risco podem promover a próxima onda de inovações.

- Avanços em cuidados de saúde e terapias de precisão: A Neuralink, uma empresa inovadora cofundada por Elon Musk, implantou cirurgicamente em um paciente uma interface cérebro-computador. Do tamanho de uma moeda, esse dispositivo "usa milhares de pequenos eletrodos embutidos no cérebro para ler sinais emitidos por neurônios e transmiti-los para um computador", uma inovação tecnológica com implicações de longo alcance. **O primeiro objetivo da Neuralink é restaurar plenamente a visão de uma pessoa, mesmo que ela tenha nascido cega! Mais adiante, eles trabalharão para restaurar a função motora em pacientes com paralisia. Musk acredita que o implante também pode ajudar a tratar outros distúrbios neurológicos, como Parkinson, Alzheimer e tinitus**, ou seja, temos aqui matéria de ficção científica transformada em realidade, com o potencial de melhorar drasticamente a qualidade de vida de milhões de pessoas ao redor do mundo.

O Dr. David Sinclair, importante geneticista de Harvard, se dedicou a uma questão muito debatida: *o que causa o envelhecimento?* **Em 2023, ele e sua equipe demonstraram a capacidade de acelerar ou, até mesmo, reverter o envelhecimento das células e restaurar os sinais da juventude em camundongos.** A revista *Time* explicou que *"a reversibilidade (das células) constitui um forte argumento para o fato de que as principais causas do envelhecimento não são mutações do DNA, mas, sim, falhas nas instruções epigenéticas que, de alguma forma, dão errado".*[1] Sinclair e sua equipe descobriram uma maneira de reinicializar as células e apagar seus arquivos de instruções corrompidos, restaurando seu funcionamento adequado. O que isso significa para você e para mim? Ao reverter o processo de envelhecimento das células, um dia seremos capazes de rejuvenescer o corpo e deter as doenças relacionadas ao envelhecimento (Alzheimer, doenças cardíacas etc.). Em um exemplo surpreendente, Sinclair restaurou plenamente a visão em ratos cegos, rejuvenescendo os nervos dos olhos por meio de terapia genética. A próxima etapa? Testes em seres humanos.

Na terceira conferência anual "Edição do Genoma Humano", os médicos compartilharam histórias incríveis de pessoas submetidas a tratamentos experimentais por meio do uso de CRISPR, uma ferramenta capaz de editar ou modificar os genes. Esses pacientes haviam tentado de tudo, e CRISPR era o último recurso. Alyssa, uma adolescente no Reino Unido, tinha uma forma agressiva de leucemia que não respondia à quimioterapia nem ao transplante de medula óssea, estava desenganada quando decidiu se submeter à técnica. Os médicos conseguiram alterar células T saudáveis de um doador, de modo que não fossem rejeitadas pelo corpo de Alyssa e pudessem atacar livremente as células cancerosas. Dez meses após o tratamento, o câncer de Alyssa estava indetectável. Ela voltou a viver uma vida normal de adolescente. Poderíamos destacar inúmeras outras tecnologias, mas, recentemente, Tony publicou um livro que está entre os mais vendidos na lista do *New York Times*, intitulado ***A energia da vida: Como as novas descobertas da ciência podem transformar nosso modo de pensar a saúde***. Ele entrevistou mais de

150 das principais referências mundiais da medicina a respeito das pesquisas mais recentes e dos surpreendentes avanços nos cuidados de precisão. É muitíssimo recomendável lê-lo, pois ele terá um grande impacto na sua saúde e na de seus entes queridos!

- Viagens supersônicas: Embora se possa apreciar a conveniência de uma viagem de avião, ficar sentado num voo por horas a fio pode ser bastante cansativo. Nós, autores, estamos constantemente nos deslocando, então quando alguém diz que ir de Nova York a Londres em 90 minutos é uma possibilidade, isso nos deixa entusiasmados!

  Esse é o objetivo da Hermeus, uma startup apoiada pelo governo norte-americano e por empresas de elite de capital de risco, incluídos a Khosla e o Founders Fund. Eles estão construindo uma frota de aviões supersônicos não muito longe do aeroporto mais movimentado do mundo, em Atlanta, no estado da Georgia. A empresa pretende construir aviões capazes de atingir uma velocidade de Mach 5 (6.195 km/h), **cinco vezes mais rápida do que qualquer aeronave comercial atual e duas vezes mais rápida do que o Concorde, o qual foi descontinuado.** Como um bônus adicional, a vista também será incrível, já que os aviões voarão a 90 mil pés, a máxima altitude possível antes de cruzar o limiar do espaço. Imagine olhar pela janela e ver a curvatura da Terra, mal tendo tempo de saborear um saquinho de amendoins antes de iniciar a descida. **Em 2023, a Hermeus realizou os primeiros testes com avião autônomo, e espera ter uma aeronave preparada para passageiros até 2029!**

- Impressão de uma aeronave robótica: Ter uma casa é um privilégio maravilhoso. Infelizmente, para 1,6 bilhão de pessoas, essa é uma meta ainda inalcançável. Casas impressas em 3-D economicamente acessíveis e duráveis podem ser a solução. Tal qual uma pasta de dentes que é espremida de um tubo, essas casas são criadas por uma impressora gigante que esguicha camada sobre camada de um concreto leve e especial, projetado para criar paredes firmes e perfeitas. Além de serem muito bonitas, essas moradias também são resistentes ao vento, à água, ao mofo e aos cupins. **Trata-se de algo revolucionário para países em que furacões, tufões e inundações destroem rapidamente moradias mal construídas, com grande**

perigo para as famílias que os habitam. Essa tecnologia robusta e pioneira está sendo desenvolvida pela ICON, uma empresa com a qual Tony se associou pessoalmente para construir quase cem casas em uma comunidade no México. No momento, a ICON está construindo em grande escala, começando com uma comunidade planejada no Texas que contará com spa, piscina, centro comunitário e muito mais coisas impressas em 3-D (transparência total: a CAZ Investments foi uma investidora semente na ICON).

A impressão 3-D transformará muitos aspectos da indústria da construção civil que hoje conhecemos, e além dela. Hoje é possível imprimir em 3-D objetos extremamente complexos com precisão, usando centenas de materiais diferentes, desde titânio até fibra de carbono. Os pesquisadores já começaram, inclusive, a imprimir órgãos humanos em 3-D, feitos de células humanas vivas, equipados com vasos sanguíneos e tudo!

Assim como a impressão 3-D, recentemente a robótica também conquistou o mundo, e a Amazon é um estudo de caso perfeito. Os armazéns de alta tecnologia da Amazon são ocupados por equipes compostas por uma mistura de seres humanos e robôs, que trabalham simbioticamente. Os robôs trafegam pelos armazéns para pegar os pedidos dos clientes, para que o produto seja embalado e despachado para entrega. Esses robôs são capazes de buscar e embalar mais de mil itens por hora. **Não é de admirar que hoje a Amazon fabrique seus robôs e tenha, atualmente, mais de 520 mil máquinas trabalhando 24 horas por dia, sete dias por semana.** Segundo as estimativas, o setor da robótica poderá aumentar as receitas a uma taxa anual superior a 80% durante a próxima década.

MOVIDOS PELO DESTEMOR

Uma das verdadeiras forças do capitalismo é o fato de os investidores de risco estarem dispostos a se arriscar e apostar em visionários que irão melhorar a qualidade de vida de todos — não apenas nos Estados Unidos,

mas em todo o mundo. Karl Marx nunca se sentou em um carro autônomo! Temos a sorte de estar vivos em um tempo em que o ritmo das transformações é mais veloz do que em qualquer outro período da história humana.

A Venture está na linha de frente de quase todos os progressos tecnológicos. Há bilhões em dinheiro à espera de implantação por empresas de capital de risco, e só nos resta imaginar quais avanços serão financiados e chegarão ao mercado nos próximos anos.

Sem dúvida, haverá alguns grandes vencedores e alguns grandes perdedores. **Se você decidir investir em capital de risco, escolher com *quem* investir significa tudo.** O valor aplicado também deve ser relativamente mínimo. Como mencionamos anteriormente, mesmo pessoas com um patrimônio líquido muito elevado só estão dispostas a arriscar uma média de 1% a 5% de seus portfólios nesta categoria. No entanto, quer você opte por investir em capital de risco quer não, todos nos beneficiaremos do seu sucesso! Para obter mais informações sobre investimentos de risco, visite **www.WhyVentureNow.com** (site em inglês).

MANTENDO OS PÉS NO CHÃO

Bem, percorremos um longo caminho! Já cobrimos inúmeras estratégias alternativas de investimento, muitas das quais poderiam fazer parte do nosso portfólio personalizado do Santo Graal. Não podemos, porém, deixar de fora a maior de todas as classes de ativos, com um valor total superior a US$ 300 trilhões! A seguir vamos explorar o mundo dos bens imobiliários!

CAPÍTULO 8

BENS IMOBILIÁRIOS

OS MAIORES ATIVOS DO MUNDO

"Compre terras. Já não se fabricam mais."

— MARK TWAIN

O mercado imobiliário é o gigante indiscutível dos investimentos alternativos, além de ser a maior e mais antiga classe de ativos. Provavelmente, faz parte da maioria dos portfólios do Santo Graal, seja na forma de residências, seja na de propriedades de investimento, ou ambas.

Com 7,9 bilhões de pessoas no planeta, os bens imobiliários *residenciais* são, naturalmente, a maior categoria, alcançando um valor global de US$ 258 trilhões![1] Todos precisam de um lugar para morar, independentemente da economia, das taxas de juros etc. Além disso, a América do Norte representa quase 20% do valor total de bens imobiliários do mundo, apesar de ter apenas 7% da população mundial.

As terras agrícolas são a segunda maior categoria, com um valor total superior a US$ 35 trilhões. Os bens imobiliários *comerciais* ocupam o terceiro lugar, com um valor global estimado em US$ 32,6 trilhões.

Existem inúmeras subcategorias de bens imobiliários, desde depósitos a hotéis, passando por ciências da vida e setor madeireiro. No geral, e ao longo de muitas décadas, o desempenho do setor de bens imobiliários gerou retornos conservadores de um único dígito (em uma escala média) a dois dígitos (em uma escala baixa). O uso da alavancagem, contudo, permitiu retornos substancialmente mais elevados — embora acompanhado de um risco substancialmente mais elevado! É claro que os retornos dependem muito da localização, da economia local, do montante da alavancagem (relação entre o valor do empréstimo e o valor da garantia) e de vários outros fatores.

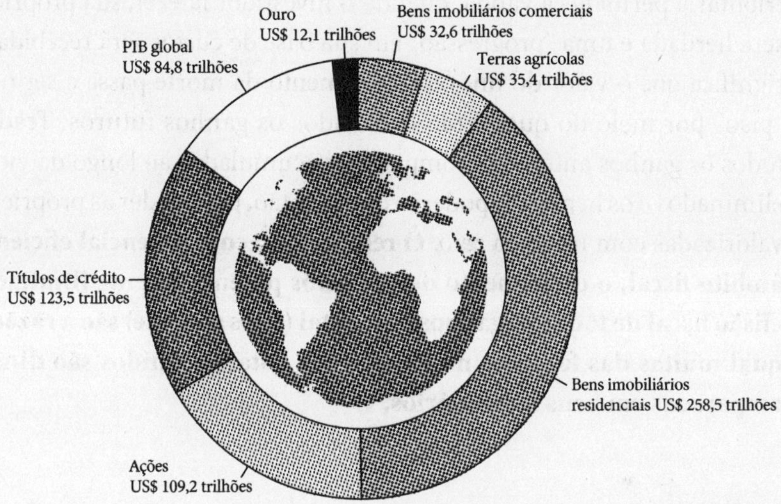

O setor de bens imobiliários também é uma classe de ativos que, no caso dos investidores estadunidenses, oferece elisão fiscal sancionada pelo governo. Para relembrar, os contribuintes investidores em bens imobiliários recebem o benefício da "depreciação", o que significa que os fluxos de caixa provenientes desses bens podem, muitas vezes, ser isentados de parte da tributação ou de toda ela. Além disso, os investidores podem evitar o pagamento de impostos sobre qualquer aumento de valor quando a propriedade for vendida, exercendo a opção de comprar mais propriedades e investindo os ganhos como capital próprio no novo empreendimento. Nos Estados Unidos, isso se chama troca 1031, instrumento que, feito repetidamente, pode criar um diferimento perpétuo da tributação.

Indo ainda mais longe, com algum planejamento imobiliário inteligente e totalmente legal (em particular nos Estados Unidos), alguns investidores podem, em última análise, extinguir os impostos sobre *todos* os ganhos acumulados. Muitas famílias estadunidenses proeminentes, com diversos bens imobiliários, conhecem muito bem essa tática. De modo geral, eis como ela funciona. **À medida que propriedades de investimento vão sendo compradas e vendidas ao longo da vida, os norte-americanos podem transferir continuamente os ganhos de capital estimados para a próxima compra de propriedade, usando uma troca 1031.**[2] Supondo que a atual lei tributária permaneça válida, quando o investidor falecer, sua propriedade será herdada e uma "progressão" em sua base de custos será recebida. Isso significa que o valor do imóvel no momento da morte passa a ser o novo "piso" por meio do qual serão calculados os ganhos futuros. Tradução: todos os ganhos anteriores compostos e acumulados ao longo da vida são eliminados e os herdeiros poderão optar, então, por vender as propriedades valorizadas com imposto *zero*. **O rendimento com potencial eficiente no âmbito fiscal, o diferimento de impostos potencialmente ilimitado e a elisão fiscal de todos os ganhos de capital (após a morte) são a razão pela qual muitas das famílias mais ricas dos Estados Unidos são dinastias amparadas em bens imobiliários.**

A MARÉ ESTÁ BAIXANDO

Nos últimos quarenta anos, os investidores em bens imobiliários estadunidenses tiveram um enorme incentivo. Em 1981, as obrigações do Tesouro de dez anos pagavam um pouco menos de 16% de juros. Durante quatro décadas consecutivas, enquanto as taxas de juros caíam, quase todos os preços dos ativos subiram, incluindo o de bens imobiliários (exceto a Crise Financeira Global, cujas dinâmicas únicas iremos abordar em breve).

Em 2021, esse setor entrou em um nível de euforia, à medida que as taxas se aproximaram perigosamente do zero. De maneira inesperada, em plena pandemia de covid-19, o setor de bens imobiliários produziu os retornos mais consistentes desde antes da crise financeira de 2008 (veja o gráfico na página seguinte). Os imóveis residenciais lideraram o movimento, pois o estoque reduzido fez com que possíveis compradores literalmente formassem filas ao redor do quarteirão. Ofertas

em dinheiro vivo, prazos curtos para fechamento, sem contingências fiscais... essas foram as marcas do frenesi de compras.

Os investidores em apartamentos também ficaram satisfeitos com o aumento dos aluguéis mais rápido de que se teve notícia na história recente. O setor de bens imobiliários industriais ficou em segundo lugar, pois os gastos dos consumidores se mostraram desenfreados. **As instalações para armazenamento se esgotaram em virtude do aumento do número de pessoas se deslocando por todo o país. Os preços dos imóveis logo se tornaram irracionalmente altos, deixando os empreendedores mais disciplinados confusos.**

Até que a maré mudou.

Os trilhões de dólares excedentes impressos pelo governo começaram a circular no sistema. A inflação acabou não sendo "transitória" — na verdade, ela havia chegado para acabar com a festa. O Sistema de Bancos Centrais começou a aumentar as taxas e, desde então, o setor de bens imobiliários vem sentindo os efeitos. **A lição: embora os ativos tangíveis possam ser incrivelmente valiosos, eles também podem mudar rápido, uma vez que seu preço é extremamente sensível às taxas de juros.**

AUMENTO DOS VALORES DOS BENS IMOBILIÁRIOS (2021)	
Armazenamento	57,6%
Residencial	45,8%
Industrial	45,4%
Comercial	41,9%
Diversos	20,5%
Infraestrutura	18,6%
Setor madeireiro	16,4%
Escritórios	13,4%
Cuidados de saúde	7,7%
Hospedagens/Resorts	6,3%

Fonte: PREQIN

No momento em que escrevemos estas linhas, o mercado imobiliário dos Estados Unidos está altamente tumultuado, e traçar um rumo em águas turbulentas é bastante difícil. O que sabemos, com certeza, é que a longa tendência de queda das taxas de juros inverteu o rumo e, como resultado, começamos a identificar fraturas em determinadas categorias. Alguns segmentos do setor estão resistindo muito melhor à tempestade. **Neste capítulo, veremos os bens imobiliários *comerciais e residenciais* separadamente, pois são categorias muito diferentes.**

BENS IMOBILIÁRIOS COMERCIAIS

Durante décadas, São Francisco foi considerada a joia da coroa da Califórnia, uma cidade outrora fabulosa, com os melhores restaurantes e alguns dos imóveis mais caros do mundo. Impulsionada pelo crescimento explosivo das empresas de tecnologia, São Francisco era continuamente classificada entre as dez cidades mais caras do mundo para se viver.

Para as empresas com sede no local, um endereço comercial na California Street era um cobiçado sinal de sucesso. Como noticiou o *Wall Street Journal*: "O corredor atravessa o coração do distrito financeiro da cidade e está repleto de escritórios de bancos e outras empresas que ajudam a alimentar a economia tecnológica global." No número 350 da California Street fica uma linda torre de vidro e pedra de 22 andares, que já abrigou centenas de funcionários do Union Bank. Em 2019, o edifício foi avaliado em US$ 300 milhões. Hoje, menos de quatro anos depois, está 70% desocupado e há multidões de usuários de drogas e moradores de rua na calçada à sua frente. **No início de 2023, o prédio foi vendido por cerca de US$ 60 milhões, uma queda sem precedentes de 80% no valor (porém, muito menos do que custaria para ser construído hoje).**

De acordo com o *San Francisco Chronicle*, a cidade possui "a surpreendente marca de 1,7 milhão de metros quadrados de espaço vago [em escritórios], o suficiente para abrigar 92 mil colaboradores ou o equivalente a 13 torres da Salesforce". E não é apenas São Francisco que atravessa uma crise no setor imobiliário comercial. A empresa de bens imobiliários Cushman and Wakefield informou que "até 30 milhões de metros quadrados de espaço em escritórios nos Estados Unidos poderão ficar desocupados e sem uso até 2030, em virtude do trabalho remoto e híbrido. Quando somados a outros 69 milhões de metros quadrados que ficarão desocupados por causas 'naturais', o total acumulado ao longo dos próximos sete anos será de cerca de 100 milhões de metros quadrados de espaço em escritórios sem utilização".[3]

Haverá certo sofrimento e dilapidação de patrimônio no futuro, mas, como em todos os ciclos de mercado, isso dará lugar a algumas extraordinárias oportunidades de investimento. **Dito isso, não podemos tratar a recessão atual como as recessões do passado.** A pandemia introduziu novos riscos e novas dinâmicas que devemos considerar quando se trata de investimento em bens imobiliários.

NEGÓCIO ARRISCADO

Nas décadas anteriores, olharíamos para os imóveis comerciais por uma ótica econômica padrão. Normalmente, os ciclos dos bens imobiliários coincidiam com a economia em geral: uma recessão significava menos empregos; menos empregos significavam menos espaço ocupado em escritórios; menos empregos também significavam menos gastos em compras (comércio) e menos viagens (hospedagem). Historicamente, essas recessões davam lugar, de maneira previsível, a uma recuperação, e um novo ciclo se iniciava a partir dali. É provável que esses ciclos tradicionais continuem acontecendo em um sentido amplo, mas existem alguns novos riscos "pós-pandemia" que devemos incorporar à nossa compreensão usual dos ciclos dos bens imobiliários:

- Risco de obsolescência: Durante a pandemia, o mundo descobriu que o Zoom é bastante eficaz para manter algumas empresas em funcionamento, com colaboradores remotos. Muitas dessas empresas fizeram as contas e perceberam que ter funcionários remotos poderia gerar uma grande economia de custos, reduzindo a necessidade de dispendiosos espaços de escritório. **Daí o recente fenômeno de arranha-céus urbanos desocupados, apelidados de "*Torres Zumbis*".** Essa nova dinâmica de trabalho remoto ou híbrido também criou o que alguns especialistas chamam de *risco de obsolescência.*

Os compradores de imóveis comerciais devem se perguntar se a propriedade que desejam adquirir ainda é viável. E, além disso, se será viável daqui a dez, quinze ou vinte anos. Os tradicionais edifícios de escritórios estão de fato se tornando obsoletos? Em caso afirmativo, o comércio e os restaurantes vizinhos sofrerão danos colaterais? Como as pessoas escolherão viver, trabalhar e fazer compras daqui a cinco ou dez anos? Ninguém sabe as respostas ainda, mas alguns proprietários de edifícios comerciais se recusam a ficar parados enquanto esperam. Em Boston, por exemplo, a revista *Fortune* informou que "a escassez do mercado habitacional é tão acentuada e o excesso de escritórios é tão grande que [a cidade] oferecerá incentivos fiscais de 75% nas conversões de escritórios em residências".[4] Alguns edifícios comerciais estão se convertendo em apartamentos; outros estão se tornando centrais de processamento de dados. Tudo na esperança de evitar a execução hipotecária.

Número de escritórios desocupados continua subindo

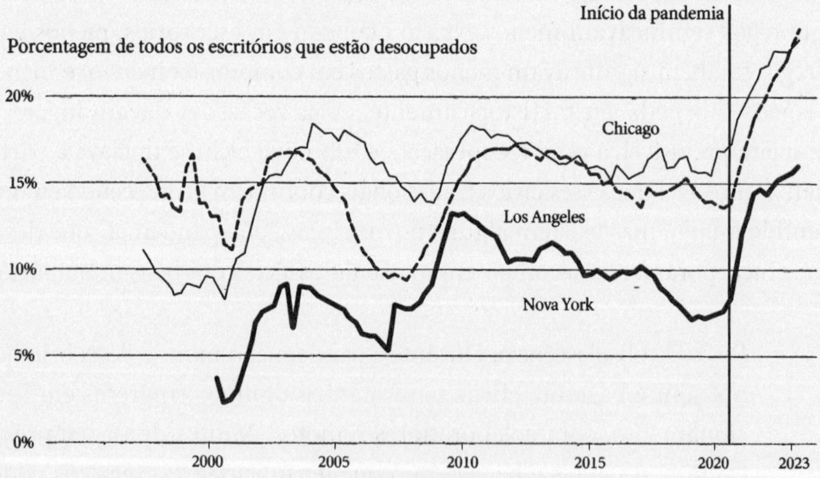

Fonte: JLL

A **inteligência artificial** é outro risco novo que pode afetar o valor dos imóveis comerciais, uma vez que torna determinados trabalhos obsoletos ou, no mínimo, reduz o número de pessoas necessárias para realizá-lo (e, portanto, o espaço em escritório). Em maio de 2023, o CEO da Chegg, uma empresa de ensino on-line e preparação para provas e vestibulares, anunciou que o ChatGPT estava impactando sua capacidade de conquistar novos clientes. **Por que pagar por um professor quando a inteligência artificial pode ajudá-lo gratuitamente em seu dever de álgebra? Após o comentário, as ações da Chegg despencaram 49% em um único dia, devido aos receios de que a empresa pudesse estar em uma posição vulnerável no setor do conhecimento.**

Para sermos justos, alguns argumentam que a inteligência artificial criará um novo gênero de empresa, e que um campo crescente de negócios que se basearão nela surgirá para ocupar os escritórios vazios. Na verdade, em certo sentido isso já está acontecendo, mas essas empresas tendem a ter um número de colaboradores bastante baixo e a não necessitar de muito espaço físico. A Midjourney, a mais popular ferramenta de inteligência artificial para criação de imagens, tem mais de 15 milhões de usuários, receitas de nove dígitos e uma equipe de menos de vinte pessoas![5] Nosso amigo Peter Diamandis, um futurista, tuitou uma previsão de que, com a inteligência artificial, "veremos a primeira empresa com apenas três pessoas se tornando bilionária no próximo ano!".

Então, que outros riscos de obsolescência nos aguardam? Como essas tendências disruptivas se comportarão no cenário dos bens imobiliários comerciais? A verdade é simples: ainda não temos como saber com exatidão, por isso devemos proceder com cautela.

1. Risco geográfico/político: À medida que o trabalho remoto ou híbrido foi se tornando uma opção viável para muitos, os Estados Unidos sofreram uma enorme onda de migração interna. Um grande número de pessoas fugiu de cidades caras. **Não é de surpreender que tenham escolhido estados com menores taxas de impostos, custos de vida mais baixos e qualidade de vida mais alta. A Califórnia foi a maior perdedora nessa remodelação. Entre abril de 2020 e julho de 2022, mais de meio milhão de pessoas deixaram o estado,**

levando consigo mais de US$ 50 bilhões em rendimentos totais. A cidade de Nova York perdeu 468.200 moradores, quase 5,7% de sua população,[6] uma perda que se reflete nas elevadas taxas de desocupação. Os bilhões perdidos em receitas estaduais oriundas dos impostos sobre os rendimentos somaram-se aos já acentuados déficits, levantando especulações sobre o aumento ainda maior nos impostos para aqueles que ficaram para trás. Esse ciclo vicioso pode levar ainda mais pessoas a abandonar tudo e a se mudar para outro lugar. A Califórnia tem tanto medo de mais êxodos que está discutindo um "imposto de saída", que confiscaria uma porcentagem da riqueza total das pessoas que decidirem deixar o estado.[7] Isso me faz lembrar a clássica canção dos Eagles, "Hotel California", onde o hóspede pode registrar sua saída, mas nunca partir.

Assim como os indivíduos, várias empresas também se deslocaram para estados mais favoráveis aos negócios e com custos de mão de obra mais baixos. A Universidade de Stanford informou que mais de 352 grandes corporações deixaram a Califórnia, entre elas, da *Fortune 1000*. A Charles Schwab, a CBRE e a Oracle são apenas algumas das muitas gigantes que transferiram suas sedes da Califórnia para o Texas.[8] O movimento vem impulsionando os mercados de trabalho dos estados mais favoráveis aos negócios. **Em 2023, o *Wall Street Journal* elegeu Nashville, no Tennessee, o mercado de trabalho número 1 do país.**[9] A chamada Cidade da Música, com receitas livres de impostos, rapidamente se tornou uma potência econômica. Os estados da Flórida e do Texas também tiveram crescimento explosivo. Será que essas tendências migratórias continuarão? Só o tempo dirá, mas, é preciso observar que os valores dos bens imobiliários, tanto comerciais quanto residenciais, são altamente dependentes da localização, bem como das políticas municipais e estaduais.

2. Taxas de juros e consequências indesejadas: Como mencionamos, acabamos de testemunhar o mais rápido aumento das taxas de juros na história dos Estados Unidos. Isso terá algumas consequências severas e indesejadas, que se alastrarão por todas as categorias de bens imobiliários, mas nenhuma delas sofrerá um impacto tão agressivo quanto os imóveis comerciais. Embora a elevada desocupação seja problemática, o que poderá verdadeiramente criar uma catástrofe bancária são os trilhões de dólares investidos no financiamento desses edifícios. Há

um muro de dívidas se aproximando cada vez mais rápido. Cerca de US$ 2,5 trilhões em empréstimos imobiliários comerciais vencerão até 2028, com US$ 1,5 trilhão vencendo até 2025. Salvo alguma intervenção governamental, é provável que muitos proprietários não consigam refinanciar, ou fiquem em situação tão complicada que será melhor permitir que o banco execute a hipoteca, o que em muitos casos já está acontecendo. De acordo com a *Bloomberg*, "em Nova York e em Londres, os donos das reluzentes torres de escritórios estão deixando suas dívidas para trás em vez de desperdiçar ainda mais dinheiro. Os proprietários do maior centro comercial de São Francisco o abandonaram".[10] Aos bancos restará a já conhecida tarefa de "passar o chapéu", forçados a vender esses imóveis com grandes descontos e a amortizar os financiamentos. Sendo honestos, existem alguns pontos positivos. Quando entrevistamos Barry Sternlicht (Capítulo 22), fundador da gigante do setor de bens imobiliários Starwood Capital, ele explicou que edifícios boutique menores, com comodidades de alto nível, ainda estão com uma ocupação considerável. Geralmente, abrigam empresas de margens altas e com um reduzido número de colaboradores, como fundos de cobertura, escritórios de advocacia locais, empresas de inteligência artificial etc.

Quantidade significativa de dívidas imobiliárias próximas ao vencimento, necessitando de refinanciamento

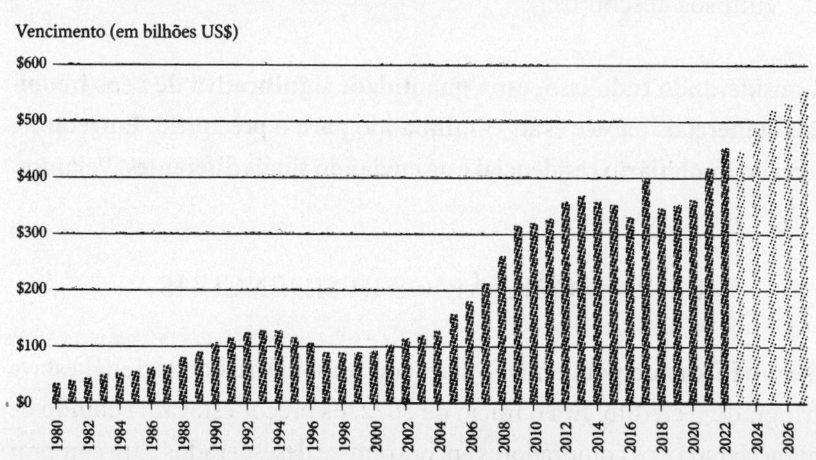

Fonte: TREPP Morgan Stanley Research Credit Daily Shot

Como consequência do iminente problema dos empréstimos a ser enfrentado por bancos e locatários (ver figura anterior), o Morgan Stanley prevê uma queda de 40% no valor dos espaços comerciais e de escritórios, o que é diferente de tudo o que os Estados Unidos já experimentaram na história moderna.[11] À medida que os mutuários forem se tornando inadimplentes, os bancos começarão a amortizar esses financiamentos, criando perdas severas. Isso poderia levar, em última análise, a uma crise bancária. **Ainda mais preocupante é o fato de 70% dos empréstimos comerciais serem detidos por bancos regionais, bancos esses que recentemente registraram uma série de falências, como o Silicon Valley Bank, o First Republic e o Signature Bank.**

Quando os valores despencam, passa a haver uma enorme quantidade de dinheiro inteligente disponível para transações. Nos últimos anos, surgiram vários fundos especializados em bens imobiliários estressados, e estão todos à espreita. Esse raciocínio está alinhado com um princípio que ficou famoso na voz do falecido Sir John Templeton (fundador da Templeton Funds e brilhante investidor inconformista): "Compre quando há sangue nas ruas." Para os investidores, à medida que essa história for se desenrolando, haverá uma grande oportunidade de comprar com vultosos descontos.

Considerando tudo isso, uma quantidade significativa de bens imobiliários comerciais parece estar caminhando para o precipício. Entretanto, o mercado imobiliário residencial está enviando sinais diferentes. Vejamos.

BENS IMOBILIÁRIOS RESIDENCIAIS

No segundo ano da pandemia, o mercado imobiliário habitacional estava restringindo o crédito. Era o início de 2022, os preços estavam subindo de forma acelerada e os compradores encontram-se desesperados para comprar algo… o que quer que fosse!

À primeira vista, poderia se pensar que os Estados Unidos estavam flertando com outra bolha imobiliária residencial, como a de 2008. A mídia, sempre alimentando o medo, vem batendo nessa tecla há algum tempo. A seguir, apresentamos um apanhado de manchetes escritas por correspondentes imobiliários seniores da MSNBC — juntas, elas demonstram quão equivocado alguém pode estar ao tentar prever o comportamento do mercado.

"Mercado habitacional hoje:
uma bolha maior do que em 2006" — outubro de 2015

"Estamos em uma nova bolha imobiliária" — agosto de 2016

"No mercado habitacional de hoje,
é melhor alugar do que comprar" — setembro de 2018

"O mercado habitacional deve mudar para pior
para os compradores de imóveis residenciais" — julho de 2019

"O próximo ano será difícil para o mercado habitacional,
especialmente nas grandes cidades." — dezembro de 2019

"A expansão do mercado imobiliário chegou ao fim, pois
as vendas de casas novas estão caindo." — julho de 2021

Nos anos compreendidos entre a primeira e a última dessas manchetes, o preço médio dos imóveis residenciais nos Estados Unidos aumentou de US$ 300 mil para US$ 523 mil, e os compradores conseguiram fixar as taxas hipotecárias mais baixas da história. Hoje, temos ainda mais analistas batendo na tecla do "colapso está chegando". E, embora os preços estejam certamente se flexibilizando, os dados parecem contar uma história diferente.

Desempenho do mercado habitacional durante as recessões

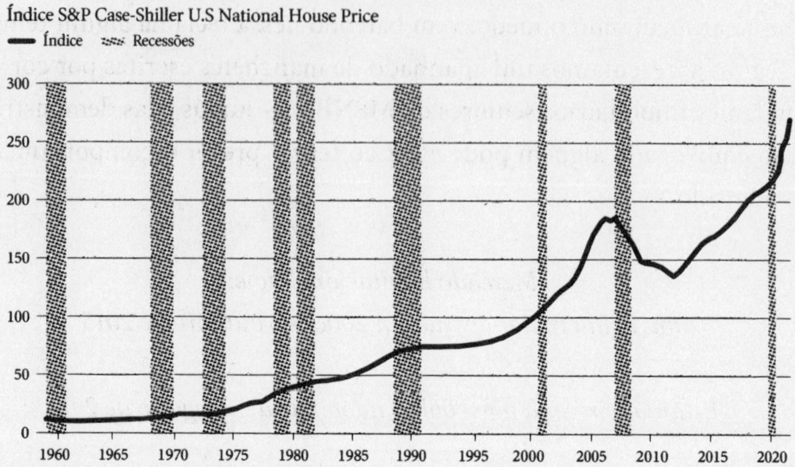

Analisando a história, talvez fosse óbvio pensar que uma recessão garantiria o declínio nos preços das residências. **No entanto, desde 1960, tivemos nove recessões, e os preços dos imóveis residenciais só caíram durante uma delas — a Grande Recessão.** Enquanto escrevo estas linhas, estamos flertando com outra (a mais recente foi em 2020), e, de fato, os preços do mercado habitacional diminuíram. No momento, a taxa hipotecária fixa de trinta anos está acima de 8%, a mais alta registrada em mais de vinte anos. Isso, sem dúvida, provocou uma queda nos preços. A pergunta é: eles continuarão caindo? A demanda arrefeceu completamente? Temos muita oferta? Vamos examinar os fatos.

A QUESTÃO OFERTA *VERSUS* DEMANDA É RELEVANTE

Em um mundo perfeito, a demanda por novas residências estaria inteiramente alinhada com o número de novas residências sendo construídas (também conhecido como número de "conclusões"). Isso criaria um equilíbrio perfeito entre oferta e demanda. Contudo, infelizmente, não é assim que as construtoras pensam. Elas simplesmente aproveitam as oportunidades.

Formações de domicílios e conclusões de novas residências

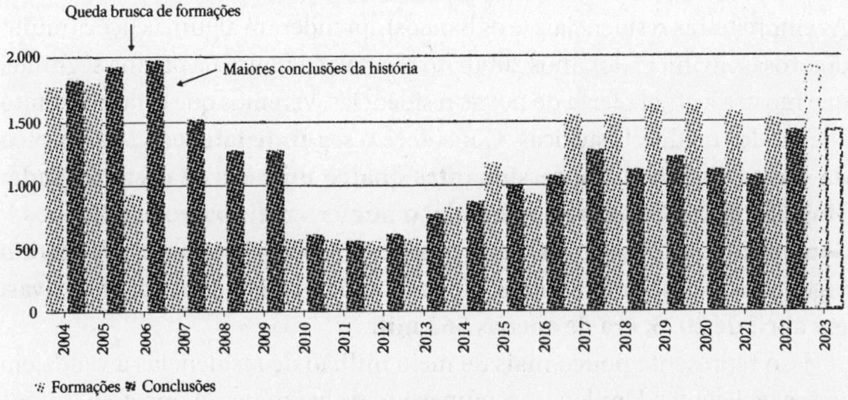

Fonte: MBS Highway

Princípios básicos de economia ensinam que, quando há excesso de oferta e pouca demanda, os preços caem. Entre 2004 e 2005, por exemplo, as construtoras começaram a subir mais casas do que jamais haviam feito em toda a história. Quase quatro milhões de novas residências ficaram prontas em apenas dois anos (ver figura acima). Contudo, depois de vários anos de uma demanda impressionante, o número de compradores começou a cair. Mesmo com todos os especuladores tentando vender as residências por trocados, ainda não havia demanda suficiente para contrabalançar os milhões de casas excedentes colocadas à venda.

Para piorar a situação, sabemos também que durante o período que antecedeu a Grande Recessão, os bancos estavam sendo extremamente irresponsáveis em suas práticas de crédito. Sem verificação de renda, sem entrada, sem problemas. Para conseguir um empréstimo, bastava estar vivo. No famoso filme *A grande aposta*, um gestor de fundos de cobertura visita a Flórida para tentar decifrar a insanidade do mercado imobiliário. **Ele é apresentado a uma "dançarina" que é dona de cinco casas e um apartamento em um condomínio (com vários financiamentos em cada um dos domicílios). E, sim, essa é uma história real!**

Então, o que há de diferente hoje? Como sabemos que não estamos prestes a sofrer outro colapso? Tudo sempre remonta aos princípios básicos de economia: oferta e demanda.

OFERTA EM BAIXA

As empreiteiras residenciais (e os bancos) aprenderam algumas lições muito dolorosas no início dos anos 2000. Ao observar a figura na página seguinte, que mostra a atual oferta de novas residências, veremos que estamos muito abaixo das médias históricas. **Considere o seguinte fato: em 2007, o pico da oferta chegou a impressionantes quatro milhões de casas à venda. Hoje, há 980 mil casas no mercado, o número mais baixo em 40 anos.**[12] **Somando-se ao desafio da oferta, quase 40% delas já estão com contrato vigente, o que significa que o número mais preciso de listagens ativas, em abril de 2023, era de apenas 563 mil.**

Isso representa pouco mais de meio milhão de residências à venda em todos os Estados Unidos — o número mais baixo desde que começamos a rastrear essa estatística, no início dos anos 1980.[13] De acordo com o Realtor.com, em setembro de 2022, o hiato entre as formações (aqueles que precisam de domicílio) e as conclusões (domicílios novos no mercado) alcançou 5,8 milhões de imóveis.[14] Potencializando o desafio da oferta, as construtoras estão diminuindo o ritmo de construção de novas residências, uma vez que o custo dos materiais e da mão de obra disparou com a inflação e as taxas subiram drasticamente.

Oferta de residências já construídas

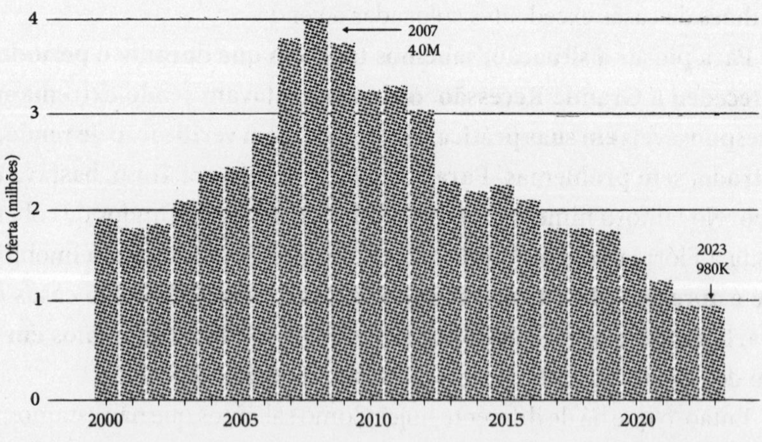

Fonte: MBS Highway

PROPRIETÁRIOS DE IMÓVEIS RESIDENCIAIS NOS ESTADOS UNIDOS SÃO ALTAMENTE CAPITALIZADOS

Outra dinâmica única no mercado atual é a alta capitalização do proprietário típico. **Em 2008, o perfil comum tinha apenas 19% de seu patrimônio investido em casa própria, o que o tornava altamente alavancado e suscetível a oscilações de preços que poderiam empurrá-lo rapidamente à redução do valor de mercado do imóvel e à consequente execução hipotecária. Hoje, como resultado do aumento de exigências em relação ao valor de entrada e do entendimento trazido pelos anos anteriores, o comprador habitual de uma casa própria tem 58% de seu patrimônio aplicado na própria residência!** Além disso, muitos conseguiram fixar uma taxa historicamente baixa, tornando improvável que se mudem tão cedo, uma vez que uma nova moradia exigiria um pagamento mais alto. Para que fique claro, nem tudo são flores no setor de bens imobiliários residenciais. Atualmente, os proprietários gastam 40% de sua renda bruta em hipotecas. **Hoje, o pagamento médio da hipoteca residencial alcançou um recorde de US$ 2.322/mês, sem incluir impostos, seguros etc. Essa relação "dívida/rendimento" está alarmantemente alta, e mais elevada ainda do que a de 2008.** Somando-se o fato de que a dívida do cartão de crédito também está no nível mais alto de todos os tempos, vislumbramos momentos turbulentos pela frente. Será que essa confluência de fatores resultará em uma grande queda nos preços dos imóveis residenciais? O tempo vai dizer. Com uma oferta tão reduzida, o mercado poderá nos surpreender com **preços habitacionais relativamente estáveis ou, até mesmo, com um aumento moderado em áreas de maior demanda, especialmente se as taxas hipotecárias caírem a partir de agora. Resumindo: os investidores devem proceder com cautela.**

Acho que vocês conseguem se imaginar lutando para pagar as prestações aqui, não é mesmo?

E QUANTO AOS APARTAMENTOS?

Embora os prédios de apartamentos (também conhecidos como multifamiliares) estejam na categoria residencial, eles são muito diferentes das casas. O investimento multifamiliar teve um grande desempenho na última década. Os valores dos aluguéis vêm aumentando continuamente há muitos anos, deixando os investidores bastante contentes. Dito isso, essa categoria de prédios está começando a mostrar sinais de fraqueza em certas regiões, especialmente onde as incorporadoras construíram além da conta. **Enquanto isso, está se formando uma tempestade perfeita, que combina aumento das taxas de juros, retração das locações, ampliação das ações de despejo e aumento dos prêmios de seguros e dos impostos sobre a propriedade.** A gravidade da tormenta dependerá muito do mercado local.

Muitos proprietários de unidades em prédios de apartamentos (que são, frequentemente, grupos consorciados dos próprios) se revelaram

gananciosos e escolheram não fixar suas taxas de juros por longos períodos, optando, em vez disso, por dívidas de "taxa variável", com o intuito de maximizar os retornos quando as taxas estivessem baixas. Não é de surpreender que retornos mais elevados significassem taxas de desempenho mais elevadas para os gestores. **Agora que esses números estão subindo vertiginosamente, os proprietários/operadores lamentam, sem dúvida, a escolha que fizeram. Os empréstimos com taxas variáveis voltaram a assombrá-los à medida que os custos de manutenção dispararam. Em agosto de 2023, o *Wall Street Journal* comentou que** "*o aumento repentino nos custos da dívida no ano passado ameaça, agora, arrasar muitos proprietários de unidades multifamiliares em todo o país. Os valores dos edifícios de apartamentos caíram 14% no ano encerrado em junho, após subirem 25% no ano anterior*".

Vejamos o exemplo de Jay Gajavelli. Imigrante indiano e ex-profissional de tecnologia da informação, Gajavelli ganhou as manchetes do *Wall Street Journal* vendendo retornos extraordinários aos investidores.[15] **Na última década, Gajavelli acumulou mais de sete mil unidades de apartamentos nas regiões sul e sudoeste dos Estados Unidos. Em seus vídeos no YouTube, ele anunciava retornos do tipo "dobre seu dinheiro" para investidores em potencial, arrecadando milhões de dólares de pessoas físicas.** Funcionou bem, até não funcionar mais. Gajavelli utilizou empréstimos com taxas variáveis para adquirir seu estoque de ofertas, e quando as taxas de juros começaram a subir muito rápido, era tarde demais para refinanciar. Os empréstimos bancários praticamente secaram. **No fim das contas, Gajavelli não conseguiu arcar com as prestações cada vez mais altas, e, até agora, já devolveu três mil unidades ao banco, em execução hipotecária. Enquanto isso, seus investidores perderam 100% de seus investimentos — não porque os apartamentos fossem imóveis ruins, mas porque o proprietário/operador optou por assumir mais riscos do que o necessário, e os investidores, desavisados, não foram suficientemente esclarecidos sobre isso.**

Declínio dos valores de edifícios multifamiliares nos Estados Unidos

Fonte: MSCI Real Assets

Não são apenas os menos sofisticados que estão sentindo o baque. A Blackstone, uma das maiores instituições do mundo, optou por se tornar inadimplente em 11 edifícios de apartamentos em Manhattan. O *Wall Street Journal* informou que "a Veritas Investments, uma das maiores proprietárias de imóveis de São Francisco, e seus parceiros deixaram de pagar a dívida referente a 95 edifícios destinados a locação durante o ano passado. Como resultado, poderá perder mais de um terço do seu portfólio em São Francisco".[16]

A OPORTUNIDADE ESTÁ BATENDO NA PORTA?

Para quem gosta de comprar coisas em promoção, certas categorias de bens imobiliários se tornarão extremamente atraentes nos próximos anos. **Prevemos grandes descontos em bens imobiliários comerciais e multifamiliares, assim que os vendedores (e os bancos) se virem forçados a se desfazer de suas propriedades. Os compradores precisarão escolher seus locais com perspicácia e ser capazes de responder às complexas questões relacionadas à viabilidade. Dito isso, os especialistas que**

entrevistamos acreditam que haverá sérias perturbações no mercado, criando enormes oportunidades de compra que não observávamos há quase duas décadas.

O crédito privado é um método diferente por meio do qual os investidores individuais podem ter acesso ao mercado imobiliário. Os empréstimos bancários praticamente evaporaram, mas os proprietários de imóveis comerciais e residenciais continuarão precisando de acesso ao capital e, na ausência dos bancos, muitos recorrerão a um subconjunto de crédito privado (em alguns casos, conhecidos como credores de "dinheiro duro"). Esses mutuantes não bancários emprestarão capital de curto prazo tendo uma posição patrimonial como garantia quando um mutuário precisar de dinheiro rápido. **Isso pode gerar retornos muito consideráveis para o credor, com proteções bastante sólidas em caso de inadimplência do tomador do empréstimo.** Como investidor, isso pode representar um ótimo complemento para um portfólio do Santo Graal, como forma de gerar receita.

Deixaremos algumas palavras de sabedoria para os investidores em bens imobiliários no panorama atual:

1. Procure os especialistas: O investimento em bens imobiliários é realizado melhor por investidores profissionais e sofisticados, que entendem as nuances das regiões geográficas e da alavancagem, e com um longo histórico de trânsito bem-sucedido por ciclos de mercados em baixa. A história está repleta de casos de investidores em bens imobiliários que, por despreparo, deram passos muito ousados e foram à falência.
2. Diversifique: Investir com um gestor de alto nível pode lhe proporcionar um portfólio plural, com inúmeras propriedades, em vez de apostar apenas em uma ou duas. O mesmo se aplica ao crédito privado, para que você consiga investir em uma carteira de empréstimos, em vez de emprestar apenas a um ou dois mutuários.
3. Seja paciente: Um enorme fluxo de negócios e muitas oportunidades com preços promocionais surgirão nos próximos anos. Escolha os locais com cautela e não se jogue na primeira coisa que aparecer.

TODO MUNDO ADORA FAZER UM NEGÓCIO!

Todo mundo adora fazer um negócio! No entanto, o que acontece quando um investidor em um fundo de capital privado decide que gostaria de sacar seu dinheiro antes do previsto? Bem, uma vez que o capital privado (e, por assim dizer, o capital de risco) geralmente não possui liquidez, resta ao investidor apenas uma opção: vender sua posição no fundo a outro investidor. **Isso é conhecido como transação "secundária" e, do ponto de vista de um investidor experiente, pode representar uma oportunidade de obter um excelente ativo com desconto, com um prazo menor para a recuperação do dinheiro.** Vamos dar uma olhada nesse assunto!

CAPÍTULO 9

TRANSAÇÕES SECUNDÁRIAS

TODO MUNDO ADORA UMA PROMOÇÃO!

"Quem diz que dinheiro não traz felicidade,
simplesmente não sabe onde fazer compras."

— Bo Derek

Com certeza, percorremos um longo caminho até aqui, e falta apenas uma estratégia a ser abordada! Até agora, aprofundamos seis opções de investimentos que poderiam ser considerados parte de um projeto de um portfólio do Santo Graal.

Como já sabemos, a abordagem de Ray Dalio consiste em utilizar de oito a doze estratégias de empreendimentos não correlacionados. Se combinados com ações, obrigações e outros investimentos tradicionais com maior liquidez, existem muitas opções a serem consideradas. Isso é uma coisa boa, é claro, pois nem é preciso dizer que nem todas as opções são adequadas para todos, e é sempre inteligente procurar a ajuda de um consultor profissional.

Na verdade, existe todo um universo de investimentos alternativos que a nossa equipe de pesquisa monitora e acompanha continuamente.

Neste "minicapítulo" final visitaremos um pequeno canto do mundo dos investimentos alternativos onde existem oportunidades para obter grandes descontos em ativos de investimento de alta qualidade. Afinal, quem não gosta de fazer um bom negócio?

O GRANDE DESCONTO

A nova e altamente requisitada Ferrari F8 possui um adesivo de janela que custa US$ 350 mil. Os carros são escassos e quase impossíveis de encontrar, a menos que você esteja disposto a pagar mais do que o valor de um adesivo! Agora, imagine passar na frente de um showroom e encontrar essa novíssima máquina de cor vermelho brilhante com um desconto de 25% a 50%. Você abriria a carteira? Eu espero que sim! Todo mundo adora fazer um bom negócio. Curiosamente, esse fenômeno parece se aplicar a tudo, menos aos investimentos. **Quando as ações estão 10%, 20%, ou até mesmo 50% abaixo de seu valor máximo, os investidores típicos as evitam como se fossem uma praga, e, caso as possuam, provavelmente se mostrarão dispostos a vendê-las para evitar futuros sofrimentos.**

Ocorre que nem todo mundo que vende quando o mercado está em baixa está enfrentando uma crise emocional. Na verdade, alguns dos investidores mais disciplinados do mundo (isto é, o dinheiro institucional inteligente) são, em determinados momentos, ***obrigados*** a vender algumas de suas participações de investimento. E por que diabos eles seriam "obrigados" a fazer isso?

Vamos nos aprofundar e explorar como essas situações únicas podem dar aos investidores (os compradores) uma vantagem significativa.

SEM EQUILÍBRIO

Geralmente, os investidores mais disciplinados traçam um plano claro de alocação de ativos: uma porcentagem fixa que pretendem manter em cada tipo de investimento (por exemplo, 30% em ações, 20% em obrigações, 40% em fundos de capital privado e assim por diante). No entanto, ao considerarmos que os mercados flutuam, o valor dessas participações nunca é estático, o que faz que essa meta de alocação de ativos adquira certa flexibilidade.

Em 2022, os mercados públicos sofreram uma queda, e quase todos enfrentaram as consequências. Ações, obrigações e bens imobiliários caíram em conjunto, de modo que restaram poucos lugares onde se esconder. Os maiores investidores institucionais do mundo (dotações, fundos soberanos, fundos de pensões etc.) ficaram em estado de choque quando seus portfólios registraram o pior desempenho desde a Grande Recessão. Some a isso a invasão da Ucrânia, a inflação em disparada e os persistentes problemas da cadeia de abastecimento, e o mundo da gestão de portfólios institucionais se sentiu abalado e confuso. **Como esses investidores institucionais reagiram? Bem, adianto que eles tomaram medidas significativas para recuperar o equilíbrio. Deixe-me explicar...**

Primeiro, vamos falar rapidamente sobre as lições elementares de gerenciamento de portfólio. Digamos que você tenha US$ 1 milhão investido em ações e obrigações, com uma alocação prevista de 60% em ações e 40% em obrigações. Você se esforçaria para manter essa alocação de 60-40, que é o padrão do setor, contudo, se o valor das suas ações subir e o valor das suas obrigações cair ou permanecer estável, suas porcentagens terão "se desviado" da meta. Você pode acabar ficando, por exemplo, com 70% em ações e apenas 30% em obrigações, como ilustrado na figura acima. Nesses casos, é hora de fazer o rebalanceamento, da mesma forma que você substitui um pneu desgastado que está fazendo o carro perder a estabilidade. Para um investidor disciplinado na situação descrita acima, **isso significaria vender algumas ações e comprar algumas obrigações, a fim de voltar à meta de 60-40.**

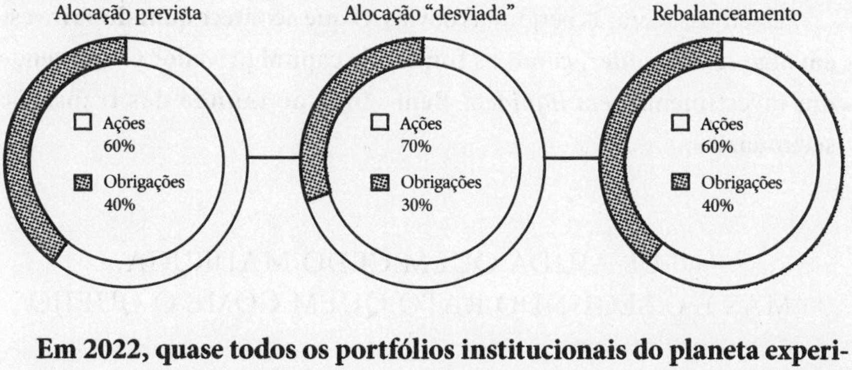

Em 2022, quase todos os portfólios institucionais do planeta experimentaram o equivalente a três pneus desbalanceados, que praticamente arrancaram as portas do carro. Ao mesmo tempo em que tanto as ações quanto as obrigações estavam em queda significativa, muitos dos investimentos alternativos que faziam parte daqueles portfólios (capital privado, crédito privado etc.) se saíam muito melhor. **Em outras palavras, os investimentos alternativos estavam respondendo, naquele momento, por uma porcentagem *muito* maior da meta de alocação de ativos pretendida — e, muitas vezes, exigida — pelos portfólios.** Para os gestores, isso não é o ideal e ***exige*** que medidas sejam tomadas.

O PRAZO DE UM HOMEM É O TESOURO DE OUTRO HOMEM

No panorama atual, sabemos que existem centenas de bilhões de dólares investidos em *capital privado, crédito privado* e *bens imobiliários privados* de alta qualidade, muitos dos quais tiveram um aumento significativo de valor nos últimos anos. Agora, porém, eles terão de ser vendidos para ajudar essas instituições a rebalancear seus portfólios. Isso acontece porque a maioria das grandes instituições detém um mandato autônomo, o que lhes confere o direito de corrigir os rumos e rebalancear quando julgarem necessário. **E se as pessoas que gerenciam esses portfólios não tomarem medidas para recuperar o equilíbrio, elas serão… demitidas!** Portanto, não se trata de uma escolha que elas podem ou não fazer, trata-se, sim, de um movimento de autopreservação que *devem* fazer.

Passemos, agora, às perguntas óbvias. **O que acontece quando se investe em algo *sem liquidez,* como os fundos de capital privado?** Como vender um investimento *sem liquidez*? **Bem-vindo ao mundo das transações secundárias.**

DEUS AJUDA QUEM CEDO MADRUGA, MAS É O SEGUNDO RATO QUEM COME O QUEIJO

Em um fundo de capital privado tradicional, os investidores terão de esperar de cinco a dez anos até que a liquidação da carteira e seu capital, restituído. Portanto, se um investidor quiser ou precisar liquidar sua posição assim que possível, a única forma de conseguir isso é vendendo

sua posição a outro investidor, que simplesmente tomaria o lugar dele. Isso se chama *"transação secundária liderada por cotistas"*, uma vez que são iniciadas pelo sócio comanditário.

No mundo de hoje, é muito fácil encontrar outro investidor interessado em adquirir a posição de terceiros. Existem inúmeros fundos de investimento cujo único objetivo é comprar títulos secundários dos atuais investidores (sócios comanditários). **Com efeito, em 2021, o volume de transações no mercado secundário totalizou incríveis US$ 134 bilhões (acima dos US$ 60 bilhões registrados em 2020).** Muitos especialistas acreditam que essa categoria chegará a US$ 500 bilhões em um curto espaço de tempo.

Então, por qual motivo essas transações se tornaram cada vez mais populares, como se fossem uma "classe de ativos dentro de uma classe de ativos"? Podemos explicar seu apelo por meio de três benefícios principais:

Por que a liquidez é tão importante para você?

1. Um desconto: Em um investimento de capital privado, existe uma avaliação trimestral do investimento (chamada, às vezes, de valor patrimonial líquido, ou "valor", para abreviar). Se um investidor quiser vender sua posição, muitas vezes terá de vendê-la com um desconto em relação ao seu valor atual. Isso significa que o comprador já está "com o dinheiro nas mãos" e existe uma margem pela qual o portfó-

lio teria de cair para que se perdesse dinheiro. Por exemplo, se o valor atual for US$ 100, o comprador e o vendedor podem concordar com um desconto entre 70 e 90 centavos por dólar. **O vendedor obtém a liquidez necessária e o comprador fecha o negócio. É uma situação na qual os dois lados ganham.**

2. Prazos mais curtos: Considerando-se que, geralmente, são necessários de cinco a dez anos para que os investidores em um fundo de capital privado recebam todo o dinheiro de volta, acrescido dos lucros, a compra de uma posição secundária pode reduzir drasticamente o tempo necessário para a restituição do capital. **Por exemplo, se o vendedor já participa há cinco anos de um fundo de dez anos, o comprador pode reduzir seu tempo de "espera" pela metade.** Isso ajuda a eliminar a Curva J, da qual falamos anteriormente. A Curva J (da página seguinte) mostra, de forma simples, como os investidores em um fundo de capital privado desdobram seu capital em ativos de investimento durante os primeiros anos e, uma vez totalmente alocados, esses dólares começam afinal a se multiplicar. Da mesma forma que é preciso plantar as sementes para realizar uma colheita futura, é preciso tempo para crescer.
3. Visibilidade: Quando um gestor de fundos de capital privado lança um fundo e o investidor adere imediatamente, ele está apostando na experiência e no histórico daquele gestor. **De modo geral, isso é chamado de risco do "cheque em branco"**. No primeiro dia, ele ainda não sabe quais empresas serão compradas pelo fundo, como será seu desempenho etc. No entanto, no momento em que opta por uma transação secundária, o fundo já terá investido seu capital; sendo assim, ele é capaz de avaliar exatamente quais foram os investimentos realizados, como eles estão se saindo e assim por diante. **Essa "*vantagem da informação*" é fundamental para os investidores secundários experientes, que podem escolher quais empreendimentos secundários desejam comprar, administrados por quais gestores, e assim sucessivamente.**

Por que os investidores gostam de investir em transações secundárias?

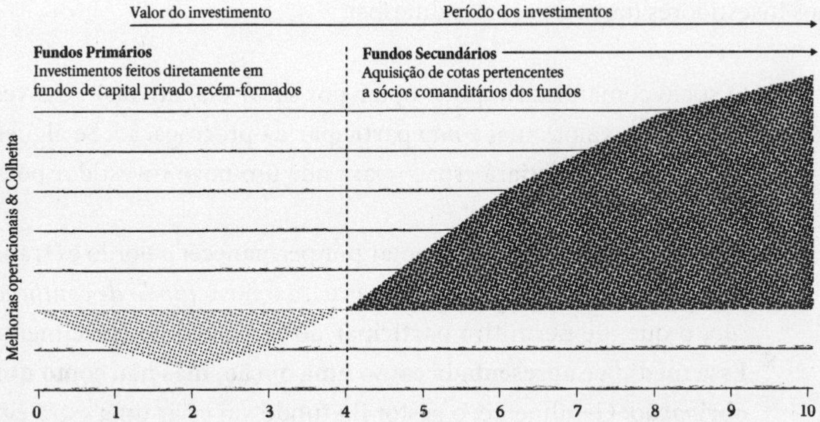

Fonte: CAZ Investments. Este gráfico é apenas para fins ilustrativos e não representa o desempenho passado nem as projeções de desempenho de um investimento real. Não há nenhuma garantia de que qualquer desempenho futuro corresponda aos dados desta ilustração.

ESSA É PRA MANTER

Após a crise financeira global, os gestores de fundos de capital privado se viram em uma posição interessante, pois como mencionado, a maioria dos fundos de capital privado é configurada nos moldes de fundos "fechados" de dez anos que precisam, então, ser liquidados — o que significa, simplesmente, que eles vendem as empresas e restituem o dinheiro aos investidores. Entretanto, à época, os gestores estavam administrando portfólios de algumas grandes empresas que, à medida que a economia ia se recuperando, começavam finalmente a acertar o passo. Os gestores sabiam que seria tolice vender empresas tão grandes naquele momento, embora o fundo determinasse que o fizessem. Era a hora de encontrar uma solução inovadora.

Esse impasse gerou uma grande onda do que chamamos de "transações secundárias lideradas por gestores". **Em vez de vender todas as empresas do fundo ao término do ciclo de dez anos, os gestores criaram o equiva-**

lente a um período de "prorrogação", no qual selecionavam a dedo uma ou mais empresas que queriam manter e as transferiam para um novo fundo, chamado *"fundo de continuação"*. Então, ofereciam duas opções aos investidores (os sócios comanditários):

1. O sócio comanditário pode optar por sacar o(s) ativo(s) de investimento no valor atual e *não* participar da prorrogação. Se alguém decidir sair, isso criará espaço para que um novo investidor possa embarcar.
2. O sócio comanditário pode optar por permanecer a bordo e "transferir" seus investimentos existentes para o novo *fundo de continuação*, o que lhe permitirá participar do potencial de crescimento. **Essa medida é apresentada como uma opção, mas não como uma obrigação.** Geralmente, o gestor do fundo vai criar uma estratégia para alinhar os interesses, transferindo seus investimentos pessoais e suas taxas de desempenho para os ativos que forem mantidos. **Em última análise, é um modo de demonstrar aos seus investidores que ele mesmo tem uma convicção tão forte nas empresas integrantes do fundo que quer mais tempo para maximizar o valor para todas as partes.**

Não é nenhuma surpresa que as "transações secundárias lideradas por gestores" tenham crescido até ocupar quase a metade de todo o mercado secundário. O típico prazo de dez anos dos fundos fechados é um tanto arbitrário, e raramente se ajusta aos ciclos de vida dos negócios ideais das empresas que os conformam. A transação secundária liderada por gestores evoluiu para se tornar uma valiosa ferramenta da função, cujo objetivo é maximizar o retorno de todos. **Resumindo: ninguém quer vender grandes empresas antes da hora.**

Sendo assim, onde está a oportunidade para investidores como nós? A boa notícia é que, em um futuro próximo, estaremos em um mercado de compradores. **Simplesmente, não há capital suficiente para adquirir o número de transações secundárias disponíveis. Dessa forma, é provável que os vendedores cogitem oferecer descontos mais altos, o que nos permitirá ser mais criteriosos e escolher apenas os ativos da mais alta qualidade.**

Pode-se inferir, também, que as compras efetuadas em transações secundárias exigem uma boa dose de sofisticação. O comprador precisa ser capaz de entender completamente o ativo que está adquirindo, o que requer uma diligência prévia substancial. Portanto, recomendamos o seguinte:

1. Selecione um gestor/fundo que tenha um histórico comprovado de negociações bem-sucedidas de compra e venda de posições secundárias. Eles devem ter relacionamentos sólidos com os gestores de fundos e estar entre o seleto grupo de compradores com quem tais gestores de fundos gostariam de trabalhar.
2. Invista em um fundo que ofereça várias transações secundárias, a fim de a obter diversificação entre uma variedade de gestores e seus portfólios subjacentes. Idealmente, o fundo também deve investir em posições secundárias em várias classes de ativos (por exemplo, em fundos de capital privado, em energia, em bens imobiliários etc.).
3. Para estar perfeitamente alinhado, invista com um gestor que coloque em jogo o próprio capital!

Para obter mais informações sobre como investir em transações secundárias e assistir às principais entrevistas com especialistas na área, visite **www.WhySecondaries.com** (site em inglês).

HORA DOS GIGANTES

Uau! Falamos sobre temas muito importantes até aqui! Esperamos que, agora, você se sinta capacitado para considerar como as estratégias que discutimos podem se tornar parte da sua estratégia pessoal no Santo Graal. **A partir de agora, teremos a incrível oportunidade de ouvir diretamente os "mestres do universo financeiro"**. Tratam-se de algumas das mais brilhantes mentes dos universos dos fundos de capital privado, crédito privado, bens imobiliários, capital de risco e muito mais. Embora resultados passados nunca sejam garantia para o desempenho futuro, muitos dos que ouviremos aqui alcançaram retornos compostos de mais de 20% ao ano. Esses gigantes, muitos dos quais se tornaram bilionários por esforços próprios, têm percepções extraordinárias do mercado, e foi um privilégio poder extrair o máximo possível de sua sabedoria e trazê-la para estas páginas. A Parte II deste livro contém as versões "resumidas" dessas entrevistas, pois várias delas duraram de duas a três horas!

Você pode encontrar informações e fontes adicionais no nosso site: www.TheHolyGrailofInvesting.com (site em inglês).

PARTE II

À MESA COM OS GIGANTES

CAPÍTULO 10

ROBERT F. SMITH

FUNDADOR E CEO DA VISTA EQUITY PARTNERS

Distinções: Listado pela *Forbes* como uma das 100 Maiores Mentes Vivas dos Negócios. Membro da organização filantrópica Giving Pledge. O afro-americano mais rico dos Estados Unidos.

Total de ativos sob gestão (em agosto de 2023): US$ 100 bilhões.

Área de atuação: Software empresarial.

PONTOS ALTOS

- Concluiu mais de seiscentas transações de fundos de capital privado, representando quase US$ 300 bilhões em valores negociados desde o início.
- O ecossistema da Vista abrange mais de oitenta empresas, com mais de 90 mil colaboradores ativos em mais de 180 países.
- Eleito Melhor Investidor Simpático aos Fundadores pela revista *Inc.* por quatro anos consecutivos.
- Em 2017, Robert foi nomeado uma das 100 Maiores Mentes Vivas de Negócios pela revista *Forbes*.
- Escolhido como uma das 100 Pessoas Mais Influentes de 2020 pela revista *Time*.

ROBERT:
Prazer em conhecê-lo, Tony! Acabei de dizer ao Christopher que converso com pessoas muito interessantes o tempo todo. E comentei com a minha esposa que eu daria esta entrevista entre todas, foi a única que a deixou realmente empolgada! Ela disse: "Meu Deus, ele é a melhor pessoa com quem você poderia conversar." Ela é sua fã.

TONY:
Fico feliz em ouvir isso! Eu também adoraria conhecê-lo pessoalmente, se tivermos alguma oportunidade. Mas, honrando seu tempo, agradeço por aceitar o nosso convite. Significa muito para nós.

ROBERT:
Obrigado, Tony. Fico feliz em fazer parte dessa jornada com vocês.

TONY:
Robert, você é uma lenda neste ramo, mas não sei se muitas pessoas conhecem a sua história. Você se importaria de compartilhar um pouco suas origens conosco? Como chegou a essa posição?

ROBERT:
Sou filho de um casal de professores de Denver, no Colorado. E embora a cidade fosse uma comunidade segregada, sempre me senti amado e acolhido pelos membros da minha comunidade, que ia muito além dos meus pais. Acho que isso acabou me dando uma sensação de segurança e uma capacidade de questionar — uma curiosidade intelectual à qual pude me entregar. Portanto, uma parte importante da minha história de origem é ter tido oportunidades constantes de explorar e aprender. Meu pai me ensinou a gostar de ópera e música clássica. Minha mãe nos levava à biblioteca todos os sábados de manhã. Nós pegávamos de oito a dez livros, e ela pegava 15, e nós líamos todos os livros na mesma semana. E na semana seguinte, fazíamos a mesma coisa. A música e os livros criaram uma sensação de admiração pelo mundo que existia fora da pequena comunidade em que cresci. E um interesse em resolver problemas.

Avançando para o ensino médio, estávamos sendo apresentados aos computadores. Minha geração não é de nativos digitais, mas de imigrantes digitais.

Só que, como eu tinha aquela curiosidade adquirida, perguntei ao meu professor: "Como isso funciona?"

E ele respondeu: "Bem, funciona com uma coisa chamada microprocessador."

"E como funciona um microprocessador?", perguntei.

Meu professor respondeu: "O microprocessador funciona com coisas chamadas transistores."

"E quem inventou isso?", insisti.

"Um lugar chamado Bell Laboratories."

Então, fui ao nosso pequeno centro de recrutamento e perguntei se havia uma filial da Bell Laboratories no Colorado. Uma mulher simpática me disse que existia uma em Brighton. Peguei o telefone, liguei para lá e disse: "Estou interessado em um estágio para trabalhar com computadores", e a pessoa encarregada dos recursos humanos simplesmente riu da minha cara. Depois, me disse que eles ofereciam estágios para alunos que estavam entre o primeiro e o último ano da faculdade. Ela pediu que eu ligasse novamente quando estivesse no primeiro ano da faculdade. Então, continuei ligando para ela no dia seguinte e no outro, até que ela parou de atender as minhas ligações. Durante duas semanas eu segui ligando todos os dias e deixando uma mensagem. E, depois, todas as segundas-feiras. Fiz isso de meados de fevereiro até junho. Em junho, ela me ligou de volta e disse: "Um aluno do MIT não apareceu. Temos uma vaga no programa." E ela me falou que eu só precisava comparecer para uma entrevista.

Eu tinha um terno que costumava vestir aos domingos, e foi essa roupa que eu usei. Coloquei US$ 2 de gasolina no meu Plymouth Satellite 1969. Dirigi até lá e consegui um emprego na Bell Laboratories. Trabalhei na empresa, basicamente, durante todo o período da faculdade, e o mais legal dessa experiência foi ter descoberto a alegria de resolver problemas. Hoje, gosto de dizer que o meu verdadeiro papel é criar soluções elegantes para problemas complexos. A Vista é isso. Então, muito da minha história tem a ver com as pessoas que estimularam a minha imaginação. Pessoas que despertaram a minha curiosidade, que me deram liberdade para explorar, expandir, errar e questionar. Mas que também dedicaram um tempo para me mostrar conjuntos de soluções e me ajudar a absorver tecnologias, ciências e cálculos específicos que orientam a forma como invisto hoje em dia e a forma como construí a Vista.

Então, muito da minha história tem a ver com as pessoas que estimularam a minha imaginação. Pessoas que despertaram a minha curiosidade, que me deram liberdade para explorar, expandir, errar e questionar.

TONY:

Ao relembrar essa trajetória, quem são algumas das pessoas mais importantes que o moldaram? E como você passou da Bell para a Vista Equity Partners?

ROBERT:

Acompanhei meu pai quando ele decidiu montar uma associação civil em Denver. Costumava nevar muito durante o ano. E, claro, quando se é criança você comemora dias de neve. Mas eventualmente eu acabei notando que os dias de neve eram aqueles em que os meus pais não podiam ir trabalhar porque, no bairro negro, não retiravam a neve das ruas. Portanto, passavam-se três ou quatro dias desse jeito, e então a cidade abria uma faixa no meio da estrada, e o meu pai pedia que o meu irmão e eu cavássemos um caminho do carro até aquela faixa, para que ele pudesse chegar ao trabalho. E aí o ônibus finalmente aparecia e íamos para a escola. No caminho, passávamos pelo bairro branco, e adivinhe só? As ruas não apenas estavam desobstruídas, como também estavam secas, o que significa que haviam sido limpas havia alguns dias. Meu pai resolveu tomar a iniciativa: "Precisamos ajudar as pessoas a entender que, se não conseguirmos chegar ao trabalho, não teremos como alimentar nossas famílias e isso diminui o padrão de toda a cidade." Finalmente, ele conseguiu fazer com que a prefeitura começasse a limpar as ruas do nosso bairro.

Meus pais ocuparam seus lugares e os usaram para fazer mudanças cívicas positivas. Eles ajudaram a lançar o programa Head Start no Colorado. E, durante mais de cinquenta anos, minha mãe preencheu um cheque mensal de US$ 25 para o fundo United Negro College.

Além dos meus pais, fui muito impactado por um cara chamado Vic Hauser, que foi o meu primeiro mentor na Bell Labs. Eu era adolescente quando entrei na empresa, estava todo animado. Vic me mostrou um semicondutor para um amplificador operacional e disse: "Essa coisa está dando defeito nos nossos sistemas Merlin. Seu trabalho é descobrir por que está falhando. E esse será o seu projeto de verão. Você tem todos os recursos da Bell Labs à disposição. A biblioteca fica no fim do corredor. Estou aqui. Você pode me fazer qualquer pergunta. Boa sorte."

E aí ele virou a cadeira e ficou de costas para mim. Eu fiquei pensando: "Cara, que grosseiro." No entanto, fui até a biblioteca para tentar descobrir o que era um amplificador operacional. Estudei a descrição, voltei ao escritório de Vic e disse: "Aqui está o que eu consegui entender sobre amplificadores operacionais." E ele virou novamente a cadeira, e, nas duas horas seguintes, explicou como o amplificador funcionava, o que era, o que deveria fazer e o que não estava fazendo naquele momento. Fazíamos isso todos os dias.

TONY:
Que lindo.

ROBERT:
Assim, o que ele fez foi me ajudar a descobrir a alegria de decifrar as coisas. Ele não me deu a resposta pronta. Em vez disso, me forçou a fazer perguntas e a investigar. Dessa forma, ele estava reforçando o que os meus pais sempre me ensinaram.

E, assim, o que ele fez foi me ajudar a descobrir a alegria de decifrar as coisas. Ele não me deu a resposta pronta. Em vez disso, me forçou a fazer perguntas e a investigar. Dessa forma, ele estava reforçando o que os meus pais sempre me ensinaram.

TONY:
Robert, que família incrível você tem. Eles têm toda a minha admiração, e tenho certeza de que muitas pessoas no mundo se beneficiaram da base que eles lhes deram e você ampliou. Se não se importa, o que fez você finalmente optar por seguir um caminho próprio? E o que fez você decidir focar em software empresarial?

ROBERT:

Vou lhe contar uma história engraçada sobre isso. Trabalhei seis anos como engenheiro químico. Eu adorava, Tony. Eu acreditava que não havia missão mais nobre do que ter uma ideia que ninguém mais na história da humanidade tivesse tido antes. Eu estava trabalhando na Goodyear e gostava muito do que fazia lá. Um dia, tivemos uma tentativa de aquisição por parte de um homem chamado Sir James Goldsmith. Então, fiquei pensando: "O que será isso?" No fim das contas, a situação me inspirou a fazer uma pós-graduação.

Eu me saí bem, me tornei o melhor aluno do primeiro ano. Então fui convidado para receber um prêmio de desempenho pelo primeiro ano na cerimônia de formatura de verão. O orador principal era um cara chamado John Utendahl, um banqueiro de investimentos de dois metros de altura, grande e bonito. Eu recebi meu prêmio e John fez seu discurso de abertura. Dias depois, ele me ligou e perguntou se eu nunca havia pensado em seguir carreira em um banco de investimentos. Eu respondi: "Eu não entendo muito bem o que os banqueiros de investimento fazem." Então John me convidou para um almoço de meia hora no escritório dele que acabou durando duas horas. No fim, ele pegou o telefone, ligou para todas as pessoas negras de Wall Street e disse que eles precisavam me conhecer. Como no fundo não deixo de ser cientista, acabei conversando não só com aqueles caras, mas com mais de cem pessoas. Eu precisava entender. Acabei descobrindo que a única parte do negócio da qual eu gostava eram as fusões e aquisições. Construir infraestrutura sustentável por meio de um processo duradouro e que você mesmo pode ajustar. Na época, havia seis empresas que faziam isso. A Goldman Sachs era a única que possuía uma estrutura de trabalho em equipe.

Fui convidado por eles para ser o que chamamos de gerente da unidade de negócios, trabalhando para um cara chamado Mac Hill, que era brilhante em fusões e aquisições. Mas aí o Gene [Sykes] me ligou para saber se eu gostaria de trabalhar com ele, e ele era o único parceiro com quem eu ainda não havia trabalhado. Contei isso a Mac, e ele falou: "Robert, vou lhe dizer uma coisa. Eu sou muito, muito bom. Mas o Gene é fora de série. Se você tiver uma chance, vá trabalhar com ele."

Gene logo me contou que estava pensando em lançar um grupo de tecnologia. Eu disse que topava, com uma condição: que ele se comprometesse a passar um tempo me treinando em São Francisco. Ele respondeu: "Feito."

E, na primavera de 1997, me tornei o primeiro banqueiro de investimentos em fusões e aquisições da Goldman, focado em tecnologia.

TONY:
Uau!

ROBERT:
E aí, de repente, eu me vi no interior, longe da cidade de Nova York. Não havia ninguém me ajudando, então tive de formar uma equipe e montar um plano. A boa notícia é que não fica um monte de gente atrás de você. Se uma pessoa fecha um negócio em Nova York, ela terá de quatro a cinco sócios que nunca conheceu querendo colocar o nome no negócio. Mas em São Francisco eu não tinha nada disso. Quando me dei conta, eu era uma das pessoas mais influentes que trabalhavam naquela área, e com pouca supervisão. Eu lidava com a Apple. Eu lidava com uma pequena empresa chamada Microsoft. Uma pequena empresa chamada Texas Instruments. Uma pequena empresa chamada eBay. Uma pequena empresa chamada Hewlett Packard. Uma pequena empresa chamada Yahoo. Isso foi em 1997, 1998, 1999.

Mas o mais interessante foi o seguinte. Eu comecei a olhar para aquelas empresas e para o cenário da tecnologia e comecei a pensar: "Sabe de uma coisa? Não há ninguém montando fundos de capital privado na área do software empresarial. Por quê?" Parando para pensar, os softwares empresariais são a ferramenta mais produtiva introduzida na economia empresarial nos últimos cinquenta anos. Como engenheiro, eu estava realmente começando a enxergar o impacto da introdução do poder de computação em um ambiente de negócios. O retorno é exponencial. Quando eu era engenheiro e terminei de implementar o que se denominava controlador lógico programável, o Honeywell TDC 3000, em uma fábrica da Goodyear, houve um aumento considerável na produtividade. Isso em uma fábrica que foi construída na década de 1940. Com o poder da computação, o desperdício diminui e a produtividade aumenta, e isso só com a instalação de sistemas de controle digital. É isso que o software empresarial faz.

Agora transfira essa dinâmica para uma empresa de seguros e você pode dar entrada em um pedido de seguro. Transfira-a para um banco e você pode realizar uma transação. Transfira-a para uma concessionária de automóveis ou para uma empresa hipotecária e você pode solicitar um empréstimo. Esse é o nível de produtividade que o software empresarial incutiu no mundo inteiro.

Ou seja, o software empresarial é um ativo extremamente atraente para clientes. Hoje em dia, temos um relacionamento sustentável de longo prazo com milhares de empresas. Relacionamentos que não são medidos em trimestres ou anos, mas em décadas. Com um produto de margem bruta de 95%, construído uma única vez e vendido quantas vezes se desejar. Capital circulante negativo, sem necessidade de estoque. É a solução elegante para um problema complexo.

Com um produto de margem bruta de 95%, construído uma única vez e vendido quantas vezes se desejar. Capital circulante negativo, sem necessidade de estoque. É a solução elegante para um problema complexo.

TONY:

Marc Benioff é um dos meus amigos mais queridos, e ele deixou a Oracle depois de participar de cinco eventos consecutivos promovidos por mim. Ele se sentava na primeira fila todos os dias. Eu gosto muito dele. Nunca vou me esquecer do dia em que, depois de um evento, ele chegou para mim e disse: "Você me convenceu."

Repliquei: "Mas eu nem falei com você."

Ele respondeu: "Não falou, mas estive em cinco eventos consecutivos e você me convenceu a deixar a Oracle. Vou lançar uma coisa chamada Salesforce. Tony, nós vamos mudar o jogo. Vamos fazer US$ 100 milhões."

Hoje, a Salesforce fatura o quê... US$ 33 bilhões? Eu estive ao lado dele nessa jornada de descoberta e foi incrível testemunhar o negócio decolar. Para mim, é muito interessante a correlação entre o caminho dele e o seu. A curiosidade intelectual e o impulso de solucionar problemas que ambos demonstram. Sinto que, hoje, você tem a mesma avidez de quando era garoto. Mas me diga uma coisa... qual foi o dia em que você disse: "Tá, agora eu vou seguir sozinho?".

ROBERT:

Naquele estágio, eu já vinha trabalhando fazia anos com empresas de tecnologia e de software empresarial. Já tinha visto centenas delas, e adivinhe só? Todas estavam inventando. É sério. Como se precifica um software? Naquela época, a gente chutava. Alguém simplesmente dizia: "Veja bem, levei cerca de dois anos fazendo pesquisa e desenvolvendo isso, e tenho um monte de programadores e hardwares, então provavelmente eu deveria vender esse produto para aquele cliente, sei lá, por US$ 80 mil. Claro. Por que não?" Parecia muito dinheiro para algo com um valor cuja dimensão nós realmente não apreendíamos. Mas quando projetei esse software, eu pensei: "Talvez um cliente possa economizar US$ 3 milhões por ano com ele, e outro cliente possa economizar US$ 30 milhões." Havia um valor intrínseco muito mais alto, e poucas pessoas percebiam isso.

Então, ao prestar consultoria e dar recomendações aos meus clientes consegui identificar as convergências, e disse a mim mesmo: "Se você não fizer isso, alguém vai fazer."

Então, Tony, o que fazemos é ajudar a inspirar as pessoas a dar o melhor de si, usando as melhores práticas. Marc Benioff internalizou a ideia do jeito dele, foi lá e fez exatamente isso. Da mesma forma, construímos e refinamos continuamente todo um conjunto de melhores práticas que ajudam a acelerar a maturidade corporativa das empresas que compramos. Desde a fundação da Vista, concluímos mais de seiscentas transações.

O outro aspecto é que a maioria das empresas de software ainda é liderada por seus fundadores. E a maioria desses fundadores está administrando o maior negócio que já teve nas mãos. Sendo assim, a maioria está tentando descobrir como proceder porque nunca fez isso antes, certo? "O que eu posso fazer amanhã para que esse negócio passe de US$ 100 milhões para US$ 200 milhões, ou de US$ 200 milhões para US$ 400 milhões?" Portanto, parte da nossa magia na Vista é que construímos um ecossistema em que esses executivos e seus subordinados diretos podem se reunir e aprender uns com os outros. É como se fosse uma Organização de Jovens Presidentes vitaminada. **Então, se você for diretor de tecnologia de uma empresa de software avaliada em US$ 30 milhões, estará sentado ao lado de um diretor de tecnologia de uma empresa de software avaliada em US$ 300 milhões, sendo instruído por um diretor de tecnologia de uma empresa de software avaliada em US$ 3 bilhões. Estamos criando um ecossistema de aprendizagem compartilhada em que esses executivos podem trabalhar em um ambiente livre de sanções.**

CHRISTOPHER:

Robert, você está tocando em um assunto sobre o qual Tony fala extensivamente: que proximidade é poder. Você ajuda a implementar todas essas boas práticas nas empresas e, em seguida, facilita a proximidade desses empreendedores com outros empreendedores que podem vir a implementar essas mesmas boas práticas.

ROBERT:

Exatamente, e a grande vantagem é que, em muitos casos, podemos ajudá-los a evitar erros que, de outra forma, sem esse suporte, acabariam cometendo.

TONY:

Dá para ver o isso é importante para você, Robert. Você emana tudo isso, o que é muito bonito. Hoje, na sua opinião, onde está a maior oportunidade para investidores nesse setor? E qual o papel desempenhado pela inteligência artificial?

ROBERT:

Ótima pergunta, excelente. Acredito que a melhor oportunidade para investir, obviamente, é com a Vista. Com certeza. Sem sombra de dúvidas. E estou sendo bastante sincero.

Por quê? Porque sabemos como institucionalizar as operações de empresas de software empresarial. Vamos caminhar o máximo possível ao lado do cliente e depois deixar toda a equipe munida das ferramentas necessárias para promover as mudanças. Como mencionei, aceleramos a maturidade corporativa de empresas de software empresarial por meio de infraestruturas sustentáveis, de modo que elas possam crescer em escala e de forma lucrativa. Quando construímos uma boa infraestrutura dentro da empresa, os CEOs passam a ter tranquilidade. Não vão mais precisar lidar com processos de gestão de contratos, com questões operacionais nem nada disso porque a empresa já terá sistemas que se autocorrigem e se ajustam automaticamente, reduzindo o ruído. Assim, os CEOs ficam livres para pensar em estratégias para o crescimento do negócio.

TONY:

Exato, e aí, em vez de trabalhar *dentro* do negócio, nas questões de execução prática do dia a dia, eles podem trabalhar *no* negócio em si, na criação de uma visão estratégica e de desenvolvimento, que é justamente o que faz com que alguém se torne CEO, em primeiro lugar. Agora, Robert, o que você considera uma oportunidade de investimento nessa categoria na atual conjuntura? Vimos o desenvolvimento do modelo de negócios SaaS; agora, estamos vendo a inteligência artificial entrar em cena. Onde acha que está a maior oportunidade hoje?

ROBERT:
Bem, de 2010 até, digamos, 2013 ou 2014, apenas cerca de 15% das empresas eram o que chamo de nativas da nuvem. O SaaS era o modelo de negócios. Hoje, é provável que estejamos perto de 40% a 50%.

TONY:
É mesmo? Ainda existe tanto potencial de crescimento do mercado?

ROBERT:
Existe. É claro que ainda é preciso converter e ajustar muitas coisas. Hoje em dia, existem cerca de 100 mil empresas de software, e, provavelmente, reconhecemos apenas umas 250 delas. As empresas mais novas já são nativas da nuvem, e estão surgindo de baixo para cima. No entanto, há todo um grupo intermediário com vários clientes locais ou híbridos, tentando se atualizar.

Os Estados Unidos sempre foram um termômetro para as oportunidades no ramo da computação, mas ao longo dos anos 2000 esse poder foi descentralizado e hoje está em todos os lugares. Todas as economias, todas as indústrias estão se digitalizando de uma forma ou de outra. Muitos países ainda compram softwares produzidos nos Estados Unidos e no Reino Unido, mas muitos outros estão tentando criá-los por conta própria. O fato é que cinco das maiores economias mundiais não possuem uma arquitetura de software no nível de mercado.

TONY:
É mesmo? Quem não possui?

ROBERT:
A China. Todos os softwares dela ficam armazenados em empresas estatais ou privadas. No Japão, todos os softwares ficam agrupados na maior parte

dos *keiretsus*. Na Coreia, ficam todos nos *chaebols* ou nas empresas familiares. Na Índia, a mesma coisa. Portanto, há uma enorme oportunidade para implementar pacotes de software empresarial.

Ainda assim, as melhores oportunidades para o software empresarial estão nos Estados Unidos. Hoje, podemos implementar todas as formas de tecnologias catalíticas porque temos um ecossistema de software estruturado, coisas como aprendizado de máquina, automação de processos robóticos e essa coisinha chamada inteligência artificial. Portanto, acredito que o software empresarial, em uma base ajustada ao risco, ainda seja o melhor local para investir qualquer forma de capital, seja ele próprio, seja ele obtido por meio de crédito. Basta colocá-lo em um local que garanta progresso por meio de atividades catalíticas.

CHRISTOPHER:
Robert, quando analisamos o software empresarial em si, constatamos um aumento maciço nos valores de mercado. Observamos que, após um ajuste significativo nesses valores, retornamos a uma média mais normal, por assim dizer. Quando pensa sobre esse fenômeno, aconteceu alguma coisa nos últimos anos que você não esperava?

ROBERT:
O que eu não esperava é que as pessoas simplesmente fossem invadir esse mercado e acreditar que as árvores cresceriam até o céu. Vocês se lembram… 1997, 1998, 1999, 2000, a NASDAQ fechando acima de 10 mil pontos, a bolha pontocom, todas essas coisas. Não havia uma infraestrutura real para sustentar aqueles preços, e, claro, não durou muito tempo. Eu achava que, diante de um mercado inundado com dinheiro, as pessoas seriam um pouco mais cautelosas e esperariam que os valores caíssem. Em vez disso, elas pagaram prêmios sobre uma alta de 52 semanas para privatizar empresas que estavam crescendo de 3% a 5%, com margens EBITDA de 30% ou 40%. Não há muito mais a se fazer nesse negócio, a menos que você acredite que sempre haverá uma pessoa ainda mais tola capaz de tomar o seu lugar.

CHRISTOPHER:
O que é fascinante nisso, Robert, é que muitas das mesmas pessoas que estavam tão empolgadas e tão dispostas a pagar valores excessivamente altos

hoje veem o software empresarial como um mau investimento. Agora que os índices caíram entre 50% e 70%, elas não querem mais saber. É muito fascinante do ponto de vista psicológico. Muitas pessoas não conseguem aceitar o fato de que existiam grandes empresas que, simplesmente, estavam negociando sob avaliações errôneas.

ROBERT:
O medo gera oportunidade. Nós continuamos acreditando que investir em empresas de software empresarial é a melhor utilização de capital em qualquer área dos mercados financeiros.

CHRISTOPHER:
Se os investidores não enxergam mais esse conjunto de oportunidades da mesma maneira, então como você os orientaria hoje a respeito do software empresarial? Como você os ajuda a pensar de maneira diferente do que faziam no passado, se é que o faziam naquela época?

ROBERT:
É uma ótima pergunta. Se olharmos para a questão internamente, há alguns fatores macroeconômicos que vão exercer influência. Em primeiro lugar, nos Estados Unidos temos, vamos dizer, um ambiente salarial inflacionário. Por isso, os empregadores precisam descobrir maneiras de estimular a eficiência. O software empresarial é a ferramenta mais produtiva para tal. Portanto, a dinâmica do consumo de software empresarial continuará robusta.

Se somarmos todas as empresas da Vista, a receita será superior a US$ 25 bilhões. Às vezes, um pouco mais do que Benioff, às vezes um pouco menos. Em todo o negócio, observo taxas de crescimento próximas a 20%, mesmo diante do atual cenário econômico. O campo é resiliente assim. Nós mensuramos o retorno sobre o investimento dos produtos que vendemos aos clientes: 640%. Não conheço nenhum investimento no mundo sobre o qual se obtenha um retorno de 640%, exceto os softwares. Então, não importa o seu ramo... conserto de automóveis, *fast-food*, administração de hotéis, seu próximo dinheiro mais bem empregado será, provavelmente, na compra de mais software. O segredo é descobrir qual software será consumido naquele ambiente.

TONY:
O que a maioria dos investidores não percebe quando olha para o setor?

ROBERT:
Algumas pessoas perguntam: "Robert, se não estivesse investindo em softwares, você estaria de olho em quê?" Se quisermos ser investidores de longo prazo, precisamos realmente entender quais negócios serão sustentáveis no sentido de assegurar a vida humana. Certo? E de assegurar a prosperidade humana.

CHRISTOPHER:
É uma boa perspectiva. Se tivesse oportunidade de conversar com o mundo por cinco minutos, o que você gostaria que as pessoas soubessem hoje?

ROBERT:
Gostaria que as pessoas soubessem que é realmente valioso libertar a mente humana. E o que quero dizer com isso é fornecer oportunidades básicas para todas as pessoas. Isso não significa distribuir moradias. Quando falo de oportunidades básicas, falo de educação, nutrição e o acesso às próprias oportunidades. Se as pessoas decidirem não aceitar, tudo bem. Mas penso que excluir um ou outro grupo por diferentes razões é uma falácia da humanidade.

TONY:
Robert, tenho certeza de que somos almas gêmeas em nossos sistemas de valores. O conceito deste livro está relacionado a uma entrevista que fiz anos atrás com Ray Dalio. Eu perguntei: "Se você tivesse de mencionar apenas um, qual seria o princípio de investimento mais importante?" Para ele, o Santo Graal é encontrar de oito a 12 investimentos não correlacionados, pois isso garantiria uma redução de 80% nos riscos e um aumento de retorno. Parte da razão pela qual escrevemos este livro foi mostrar ao público em geral que investimentos alternativos são muito importantes. Normalmente, pessoas com alto patrimônio líquido têm 45% de seus ativos aplicados em investimentos alternativos. Em crédito privado. Em fundos de capital privado. Em bens imobiliários privados. Qual seria o Santo Graal do investimento para você?

ROBERT:
Primeiro, devo dizer que Ray está coberto de razão — isso se você for um gestor de portfólio gerenciando um portfólio composto por um conjunto de ativos. A minha única tarefa é gerenciar um portfólio de ativos composto por investimentos alternativos e fundos de capital privado. Minha resposta para isso é garantir que os fatores críticos para o sucesso estejam sob o meu controle.

TONY:
Se importa de nos dar um exemplo?

ROBERT:
Por exemplo, um fator crítico para o sucesso na área de software empresarial é uma coisa chamada talento e desenvolvimento de talentos. Eu saio por aí tentando encontrar um bando de recrutadores capazes de descobrir talentos? Não. Eu tenho todo um sistema de gerenciamento de talentos que é cotejado com os melhores desempenhos em mais de trinta anos na nossa empresa para, enfim, afirmar: "Este parece ser o perfil de um desenvolvedor iniciante realmente bom. Este é o perfil de um grande prestador de serviços. Este é o perfil de um vendedor de ponta." Com isso, conseguimos entrevistar 450 mil pessoas por ano para encontrar as 25 mil que se encaixam. Este é um fator crítico para o sucesso. Isso está sob o nosso controle.

Outro fator crítico para o sucesso que está sob o nosso controle é a dinâmica de preços. Entender qual é o retorno sobre o investimento do produto que estamos vendendo. E como podemos capturar esse excedente econômico? Como podemos fazer isso de forma sistêmica? Bem, é preciso montar uma mesa de negociação, para que seus vendedores não fiquem apenas correndo de um lado para outro com as planilhas de vendas nas mãos, enquanto dizem: "Ah, vocês têm 45 funcionários? Então esse é o preço. Ah, são quinhentos funcionários? Então o preço é este." Não, você se senta, elabora essas calculadoras de retorno sobre o investimento e diz: "Aqui está o valor deste produto para este cliente específico. Venda isso para eles por este preço." Este é um fator crítico de sucesso, e também está sob o nosso controle.

O gerenciamento dos seus custos, o gerenciamento da sua colocação no mercado, o gerenciamento do seu recurso mais importante, que é a sua equipe, os seus processos de gestão de contratos, tudo isso está sob seu controle.

O que não consigo controlar são as variáveis do mercado. Mas posso controlar se pretendo fazer com que as empresas em nosso portfólio cresçam e se tornem mais lucrativas. Mesmo que eu apenas as faça crescer e as torne mais lucrativas, posso restituir o capital por meio de fluxos de caixa, porque não tenho despesas de capital no mundo do software. Na pior das hipóteses, vou ganhar dinheiro com os fluxos de caixa.

CHRISTOPHER:
Você teve um excelente grupo de mentores, elaborou um ótimo conceito antes de criar sua empresa, mas quais conselhos gostaria de ter ouvido antes de começar?

ROBERT:
Esta é uma boa pergunta. Bem, no nível mais genérico, que eu criasse um conceito onde eu tivesse capacidade de manter os clientes por mais tempo.

A forma como o mundo dos fundos de capital privado é estruturada pressupõe que é preciso comprar uma empresa — em nosso caso, melhorá-la; e, depois, vendê-la. Benioff escolheu, essencialmente, um setor, e poderá se manter nele para sempre. E pode, simplesmente, crescer. Fizemos mais de 130 transações nos últimos dois anos porque parte do meu trabalho é restituir capital. Eu gostaria de ter elaborado um conceito em que pudesse manter as empresas por mais tempo dentro do nosso ecossistema.

CHRISTOPHER:
O mundo dos fundos de capital privado é míope nesse aspecto. E, na verdade, para ele seria interessante que o dinheiro, o valor e o crescimento fossem aumentando de forma composta ao longo de décadas. Não apenas ao longo de trimestres.

ROBERT:
Exatamente. É da natureza do regime de previdência dos Estados Unidos precisar do resgate do dinheiro. Eu entendo isso, mas acho que deveria haver certas exceções, certos negócios, em que a empresa fosse vendida e os sócios comanditários pudessem nos procurar e dizer: “Está bem, Robert, agora

faça a empresa funcionar novamente." Elaborei alguns bons modelos de reciclagem com alguns clientes, e hoje eles reciclam uma certa quantidade automaticamente. Se eles precisarem do dinheiro de volta, o terão de volta. Caso contrário, iremos reciclá-lo.

CHRISTOPHER:
Acho que a indústria continuará tentando fazer isso... Bem, uma das coisas incríveis que testemunhei durante o tempo em que trabalhamos juntos foi quanto você conseguiu fazer o seu empreendimento crescer. De modo geral, pouquíssimas empresas de fundos de capital privado, e até mesmo as empresas de gestão de ativos alternativos privados, são capazes de escalar da mesma forma que a Vista escalou. Por que é que algumas empresas simplesmente não conseguem passar de US$ 3 bilhões para US$ 30 bilhões ou, assim como você, para mais de US$ 100 bilhões de ativos sob gestão? O que as impede de chegar lá?

ROBERT:
Vou lhe dar três razões. E vou lhe dar um contraponto do que sei que nos permite escalar. Em primeiro lugar, um modelo. O modelo da equipe de investimentos, da equipe de criação de valor e das equipes de gestão, e como trabalhamos juntos nesse conceito. Por que isso é importante? Não gosto de falhar em nenhum ponto sequer. Eu sou engenheiro, certo?

Muitas dessas empresas são montadas com base na personalidade de uma pessoa ou do "investidor talentoso". E, observando muitos desses investidores talentosos, nota-se que eles têm índices de perdas muito mais altos e que, por acaso, tiveram alguns ganhos ainda maiores. Para mim, investir não se resume a ganhar muito dinheiro em algumas coisas, perder um pouco em outras, somar tudo e achar que, em média, está muito bom. Eu observo o índice de perdas. É nisso que penso. Então, qual seria a [outra] razão para algumas pessoas não escalarem? Resposta: elas caem no problema do risco moral, com retornos bifurcados, em que alguns anos são ótimos e outros não. Algumas dessas pessoas construíram suas organizações como se elas fossem uma unidade secundária, muito centradas em uma única pessoa em vez de em um ecossistema.

E acredito que a terceira coisa seja a cultura da organização. Temos uma taxa de retenção de 95% de vice-presidentes e cargos superiores. Temos apenas dois diretores executivos ou superiores que não começaram conosco como analista ou parceiro. Dessa forma, pode se construir uma cultura. E, a propósito, temos uma empresa com paridade de gênero e também com quase 40% de colaboradores negros. Isso nos dá a capacidade de formar pessoas, treinar, ensinar, orientar, desenvolver e garantir que elas tenham um lugar onde possam se mostrar únicas e autênticas na construção de uma organização. Isso permitirá que elas sejam bem-sucedidas. Não sei o que todo mundo anda fazendo, mas isso é o que nós fazemos.

CHRISTOPHER:
É uma coisa única, da qual você deve se orgulhar. Ninguém é perfeito, mas é sempre bom tentar encontrar pessoas que estejam o mais próximo possível da perfeição. Elas têm uma vantagem, por assim dizer.

ROBERT:
E parte dessa vantagem é saber avaliar...É como se... É melhor ter um grande artilheiro e viver e morrer por ele, ou formar equipes e treiná-las bem, oferecendo experiências e ambientes em que elas possam evoluir? Digo às minhas equipes o tempo todo: "Existem dois estilos de gestão, duas maneiras de fazer a empresa crescer. Podemos criar conceitos dentro dos quais as pessoas se aprimorem e podemos criar vácuos para que elas os preencham." É seu papel como gestor decidir o que uma pessoa precisa. Às vezes, é uma estrutura em que ela será estimulada a se informar e a aprender. [Ou] então haverá um vácuo que precisará ser preenchido com o que a pessoa tem de melhor e com o que já aprendeu. É preciso ter muita bagagem em gestão de pessoas para conseguir fazer isso. Mas se você não fizer isso conscientemente, terá uma organização incapaz de tomar decisões e incapaz de crescer sem a presença do líder.

CHRISTOPHER:
Acho que é exatamente isso que observo, mais do que qualquer outra coisa. Atualmente, temos participações em mais de sessenta empresas gestoras de ativos distintos. Sabemos que todas elas são muito boas no que fazem, caso contrário não estaríamos lá. Mas quando olhamos para as diferenças, o que vejo, acima de tudo, são negócios orientados por talentos *versus* negócios

orientados pela gestão. Nenhuma das duas abordagens é uma resposta totalmente certa ou errada, não é mesmo? Mas a escalabilidade surge a partir daquele nível de gestão que permite que o talento seja talento, que a gestão seja gestão e que todos, como você diz, se tornem a melhor versão do que já têm de melhor.

ROBERT:
Perfeito. É exatamente isso.

TONY:
Para finalizar esta reflexão, gostaria de saber se quando você analisa esse tipo de gestão — que será, de fato, uma liderança se for eficaz, não é? —, observar as qualidades que lhe parecem mais essenciais? Quais são os ingredientes mais importantes que você procura em um indivíduo para que ele se torne um verdadeiro líder no seu ecossistema, capaz de produzir resultados e de continuar crescendo até alcançar os níveis mais elevados?

ROBERT:
É uma ótima pergunta. A maioria dos investidores da Vista chegou até nós na qualidade de analistas ou parceiros, e parte do que procuro saber é se eles são naturalmente curiosos. São pessoas que se mostram disponíveis para aprender? Você sabe disso, Tony. Estamos no ramo da transformação digital. Precisamos encontrar pessoas que pensem rápido, que tenham a mente aberta em relação à abordagem da vida, e que tenham, de fato, uma curiosidade intelectual que, conforme atestado por experiências pregressas, sejam capazes de destrinchar as coisas. Procuro pessoas que vão virar tudo do avesso e dizer: "Aqui está o código-fonte que explica por que isso aqui é assim." Acho que podemos dizer que eu procuro o que aprendi logo no início da minha carreira na Bell Labs, o que os meus pais me ensinaram: a alegria de descobrir as coisas.

CAPÍTULO 11

RAMZI MUSALLAM

CEO DA VERITAS CAPITAL

Distinções: Número 280 na lista da *Forbes 400* dos Mais Ricos do Mundo.

Total de ativos sob gestão (em agosto de 2023): US$ 45 bilhões.

Área de atuação: A Veritas Capital é especializada na aquisição de empresas em setores altamente regulamentados, como cuidados de saúde, segurança nacional e educação.

PONTOS ALTOS

- Em junho de 2023, as empresas do portfólio da Veritas geraram mais de US$ 25 bilhões em receitas anuais.
- Em junho de 2023, havia mais de 120 mil pessoas empregadas nas empresas do portfólio.
- Em junho de 2023, a Veritas foi a vencedora do prêmio Gerente de Fundos de Aquisição de Melhor Desempenho da América do Norte 2023, concedido pela Preqin.
- Dois mil e vinte dois marcou o décimo ano consecutivo da Veritas entre os Gestores de Fundos com Melhor Desempenho de Forma Consistente, segundo a Preqin.
- Em fevereiro de 2023, a Veritas ficou em 2 lugar mundialmente "em termos de desempenho agregado com base

em todos os fundos de aquisição formados entre 2009 e 2018", segundo a HEC Paris e o Dow Jones.

- Em agosto de 2023, Ramzi Musallam foi nomeado um dos 21 Principais Operadores de Fundo de Capital Privado, pela revista *Fortune*.

TONY:

Ramzi, sei que você não dá muitas entrevistas, então estamos muito honrados em tê-lo conosco. Seu histórico inacreditável é do conhecimento de muitos, mas acho que a maioria das pessoas desconhece a sua trajetória. Você está neste ramo há 26 anos. Em 1997, pelo que entendi, ingressou na Veritas. Cinco anos depois, perdeu seu amigo e sócio, e poderia ter perdido todo o negócio. Mas, mesmo assim, nenhum investidor abandonou a empresa. Você elevou [a Veritas] de US$ 2 bilhões para US$ 45 bilhões e gerou retornos extraordinários. Eu realmente adoraria se você pudesse nos contar um pouco sobre o começo da sua carreira.

RAMZI:

Vou lhe dar uma visão resumida, mas, por favor, me interrompa se tiver qualquer pergunta, combinado? Bem, eu estava cursando a escola de administração quando surgiu uma oportunidade incrível. Na época, Jay Pritzker era o patriarca da família Pritzker. Não eram 15 feudos diferentes como hoje, era tudo controlado por ele. E eu estava muito empenhado em estabelecer uma relação sólida com seu assistente, até que finalmente consegui me aproximar dele. Após uma breve conversa, ele me disse: "Olha, tenho uma oportunidade que quero que você analise. É algo potencialmente interessante para mim. Marque uma reunião com a equipe de gestão e depois me procure para dizer o que achou."

Para encurtar a história, marquei um segundo encontro, sentei-me diante dele e de seus dois consultores de confiança, e mostrei meu ponto de vista sobre a potencial oportunidade de investimento. Ele me contratou.

Eu sempre tive uma mentalidade empreendedora. Meu pai imigrou para os Estados Unidos e construiu um negócio. Meu irmão já está em sua terceira startup. Então, eu tenho aquela mentalidade empreendedora de um proprietário, por assim dizer.

Mas a razão pela qual mencionei tudo isso é que [enquanto trabalhava para Jay] fui apresentado a Bob McKeon, o cavalheiro a quem você se referiu e que faleceu. Naquela época, ele estava fazendo investimentos com um grupo de ex-CEOs de empresas da *Fortune 500*, que forneciam um pouco de capital realizando transações genéricas relativamente modestas. Decidimos montar um fundo. Foi quando decidi voltar para Nova York. E depois de 18 meses conciliando a pós-graduação com a incrível experiência de trabalhar para Jay, eu me desliguei dele. Foi um movimento verdadeiramente transformador no que se refere à minha vida profissional.

Então eu e Bob começamos a montar o nosso fundo, um fundo generalista, sem foco. E era pequeno, de US$ 175 milhões. Levamos 18 meses fazendo isso. E o que aconteceu foi que havia três transações, três investimentos nos quais Bob havia injetado capital antes de o nosso fundo existir e que acabaram sendo incorporados por nós: um fabricante de aço, um fabricante de componentes automotivos e uma empresa de reparos navais, ou seja, nada a ver com o que estamos fazendo hoje. Eu sempre digo que é melhor ter sorte do que ser bom. Eu tive sorte, tive muita. E nossa empresa agarrou a oportunidade que apareceu.

Um amigo havia nos falado de uma oportunidade em Huntsville, no Alabama. Era um negócio de tecnologia de defesa que pertencera à Chrysler. Nunca havíamos investido nesse tipo de coisa, então fui até lá e comecei a aprender muito sobre aquela questão específica e o ecossistema do qual ela fazia parte. Resumindo, a oportunidade se tornou a pedra angular do nosso primeiro investimento no que hoje chamamos de intersecção entre tecnologia e governo — nesse caso, defesa. A tal empresa era a Integrated Defense Technologies. Nós a desenvolvemos, a reposicionamos, a fizemos crescer, abrimos o capital e depois a vendemos. **Esta é a gênese do nosso foco atual: investir em negócios de tecnologia e capacitados pela tecnologia em mercados influenciados pelo governo.**

No nosso caso, as três áreas mais ativas são segurança/defesa nacional, cuidados de saúde e educação, e [logo no início] ficou claro para mim que estávamos à deriva como empresa de investimentos. Éramos generalistas e não tínhamos um propósito. Precisávamos focar. Éramos investidores, mas sem nenhum conhecimento especializado nem posição estratégica no mercado. Então, em outubro de 1998, compramos aquela empresa e fechamos o negócio. Desde então, nos concentramos estritamente nesse abrangente mercado de tecnologia.

A Carlyle já havia começado a trabalhar com a área da defesa no fim dos anos 1980, sob o comando de Frank Carlucci. Entretanto, no fim da década de 1990, [eles] já haviam se transformado no que são hoje: uma empresa de investimentos muito grande, bem-sucedida e abrangente. E com isso, nos tornamos os únicos, e sentimos que ainda somos os únicos, com esse foco específico. Essa foi realmente a origem do nosso negócio, do qual temos muito orgulho. Neste momento, estamos investindo no Fundo VIII, e o que realmente importa é que a volatilidade do desempenho tem sido praticamente nula. Nosso índice de perdas foi inferior a 0,5% ao longo dos últimos 25 anos.

TONY:
Se fiz o meu dever de casa direito, reparei que houve apenas um negócio em que você perdeu dinheiro nesses últimos dez ou 12 anos.

RAMZI:
Aprendemos muito mais com essa situação do que com qualquer outra. Aprendemos muito sobre o que poderíamos ter feito melhor. Mesmo no contexto dos retornos globais, não queremos que [os nossos investidores] passem a noite em claro preocupados com os retornos e a volatilidade implícita.

Vamos voltar ao que aconteceu, visto que você destacou esse episódio. [Bob] e eu éramos pessoas-chave desse fundo. Quando Bob morreu, foi uma perda muito trágica para mim. Obviamente, nós éramos muito próximos. Mas, de um ponto de vista profissional, nossos sócios comanditários compreendiam como os negócios estavam sendo realizados desde o início e o que estávamos fazendo para agregar valor às empresas do portfólio. Então, quando passamos por isso, 100% dos nossos sócios comanditários decidiram que queriam continuar conosco. Foi uma coisa sem precedentes, mas, em minha opinião, esperada. Essa era a minha mentalidade.

TONY:
É incrível. Você os procurou pessoalmente e foi conversar com eles?

RAMZI:

Meus sócios e eu fizemos isso. Entramos em contato e fomos nos encontrar com todos. E, sinceramente, fizemos isso em uma situação bastante difícil. Na verdade, nossa primeira reunião foi no dia seguinte ao falecimento de Bob. E como ele, infelizmente, tinha tirado a própria vida, foi tudo muito repentino. Tudo muito difícil. Mas senti que tinha uma responsabilidade, não só para com a nossa empresa, mas também para com as empresas do portfólio, os colaboradores e os nossos investidores, de garantir que poderíamos otimizar seus retornos a longo prazo. Então, eu e mais dois sócios da empresa convocamos imediatamente reuniões com todos eles.

TONY:

Várias pessoas disseram que alguns dos seus sócios comanditários ficaram muito impressionados porque, em meio àquilo tudo — muito abalado pelo ocorrido, logicamente —, de alguma forma, você conseguiu manter o foco. Isso os fez acreditar que, não importasse do que você viesse a enfrentar financeiramente no futuro, também seria capaz de superar. Isso diz muito sobre o seu caráter.

RAMZI:

Bem, obrigado. Acho que uma das coisas que precisamos ser capazes de fazer no mundo em que vivemos é compartimentar. Existe um bem maior. Eu sentia como se tivesse um senso de responsabilidade perante todos, que era preciso enfatizar que podíamos continuar fazendo o que estávamos fazendo, e da melhor forma possível. Havia um *modus operandi* nítido para alcançar o bem maior.

Do ponto de vista do dia a dia, internamente as pessoas não viam diferença, porque, de todo modo, eu estava administrando o negócio de maneira eficaz. Então, não foi algo que elas perceberam como diferente. Mas havia uma grande diferença, sem dúvida. E, do ponto de vista do sócio comanditário, como eu disse, o Bob era uma das pessoas-chave. Nesse sentido, é claro que foi um desafio, mas felizmente temos uma equipe incrível. A cultura, realmente, é tudo. Nós não nos diferenciamos no mundo em que vivemos pelas ferramentas que criamos, mas, sim, pelo modo como definimos quem somos, pelas pessoas com quem nos relacionamos e como preservamos essa cultura à medida que crescemos. Temos as pessoas certas nos lugares certos e uma cultura de transparência e de colaboração que, do meu ponto de vista, é diferente de qualquer outra. É disso que mais me orgulho: isso é eterno.

Passamos de US$ 2 bilhões para US$ 45 bilhões ao longo dos últimos dez anos, mas a nossa cultura ainda é a mesma e isso é algo que me deixa muito orgulhoso. Isso tem relação com a mentalidade empreendedora que sinto ter, e com a qual fui criado. Vários outros sócios têm históricos semelhantes, de muito empreendedorismo, o que não é típico nos fundos de capital privado. Somos verdadeiramente estratégicos nos mercados em que atuamos. É muito raro não sabermos mais sobre os mercados em que estamos focados do que as equipes de gestão com quem trabalhamos — quer se trate de tecnologia em cuidados de saúde, em educação, quer se trate de segurança e defesa nacional. Estamos imersos nesses mercados há mais de um quarto de século. Acredito que entendemos suas alavancas de valor melhor do que ninguém e nos ancoramos nessa propriedade intelectual. Isso é o que fazemos. Geramos propriedade intelectual e evoluímos a partir dela. Atualmente, há mais de 25 anos.

Quando se pensa tecnologia no âmbito da gestão pública, o governo está na dianteira de todas as complexidades com as quais nos deparamos, sejam elas movidas pela tecnologia ou não. Portanto, se for possível, fique bastante atento ao que o governo está percebendo: quais as questões com que estamos sendo confrontados, quais as dificuldades, quais os desafios, e como a tecnologia e os negócios orientados para a tecnologia podem ajudar a enfrentá-los. Internamente, eu chamo isso de linha de frente. Mantivemos nossa posição estando na linha de frente. Para ser sincero, somos vistos como verdadeiros guardiões dos ativos nacionais, seja nos cuidados de saúde, seja na educação seja na segurança nacional. Eu, por exemplo, tenho a credencial de segurança do mais alto nível que um civil pode ter. É um processo oneroso passar por polígrafos em bancas de agências de inteligência e ser examinado regularmente em relação às suas atividades. Mas é um ônus por ocuparmos uma posição estratégica no mercado e de sermos capazes de usar essa perspectiva para agregar valor àquilo com que as empresas do nosso portfólio mais se preocupam: os clientes. Esse é um estimulo constante para nós. Nunca mudou nem titubeou. E isso é muito importante à medida que a empresa vai crescendo no setor de fundos de capital privado.

Nosso primeiro fundo foi de US$ 175 milhões. Nosso segundo fundo foi de apenas US$ 150 milhões. Já o nosso fundo mais recente foi de US$ 11 bilhões. Atualmente, temos US$ 45 bilhões em ativos sob gestão.

TONY:

Isso é realmente incrível. Você se alinhou mesmo com o maior comprador de tecnologia do mundo, que, como você mesmo disse, está na dianteira da economia mundial. Foi muito perspicaz. Estou surpreso que ninguém mais tenha feito isso, mas, a esta altura, você já domina esse mercado.

RAMZI:

Se você observar a composição do nosso portfólio, entre 60% e 65% são vendas para órgãos governamentais. De um terço a 40% são receitas provenientes de entidades comerciais. O elemento mais importante, que descobri durante o nosso primeiro investimento, é que o governo é, de longe, o maior investidor em tecnologia, seja em relação à comunidade de capital de risco, seja em relação a qualquer outra. O que fiquei sabendo e gostei de saber — e é nisso em que agora estamos realmente focados — é que o governo investiria naquelas empresas por meio dos chamados programas de pesquisa e desenvolvimento financiados por clientes. Mesmo assim, as empresas manteriam a propriedade intelectual e teriam a possibilidade de usá-la para gerar oportunidades não apenas nos principais mercados em que estivessem inseridas, mas, também, especialmente, em mercados auxiliares e adjacentes que almejassem alcançar, quer fossem comerciais quer fossem governamentais.

Portanto, grande parte do que está no seu iPhone foi desenvolvido em parceria com o governo, começando pela Siri. Os algoritmos que servem de espinha dorsal para o Google foram desenvolvidos pelo governo. A tecnologia da Tesla, uma tecnologia de automação, foi desenvolvida pelo governo. Não se trata apenas do financiamento, que, mais uma vez, representa centenas de bilhões de dólares por ano, mas também da colaboração com pessoas do governo para impulsionar e desenvolver tais tecnologias. Percebemos isso desde o início, e utilizamos e aproveitamos isso em benefício dos nossos clientes e das empresas do nosso portfólio.

TONY:
Você mencionou anteriormente que a cultura é tudo. E isso tem sido compatível com o que ouvimos de outros entrevistados, que são as pessoas mais bem-sucedidas nos respectivos ramos, assim como você. Se você não se importar em compartilhar, eu adoraria ouvir um pouco sobre a sua criação e sobre como isso influenciou a sua maneira de desenvolver relacionamentos e a cultura que você construiu na Veritas.

RAMZI:
Isso é realmente muito importante para mim em termos pessoais, e acho que para a empresa também. Eu nasci na Jordânia e a minha ascendência é do Oriente Médio. Tenho origem palestina e libanesa. Meu pai foi a primeira pessoa da família a imigrar para os Estados Unidos e cursar uma faculdade. E fez isso sozinho, sem conhecer ninguém. Ele foi de barco da Itália até os Estados Unidos e passou a primeira noite em solo ianque nas dependências do YMCA. Quando saiu para tomar um banho, tudo o que ele tinha foi roubado. Naquela época, não havia celular, não tinha nenhum contato e, mesmo assim, deu um jeito de chegar à Universidade do Missouri e obter um diploma em Engenharia Civil. Posteriormente, teve vários empregos, chegou a trabalhar para o Departamento de Transportes e o Corpo de Engenheiros do Exército.

Ele já tinha trabalhado em várias partes do mundo quando eu nasci, na Jordânia. Então, primeiro nos mudamos para Jidá, na Arábia Saudita, e depois para Mbeya, na Tanzânia, onde eu estudava em casa, pois estávamos em plena área rural. Voltamos, então, para Riad, na Arábia Saudita, onde ingressei no ensino fundamental. Acho que tudo isso é muito importante visto de algumas perspectivas. Mergulhar em diferentes culturas tão cedo foi uma revelação para mim. Viver na zona rural de Mbeya e, em seguida, em um ambiente que, àquela altura, era muito diferente do que é a Riad de hoje, me permitiu ver como as pessoas vivem e ter mais empatia em relação às questões que enfrentamos no mundo inteiro.

Depois disso, meu pai decidiu que queria montar o negócio próprio, e ele sentiu que não havia lugar melhor para isso do que os Estados Unidos. Essa mudança me deu uma visão privilegiada de alguém com um temperamento bastante empreendedor, que um belo dia parou e disse: "Já aprendi muito, já desenvolvi um conjunto de habilidades, então agora vou arriscar e fazer algo que todos sonhamos fazer, que é abrir a minha própria empresa." E meu pai, obviamente, arriscou tudo para realizar esse projeto.

Isso teve um impacto muito significativo na minha forma de pensar e em como eu sou como pessoa. Nossa cultura na Veritas, como mencionei há pouco, é muito empreendedora. Então, quando converso com nossa equipe, eu digo: "Cada um de vocês é dono disso aqui." Eles podem usufruir de todos os recursos que temos, de todo o conhecimento que temos, de toda a propriedade intelectual que temos, e cabe a cada um deles pensar dessa forma. Tomar a iniciativa, assumir os riscos. Sou totalmente a favor de correr riscos, desde que a pessoa leve em consideração os parâmetros desses riscos e gere oportunidades para a empresa.

Então, as pessoas que atraímos são pessoas muito empreendedoras na maneira de pensar. E essa cultura é fundamental. Estamos todos alinhados em nosso modo de trabalhar, em termos de incentivos e objetivos estratégicos. Mas o mais importante é que também estamos alinhados na forma como pensamos e operamos em equipe para atingir o objetivo final de fazer algo maior e melhor. E penso que isso vem da capacidade de enxergar as coisas desde o princípio, desenvolvendo negócios e fazendo parte de diferentes ambientes na África e no Oriente Médio.

TONY:
O que você aprendeu com o seu pai, ou na sua criação, sobre como lidar com a decepção ou com o fracasso?

RAMZI:
Temos uma turma de estagiários que ficará conosco até o fim do verão. **Eu digo a eles que o [ponto] mais importante é aprender com os fracassos, porque sem os fracassos não há sucesso.** Acredito firmemente nisso. Se você não passar pelas dificuldades, nem sequer entenderá o que significa o sucesso. E como é que se faz isso? Simples: aprendendo com os próprios erros. Quando realizamos investimentos bem-sucedidos, nos reunimos e conversamos sobre como poderíamos ter melhorado. Onde perdemos? O que perdemos? Porque até mesmo quando obtemos um bom resultado para os nossos investidores, poderíamos ter feito melhor.

E eu sentia falta de certas coisas. Por exemplo, sempre pensei em otimizar a propriedade intelectual e, por isso, a sistematizamos em um manual. É importante institucionalizá-la para os futuros colaboradores que ingressarem na Veritas e para compreendermos quais erros cometemos e como poderíamos ter melhorado.

E aqui, divagando um pouco, está algo muito único, mas importante no sentido de onde queremos nos destacar. Talvez pareça pouco ortodoxo para um investidor, [mas] antes de mais nada, não olho primeiro os resultados financeiros dos nossos negócios. Eu olho primeiro a transformação estratégica desses negócios. Assim, durante os primeiros dois anos após cada investimento que fazemos, pensamos naquelas tecnologias essenciais e onde podemos investir em pesquisa e desenvolvimento adicionais, em vendas e marketing adicionais, não apenas para adentrar ainda mais os mercados principais em que atuamos com tal capacitação, mas também para levar essas tecnologias a áreas adjacentes que possam impulsionar sua presença em novos mercados nos quais elas não atuavam quando adquirimos o negócio. Como podemos torná-las mais estratégicas no ecossistema? Movê-las para cima na famosa cadeia alimentar? Mensuramos esse sucesso, e isso acontece nos dois primeiros anos.

Então, se você analisar alguns dos nossos investimentos, muitas vezes verá que os gastões estão nas alturas. Temos feito muitas mudanças em relação às equipes de gestão, aos executivos, recrutando novos talentos, tentando ampliar a abertura, digamos assim. Portanto, em alguns casos, há muita volatilidade nesse aspecto. Mas, a seguir, o que se constata é que essas empresas nas quais investimos tanto se tornam muito disruptivas em seus nichos. Elas se tornam muito ágeis, de modo que podem, de fato, se valer de tais capacitações, de tais tecnologias, e avançar para áreas adjacentes específicas que já havíamos identificado como estratégicas. Essa é uma parte muito importante da razão pela qual conseguimos gerar retornos como os que geramos ao longo desses 25 anos. Não é por acaso que cerca de sete em cada dez das nossas saídas são de vendas para setores estratégicos.

Se quisermos tornar nossas empresas realmente mais importantes nesses ecossistemas, sempre digo que o teste decisivo é estar sempre atentos para as estratégias em tais mercados.

CHRISTOPHER:

O que você está comentando é um tema muito frequente, que Tony e eu tivemos a sorte de ouvir de inúmeros e fantásticos investidores. É a aplicação consistente de uma abordagem padronizada em uma área específica, em um setor específico, e a possibilidade de poder replicá-la sempre.

Hoje, quando pensamos em investimento em tecnologia governamental, quais são as maiores oportunidades que você enxerga?

RAMZI:

É uma ótima pergunta. Bem, existe uma razão pela qual estamos focados nas áreas em que estamos focados. É algo pessoal para mim também, pelo menos no contexto de que estamos fazendo a diferença para as pessoas, do mundo todo. Não consigo pensar em três áreas mais importantes nas quais focar, em relação à nossa vida cotidiana, do que a nossa própria educação, os nossos próprios cuidados de saúde e a segurança dos cidadãos em todo o planeta. Essas são as nossas três áreas de foco e continuaremos nos concentrando nelas. Todas são mercados multitrilionários. Há amplas possibilidades de encontrar oportunidades de retornos descomunais, desde que façamos o que dizemos que vamos fazer, isto é, tornar nossas empresas mais importantes para seus clientes, que é o objetivo de cada um dos nossos investimentos.

Vou lhe dar um exemplo. No Onze de Setembro, muitos de nós, muitos *mesmo*, vivenciamos uma perda pessoal. Um dos meus melhores amigos da faculdade estava no avião que ia de Boston para Los Angeles e atingiu a primeira torre. Esse episódio mudou toda a nossa vida. À época, já tínhamos investido naquele negócio de tecnologia de defesa ao qual me referi, mas estávamos trabalhando em muitas áreas diferentes. Mas fato é que, sendo sincero, o atentado me marcou muito profundamente e, para mim, se tornou uma questão muito pessoal tentar compreender como o setor privado poderia apoiar iniciativas que ajudassem a proteger as pessoas em todo o mundo.

Então, comecei a me reunir com vários membros do aparato de inteligência, indivíduos de nível sênior. E uma coisa ficou evidente depois de nos encontrarmos com vários deles, um dos quais era o chefe da CIA e da NSA — a única pessoa na história dos Estados Unidos a comandar ambas as agências; uma das maiores vulnerabilidades que o país enfrentava em nível mundial era aquilo que, então, se denominava avaliação de impacto da proteção de dados (AIPD). E a vulnerabilidade era de natureza estratégica. Em 2001 e 2002, havia suscetibilidades em relação àquilo com que estávamos envolvidos em nível governamental. Mas as vulnerabilidades também alcançavam o setor privado e os mercados comerciais. Enquanto investidores, isso nos levou a pensar seriamente sobre as oportunidades na segurança cibernética, muito antes que alguém começasse a pensar nisso do ponto de vista do capital privado.

E esse mercado, por si só, é significativo. É muito, muito grande. Hoje, o assunto mais popular é inteligência artificial, ChatGPT etc. O governo tem estado na vanguarda da inteligência artificial.

Começamos a investir em negócios nesse ramo em 2010. Naquela época, uma das nossas empresas, por exemplo, estava coletando exabytes de dados não estruturados e imagens de satélite em tempo real, fornecendo análises a membros de alto nível do governo federal, como o presidente dos Estados Unidos. Com base nisso, decisões críticas foram tomadas.

Quando penso nas nossas três principais áreas de atuação, não pretendo me desviar. Algumas empresas do mundo dos fundos de capital privado fizeram justamente o contrário, se desviaram daquilo que faziam melhor. Quando querem crescer, algumas empresas avançam para novas áreas. Mas é aquilo... Se você me perguntar como montar uma operação de varejo, um negócio de bens de consumo ou uma empresa de transporte, eu não tenho a menor ideia. Mas se você pedir que eu elabore um negócio nos ecossistemas que assinalei, tenho uma boa noção do que é relevante, onde investir e com quais mercados devemos nos envolver. Portanto, quando penso em futuro, não consigo pensar em áreas mais importantes do que os cuidados de saúde, a tecnologia, a tecnologia educacional e, obviamente, a tecnologia de segurança global.

CHRISTOPHER:

É incrível, pois, do ponto de vista tecnológico, o mundo obviamente mudou bastante nos últimos 24 ou 36 meses. Em função da volatilidade que testemunhamos nos últimos anos na tecnologia em geral e no mercado como um todo, o que aconteceu que você esperava que ocorresse e o que aconteceu que você não esperava?

RAMZI:

Penso que a volatilidade cria oportunidades, mas também penso que serve, sinceramente, para separar o joio do trigo. Ambientes desafiadores são importantes vistos dessa. Temos a obrigação fiduciária de proporcionar os melhores retornos aos nossos investidores — os pensionistas, os patrimônios familiares, as companhias de seguros, sejam eles quem forem. Esse é o nosso Santo Graal.

Já trabalhamos em meio a guerras por todo o mundo, na Grande Recessão, em paralisações governamentais, sequestros, resoluções contínuas, muito caos na Casa Branca, seja lá como você queira qualificar isso. E o que estamos vivenciando agora na economia norte-americana é algo que todos deveriam ter previsto com base no ambiente, pelo menos no ambiente macroeconômico em que vivíamos antes das taxas e da volatilidade. Portanto, prevejo, mais uma vez, que a dispersão entre aqueles que apresentam os melhores desempenhos, aqueles que têm uma razão de ser, e o restante se tornará ainda maior. Acho que é isso que vai acontecer.

Há muito mais foco nos que apresentam os melhores desempenhos. E há muita demanda por acesso a gestores com desempenho superior, com estratégias singulares e boa aplicação dessa estratégia durante um longo período de tempo.

CHRISTOPHER:

Como a sua estratégia é única, estou curioso para saber o que os investidores deixam de perceber quando analisam a tecnologia atrelada ao governo. Devo presumir que as pessoas não entendem totalmente a ideia, até que você lhes explique.

RAMZI:

Sim, temos cicatrizes para provar. Não é fácil. É um mercado único, [mas] não se trata de uma entidade monolítica. Existem mais de mil órgãos governamentais diferentes. Só que a forma como o governo adquire produtos, bens e serviços é muito diferente da forma como o mercado comercial o faz. Infelizmente, embora eu tenha muito respeito por várias empresas de fundos de capital privado muito bem-sucedidas, algumas tentaram entrar e sair desses mercados. Mas a menos que você mergulhe em tempo integral, especialmente em uma área como essa, é muito difícil fazê-lo, a não ser que você mesmo tenha construído aquela propriedade intelectual. A propriedade intelectual é de extrema importância, pois não serve apenas para ajudar a entender o que são os negócios. Serve, também, para ajudá-lo a entender como expandir um negócio vendendo para órgãos governamentais. Como se cresce organicamente a taxas de dois dígitos? Bem, é preciso ouvir o que os clientes estão falando, entender como vender para eles e garantir que está satisfazendo cada um de seus objetivos. E, muito sinceramente, lado a lado para pensar nos próximos cinco, dez anos, em termos de onde as coisas estarão, para que seja possível satisfazer, até mesmo, aquelas necessidades futuras.

TONY:
Você mencionou o seu Santo Graal do investimento. O título deste livro é *O Santo Graal do investimento*, e foi escolhido há dez, 15 anos, quando conheci Ray Dalio. Entrevistei Warren Buffett, Ray Dalio, aquele pessoal todo, macroinvestidores, e assim por diante. E Ray e eu nos tornamos bons amigos. Uma das primeiras perguntas que eu fiz a ele foi: "Se você tivesse de codificar o princípio mais importante dos seus investimentos, você sabe qual seria?" E ele respondeu que o Santo Graal do investimento é ter de oito a 12 investimentos não correlacionados. No seu caso, obviamente, percebo uma maneira diferente de ver as coisas. Qual é o Santo Graal do investimento para você na Veritas?

RAMZI:
O que eu diria, especialmente no mundo em que vivemos, [é que] as informações chegam até nós por todos os lados. Analisamos mais de mil oportunidades de investimento todos os anos. E adotamos uma abordagem concentrada. Quais são as empresas com quem gostaríamos de seguir? E o que vamos fazer para transformar e reposicionar essas empresas?

Isso não é motivado pela atratividade da empresa. Não é motivado pelo valor. É motivado pelo fato de o nosso manual se aplicar [ou não] às oportunidades que surgem à nossa frente. Passamos adiante muitas empresas excelentes. Passamos adiante empresas excelentes que estão, de fato, bem avaliadas. Mas se elas não estiverem vinculadas a esse nível estratégico de imersão que mencionei, e de reorientação e reposicionamento, vamos passar adiante. Recebemos muitos dados, [mas] de tudo o que se recebe é preciso escolher as três coisas mais importantes e entendê-las até o enésimo grau, e também entender como é possível aplicá-las no domínio dos investimentos estratégicos. Isso é muito mais difícil de fazer do que falar.

Trata-se, realmente, de ser capaz de discernir quais são as três ou quatro coisas mais importantes, de uma forma simplista. E depois explorar aquelas que geram valor para nós, segundo o nosso modelo, reorientando estrategicamente as empresas para que elas possam ascender ao longo da cadeia, se tornar mais importantes para seus clientes e levar seus fundamentos para novas áreas adjacentes. Se fizermos isso direito, teremos grandes chances de obter os tipos de retorno que temos conseguido gerar desde o início.

TONY:

Fazer grandes empresas de investimentos prosperar é, obviamente, muito mais do que apenas obter um excelente desempenho. Qual você acha que foi a principal razão do seu sucesso? Você estourou. Portanto, há um ponto de virada em que o seu negócio já era considerado bom, mas depois ele se tornou ótimo. Qual foi esse ponto? Qual foi o fator que causou essa explosão de crescimento e de resultados?

RAMZI:

Eu diria que a primeira coisa foi quando fizemos o primeiro investimento naquela empresa em 1998, nos integramos e decidimos que precisávamos focar. Também temos um padrão de continuidade. Há pessoas aqui que estão conosco desde o início, e essa continuidade é muito importante. A capacidade de traçar o nosso rumo, por assim dizer, e ir atrás de coisas que talvez não pudéssemos ou não teríamos sido capazes antes, abriu as oportunidades.

Como disse há pouco, uma das coisas mais importantes é que acredito firmemente que haverá oportunidades ao longo da vida, e é preciso, apenas, estar bastante preparado e se mostrar ávido, desejoso e intenso em relação à detecção e ao aproveitamento delas. Eu responderia que foi uma oportunidade clara que, do ponto de vista do mercado, surpreendeu muita gente. Mas eu dizia [para eles]: “Fiquem atentos, porque há muito mais por vir. E não é apenas no aumento dos ativos sob gestão.”

Eu não presto atenção nisso. Lógico, os ativos sob gestão saltaram de US$ 2 bilhões para US$ 45 bilhões. De modo geral, nossos retornos, que desafiam as "leis" dos fundos de capital privado, aumentaram à medida que os nossos fundos foram se ampliando. Assim, o fundo seis, por exemplo, que uma safra de 2018, é o nosso fundo de melhor desempenho de acordo com a Preqin. Eu sei que parece simples, mas quando se é estratégico trabalha-se para desenvolver essa propriedade intelectual. Somos mais inteligentes hoje do que éramos no ano passado. Nós temos de melhorar. Essa é a nossa mentalidade coletiva.

Essa é a expectativa. Isso faz parte da nossa cultura. Quando converso com as pessoas aqui, falamos sobre [como] o próximo fundo, que começaremos a levantar em breve, deverá se tornar o nosso fundo com melhor desempenho. Essa é a expectativa.

CHRISTOPHER:
Obviamente, você assumiu o comando em circunstâncias bastante difíceis. Quais conselhos você gostaria de ter ouvido antes de assumir as rédeas?

RAMZI:
Eu diria que, no dia a dia, isso não fez diferença para mim. Eu e a equipe encarregada já gerenciávamos os investimentos antes e continuamos gerenciando depois. No fim das contas, ninguém poderia prever o que aconteceria. **Há duas palavras que me orientam: compaixão e paixão. Obviamente, ser compassivo, como mencionei no meu histórico. E além disso, ter paixão. Adoro empreender, seja com empresas próprias, seja com empresas do nosso portfólio. É preciso ter essa paixão, porque, em última análise, esse é o verdadeiro teste.** Não é nada além disso. Todo o resto é um subproduto do seu sucesso, mas, na verdade, trata-se do que você realmente gosta de fazer. E, em uma perspectiva cotidiana, não consigo pensar em nada mais interessante do que as áreas em que investimos e as pessoas com quem interagimos em Washington. Mas não creio que haja algo específico que tenha me surpreendido, pelo menos negativamente.

CHRISTOPHER:
Existe algo que, analisando em retrospecto, você gostaria de ter feito diferente no seu negócio?

RAMZI:

Sempre há algumas coisas. As pessoas são tudo para nós. Temos muito orgulho de apostar no desenvolvimento delas porque, acima de tudo, somos fiduciários dos nossos investidores. Precisamos ser os melhores e, portanto, o nosso pessoal precisa ser o melhor. Então, nos perguntamos se podemos melhorar no desenvolvimento e na gestão de pessoas, isso está o tempo todo no nosso radar. E, em alguns casos, mais cedo ou mais tarde será preciso tomar decisões mais difíceis.

Um dos maiores fracassos ocorre quando nos apegamos a alguém por mais tempo do que deveríamos. Quando a decisão já foi tomada, mas simplesmente, por qualquer motivo, não procedemos às devidas mudanças, sejam elas internas, da Veritas, seja dos executivos, seja lá qual for o caso. Todos nós aprendemos com situações assim. Pretendemos oferecer amplas oportunidades às pessoas, mas também devemos agir quando tivermos certeza de que as coisas não estão transcorrendo como deveriam.

TONY:

Com base nisso, quando você pensa sobre o universo de talentos em investimentos, quais você acredita serem as características mais importantes, aquelas que separam os profissionais de bom desempenho dos profissionais de melhor desempenho?

RAMZI:

Temos métricas próprias para avaliar isso, mas eu diria que, em termos do que fazemos, é mais uma arte do que uma ciência. Para mim, existe o aspecto da capacidade, o aspecto do coeficiente intelectual, que pode ser facilmente medido. Mas o mais importante é o aspecto do coeficiente emocional. Estamos em um negócio que envolve pessoas. Conversamos com proprietários, com investidores, com equipes de gestão. Trabalhamos internamente com outras pessoas. A capacidade de assimilar todos esses níveis de interação, a capacidade de articular e realmente compreender a pessoa com quem se está interagindo, a arte de escutar, a capacidade de avaliar e julgar... Como se mede realmente tudo isso?

Em última instância, é impossível fazer isso até que essas pessoas estejam dentro da empresa. Mas buscamos esses tipos de característica e esses tipos de experiências para nos ajudar a tomar tais decisões. Porque se a pessoa for admitida na Veritas, ela não vai ficar de mãos atadas. Ela vai poder usufruir de uma excelente plataforma. Ela vai trabalhar com pessoas extremamente bem-sucedidas e apaixonantes. Mas, no fim das contas, procuramos gente com essa mentalidade [empreendedora]. E, em última análise, paixão. Quer dizer, é um negócio difícil. As pessoas trabalham muitas horas. É preciso entender isso e gostar disso. E é preciso estar envolvido nisso pelos motivos certos. O motivo certo é que queremos fazer a diferença.

TONY:
O trabalho, então, alimenta a psique dessas pessoas, porque tem um significado mais profundo, como você disse. Não é apenas o significado superficial.

RAMZI:
Exatamente.

TONY:
E você lidera dando o exemplo nessa área.

RAMZI:
Eu tento.

TONY:
Nós realmente temos um enorme respeito pelo que você construiu, e você também é um ser humano encantador. Seu pai deve — eu sei que ele já faleceu — estar muito orgulhoso.

RAMZI:
Ele está cuidando de mim.

CAPÍTULO 12

VINOD KHOSLA

FUNDADOR DA KHOSLA VENTURES

Distinções: Transformou um investimento de US$ 4 milhões na Juniper Networks em US$ 7 bilhões em lucros. Foi um dos primeiros investidores na OpenAI. É membro da organização filantrópica Giving Pledge.

Total de ativos sob gestão (em agosto de 2023): US$ 15 bilhões.

Área de atuação: Tecnologias disruptivas em cuidados de saúde, sustentabilidade, tecnologia financeira e inteligência artificial.

PONTOS ALTOS

- Vinod Khosla foi cofundador da Sun Microsystems em 1982, criadora da linguagem de programação Java, que, mais adiante, foi adquirida pela Oracle por US$ 7,4 bilhões.
- Ao longo de sua carreira, Khosla foi um dos primeiros investidores no Google, LinkedIn, Nest, DeepMind, Instacart, DoorDash, Impossible Foods, Affirm, entre muitos outros.
- Entre suas muitas distinções, Khosla foi nomeado um dos maiores investidores em tecnologia em 2023, pela

revista *Forbes*, o bilionário mais verde do mundo, e recebeu a Medalha Nacional de Tecnologia.

TONY:

Vinod, não sei se você se recorda, mas nos encontramos uma vez quando me apresentei em uma conferência TED, na época em que elas ainda eram realizadas lá em Monterey. Tive aquela pequena interação com o vice-presidente, em que você e um grupo da Kleiner Perkins me convidaram para jantar naquela noite, e falar sobre o evento. Sou seu fã desde então, para dizer o mínimo.

VINOD:

Sim! As conferências TED são desses lugares que reúnem o tipo certo de pessoas. Detesto admitir, mas fui a todas as principais conferências TED desde 1986.

TONY:

Caramba! Você deve ter visto muitas coisas ao longo desse tempo. Você é extraordinário. Eu adoraria que você compartilhasse conosco um pouco da sua trajetória, de como você saiu da Índia empolgado pelo que estava acontecendo no Vale do Silício, como foi ter sido rejeitado várias vezes por Stanford, receber US$ 300 mil em capital semente e catapultar a Sun Microsystems para uma avaliação de bilhões de dólares em poucos anos, realizar os famosos investimentos que conhecemos, como o de US$ 3 milhões na Juniper que arrecadou quase US$ 7 bilhões para a Kleiner Perkins. Como foi isso, começar sua história na Índia e se transformar em um dos investidores de capital de risco mais respeitados e bem-sucedidos do mundo?

VINOD:

Cresci em uma família extremamente conservadora. Meu pai ficou órfão quando tinha três anos. Ele morou com várias outras famílias, e aos 15 ou 16 anos foi recrutado para o Exército Britânico. Aos 16, ele já estava lutando no Egito. E o exército foi a melhor coisa que aconteceu com ele naquela fase de crescimento. Ele nunca precisaria se preocupar com um emprego. Então, quando completei 16 anos, ele queria que eu seguisse o mesmo rumo e ingressasse no Exército Indiano. Essa era a expectativa dele em relação a mim. Mas eu era o total oposto. Eu queria correr riscos.

TONY:
Você acha que esse seu gosto por tecnologia é inato, ou houve algo que ajudou a desencadear isso? O que gerou esse contraponto?

VINOD:
É um interesse inato, mesmo. [Meu pai] não achava que entrar na faculdade e cursar engenharia fosse uma boa ideia. **Eu estava mais interessado em identificar problemas e descobrir se existiam meios criativos de resolvê-los.** A propósito, eu não conhecia uma única pessoa no mundo dos negócios. Sempre vivemos apenas em áreas militares, isto é, o equivalente a uma base militar. Eram áreas chamadas de contenções, em que viviam apenas militares com suas famílias. Então, eu não conhecia ninguém do mundo dos negócios nem da tecnologia, nunca tinha esbarrado com ninguém, mas eu tinha curiosidade sobre isso. E quando li que Andy Grove tinha fundado a Intel, achei que seria legal abrir a própria empresa e fazer algo tecnicamente difícil. Foi por isso que, depois de me formar em engenharia biomédica, decidi ir para o Vale do Silício. Chegando na Califórnia, **Stanford me dispensou duas vezes e tive de lutar para ser admitido. Insisti muito falando que eles estavam cometendo um erro.**

TONY:
A terceira tentativa sempre traz sorte. Isso é fantástico.

VINOD:
Bem, a verdade é que estou sempre em busca de soluções criativas. Quando me rejeitaram da primeira vez, eu fiquei chateado. Então argumentei em meu favor e ouvi que precisaria ter pelo menos dois anos de experiência profissional, o que significa, praticamente, mandar a pessoa embora. A partir daí eu estabeleci como meta conseguir dois empregos em tempo integral no ano seguinte. Com isso, consegui dois anos de experiência profissional em apenas um ano, e me inscrevi novamente. Eles me recusaram de novo, e eu de novo argumentei, explicando que eu tinha, sim, dois anos de experiência.

Então, só para que eu não continuasse incomodando, eles me transferiram da lista de desclassificados para a lista de espera. Mas eu continuei incomodando. Eles só aceitaram minha inscrição na escola de administração três ou quatro dias antes do início das aulas porque outra pessoa tinha cancelado a matrícula.

Reza a lenda que eu era amigo de todo mundo no departamento de admissão — exceto do diretor de admissão, que simplesmente me odiava. Uma das funcionárias do departamento me ligou três ou quatro dias antes do início das aulas e me informou que alguém estava desistindo do curso, então eu liguei para o diretor e disse: "Ei, abriu uma vaga. Eu estou disponível." Eu já estava na terceira semana de curso na escola de administração da Carnegie Mellon. Aquela funcionária [do departamento de admissão] me hospedou na sala de estar da casa dela, porque eu não tinha para onde ir. Deixei Pittsburgh com 24 horas de antecedência, porque não via motivos para não fazê-lo.

CHRISTOPHER:
A persistência é uma coisa incrível.

TONY:
Todas as pessoas que entrevistamos neste ramo têm algum ponto em sua história em que seu nível de persistência se mostra insano. Entre outras coisas, é por isso que elas estão onde estão. Então, como você chegou à Sun Microsystems? Depois, conte-nos também um pouco sobre a Kleiner Perkins e como isso aconteceu.

VINOD:
Quando eu estava na escola de administração, já estava decidido a abrir uma empresa. Eu ia me casar, estava desempregado, então resolvi que criaria uma startup. Nesse ínterim, fui apresentado a um cara que conhecia um cara que estava pensando em começar um negócio. Entrei em contato com ele e disse: "Não largue o seu emprego na Intel. Eu posso ser o primeiro funcionário em tempo integral, então assumirei o risco."

Depois de dois anos, percebi que o que estávamos desenvolvendo, que era uma ferramenta CAD para engenheiros elétricos, necessitava de uma empresa de plataforma. Decidi, imediatamente, que a Sun (Microsystems) era a empresa de plataforma de que precisávamos para começar. E, assim, a Sun passou a ser a empresa de plataforma na qual o aplicativo Daisy seria desenvolvido. Foi assim que eu comecei. E então a Kleiner Perkins se tornou a minha investidora.

TONY:
Eles lhe deram US$ 300 mil? Isso é verdade? E você transformou isso em um negócio de bilhões de dólares em cinco anos?

VINOD:
Bem, os primeiros US$ 300 mil vieram de um cara com quem eu vinha trabalhando para financiar minha primeira empresa, a Daisy Systems. Quando deixei a Daisy para fundar a Sun, literalmente, em um único parágrafo, ele me fez um cheque de US$ 300 mil, porque eu tinha tentado apoiá-lo durante o negócio da Daisy. Ele havia se dado mal com um dos fundadores, mas mantivemos um bom relacionamento. Logo depois disso, a Kleiner Perkins investiu na Sun e John Doerr ingressou no meu conselho. Foi assim que acabei indo trabalhar na Kleiner Perkins.

TONY:
E fez um sucesso inacreditável lá. Conte-nos um pouco por que você fez esse movimento [de criar a Khosla Ventures] e o que isso significou para você naquela fase.

VINOD:
Gosto de grupos pequenos, e a KPCB tinha ficado grande demais para mim. Em quarenta anos, nunca me intitulei capitalista de risco. Sempre digo que sou assistente de risco. Essa ideia de trabalhar com os fundadores para ajudá-los a realizar seus sonhos é o que gosto de fazer, e é por isso que a maioria dos meus colegas se aposentou, eles estavam executando um trabalho e havia chegado a hora de se aposentar. Eu estou exercendo uma paixão. Então não considero a possibilidade de me aposentar, a não ser que a minha saúde não me permita continuar.

Em quarenta anos, nunca me intitulei capitalista de risco. Sempre digo que sou assistente de risco. Essa ideia de trabalhar com os fundadores para ajudá-los a realizar seus sonhos é o que gosto de fazer.

TONY:
Isso é lindo. Quem foi a pessoa mais importante que ajudou a moldar o seu sucesso?

VINOD:
Eu nunca tive um mentor de fato, mas diria que a pessoa que mais me influenciou foi John Doerr, porque foi com ele que eu mais debati. Trabalhamos juntos por vinte anos. Trabalhamos juntos na Sun, e depois por vinte anos na Kleiner Perkins. As pessoas diziam que nunca concordávamos um com o outro, **quer dizer, as pessoas sempre pensavam que não continuaríamos trabalhando juntos, porque vivíamos discutindo sobre tudo. Mas o que aprendi com ele foi crucial. Nós debatíamos sobre quais questões eram importantes. Desenvolvemos um respeito mútuo muito grande, baseado nesses debates calorosos.**

TONY:
Fazer as perguntas certas, mesmo que se tenha opiniões diferentes sobre elas, para descobrir o que é realmente necessário.

VINOD:
Minha opinião era a de que o empreendedor seria prejudicado se fôssemos muito cerimoniosos com ele. Na verdade, se falarmos apenas as coisas boas, mas não falarmos coisas que o preocupem, o empreendedor vai gostar mais de nós. Mas, nesse caso, ele deixa de ser ajudado tanto quanto poderia, pois não estará sendo alertado sobre os elos fracos de sua cadeia.

CHRISTOPHER:
É interessante, porque várias pessoas me disseram que o que mudou de 2019 para 2021 foi que os empreendedores passaram a ser tão cortejados por aqueles que operavam no ambiente de risco que começaram a ouvir tudo o que queriam ouvir. E, portanto, não foram feitas perguntas cruciais suficientes para permitir que aqueles negócios funcionassem de forma mais produtiva.

VINOD:
A eficiência do capital foi por água abaixo porque havia muito dinheiro disponível, e todos só diziam coisas legais.

CHRISTOPHER:
Onde está a maior oportunidade para os investidores — na opinião de um assistente de risco, como você frisou?

VINOD:
Nosso foco está em tecnologias muito mais profundas, que façam uma grande diferença. Acreditamos que, fazendo isso, os retornos serão um efeito colateral positivo do desenvolvimento de um grande negócio, em vez de focar exclusivamente no retorno. Nos últimos 15 anos, não creio ter visto um único cálculo de taxa interna de retorno (TIR) na nossa empresa. Nós, apenas, não fazemos isso. Provavelmente, somos a única empresa de investimentos que nunca calcula a taxa interna de retorno. **O foco é: podemos desenvolver algo substancial? Se fizermos isso, então tudo o mais acontecerá por si só. É uma filosofia muito diferente de otimizar a transação.**

CHRISTOPHER:
Com isso em mente, e sabendo que você acompanhou tantos ciclos diferentes na tecnologia e na biotecnologia, a maior oportunidade da atualidade é a inteligência artificial?

VINOD:
Acredito há muito tempo na inteligência artificial como um divisor de águas. Eu só não sabia quando ela iria estourar. **Investimos na OpenAI**

há quatro ou cinco anos e eu escrevi sobre essa tese pela primeira vez em 2012. Na época, alguns blogs famosos me criticaram. Dez anos depois, quase todo mundo concorda comigo. Portanto, a inteligência artificial, definitivamente, é uma dessas oportunidades. Mas a minha opinião — e eu sempre procuro levar em consideração o contraditório — é que daqui a vinte ou 25 anos, quando olharmos para os primeiros anos da década de 2020, por mais tristes que eles tenham sido, chegaremos à conclusão de que, na verdade, as duas melhores coisas que aconteceram para o planeta foram a Ucrânia e a pandemia de covid-19. Por quê? A Ucrânia abriu um caminho para a independência energética. Não havia nenhuma hipótese de a Alemanha dizer que não utilizaria o gás russo. Eles nem sequer achavam que isso seria possível. E, literalmente, um ano e meio depois, acabaram de declarar que o gás russo não está sendo mais utilizado na Alemanha. Então, o que quero dizer é que, agora, a transição energética acontecerá por causa da Ucrânia. E, por esse motivo, todas as tecnologias climáticas passaram a ser muito mais importantes e foram muito mais revigoradas. Criamos a Lei de Redução da Inflação (IRA, na sigla em inglês), que oferece muitos incentivos para essas tecnologias de transição climática e tecnologias de infraestrutura. Os europeus tiveram de competir com os Estados Unidos, e por isso têm legislação própria, que é igualmente impressionante. Tudo isso abre, efetivamente, uma nova era de investimentos relacionados ao clima.

E então a pandemia fez duas coisas. Primeiro, provou que podemos desenvolver uma vacina a uma velocidade dez vezes maior do que imaginávamos. Surgiram novos modelos, como o trabalho remoto nas empresas. Surgiram novas formas de entretenimento para o consumidor. Surgiram vários novos conjuntos de hipóteses. A coisa mais importante é que, agora, não apenas todos os governos, mas também todas as empresas estão empenhadas em sair da China, deixando de depender unicamente daquele país. A mão de obra do mundo estava na China. O aço do mundo estava na China. Os materiais raros do mundo estavam na China. **Agora, todas as cadeias de abastecimento e toda a concentração de materiais tenderão a sair da China. Isso abre todo um conjunto de novas oportunidades.** Portanto, eu diria que a pandemia deflagrou esse tipo de independência do mercado chinês, e ela será desenvolvida principalmente no formato de tecnologias que podem se tornar rentáveis sem a necessidade de estar sediadas lá. Em resumo, existe o eixo covid-19, que é o que chamo de eixo da cadeia de abastecimento; existe o eixo Ucrânia, que é o eixo da energia; e, depois, a inteligência artificial para todo o restante. Essas três coisas promoveram mudanças radicais no capital de risco, que se estenderão pelos próximos 15 anos. Ainda continuarão existindo os aplicativos empresariais, os aplicativos de internet e o progresso nas biotecnologias. Lidamos muito com isso, e sentimos que estamos em uma posição única para ter uma vantagem nessas áreas, pois temos uma bancada tecnológica muito extensa.

CHRISTOPHER:
O que aconteceu nos últimos dois anos no mundo do capital de risco que você esperava, e o que aconteceu que você não esperava?

VINOD:
Eu diria, principalmente, essas oscilações, pois esperava que fossem mais moderadas. Há mais euforia em relação à inteligência artificial do que se justifica. Não em relação ao impacto que ela terá, mas nas avaliações. Elas não fazem o menor sentido. Analisamos quase todas as avaliações de bilhões de dólares [e elas] não fazem sentido para nós. Depois de dez anos, é preciso ter receitas reais para obter algum retorno sobre uma avaliação inicial de US$ 1 bilhão. Então, eu diria que estamos acompanhando essas oscilações na inteligência artificial, ainda sem diligências suficientes para afirmar o que, de fato, apresentará uma vantagem diferenciada. Digo, brincando, que do grupo de empresas iniciantes nas quais a aceleradora Y Combinator passou a investir em janeiro, a maioria delas, cerca de 60%, trabalhava com inteligência artificial. Três meses após seu lançamento, metade delas ficou obsoleta devido a novos desenvolvimentos e à chegada do ChatGPT. **O TikTok levou quase um ano para chegar a 100 milhões de usuários, o que, até então, tinha sido o mais rápido crescimento de todos os tempos. O ChatGPT levou sessenta dias para chegar a 100 milhões de usuários. Ninguém, em sua mente mais remota, teria presumido que as receitas pudessem crescer tão rapidamente com qualquer coisa, em qualquer lugar.** Esse foi um fenômeno, a rapidez com que tudo aconteceu, que me surpreendeu.

TONY:

O título do livro em que estamos trabalhando é *O Santo Graal do investimento*, o que pode parecer um tanto exagerado, mas, na verdade, trata-se de encontrar o princípio mais importante de investimentos de cada um dos maiores líderes com quem conversamos. Qual é o Santo Graal do investimento para você?

VINOD:

Eu colocaria da seguinte forma. Podemos ter um Santo Graal diferente para cada pessoa, ou, como gosto de dizer, diferentes estilos de investimento. Basta saber o que deseja fazer e no que você é bom, e, então, permanecer fiel a isso. Para mim, esse é o princípio básico. Há muitas maneiras de fazer um bom investimento de risco; ser conservador e buscar vários retornos de duas a três vezes superiores pode resultar em uma taxa interna de retorno bastante boa. Nós nos concentramos muito mais nos fundamentos. Então, quando aconteceu a coisa da criptomoeda, simplesmente não conseguimos entender onde estava o problema. Afirmamos que a tecnologia blockchain é realmente valiosa, mas especular em criptomoeda não é uma estratégia sustentável a longo prazo. Se o objetivo for retirar o dinheiro da China, faz muito sentido estar na blockchain. Se o objetivo for não trabalhar com pesos argentinos, também faz muito sentido. Mas o que fizemos foi criar uma empresa como a Helium, que usa a tecnologia blockchain para construir uma rede de comunicação real. No momento, eles estão construindo uma rede celular 5G usando essa tecnologia. Por isso, sempre focamos em aplicações reais da blockchain e isso não acontece da noite para o dia. Nosso foco é: onde a tecnologia pode desempenhar um papel importante e onde ela pode ter um impacto econômico poderoso? Se isso se provar verdadeiro, então selecionaremos a equipe certa, e ela construirá uma empresa, e ao construir uma grande empresa obterá ótimos retornos. Esse é um princípio muito diferente da otimização das taxas internas de retorno. Prefiro ter retornos sólidos em dez anos do que retornos elevados em dois.

TONY:

Então, seu interesse é no longo prazo. Você não está procurando o retorno de duas a três vezes superior; você está procurando o retorno de dez, vinte ou cem vezes superior, construindo algo que tenha valor duradouro, que, em sua opinião, realmente mudará o mundo de alguma forma.

VINOD:

Exatamente. Quando o Pinterest promoveu a abertura do capital, o *Wall Street Journal* publicou um artigo sobre os melhores retornos de investimentos de risco de todos os tempos. E a Juniper foi citada. Foi um retorno 2.500 vezes superior. Na época, eu estava na Kleiner, em um investimento de US$ 4 milhões ou algo assim, esqueci os números exatos. Ganhamos US$ 7 bilhões em dividendos distribuídos, quer dizer, algo fora do normal. Mas a questão é a seguinte... nós realmente acreditávamos que conseguiríamos fazer aquela mudança acontecer. Na verdade, considero esta uma das conquistas empresariais mais significativas da minha vida. Fizemos a mudança acontecer. Não era pelo retorno, embora ele tenha sido de US$ 7 bilhões. Eu queria que o mundo adotasse a rede TCP/IP, e nenhuma operadora de telecomunicações nos Estados Unidos ou na Europa estava planejando utilizá-la como rede pública. Todas as operadoras de telecomunicações contam com isso hoje em dia, mas na época, nenhuma delas havia se planejado nesse sentido. Se olharmos para 1996, todos os relatórios da Goldman Sachs falavam apenas da tecnologia ATM como a espinha dorsal da internet. Mas eu acreditava nos protocolos TCP/IP. **Eu disse: "Não me importo com o que os clientes pensam, nós construiremos a coisa certa e os clientes aparecerão." E foi o que aconteceu.** Não acredito que a rede TCP/IP teria acontecido se não tivéssemos feito isso. Por mais estranho que pareça.

CHRISTOPHER:

Isso me faz lembrar do que Henry Ford disse. Se alguém tivesse perguntado aos clientes o que eles queriam, eles teriam respondido que queriam um cavalo mais rápido em vez de uma nova invenção de que precisassem muito. Eles simplesmente não se davam conta da necessidade.

VINOD:

Exatamente. Basta consultar a imprensa no ano de 1996: todos os planos de todas as empresas de telecomunicações se baseavam na tecnologia ATM. Tomemos como exemplo uma empresa como a Cisco, que era a operadora líder em protocolos TCP/IP: eles compraram a StrataCom em 1995, porque todos os clientes queriam usar a ATM. E o diretor de tecnologia deles me disse que eles nunca usariam os protocolos TCP/IP como rede pública. Nunca. Eu respondi: "Tudo bem, nós vamos usar." E foi por isso que conseguimos o retorno que conseguimos. Desenvolvemos o que pensávamos que seria valioso para o mundo inteiro. É muito o nosso estilo.

A mesma coisa aconteceu quando criamos a Impossible [Foods]. Afirmamos que as proteínas vegetais ajudam a salvar o planeta, que elas podem ter um sabor melhor do que carne. Ninguém acreditou. Então, adotamos uma visão de longo prazo, e, hoje em dia, ela é a única empresa de proteínas vegetais em crescimento.

CHRISTOPHER:
Vinod, você, obviamente, pensa de forma diferente da maioria esmagadora da comunidade do capital de risco. O que você mais procura nas pessoas que vai contratar na Khosla e o que lhe permite diferenciá-las da pessoa comum?

VINOD:
Tanto para os nossos empreendedores quanto para as pessoas que contratamos, o fator mais importante não é o que essas pessoas sabem, mas o ritmo de aprendizagem delas. A que ritmo elas conseguem aprender, o que é muito difícil de avaliar quando se está entrevistando alguém. Mas o ritmo de aprendizagem é muito mais importante do que o que a pessoa sabe, ou do que a experiência que ela possui.

CAPÍTULO 13

MICHAEL B. KIM

FUNDADOR E PRESIDENTE DA MBK PARTNERS

Distinções: O "poderoso chefão" dos fundos de capital privado asiáticos e o homem mais rico da Coreia do Sul.

Total de ativos sob gestão (em agosto de 2023): US$ 25,6 bilhões.

Área de atuação: Mercados do norte da Ásia: China, Japão e Coreia do Sul. Serviços financeiros, mídia de consumo e telecomunicações.

PONTOS ALTOS

- A MBK Partners é a maior gestora de fundos de capital privado no norte da Ásia, com US$ 25,6 bilhões em ativos sob gestão.
- Retornos com desempenho no decil superior em cada fundo ativo — "O(s) Gestor(es) de Fundos de Aquisição com Melhor Desempenho de Forma Consistente", 2019, pela *Institutional Investor.*
- Em 2015, Michael B. Kim foi considerado uma das "50 Pessoas Mais Influentes do Mundo", pela *Bloomberg.*

TONY:
Michael, pelo que entendi, no começo você queria ser escritor, e, de alguma forma, acabou se tornando o "poderoso chefão dos fundos de capital privado

asiáticos" e a pessoa mais rica da Coreia do Sul — aquela que, digamos, resgatou o país durante tempos econômicos difíceis. Como tudo isso aconteceu? Você se importaria de compartilhar conosco um pouco da sua trajetória?

MICHAEL:
Sou um investidor acidental, mas acho que você acabará descobrindo que muitas das pessoas na minha área também são. Cresci em Seul, na Coreia do Sul, achando que me tornaria escritor ou, talvez, professor. Fui cursar o ensino médio nos Estados Unidos sem falar uma palavra de inglês. Meu pai, que era meio antiquado, me disse: "Se você quiser aprender inglês, leia." Então, foi isso que eu fiz. Comecei a aprender inglês lendo livros. Quando eu disse que precisava de ajuda com meu inglês falado, a resposta dele, logicamente, foi: "Leia livros em voz alta..." Mas ler livros está, de fato, no centro da minha formação. Eu me apaixonei pelos livros, principalmente romances, mas também pelos de história, filosofia e de ciências. Eu me especializei em inglês em uma faculdade de artes liberais, a Haverford. Logo após a formatura, eu estava prestes a começar a pós-graduação quando percebi que todos os jovens espertos ao meu redor estavam querendo entrar em um lugar chamado Wall Street. Eu não tinha ideia do que era, mas parecia legal, então resolvi tentar. Um dos copresidentes da Goldman Sachs, John Whitehead, era ex-aluno de Haverford e, embora Haverford não seja um lugar clubista, há tão poucos de nós nesse setor que acho que ele decidiu apostar em mim.

Foi assim que comecei como banqueiro de investimentos na Goldman Sachs, em 1986. Trabalhei como um louco por dois anos, e depois voltei para fazer um MBA na Harvard Business School. Jurei que nunca mais voltaria para Wall Street e, claro, depois de me formar, voltei direto para a Goldman Sachs.

TONY:
E como você saiu de lá para voltar para casa e tomar parte da crise asiática? Como foi essa transição?

MICHAEL:
Esse foi um ponto de inflexão na minha carreira. A Goldman me enviou para a sucursal de Hong Kong, que naquela época, era uma equipe minúscula

tentando cobrir um terço da população mundial residente na Ásia. Logo depois, ainda jovem, fui recrutado pela Salomon Brothers para ser diretor de operações para a Ásia. Então, em 1997, veio a crise financeira asiática. A Coreia do Sul foi um dos países mais atingidos. Ajudei a liderar o resgate soberano não porque tivesse alguma experiência em reestruturações soberanas, mas porque simplesmente calhou de eu ser um dos poucos asiáticos seniores na empresa na ocasião. As pessoas no Ocidente provavelmente, têm apenas vagas recordações dessa crise de 1997-1998, mas foi uma coisa catastrófica. Metade da Ásia estava prestes a entrar em colapso. A Tailândia, a Indonésia e, mais urgentemente, a Coreia do Sul. Lideramos a reestruturação do sistema financeiro do país. Lideramos a oferta de títulos soberanos para injetar US$ 4 bilhões de dólares novos, bastante necessários, na economia coreana. E acho que isso, pensando bem, ajudou a fazer o meu nome. A partir dali, fui recrutado por David Rubenstein, da Carlyle, que simplesmente não aceitaria um não como resposta. E então, da mesma forma que fui a Wall Street por brincadeira, decidi experimentar essa coisa chamada fundos de capital privado. Ingressei como presidente da Carlyle Asia em 1999, com sede em Hong Kong. E fiquei lá por seis anos e meio, muito construtivos e educativos, antes de seguir por conta própria.

TONY:
Naquele momento, o que fez com que você finalmente decidisse trabalhar por conta própria?

MICHAEL:
Eu tinha um projeto de criar um grupo de fundos de capital privado asiático, pertencente e operado por asiáticos. Algumas pessoas diziam que era uma alucinação. Na minha opinião, todos os operadores que atuavam na Ásia naquela época eram empresas globais de capital privado com uma bandeira na Ásia, mas fazendo uma cobertura "pan-asiática". Devo dizer que pan-asiático é um conceito equivocado. É o que algum cartógrafo ocidental imaginaria ser a Ásia. A Ásia é muito grande, e seus mercados são muito fragmentados para serem tratados como um mercado monolítico propenso à escalabilidade. Então, o nosso conceito, a nossa visão estratégica, era focar em uma sub-região. Para nós, seria o norte da Ásia: China, Japão e Coreia

do Sul. Esses três países constituem um dos maiores blocos econômicos do mundo. Em termos de PIB, eles são os números dois, três e dez na lista. Isso é maior do que a União Europeia e maior do que os Estados Unidos. E, mais importante, acreditávamos que esses três países eram escaláveis devido a vários milênios de histórias compartilhadas — algumas delas não tão amigáveis assim —, além de compartilharem cultura, costumes e, atualmente, fluxos comerciais e práticas de negócios na economia.

CHRISTOPHER:
Michael, você, obviamente, tem uma perspectiva diferente devido ao local em que a sua empresa está sediada. Neste momento, o que é que os investidores estão deixando de perceber e qual é a maior oportunidade para os investidores no norte da Ásia?

MICHAEL:
Não creio que os investidores estejam "deixando de perceber" a Ásia. Eles entendem que a China é grande. Eles entendem que a Índia é uma grande oportunidade. Somando os dois países, é uma população de três bilhões de pessoas. **Mas penso que a armadilha em que muitos investidores ocidentais caem quando procuram investir na Ásia é olhar através de uma lente centrada no Ocidente.** Sim, a Ásia está se "americanizando", e uma parte significativa do financiamento que impulsiona o desenvolvimento dos mercados asiáticos, incluídos os investimentos alternativos, é originária dos Estados Unidos. Mas o modelo financeiro norte-americano não é "o fim da história", como Francis Fukuyama se referiu ao sistema capitalista ianque, de mercado livre e democracia liberal. Essa forma de pensar é falsa, é imoral e é perigosa.

Precisamos aceitar que a Ásia é diferente. Além disso, a Ásia não é monolítica. É necessário tratar cada mercado, pelo menos as sub-regiões, de forma diferente do restante daquela vasta área. O capital norte-americano é inteligente, é perspicaz, mas também olha apenas para dentro, acreditando que as coisas deveriam ser feitas à maneira deles. Que o modo norte-americano de financiar pode ser perfeitamente transplantado. Entre os Estados Unidos e a Europa há bastante cultura compartilhada, mas a Ásia não é outra Europa.

TONY:
Quais outras diferenças você destacaria? Aquelas que, provavelmente, os norte-americanos não conseguem perceber...

MICHAEL:
Tudo começa com as coisas maiores: a infraestrutura, o ambiente regulatório, os imperativos da formulação de políticas. Os governos desempenham um papel importante no Norte da Ásia, e temos de aceitar isso. Fui treinado na Harvard Business School e na Goldman Sachs, e, por isso, acredito no *laissez-faire*, um sistema de mercado livre com o mínimo de regulamentação possível. Para qualquer pessoa com esse tipo de educação e formação, a operação na Ásia é um choque cultural. A Ásia tem Ministérios das Finanças ou Ministérios da Indústria e do Comércio extremamente fortes e ativos — alguns até os classificariam como invasivos. É possível vincular o papel destes ministérios à tradição confucionista dos funcionários públicos, que assumiam o papel de guias e guardiões da sociedade. Esses ministérios consideram que estão desempenhando um papel idêntico. Ouvi um formulador de políticas, um funcionário do governo, referir-se a si próprio como a mão invisível reguladora dos mercados, sobre a qual Adam Smith falou. É claro que eu tenho uma opinião um pouco diferente sobre isso, mas esse é o papel que eles desempenham. Então, se alguém quiser fazer negócios na Ásia, vai precisar trabalhar dentro dessa realidade.

Bem, começa com essas coisas e vai até a forma como os grupos empresariais são estruturados. Na Coreia do Sul e no Japão, existem os grandes conglomerados. Na Coreia do Sul, os conglomerados familiares controlam 80% da indústria local. Então é preciso aprender a lidar com esses conglomerados familiares que, no momento, estão na terceira geração de sucessão de propriedades.

E também há as coisas menores. **Os costumes comerciais na Ásia são diferentes. As dicas que recebi quando fui fazer a entrevista na Goldman — "dê-lhes um aperto de mão firme", "sorria", "olhe-os diretamente nos olhos" — são todas consideradas desrespeitosas na Ásia.** Na Ásia, a etiqueta pede que você seja humilde e mantenha uma distância respeitosa enquanto se posiciona diante do interlocutor. Sei que talvez seja uma lição difícil de transmitir, mas devemos começar com esta premissa:

na Ásia, as coisas são simplesmente diferentes. Se você conseguir manter sua mente aberta para isso, ganhará muito mais força em suas relações com os asiáticos.

TONY:

Considerando a sua proximidade com os líderes com os quais você cresceu, e com a sua compreensão do Oriente e do Ocidente, quais são, neste momento, as maiores oportunidades para os investidores na Ásia? E qual é o foco da MBK Partners?

MICHAEL:

As respostas para essa pergunta dupla convergem. Pelo fato de praticarmos o que pregamos, acreditamos que a maior oportunidade na Ásia está em ativos alternativos. E acreditamos que está no Norte da Ásia em virtude da escala sobre a qual falei, mas também por causa da demografia. **A demografia é, realmente, o destino.** Se olharmos para os nossos mercados, especialmente para o Japão e a Coreia do Sul, que são hoje os mercados de aquisição mais autênticos e mais consideráveis da Ásia, o que vemos não são apenas grandes economias com participantes ávidos por comprar; vemos, também, enormes mercados de consumo. As pessoas pensam no Japão como um país orientado para a exportação. Mas mais de dois terços do PIB do país provêm do consumo interno. **As pessoas tendem a se esquecer que o Japão foi o segundo país mais rico do mundo depois dos Estados Unidos, e isso durante quatro décadas, antes de ser ultrapassado pela China. Seu PIB per capita ainda é muito superior ao de qualquer outro país asiático. Portanto, temos aí um país de vasta riqueza.**

Outro tema demográfico que destaco é o rápido envelhecimento da população. O Japão é a população mais grisalha do mundo. Trinta e cinco por cento dos japoneses têm mais de 65 anos. Adivinhe qual é o país número dois no quociente dos cabelos brancos? É a Coreia do Sul. E a China, inacreditavelmente, não demorará a alcançá-los, após seis décadas da política do filho único. Esse rápido envelhecimento da população tem implicações importantes para a nossa estratégia de investimento. Investimos muito em cuidados de saúde. Passamos por um período em que investíamos bastante em lazer e entretenimento, também. Éramos donos da Universal Studios no Japão. Éramos proprietários da Accordia Golf, a maior rede de campos públicos de golfe do Japão. Ainda possuímos a maior rede de campos públicos de golfe da Coreia do Sul, chamada GolfZon. Mas migramos do entretenimento e lazer para os cuidados de saúde e, em particular, para os cuidados de saúde de idosos. Hoje, somos proprietários da maior franquia de cuidados de enfermagem voltados para idosos no Japão. Na Coreia, possuímos uma empresa chamada Osstem Implant, que é o maior fornecedor de implantes dentários do mundo. Assim, atuamos tanto em temas demográficos quanto no tema do inerente crescimento, que, penso eu, é a parte mais atraente da Ásia.

Uma última estatística: a ascensão da China é a história econômica/financeira da nossa geração. Não vou esmiuçar todas as estatísticas com as quais, provavelmente, você já deve estar familiarizado, mas vou citar algumas. **A McKinsey estimou, creio que há três anos, que um bilhão de chineses ingressaria na classe média nos dez anos seguintes. Isso quer dizer que, em sete anos, teremos um bilhão de novos consumidores. Isso é uma coisa sem precedentes na história da humanidade.** Talvez alguém se surpreenda ao descobrir que, hoje em dia, a parcela do PIB da China atribuível ao consumo interno é maior do que a parcela atribuível às exportações. Portanto, o país se tornou um gigante do consumo interno por méritos próprios.

Ainda dentro desse aspecto do consumo interno, possuímos a primeira e a segunda operadoras de locação de automóveis da China. E a nossa tese se escora neste par de estatísticas: existem 450 milhões de carteiras de motorista emitidas na China, mas apenas 270 milhões de carros emplacados. E os emplacamentos estão diminuindo cada vez mais, pois o governo vem tentando controlar as emissões de gases do efeito estufa. Portanto, são 180 milhões de motoristas à procura de automóveis. Esse é o tipo de escala que as pessoas simplesmente não enxergam. E, para gestores como nós, é uma oportunidade para a expansão do consumo.

TONY:

Você identifica uma onda gigantesca de consumo, busca melhorar as empresas que compra e, a partir daí, deixa as coisas fluírem. É incrível.

CHRISTOPHER:
Enquanto empresa, falamos muito em investir quando os ventos estão favoráveis. São tsunamis de proporções épicas! O que aconteceu no mercado chinês que você não esperava?

MICHAEL:
A virada política que o governo chinês adotou nos últimos dois anos pegou muitos investidores de surpresa, inclusive a mim. Acompanhei a ascensão da China desde o início. Estou na Ásia há trinta anos. Vi como a região se desenvolveu. Quando cheguei ao continente pela primeira vez, em 1993, a China e a Índia estavam aproximadamente no mesmo nível de desenvolvimento econômico. Se olharmos para o que aconteceu desde então, a China não fez nada disso por acaso. Eles têm uma liderança das mais inteligentes, com pensamento estratégico, com a mão invisível, com os ministérios a que me referi anteriormente. Estamos falando dos melhores e mais brilhantes talentos destacados de um conjunto de 1,4 bilhão de pessoas.

Observando tudo isso acontecer em tempo real, a minha opinião era de que o crescimento do mercado continuaria inabalável, porque os líderes da China trouxeram prosperidade econômica aos seus 1,4 bilhão de habitantes pela primeira vez em um século e meio. Por que fazer algo que prejudicaria isso? Contudo, o que vimos nos últimos anos mostrou as dificuldades crescentes de um país e de uma economia que estão passando por um experimento sem inédito na história. E estamos tão habituados à história do crescimento da China que ficamos surpresos quando ela dá um passo atrás, entende? Eles estão tentando emparelhar um sistema político de base comunista com uma economia centralizada, porém com elementos característicos de um sistema de mercado livre norte-americano. Ninguém nunca conseguiu implementar isso antes, pelo menos não com sucesso. A China foi bem-sucedida nesse aspecto, colocando esse experimento em prática durante mais de duas décadas, e embora eu sempre tenha avisado os nossos investidores de que não seria uma trajetória linear, espero que o país retorne àquele caminho de sucesso.

Acredito que o governo chinês se sentiu compelido a projetar o poder emergente da China e a mostrar ao restante do mundo que hoje não lidamos mais com a hegemonia norte-americana, mas com um mundo bipolar, onde a China e os Estados Unidos coexistem, de alguma forma, como pares, mas também como rivais ideologicamente, militarmente e economicamente. O que testemunhamos ao longo do último ano e meio, ou dois anos, penso eu, são subprodutos dessa projeção da China como potência emergente. E, então, chegamos a esse impasse infeliz. Não é bom para ninguém: nem para os cidadãos dos dois países nem, para o restante da economia global, que tem visto os impactos adversos desse tipo de guerra comercial sem fim. **A minha convicção, e aposto a minha carreira nisto, é que a China retomará seu esforço de liberalização dos mercados econômico e financeiro.** Depois que as portas para a liberalização do mercado são abertas, não é mais possível fechá-las.

TONY:
A força motriz, então, são os consumidores do país, ou seja, os próprios cidadãos, desde que eles sejam prósperos. E se não forem, isso cria instabilidade. Poderíamos resumir dessa forma?

MICHAEL:
Exatamente. Acho que você acertou em cheio. Algo que não foi amplamente divulgado no Ocidente é que quando o presidente Xi implementou a estratégia de covid-19 zero no segundo semestre de 2022, grande parte do povo mostrou resistência. Foi a primeira vez que vi meus amigos e colegas chineses muito ansiosos, e alguns até zangados, não tanto por causa da restrição das liberdades individuais, mas pela incapacidade, tão somente, de alimentar suas famílias. Eles não podiam ir ao supermercado local comprar comida para o jantar. Em defesa do presidente Xi, ele percebeu a crescente animosidade entre o povo e deu o passo extraordinário de reverter sua decisão e suspender o confinamento. Isso foi uma bênção para a economia, mas penso que também foi um gesto importante para a população, isto é, mostrar que o governante tem os interesses das pessoas em mente. Desse modo, o pacto sociopolítico é restaurado. Penso que ele e os demais líderes chineses retomarão o esforço em prol da prosperidade econômica e da liberalização financeira. **Para resumir: a economia irá superar a política.**

TONY:
Sim, e a economia se resume à qualidade de vida da população, certo? E, em se tratando de China, a população é imensa. Se as pessoas não estiverem felizes, a política terá de mudar.

Mudando um pouco de assunto, Ray Dalio é um grande e querido amigo, e quando o entrevistei pela primeira vez, há cerca de uma década, perguntei: "Qual é o princípio de investimento mais importante da sua vida?" E ele respondeu: "Tony, posso afirmar com bastante clareza que o Santo Graal do investimento é encontrar de oito a 12 investimentos não correlacionados nos quais se possa apostar." Eu sei que Dalio é um macroinvestidor e que, obviamente, os fundos de capital privado são um tipo diferente de investimento, mas qual seria a sua concepção do Santo Graal do investimento?

MICHAEL:
Ray Dalio não é apenas um macroinvestidor — ele é um gestor de fundos de cobertura. Então, sim, acho que a maneira que ele tem de ver as coisas é um pouco diferente da nossa. É uma simplificação exagerada, mas os fundos de cobertura buscam um retorno alfa. **Nos fundos de capital privado, nós criamos o retorno alfa. E a forma como criamos o retorno alfa depois de comprar uma empresa é arregaçar as mangas e fazer um trabalho árduo para criar valor.** Portanto, o Santo Graal é a criação de valor. Na MBK Partners, compramos boas empresas e as tornamos melhores. Portanto, os fundamentos do negócio são absolutamente importantes. Acho que todos os sócios gestores da nossa área concordarão com isso. O modelo norte-americano de criação de valor é o padrão. Na Ásia, porém, é preciso se adaptar às condições locais e à forma local de se fazer as coisas. O primeiro-ministro sênior de Singapura, Lee Kwan Yew, ganhou notoriedade ao afirmar que nós, na Ásia, precisamos adotar a nossa forma asiática de democracia. Não se pode, simplesmente, pegar a forma norte-americana de democracia liberal e transplantá-la para Singapura, Coreia do Sul ou Japão e esperar que ela floresça.

As condições são diferentes, certo? Não se pode retirar uma planta da Califórnia e esperar que ela floresça em Singapura, onde as características de solo, a incidência solar e até a água são diferentes. É preciso adaptá-la às condições locais. E, da mesma forma, acho que é preciso criar valor de uma forma asiática local.

Um dos utensílios da caixa de ferramentas de um gestor de fundos de capital privado para a criação de valor é a redução de custos. E há muitas maneiras de se fazer isso. O que eu costumava fazer na minha antiga empresa era cortar salários. Há muitas empresas, se não praticamente todas, que têm gordura, certo? Na Ásia, as demissões tendem a ser desencorajadas; na Coreia do Sul, chegam a ser proibidas. É ilegal demitir pessoas. Não pode haver demissões no Japão. É desaconselhável. Se você for um gestor e precisar demitir seus funcionários, significa que você não administrou muito bem, não fez seu trabalho da forma correta. Assim, seja pela falta de incentivo em termos culturais, seja por algumas restrições legais, temos de encontrar outras formas de alcançar a redução de custos. E fazemos isso melhorando as aquisições ou consolidando as operações administrativas, bem como produzindo muitas coisas sinérgicas com as empresas parceiras do nosso portfólio. É um trabalho mais difícil, mas achamos que é a maneira certa de fazer, porque é a maneira asiática de fazer. Portanto, existem diferentes formas de se chegar à criação de valor, mas acho que o Santo Graal é criar valor no seu negócio depois de adquiri-lo.

TONY:
Então, presumo que também haja mais foco no crescimento da receita, e não apenas na redução de custos?

MICHAEL:
Claro. Cada mercado é diferente, mas no caso da China e da Coreia do Sul, que têm altas taxas de crescimento do PIB, o crescimento da receita é um pouco mais fácil. O Japão é mais parecido com os Estados Unidos, só que ainda mais desafiador do que o país norte-americano. O PIB japonês vai crescer 1,5% em 2024, e isso é motivo de comemoração. Portanto, a facilidade de crescimento da receita é um pouco diferente no Japão, mas é algo exequível, devido ao fato de o Japão ser um excelente mercado de fundamentos — o melhor conjunto de empresas de média capitalização do mundo, depois dos Estados Unidos. Do meu ponto de vista, eles têm a classe de gestão mais talentosa do mundo. E, claro, é um paraíso para os tomadores de empréstimo. Pode-se obter um crédito privilegiado de cinco a sete anos para reforço do patrimônio, em uma aquisição de 2,5% a 3% de

custo total. Se você não for capaz de ter retorno com esse tipo de alavancagem, não deveria pensar em investir.

TONY:
Adorei sua resposta porque, pessoalmente, tenho a sorte de ter cerca de 111 empresas próprias. Faturamos cerca de US$ 7 bilhões em negócios nas diferentes empresas. Tudo o que fazemos em todos os setores é encontrar uma maneira de fazer mais pelos outros do que qualquer outra pessoa faria, ou seja, agregar mais valor. E é disso que eu mais gosto no capital privado. Portanto, presumo que um grande fator seria ter certo controle sobre quem vai ocupar a presidência executiva dentre uma variedade de fatores. Isso é verdade no seu caso? Qual a importância do controle para que a sua organização consiga agregar esse valor?

MICHAEL:
Na minha experiência, o controle não apenas é útil, como também é vital para a criação de valor. E podemos definir o conceito de controle aqui: é o controle, exatamente como você assinalou, sobre quem ocupa a presidência executiva. Precisamos ter a flexibilidade para contratar o melhor CEO em sua área, e a capacidade de substituí-lo se estivermos errados. O CEO e, obviamente, a alta administração. Precisamos controlar a diretoria. Precisamos controlar o plano de negócios, a política de dividendos, a política de despesas de capital, o levantamento de capital e as fusões e aquisições. **Se tivermos domínio sobre esses sete fatores, isso poderá ser chamado de controle, e é isso que nos permitirá criar um valor real.** É preciso contar com essas alavancas de controle na fase de pós-investimento.

TONY:
Você gerencia cerca de US$ 30 bilhões, se entendi bem. À medida que os negócios crescem, manter viva a cultura [da sua própria empresa] se torna mais difícil. Conte-nos um pouco sobre como você tomou suas decisões. Você é o maior gestor da Ásia. Você é o "poderoso chefão dos fundos de capital privado asiáticos". É incrível ter um título como esse associado ao seu nome. Mas quando isso acontece, as pessoas tendem a atirar dinheiro na sua direção. Então, como você decide aceitar ou não uma quantia? Como você gerencia isso na sua mente para que ainda possa continuar eficiente como sempre?

MICHAEL:
Queremos ter o tamanho certo. Quanto ao seu último ponto, sempre deixamos dinheiro na mesa durante as nossas rodadas de angariamento de fundos. Estou totalmente focado nos retornos. A realidade é que... poucos gestores gostam de admitir isso, mas a realidade é que quanto maior for o fundo, mais difícil será gerar retornos realmente extraordinários. Então, temos nos concentrado nos retornos, e isso tem nos servido bem no longo prazo.

No meu primeiro dia de orientação na Goldman Sachs, um cara, acho que ele era um dos sócios, subiu no palco e nos disse para sermos "gananciosos no longo prazo". Há muita coisa contida nessa simples frase. Não queremos buscar o maior retorno de todos, ou o maior montante de dinheiro no curto prazo. Queremos construir relacionamentos duradouros. É claro que o que importa são os retornos, e é claro que o que importa é a criação de riqueza para os nossos investidores, mas fazemos isso a longo prazo, com base em relacionamentos que perdurem. Então, temos crescido de forma constante. Sim, somos o maior gestor independente da Ásia, mas fizemos isso da maneira certa ao longo dos últimos 18 anos. Acho que é o único caminho para o sucesso.

Um ponto vital, e um dos principais fatores que contribuem para esse crescimento constante, é a construção da cultura. Fomos abençoados com uma estabilidade extraordinária na nossa equipe. Temos a rotatividade mais baixa da Ásia. É claro que recompensamos bem o nosso pessoal, mas gosto de pensar que a maior parte disso tem a ver com o *éthos* cultural que construímos. Mencionei nossa missão de sermos a gestora de ativos de maior destaque na Ásia, gerida e operada por asiáticos, e a nossa visão compartilhada de sermos um agente de mudança no continente. Portanto, há um senso de missão em comum. Todos na nossa empresa aderiram, é algo que está ligado à nossa cultura. E a cultura é tudo. Essa foi uma das grandes lições dos anos que passei na Goldman Sachs. **É um pouco piegas, mas temos essa coisa chamada espírito "TIE": Trabalho em equipe, Integridade e Excelência. Esses são os três temas que unem a empresa.** E, para nós, é importante ter a sensação de sermos uma única empresa, pois operamos em três mercados diferentes, em três países diferentes e em três culturas diferentes. Acho que esse sentido de cultura, de que estamos fazendo algo especial e de que estamos todos juntos como equipe, foi o que nos sustentou e nos levou a uma grande estabilidade.

TONY:
Isso é lindo. Cada negócio tem um ponto a partir do qual pode se dizer que está indo bem. Se o negócio for realmente extraordinário, se passar de bom a ótimo, existirá uma espécie de ponto de virada. Você consegue identificar isso no seu negócio? Qual foi o gatilho que realmente os elevou a outro patamar?

MICHAEL:
Não tenho certeza se houve um ponto de inflexão ou um ponto de virada. Quando lancei a MBK Partners, eu já vinha fazendo investimentos em fundos de capital privado em uma empresa global, como mencionei. E aquela foi uma experiência de tentativa e erro bastante valiosa. Tentamos de tudo na Ásia. Experimentamos produtos diferentes. Viajei a todos os países e mercados do continente, e testei todos eles. Então isso me deu uma boa noção do que era e do que não era possível fazer. Tive o benefício daquela experiência, especialmente das experiências malsucedidas, para calibrar nossa estratégia.

TONY:
Faz sentido.

CHRISTOPHER:
Lançamos a nossa empresa em 2001, e sempre penso em todas as coisas que eu gostaria que alguém tivesse me dito antes, mas que tive de aprender da maneira mais difícil. Que conselhos você gostaria de ter recebido antes de abrir a sua empresa, em 2005?

MICHAEL:
No meu caso, as exigências da liderança. **A liderança exige sacrifício. As pessoas pensam que se você nasce líder, todo mundo simplesmente o seguirá. Minha experiência diverge um pouco disso. As pessoas seguem líderes que cuidam das outras pessoas e que são percebidos como capazes de fazer sacrifícios.** Os coreanos têm um conceito chamado *jeong*, que significa, literalmente, dar um pedaço do seu coração. E acho que é isso

que transparece. As palavras são baratas, mas, se você conseguir incorporar esse conceito de *jeong* e compartilhar um pedaço do coração com os seus colaboradores, é por aí que eles decidirão segui-lo.

TONY:

O que você acredita que separa os profissionais de melhor desempenho de seus pares? E, como um complemento dessa questão, gostaria de voltar ao início e perguntar: por que [a Goldman Sachs] o escolheu quando você nem sabia o que era Wall Street?

MICHAEL:

A primeira resposta é que, quando contrato alguém, procuro pessoas com perspectivas diferentes, pessoas que possam trazer uma nova visão sobre como abordar um problema. Nosso negócio é resolver problemas com foco incansável na excelência. Sim, um coeficiente intelectual alto é um pré-requisito. Mas isso é o que os sociólogos chamariam de condição necessária, mas não suficiente. Há muitas pessoas brilhantes na nossa área, e muitas delas têm uma forte ética profissional. Acho que a condição suficiente é a vontade de aprender e de melhorar. Se eu analisar as pessoas que ocupam os altos escalões da nossa empresa, não foram elas as que obtiveram os melhores desempenhos como colaboradoras. Elas foram as que melhoraram com o tempo e esforços. **Os japoneses se referem a algo chamado *kaizen*, que significa inovação contínua, um compromisso com a melhoria contínua.** Acho que os melhores profissionais têm esse senso de *kaizen*, e, caso se esqueçam disso, nós estaremos aqui para lembrá-los por meio de treinamento contínuo.

No meu caso, não tenho certeza do que o entrevistador da Goldman Sachs viu em mim. Gostaria de pensar que ele reconheceu que, embora eu não entendesse nada de finanças, o conhecimento é interdisciplinar. Está tudo relacionado. E ele percebeu que eu tinha uma perspectiva diferente, mas captou também a minha vontade de aprender e, talvez, um pouco da centelha que aspirava à excelência. E acho que ele estava certo sobre eu ser diferente. Publiquei meu romance, *Offerings*, em 2001, depois de trabalhar nele, intermitentemente, por mais de 18 anos, graças ao meu trabalho diário. Presumo que não existam muitos romances escritos por alguém de Wall Street.

TONY:
Michael, estou impressionado com o homem que você é, e com o líder com a qualidade dos seus valores. Mas um deles que realmente transparece, e que você não pode disfarçar, é a sua humildade. E acho que grande parte disso vem de alguém que tem uma profunda gratidão pela vida. Sei que faz parte da cultura na qual você está inserido, mas acho que é uma qualidade admirável e que, infelizmente, pouco é vista em pessoas que têm muito sucesso em termos financeiros. Estou curioso para saber como você cultiva essa humildade, esse profundo cuidado e esse profundo apreço pelos outros.

MICHAEL:
Eu me sinto abençoado mesmo. Acho que incutimos nos nossos colegas o senso de humildade ou de gratidão vivenciando e demonstrando isso. Eu gostaria de pensar que as pessoas com quem divido o escritório todos os dias percebem essa humildade, que é oriunda de um sentimento de gratidão, que é oriunda desse reconhecimento de que há muitas pessoas inteligentes reunidas ali, de que há muitas pessoas trabalhando arduamente. E também calhou de eu estar no lugar certo na hora certa. Chame de sorte, chame de posicionamento estratégico, mas aconteceu de eu ser alguém com um pouco de experiência em finanças internacionais bem no auge da crise financeira asiática. E, por acaso, eu sou coreano. Se todas essas coisas não tivessem se combinado, não sei onde a minha carreira estaria. Se eu tivesse nascido em uma fazenda na Coreia do Norte, tenho quase certeza de que não estaria onde estou hoje.

TONY:
Temos o privilégio de estar a seu lado na posição de sócios comanditados e de investidores. Mas ter a oportunidade de conhecê-lo pessoalmente e ouvir toda a sua filosofia, o seu grau de humildade e, mais ainda, o nível de força que você tem a oferecer foi um verdadeiro privilégio. Você compartilhou muitas informações que podem ajudar a moldar a qualidade de vida das pessoas e a qualidade de seus investimentos. E acho que essas duas coisas andam juntas.

MICHAEL:
Concordo totalmente. **Hoje em dia, fala-se muito sobre como encontrar o equilíbrio entre a vida pessoal e a vida profissional. O que procuro não é tanto um equilíbrio, que implica uma troca, mas, sim, uma *harmonia entre a vida pessoal e a profissional*. É possível harmonizar o trabalho com a vida pessoal para benefício mútuo.** Ter uma experiência de trabalho boa e gratificante só reforça, e em nada diminui, uma boa vida pessoal.

TONY:
Você falou sobre o fracasso como um dos maiores segredos dos investimentos, pois nada substitui a experiência. Qual foi a frase que você citou sobre investimentos?

MICHAEL:
Os investidores nascem; os grandes investidores são *criados*.

CAPÍTULO 14

WIL VANLOH

FUNDADOR E CEO DO QUANTUM CAPITAL GROUP

Distinções: Uma das maiores e mais bem-sucedidas empresas de fundos de capital privado focada em investimentos em energia, entre eles, petróleo e gás, assim como energia renovável e tecnologia climática.

Total de ativos sob gestão (em agosto de 2023): US$ 22 bilhões.

Área de atuação: Soluções de energia sustentável para o mundo moderno.

PONTOS ALTOS

- Fundado em 1998, o Quantum Capital Group ("Quantum") é um dos principais e maiores fornecedores de capital para as indústrias globais de energia e tecnologia climática, gerenciando mais de US$ 22 bilhões em seus diversos fundos de capital privado, capital estruturado, crédito privado e plataformas de capital de risco.
- O Quantum se destacou por integrar totalmente os conhecimentos técnicos, operacionais e digitais, tanto na tomada de decisões de investimento quanto na parceria operacional interativa de valor agregado com as empresas nas quais investe.

TONY:

Você tem uma carreira histórica, para dizer o mínimo. São 25 anos no mundo dos negócios. Você conseguiu ser incrivelmente bem-sucedido e cuidar dos seus investidores durante todo esse tempo. Você se importaria de compartilhar conosco como tudo isso aconteceu, até que você conseguisse construir essa extraordinária organização que tem hoje?

WIL:

Cresci em uma pequena cidade no centro do Texas, e meus pais tinham empregos de renda média para muito baixa. Durante a minha criação, eu não sabia que era pobre, mas era. Eu queria jogar futebol na faculdade, e em meados da década de 1980, quando estava começando a procurar um lugar para estudar, a Universidade Cristã do Texas contava com um ótimo programa de futebol. Tive muita sorte de conseguir uma oportunidade de jogar lá, mas me machuquei no verão, depois do meu primeiro ano, e meu pai me disse que a única maneira de ficar seria conseguindo um emprego e pagando a maior parte das minhas mensalidades e despesas. Então, abri três ou quatro negócios na faculdade e ganhei dinheiro suficiente para me formar em uma instituição particular, praticamente sem nenhuma dívida.

Enquanto estava na Universidade Cristã do Texas, fiz um curso fascinante sobre investimento em valor, baseado no livro seminal de Benjamin Graham e David Dodd sobre esse assunto, *Análise de investimentos*, e me apaixonei pela ideia de me tornar investidor. À medida que comecei a explorar diferentes planos de carreira, **percebi que existem dois tipos de investidor: aqueles que compram ações públicas (em geral, pessoas discretas que destrincham os números) e aqueles que compram empresas privadas (pessoas que se envolvem com as empresas que compram e as ajudam a melhorar seus negócios).** Pelo fato de eu ser fundamentalmente um empreendedor e adorar resolver problemas e interagir com pessoas, este último tipo me pareceu muito melhor.

No meu último ano da faculdade, fui convidado a ingressar no Fundo de Investimento Educacional, um fundo real de cerca de US$ 1 milhão em capital, que havia sido criado para que os estudantes pudessem fazer investimentos no mercado de ações. Pesquisávamos ações e, em seguida, fazíamos recomendações de investimentos a um comitê liderado por estudantes.

Se o comitê aprovasse a nossa recomendação de investimentos, o fundo compraria as ações. Essa experiência solidificou ainda mais minha paixão por investir e identificar empresas que tivessem alguma vantagem competitiva. Dois dos meus professores, o Dr. Chuck Becker e o Dr. Stan Block, sugeriram que eu poderia aprimorar minhas habilidades de investimento indo para Wall Street e trabalhando em um banco de investimento.

Tive a sorte de conseguir um cargo de analista em energia em um grupo do banco de investimento Kidder Peabody. Mas depois de alguns anos trabalhando de noventa a cem horas por semana, tomei a decisão de que, se eu fosse trabalhar tanto assim, seria melhor abrir o meu próprio banco de investimentos. E, então, quando estava com 24 anos, lancei a Windrock Capital em parceria com Toby Neugebauer, um dos meus colegas analistas na Kidder. O que nós realmente queríamos era ser os investidores principais, mas precisávamos construir um histórico, de modo que a nossa estratégia foi encontrar grandes empresas, levantar capital para elas e reinvestir a maior parte das nossas comissões nas próprias empresas para as quais havíamos levantado o capital.

Eu achava que dois anos de trabalho para um banco de investimento de Wall Street tinham me transformado em um especialista no financiamento de empresas de extração, armazenamento e distribuição de petróleo e gás, sabe? Mas estava errado. O que eu sabia era criar um modelo financeiro no Excel e juntar uma apresentação promocional e um memorando de oferta, e eu tinha ótimas habilidades de vendas em todos os negócios que lancei e comercializei na faculdade. Isso ocorreu no início da década de 1990, quando a indústria energética tinha sido dizimada pela queda dos preços ocorrida em meados da década de 1980. Acho que 90% das empresas em atividade em 1984 já estavam fora do mercado em 1994, quando lançamos a Windrock Capital. E as que sobraram haviam resistido por uma única razão: eram excepcionais em alguma coisa, por isso elas possuíam alguma vantagem competitiva. O lançamento do nosso banco de investimentos se beneficiou de uma combinação de sólidas competências em fundamentos adquiridas em Wall Street, da rígida ética profissional de uma dupla de empreendedores jovens e ávidos, e do momento oportuno. Como ficou comprovado, entrar no setor de energia no início da década de 1990 foi de um sincronismo excepcional, uma vez que os empreendedores que ainda estavam no mercado haviam sobrevivido porque eram ótimos no que faziam — além disso, não havia muito dinheiro disponível, e tínhamos um conjunto de habilidades que nos permitiria encontrar capital para aqueles grandes empreendedores. Ao juntar todas essas coisas, é possível obter retornos excepcionais.

Passamos os cinco anos seguintes angariando dinheiro para empresas, recebendo comissões por isso e, depois, reinvestindo de 75% a 80% das nossas comissões nessas mesmas empresas para as quais angariávamos dinheiro. Depois de construirmos um histórico de investimentos, convidamos A.V. Jones, um "lendário homem do petróleo que se tornara capitalista de risco", como as pessoas carinhosamente o chamavam, para ser nosso parceiro na criação de um fundo de capital privado. Ele tinha experiência, credibilidade e capital e nós tínhamos visão, habilidades florescentes em fundos de capital privado e muita paixão e motivação. No primeiro ano, a arrecadação de fundos foi bastante lenta, pois os sócios comanditários estavam céticos em investir em um novo fundo levantado por dois caras que ainda não tinham completado 30 anos de idade e um petroleiro de 60 anos que não tinha experiência formal em fundos de capital privado. Felizmente, conhecemos Vic Romley e Alan Hsia no Union Bank of Switzerland, e eles nos emprestaram sua credibilidade e nos apresentaram a alguns de seus clientes que investiam no setor de energia por intermédio de fundos de capital privado. Eles nos ajudaram a fazer com que o fundo de pensão da General Motors se tornasse nosso principal investidor e, em poucos meses, seis outros investidores institucionais de primeira grandeza seguiram o exemplo e nos concederam US$ 100 milhões para lançar a Quantum Energy Partners, em 1998.

TONY:

Conheci um bilionário pela primeira vez quando tinha 20 anos. Perguntei o segredo de seu sucesso, e ele respondeu: "Atendo bem a mercados mal atendidos." E eu quis saber o que aquilo significava, porque ele vendia porcas e parafusos e coisas que não eram realmente muito diferenciadas. Ele respondeu: "Bem, eu vendo essas coisas na África. Vendo essas coisas em partes da Ásia aonde ninguém vai. Se eu for para Nova York, vou até as entranhas de um hospital e vou achar o cara que quer comprar o que ninguém está vendendo. E vou atendê-lo muito bem." Se não me engano, vocês foram para Midland, foram a lugares onde os banqueiros de Nova York não iam naquela época. Isso é verdade?

WIL:
Isso está totalmente certo. Íamos aos lugares que significavam uma parada a mais na rota da Southwest Airlines. A Southwest Airlines voava de Dallas para Houston, e talvez Nova Orleans. Mas eles não iam diretamente para Midland, Tulsa ou Shreveport. Como você disse, encontrávamos mercados mal atendidos e os atendíamos excepcionalmente bem. Fomos a lugares de difícil acesso, aonde os bancos de Wall Street não iam com frequência. E naqueles mercados encontramos alguns grandes empreendedores que havia muito tempo não eram procurados por banqueiros para lhes oferecer capital.

TONY:
Estou curioso para saber quem foi a pessoa mais importante da sua vida, aquela que realmente o ajudou a moldar o sucesso do seu negócio e a ser quem você é hoje.

WIL:
É difícil escolher exatamente uma. Acredito muito em aprender tudo o que for possível com os erros dos outros, por isso sou um leitor voraz, o que significa que aprendi muitas coisas com muitas pessoas. **Dito isso, as duas pessoas a quem dou mais crédito por me transformarem em quem eu sou hoje são minha mãe e meu pai. Sou grato pela rígida ética profissional que eles me ensinaram e pelo sistema de valores que incutiram em mim: que as pessoas devem ser tratadas como você gostaria de ser tratado, e que independentemente de quanto você queira algo, sempre é preciso colocar os interesses das outras pessoas antes dos seus.**

Meu pai era funcionário público do governo dos Estados Unidos e minha mãe, uma professora aspirante a empreendedora. Ela fracassou categoricamente. O que aconteceu: meus pais quase não tinham nenhuma reserva financeira, e o pouco que tinham usaram para minha mãe abrir uma loja de roupas, para que ela pudesse, literalmente, vestir os quatro filhos. Era um motivo ruim para iniciar um negócio, e, depois de alguns anos, a loja sugou todas as economias e eles quase precisaram declarar falência. Mas minha família superou isso e, apesar do fracasso da loja, sempre admirei a ambição e a disposição de minha mãe em apostar em si mesma. O exemplo que ela deu ao arriscar tudo e abrir um negócio me inspirou e me deu confiança para sair à rua e tentar alguma coisa por conta própria.

TONY:

Conte-nos um pouco sobre A.V. Jones. Qual o papel que ele desempenhou na sua vida?

WIL:

A.V. foi um mentor para mim, mas ele foi muito mais do que isso. Ele era um amigo, um parceiro de negócios e, mais importante, um incentivador. Foi o cara mais otimista que já conheci, e uma das poucas pessoas que encontrei na carreira empresarial sobre quem absolutamente ninguém conseguia fazer um comentário negativo. Ele era humilde e tratava todos com gentileza e respeito, embora também fosse um cara grandioso, que alcançou um sucesso empresarial extraordinário. Ele nos deu credibilidade ao nos apoiar com seu nome, reputação e capital, e nos ajudou a construir relacionamentos valiosos no setor, devido à excelente reputação que tinha.

Lembro-me de A.V. me dizendo muitas vezes: "Todo mundo pensa que fui um empreendedor incrível. Embora eu tenha sido um bom empreendedor, ganhei dinheiro de verdade escolhendo as pessoas certas para financiar e apoiando-as de todas as maneiras possíveis." Foi por isso que A.V. nunca tentou nos ditar como gerenciar o negócio, ou dizer quais investimentos deveríamos ou não fazer; pelo contrário, ele nos fazia algumas perguntas, se oferecia para nos apresentar a algumas pessoas quando podia e nos encorajava a resolver as coisas sozinhos. **Ele era um parceiro incrível e a Quantum não seria a empresa que é hoje sem a visão e a generosidade de A.V. para apoiar dois jovens que tinham uma curiosidade e um desejo de aprender insaciáveis, e que simplesmente não sabiam aceitar um não como resposta.**

TONY:

Isso é muito interessante, porque muitos investidores, logo que começam, pensam: "Eu preciso me tornar um empreendedor." Mas, como você disse, é possível encontrar alguém que seja um excelente empreendedor e obter grandes retornos apenas lhe fornecendo capital, caso isso seja possível.

Vamos mudar um pouco de assunto agora. Eu adoraria saber onde você vislumbra as maiores oportunidades para os investidores nessa evolução energética. E, além disso, poderia também nos dar uma ideia do desempenho do seu negócio ao longo dos anos?

WIL:

Atualmente, gerenciamos mais de US$ 22 bilhões em capital, e estamos no mercado há 25 anos. Apesar da tremenda volatilidade no preço das matérias-primas e no mercado de capitais durante esse período, estamos orgulhosos pelo fato de que **todos os fundos que levantamos geraram dinheiro para os investidores e de que os nossos retornos foram consistentes e superaram as nossas expectativas.**

Sou especialista em identificar riscos passíveis de gerenciamento e áreas em que a volatilidade pode ser eliminada. A oferta e a demanda por energia flutuam bastante ao longo do tempo, o que cria volatilidade no preço das matérias-primas. Quando temos um setor muito volátil e combinamos essa volatilidade com alavancagem financeira, chegamos a uma fórmula perfeita para, em algum momento, perder dinheiro. Portanto, a volatilidade no preço das matérias-primas e a alavancagem financeira são dois riscos que estamos determinados a gerenciar ativamente, cobrindo de forma agressiva o preço das matérias-primas nos mercados futuros e utilizando uma alavancagem financeira modesta nas estruturas de capital das empresas que construímos. Se fizermos essas duas coisas de forma consistente, poderemos de fato nos concentrar em ganhar dinheiro com a expansão das margens — o que significa reduzir os custos operacionais e de capital e aumentar as receitas —, que é a melhor maneira de ganhar dinheiro em qualquer setor.

Então, o que procuramos fazer é isolar e mitigar as variáveis que podem nos tirar de cena em um mercado em baixa. Estar descoberto e usar muito financiamento pode parecer muito inteligente em um mercado em alta, todavia, mais cedo ou mais tarde, os preços cairão e, como o proverbial jogador de pôquer que ficou à mesa por tempo demais, o investidor perderá todo o dinheiro. O problema do setor do petróleo e do gás é que ele atrai otimistas. É preciso ser otimista para gastar bilhões de dólares perfurando poços de três mil a 4,5 mil metros abaixo da superfície da Terra e outros três mil a 4,5 mil metros horizontalmente. Sabemos que, para sermos bem-sucedidos nesse ramo, a Quantum deve não apenas assumir riscos, mas também mitigá-los.

TONY:

Tive o privilégio de entrevistar cinquenta dos investidores mais ricos da história: Ray Dalio, Carl Icahn, Warren Buffett e vários outros desse calibre. Todos têm estratégias de investimento muito diferentes, mas a coisa básica que parecem defender é a relação risco/recompensa assimétrica. Fale-nos sobre a situação da indústria atual como um todo. Qual é a maior oportunidade hoje? E, na sua perspectiva, o que está fazendo com que essa ela apareça?

WIL:

Acredito que a maior oportunidade de investimento em grande escala no mundo de hoje está na indústria energética, especificamente no setor de petróleo e gás, e, em menor medida, no setor da transição energética. Não creio que haja algum concorrente próximo ao setor de petróleo e gás. Não é a resposta mais popular, eu sei. Nos últimos dois ou três anos, muitos investidores têm se concentrado, por boas razões, no clima. Precisamos estar muito focados nisso e fazer tudo o que estiver ao nosso alcance para enfrentar as mudanças climáticas e apoiar os esforços para alcançar emissões líquidas zero. **Mas também devemos estar muito focados em garantir que o mundo tenha energia confiável, acessível e abundante, porque sem ela o mundo moderno não funciona e os países pobres não conseguirão tirar suas populações da pobreza.**

Um grupo de países com alto índice de desenvolvimento econômico, como a maioria dos países da Europa, os Estados Unidos, a Austrália, o Japão, a Coreia do Sul e alguns outros, se fixou bastante na questão da transição energética. Christopher, você se refere a isso como evolução energética, mas gosto de pensar nisso como transição de emissões. Evolução energética ou transição de emissões são nomes muito melhores do que transição energética, porque quando a maioria das pessoas pensa na palavra "transição", pensa em se afastar de uma coisa e se aproximar de outra — no entanto, a verdade é que o mundo nunca deslocou qualquer forma de energia, mas desenvolveu, sim, novas fontes que foram adicionadas à matriz energética existente a fim de satisfazer a crescente demanda por energia. **Infelizmente, a maior parte do que ouvimos falar na mídia é que as energias renováveis e os veículos elétricos dominarão o mundo, e que não precisaremos mais de petróleo, de gás nem de carvão em um futuro não muito distante. Nada poderia estar mais longe da verdade. Mesmo com o enorme investimento nas energias eólica e solar ao longo da última década, o mundo ainda continua obtendo apenas cerca de 4% de sua energia dessas novas fontes e 80% de combustíveis fósseis.**

TONY:
O setor de petróleo e gás foi o setor com melhor retorno no mercado de ações no ano passado. O S&P caiu cerca de 20%, enquanto o setor de petróleo e gás subiu.

WIL:
Exatamente. **O setor público de petróleo e gás cresceu cerca de 86% em 2021 e 48% em 2022, o que se compara muito favoravelmente com o retorno positivo de aproximadamente 27% e o retorno negativo de 20% proporcionados pelo S&P 500 nos períodos correspondentes.**

TONY:
Mesmo assim, o financiamento do setor de petróleo e gás acabou encolhendo. Isso faz parte da oportunidade? Porque teremos mais dois bilhões de pessoas no planeta nos próximos vinte a trinta anos. Até 2050, precisaremos de 50% mais energia do que hoje, se entendi bem.

WIL:
Comecemos por relembrar o Dia de Ação de Graças de 2014, quando os preços do petróleo vinham oscilando entre US$ 85 e US$ 100 por barril havia vários anos. Naquela época, a demanda estava caindo, mas a OPEP tomou a decisão de não interromper a produção. O preço do petróleo começou, então, a cair e, finalmente, atingiu o mínimo de cerca de US$ 20. Assim, passou de cerca de US$ 85 a US$ 100 por barril para cerca de US$ 20 por

barril por aproximadamente três anos, criando um enorme choque financeiro nos balancetes e demonstrativos de resultados das empresas de petróleo e gás. Até então, os investidores vinham colocando dinheiro em empresas de petróleo e gás focadas na revolução do xisto. A indústria estava gastando centenas de bilhões de dólares por ano tentando descobrir a tecnologia mais econômica para extrair o xisto, onde perfurar, como perfurar e completar os poços de xisto. Tudo isso exigia uma enorme quantidade de experimentação e de capital a ser descoberto. Na década compreendida entre 2010 e 2020, o setor de petróleo e gás consumiu cerca de US$ 350 bilhões de capital. Para contextualizar essa informação, isso representou aproximadamente 55% de todas as depreciações e amortizações no S&P 500 naquela década. Finalmente, os investidores públicos perceberam que a indústria estava focada apenas no aumento da produção e no acúmulo de reservas, mas não em ganhar dinheiro. E isso era verdade, mas os investidores públicos não tinham se dado conta de que encontrar e produzir aqueles enormes recursos de xisto exigia uma maciça destruição de capital, algo não muito diferente da destruição de capital que aconteceu durante a expansão e a crise das pontocom, que deu origem, há várias décadas, a empresas como Google, Amazon e Facebook.

Existe, no entanto, um lado positivo na maciça destruição de capital que aconteceu no setor de petróleo e gás. Durante a década de 2010, os Estados Unidos aumentaram a produção de petróleo em cerca de 180% e a produção de gás natural em cerca de 100%, o que fez com que o país deixasse de ser o maior importador de petróleo do mundo e passasse a ser um exportador líquido de petróleo, além de se tornar um dos maiores exportadores globais de gás natural, conquistando independência em termos energéticos. O que isso representou em termos geopolíticos e econômicos foi, pura e simplesmente, um dos maiores *cases* de sucesso da história norte-americana.

Quando a festa finalmente acabou, muitos investidores públicos decidiram que o setor de petróleo e gás não era digno de investimento, porque as empresas do ramo não administravam o capital com responsabilidade; sendo assim, decidiram vender suas posições e abandonar o setor. Contudo, alguns investidores públicos, em número muito menor, ainda estavam dispostos a considerar os investimentos em petróleo e gás, e foi dessa forma que eles forçaram a criação de um novo modelo na indústria, que funcionava mais ou menos assim: as empresas deveriam gastar de 30% a 50% de seu fluxo de caixa para reinvestir nos respectivos negócios e devolver os restantes 50% a 70% aos investidores por meio de recompras de ações e dividendos; as empresas deveriam limitar o crescimento de sua produção a porcentagens baixas, de apenas um dígito; e as empresas deveriam desalavancar seus balancetes.

A mesma destruição de capital também estava acontecendo com as empresas privadas, e assim os sócios comanditários começaram a reduzir significativamente seus compromissos com os fundos de capital privado e de dívida privada. Cinco anos atrás, havia, provavelmente, de US$ 90 bilhões a US$ 100 bilhões em pó seco no ambiente de fundos de capital privado e dívida privada de petróleo e gás. Hoje, há algo em torno de US$ 15 bilhões a US$ 20 bilhões. Mais da metade de todas as empresas gestoras de ativos que atuavam na área há cinco anos estão fora do mercado ou não conseguem mais levantar um novo fundo pelo fato de seus retornos terem sido muito baixos. Os bancos também reduziram de modo significativo seus empréstimos ao setor.

Em resumo, a quantidade de capital público e privado disponível para o setor de petróleo e gás encolheu drasticamente de alguns anos para cá. Ambos são recursos em esgotamento, e, por isso, necessitam de reinvestimento constante para substituir as reservas produzidas. Nos últimos oito ou nove anos esse investimento foi, em média, cerca de 50% inferior ao que deveria ter sido para que aquela produção fosse reposta. Entre o presente ano e 2050, a população mundial crescerá significativamente, assim como o número de pessoas que adentrarão a classe média, o que aumentará substancialmente a demanda por todas as formas de energia, incluídos petróleo e gás. **Existe uma enorme defasagem entre a demanda global futura de petróleo e gás e a capacidade mundial de fornecer esses combustíveis, e é muito provável que tal defasagem resultará em preços significativamente mais elevados do petróleo e do gás durante a próxima década.**

CHRISTOPHER:

Fale um pouco sobre o que as pessoas não estão esperando ao longo dos próximos três anos. E o que elas deveriam esperar? E, então, para os investidores dispostos a se envolver em todos os aspectos do setor energético, onde estaremos daqui a dez anos?

WIL:

Acho que muitas pessoas esperam acordar daqui a alguns anos e sem precisar mais de hidrocarbonetos, que as energias eólica e solar criarão toda a energia necessária e que todos os automóveis serão elétricos. Isso não poderia estar mais longe da verdade. Sendo bem sincero, é uma forma de pensar incrivelmente perigosa, não só porque é inviável, mas também porque colocaria em risco a independência energética dos Estados Unidos e deixaria muitos países ocidentais em uma posição geopolítica e financeira desvantajosa em relação à China.

O CEO do J.P. Morgan, Jamie Dimon, vem periodicamente a Houston para visitar seus clientes do setor de energia, e a Quantum é uma de suas maiores exposições de crédito. Há alguns anos, perguntei a Jamie sobre o quão comprometido o J.P. Morgan estava em continuar financiando o setor de petróleo e gás, e acho que a resposta dele resume muito bem por que o mundo precisa ter muito cuidado ao exaurir o capital do setor. Ele disse, e eu parafraseio, que o preço da energia afeta quase todos os outros setores da economia, então, **se os preços da energia permanecerem baixos, isso criará ventos favoráveis para a maioria dos outros setores, e se os preços da energia se mantiverem altos, criará ventos contrários para a maioria dos outros setores.**

Se nos preocupamos com a prosperidade econômica, se nos preocupamos com o meio ambiente, devemos dispor de energia acessível e abundante para que possamos ter lucros para reinvestir e, assim, fazer essa evolução energética acontecer.

Se nos preocupamos com a prosperidade econômica, se nos preocupamos com o meio ambiente, devemos dispor de energia acessível e abundante para que possamos ter lucros para reinvestir e, assim, fazer essa evolução energética acontecer.

Tenho a firme convicção de que, daqui a uma década, o petróleo e o gás serão utilizados em quantidades muito significativas, provavelmente superiores às que são utilizadas hoje. Irei ainda mais longe e direi que espero que o petróleo e o gás continuem a ser utilizados em quantidades próximas das que são utilizadas hoje, mesmo daqui a duas ou três décadas. Portanto, precisaremos de muito combustível para acompanhar a demanda, e não estamos investindo o suficiente nisso.

Felizmente, as energias eólica e solar tendem a constituir uma parcela cada vez maior da matriz energética global, mas o mundo precisa reconhecer que as adições de energia levam muito tempo. A maior participação de mercado que qualquer adição de energia conseguiu alcançar em seus primeiros cinquenta anos foi a do carvão, que atingiu 35% do mercado após primeiro meio século de utilização. Para contextualizar, as energias eólica e solar chegaram a apenas 4%, depois de pouco mais de dez anos desde que os investimentos maciços nesse campo tiveram início. Nossa expectativa é a de que o mundo invista ainda mais nessas energias alternativas, no armazenamento de bateria e na eletrificação dos transportes do que já investiu em qualquer outro setor em sua história, e, provavelmente, de forma exponencial. E isso criará oportunidades inacreditáveis para fazer investimentos.

Mas sempre que o conjunto de oportunidades aumenta a um ritmo incrivelmente rápido — e temos gestores que nunca investiram nessa área antes de investir capital, e equipes de gestão que nunca gerenciaram esse tipo de negócio antes de receber capital —, temos, também, uma fórmula para destruir muito dinheiro. Por um lado, pode ser a maior oportunidade de investimento em termos de implantação de capital que o mundo jamais viu, e, por outro, pode haver mais destruição de capital na transição energética do que em qualquer outra indústria na história do capitalismo.

CHRISTOPHER:
A oportunidade certamente existe, assim como os riscos que precisaremos enfrentar. Nos últimos anos, o que aconteceu que você esperava que acontecesse e o que aconteceu que você não esperava?

WIL:
Certamente, não esperávamos que a Rússia invadisse a Ucrânia. Esse acontecimento fez com que o mundo ocidental voltasse a se concentrar nos fatos e não em sentimentos e desejos, no que diz respeito à transição energética. Antes de a Rússia invadir a Ucrânia, era um desafio conseguir que certas

instituições parassem e conversassem conosco sobre o investimento em petróleo e gás, seja porque eram contra o investimento no setor por razões ligadas às práticas ESG, seja porque temiam que o mundo não fosse mais usar muito petróleo e gás dentro de alguns anos, e, portanto, os ativos de petróleo e gás eventualmente comprados não teriam nenhum valor final. Hoje, a maioria dessas instituições está conversando conosco, uma vez que os fatos são majoritariamente favoráveis à hipótese de que o petróleo e o gás terão um longo caminho pela frente e serão um excelente local para gerar grandes retornos de investimento durante a próxima década. Não esperávamos que essa conversa mudasse tão rapidamente.

Eu também não esperava que o governo dos Estados Unidos aprovasse uma legislação histórica como a Lei de Redução da Inflação, que destina quase US$ 400 bilhões em financiamento federal e créditos fiscais para estimular o investimento na transição energética. A Lei de Redução da Inflação é muito maior do que o valor nominal, porque continua sendo renovada automaticamente até que determinadas metas sejam atingidas. A lei contribui de forma significativa para uma mudança na economia, não só no que se refere às energias renováveis, ao armazenamento de bateria, aos veículos elétricos, ao hidrogênio e à energia nuclear, mas também à captura e armazenamento de carbono (CCS, na sigla em inglês). Essencialmente, essa tecnologia descarboniza hidrocarbonetos, o que significa que o CO2 produzido quando o petróleo, o gás ou o carvão são queimados para gerar energia é capturado e, em seguida, permanentemente armazenado ou sequestrado em reservatórios subterrâneos. **As turbinas a gás natural podem ser ligadas em questão de minutos, o que significa que são energia de base. Com um dispositivo de captura de carbono acoplado, elas transformam o que muitos consideram ser energia suja em energia limpa de base.** Isso é muito diferente das energias solar e eólica, que não são de base, uma vez que o sol nem sempre brilha e o vento nem sempre sopra. O mundo deve utilizar, primordialmente, energia de base para funcionar sem problemas, considerando que a demanda por energia flutua de forma substancial em diferentes momentos do dia e da noite, e precisamos de energia quando precisamos de energia, não só quando a energia está disponível.

TONY:
O que mudou em relação à energia nuclear hoje em dia? Você poderia nos explicar a respeito disso e também qual poderia ser a oportunidade nessa área?

WIL:
As centrais nucleares de nova geração utilizam uma tecnologia de reatores muito diferente das utilizadas em Three Mile Island, Fukushima e Chernobyl, que foram três usinas nucleares onde ocorreram acidentes que fizeram com que grande parte do mundo se voltasse contra esse tipo de energia. Os reatores atuais são muito mais seguros e, de modo geral, não são propensos ao derretimento do núcleo do reator, que tanto preocupa as pessoas. Além disso, agora temos os chamados SMRs, ou reatores modulares pequenos, que são centrais nucleares muito menores do que as usinas de grande escala, de modo que podem ser construídos em uma fábrica e não em uma usina específica. Os SMRs, portanto, podem ser instalados de forma muito mais rápida e barata do que as antigas usinas nucleares de grande escala. Eles também podem ser construídos em uma escala muito menor, o que significa que podem ser usados nas mais diversas aplicações. E a cereja do bolo é que alguns dos projetos de SMR usam o combustível queimado na atual frota de reatores nucleares como fonte de combustível. Isso significa que eles estão, essencialmente, fornecendo uma solução para o destino dos resíduos nucleares gerados pela nossa atual frota de usinas nucleares. Historicamente, um dos outros grandes obstáculos da energia nuclear é que ela é muito cara. Os SMRs, provavelmente, desafiarão essa tendência, uma vez que podem ser construídos em fábricas. E as usinas de grande escala de próxima geração também poderão desafiar essa tendência se conseguirmos remover a burocracia do processo de aprovação regulatória e implementá-las em larga escala.

TONY:
Da sua perspectiva, o que é que a maioria dos investidores não está percebendo, neste momento, no setor da energia?

WIL:
Uma coisa importante é que a maioria dos investidores está, equivocadamente, presumindo que essa evolução energética acontecerá com muito

mais rapidez do que, provavelmente, acontecerá. Além disso, muitos estão se convencendo de que conseguirão obter retornos elevados na área da transição energética, quando, na verdade, muitas empresas que operam no setor não estão ganhando nenhum dinheiro atualmente e não dispõem de um caminho concreto e perceptível para chegar à rentabilidade. E, no caso das empresas que estão conseguindo ganhar dinheiro, a maioria gera retornos muito baixos. Finalmente, muitos investidores também estão subestimando a quantidade de risco que aceitam correr. Como resultado, os retornos ajustados ao risco em muitas oportunidades na área da transição energética se mostram muito desfavoráveis aos investidores.

CHRISTOPHER:
Se você tivesse a atenção do mundo e pudesse lhe dar um conselho, qual seria?

WIL:
Essa é uma questão muito profunda. Se eu pudesse chamar a atenção dos dez líderes mais importantes do mundo, eu diria o seguinte: tenham muito cuidado com o que pedem. A evolução energética é uma causa extremamente importante e nobre, e a humanidade deve, sim, persegui-la. A prosperidade que alcançamos no Ocidente ao longo dos últimos quarenta anos foi possível graças a duas coisas principais: a descentralização da produção para países que conseguem executá-la de modo mais barato e a redução dos custos do capital até os níveis mais baixos da história. É provável que, na próxima década, ambas as tendências se invertam, o que criará imensos desafios para o Ocidente.

Parte da megatendência de descentralização incluiu a deslocalização dos componentes essenciais da transição energética renovável. Basicamente, para fabricar turbinas eólicas, painéis solares, baterias de íons de lítio e veículos elétricos é necessário extrair os minerais (como cobre, lítio, cobalto, silício, zinco e vários outros minerais críticos e terra-rara); depois, é preciso refinar e processar esses minerais; e, finalmente, usá-los para fabricar turbinas, painéis e baterias. O Ocidente transferiu a maior parte da mineração, do refino, do processamento e da produção desses insumos essenciais no tocante à transição energética para diversos países em todo o mundo. O país que mais tirou partido dessa tendência de descentralização foi a China, porque começou a pensar estrategicamente nessa transição energética renovável que já vinha ocorrendo havia mais de uma década. **A China exerce um domínio sobre todos os insumos essenciais para a transição energética — sua participação de mercado varia de 30% a 60% na mineração de vários minerais críticos de 40% a 70% no refino e processamento de vários minerais críticos, e de 60% a 80% na capacidade de fabricação de baterias eólicas, solares e de íons de lítio.**

Pense no poder que a Arábia Saudita conseguiu exercer sobre os preços do petróleo nos últimos trinta ou quarenta anos, sendo que eles controlavam apenas 10% da oferta mundial. A OPEP, que incluía 13 países, controlava, ao todo, cerca de 30% do fornecimento global de petróleo. Quando agiam em conjunto, tinham o poder de deixar o mundo de joelhos. Hoje, a China controla de quatro a oito vezes mais a participação de mercado em cada uma das áreas-chave necessárias para a transição energética do que a Arábia Saudita controla o petróleo. A guerra da Rússia contra a Ucrânia veio como um alerta ao Ocidente quanto à importância preponderante da segurança energética. E, para que os Estados Unidos, a Europa e os nossos aliados tenham segurança energética, devemos controlar nossas cadeias de abastecimento.

Desenvolver nossas cadeias de abastecimento para a transição energética na mineração, no refino, no processamento e na fabricação levará décadas, e não anos, e exigirá bilhões de dólares de investimento e um ambiente regulatório extremamente dinâmico. Por um lado, isso representa a oportunidade única de trazer de volta empregos com altos salários os Estados Unidos, mas, por outro, representa para maior vulnerabilidade para os norte-americanos do ponto de vista econômico e de segurança nacional, se não conseguirmos agir em conjunto e levar isso a cabo.

TONY:

Quero voltar a um ponto antes de falarmos um pouco sobre o seu negócio especificamente. Gostaria de enfatizar bem esses investimentos, porque temos uma escassez de capital e uma demanda que não para de crescer, com a enorme população dos países om baixo desenvolvimento social e econômico querendo ainda mais dessa mesma energia. Muitos de nós já tivemos a seguinte mentalidade: "Está bem, vamos adotar as práticas ESG." Se olharmos para a Europa, veremos que eles reduziram a produção interna de gás natural em 30% ou 35%, e todo esse déficit de abastecimento estava sendo compensado pela Rússia antes da invasão da Ucrânia. Sabemos qual é o desafio aqui. Você poderia comentar um pouco mais sobre esse aspecto? E é realmente verdade que, para haver sustentabilidade, a captura de carbono em hidrocarbonetos é a resposta correta para que tenhamos essa energia de base disponível em todo o mundo e ao mesmo tempo consigamos proteger o meio ambiente? Seria isso? E qual você considera ser o impacto político de deslocar os processos para outros países?

WIL:
Estamos diante da clássica história de duas cidades, ou da história de dois continentes. A Europa seguiu o caminho de que as energias eólica e solar deveriam substituir tudo e de que os hidrocarbonetos são ruins. E, como mencionei anteriormente, os Estados Unidos seguiram justamente na direção contrária. Deixamos de ser o maior importador e passamos a ser um dos maiores exportadores. E, ao fazê-lo, não apenas nos tornamos independentes em termos energéticos, mas também geramos empregos, impostos e benefícios para a segurança nacional.

Acho que há muitas coisas boas atreladas às práticas ESG. É aqui que tento refletir como um político bipartidário, por assim dizer, com o intuito de unir as pessoas na direção da sustentabilidade, porque penso que a direita e a esquerda realmente entendem mal a questão. Muitas pessoas da esquerda pensam que as energias renováveis, as baterias e os veículos elétricos são a resposta, mas elas não reservaram um tempo para colocar em perspectiva a enormidade dessa transformação e compreender os desafios e os obstáculos hercúleos que devem ser ultrapassados para se chegar lá. Essencialmente, elas têm uma fé cega e, de alguma forma, pensam que isso acontecerá por milagre.

Em contrapartida, muitas pessoas da direita negam que o clima esteja mudando e que a humanidade tenha algo a ver com tais mudanças. Muitas também acreditam que o movimento das práticas ESG nada mais é do que valores progressistas sendo empurrados goela abaixo, e por isso rejeitam sumariamente tanto as mudanças climáticas quanto o movimento ESG, sem considerar as implicações dessa rejeição. E o fato é que, assim como quase tudo na vida, quando realmente retiramos algumas camadas da cebola e fazemos as perguntas pertinentes, percebemos que a verdade, provavelmente, está em algum lugar lá no meio. Acho que é esse o caso aqui.

Temos uma questão climática acontecendo agora? Sim, temos. Podemos debater quanto disso é causado pelo homem e quanto é apenas a natureza sendo a natureza. Isso não importa — seja como for, não é um risco que possamos ignorar. E, ah, a propósito, há muita coisa boa na limpeza dos hidrocarbonetos. O ar fica muito mais limpo. As pessoas ficam muito mais saudáveis. Vivem mais. O cheiro das cidades melhora. É o que digo aos meus amigos da direita.

E aos meus amigos da esquerda saliento que as transições energéticas levam décadas, e não anos, e que existem muitos desafios estruturais que terão de ser enfrentados. Eu digo a eles que se o que eles realmente querem é energia limpa, podemos fornecer isso por meio de um processo conhecido como captura e armazenamento de carbono. Destaco, também, que temos todo um sistema de infraestrutura desenvolvido nos Estados Unidos e em todo o mundo para fornecer essa energia, transportá-la, armazená-la e depois utilizá-la. Portanto, tudo o que temos de fazer é implementar a tecnologia CCS e construir a infraestrutura para armazenamento de CO2. **Em resumo, o gás natural e o carvão, combinados com a tecnologia CCS, podem fornecer energia de base (lembre-se: as energias eólica e solar são energias intermitentes), que é tão ou ainda mais limpa do que as energias eólica e solar, e os Estados Unidos têm uma enorme oferta interna de ambos.**

Muita gente não percebe que a cada dia se passa mais pessoas estão morrendo em países periféricos por inalarem substâncias cancerígenas liberadas pela combustão de estrume e de madeira no preparo de alimentos em suas casas do que morreram na história da humanidade devido a todos os acidentes já ocorridos em usinas nucleares. Muitas pessoas têm um medo irracional da energia nuclear, mas ela deve ser uma parte significativa da solução se quisermos oferecer, com seriedade, uma energia de base limpa. A China planeja construir pelo menos 150 novos reatores nucleares nos próximos 15 anos, o que é quase o dobro do número de reatores em operação atualmente nos Estados Unidos. Até os nossos amigos do Oriente

Médio estão adotando a energia nuclear. Eles fornecem o petróleo e o gás há centenas de anos, e, mesmo assim, querem construir centrais nucleares porque pretendem chegar a emissões líquidas zero e exportar outro tipo de energia. **A energia nuclear vai se tornar cada vez mais relevante, e ela não é perigosa. Os hidrocarbonetos podem ser descarbonizados, e as energias eólica e solar são formas boas de energia. Precisamos delas, tanto quanto for possível. Para que a matemática funcione, devemos contar com todos os itens acima. E se não conseguirmos, será um futuro sombrio e tenebroso para a humanidade.**

Mais um ponto importante que gostaria de salientar: a minha fundação familiar realiza muitas ações no sul da África, onde tenho visto as terríveis consequências da falta de acesso à energia. **Há, provavelmente, um bilhão de pessoas no continente africano vivendo em uma abjeta pobreza energética. Elas não têm energia, e é preciso energia, muita energia, para escalar os degraus da prosperidade econômica. Elas cozinham usando madeira ou esterco de vaca, e os agentes cancerígenos inalados nesse processo matam milhões de pessoas por ano. Isso não é justo. Essas pessoas também merecem ter acesso, e para que isso aconteça precisaremos de todas as formas de energia possíveis. Não apenas para abastecer o mundo moderno segundo sua demanda básica, mas também o mundo em desenvolvimento com a energia de que ele necessita para melhorar sua qualidade de vida.**

TONY:

Mas terá de ser a um preço que as pessoas possam pagar, porque, nesses países, esse é um problema ainda maior. Portanto, a captura e o armazenamento de carbono parece ser uma das soluções definitivas. Precisaremos de todas essas formas de energia, como você disse, mas esta, em específico, nos permitiria usar hidrocarbonetos de uma maneira que não teria um impacto negativo no ambiente. Gostaria de mudar um pouco de assunto e falar sobre a sua empresa, porque o tamanho e o crescimento que vocês alcançaram são bastante únicos. E o crescimento de uma grande empresa de investimentos exige muito mais do que apenas grandes investimentos. Além do forte desempenho, qual você diria que é a principal razão do sucesso do seu negócio?

WIL:

Eu diria duas coisas: nossa equipe e nossa cultura. Em qualquer setor, em qualquer negócio, as pessoas são o ativo mais valioso. Os seres humanos são os únicos aspectos de qualquer negócio capazes de fazer o futuro mudar. Eles podem ter ideias inovadoras. Podem superar a concorrência. Podem fazer coisas de maneiras novas, que nunca foram tentadas antes. Portanto, estamos e — sempre estivemos — focados em contratar as melhores pessoas com as mais variadas formações, pois isso é necessário para administrar uma excelente empresa de investimentos em energia.

Também nos concentramos em preservar uma forte cultura. Infelizmente, as empresas de investimentos de Wall Street são conhecidas, em geral, por serem locais competitivos que atraem pessoas muito talentosas e bem-sucedidas, mas, muitas vezes, pessoas também muito individualistas. É uma indústria na qual, se você for realmente bom, poderá ganhar muito dinheiro e alcançar muita fama. O problema é que as equipes podem acabar sendo dominadas por um ou dois jogadores privilegiados. Mas a verdade é que indivíduos não ganham campeonatos, equipes sim. As melhores empresas de investimento são as mais colegiais. O trabalho em equipe está no cerne do que fazemos, porque são necessárias muitas pessoas com diferentes áreas de especialização, trabalhando em conjunto, para executar bem o nosso negócio.

A minha formação foi em finanças, de modo que, quando começamos a empresa, eu sabia que precisávamos estabelecer parcerias com especialistas técnicos e operacionais. E, 25 anos depois, temos uma empresa em que mais de um terço da equipe de investimentos possui experiência técnica, operacional ou digital, e na qual todos são membros absolutamente integrados à equipe de investimento global. Cada integrante da equipe entende o valor único ou o conjunto de habilidades que todos os outros membros da equipe agregam para o coletivo. Temos essa filosofia de que ganhamos como equipe e perdemos como equipe, mas, antes de mais nada, sempre seremos uma equipe. Acho que isso fez com que o nosso sucesso fosse duradouro.

TONY:

Ao analisar a história da sua empresa, qual você diria que foi o verdadeiro ponto de virada, que permitiu que ela deixasse de ser boa para se tornar ótima?

WIL:

Acho que, no nosso caso, foi uma confluência de duas coisas. No começo, tínhamos todos os ingredientes, mas não tínhamos escala. E sem escala era realmente impossível atrair talentos de alta qualidade em alguns dos conjuntos de habilidades críticas de que precisávamos. Nossa empresa foi fundada em 1998, mas quando a indústria do xisto decolou, cerca de uma década depois, percebi que o mundo tinha mudado bastante. A intensidade de capital das empresas que estávamos apoiando aumentou até acrescentarmos, literalmente, mais um zero à direita. Costumávamos emitir cheques de US$ 10 milhões US$ 20 milhões ou US$ 30 milhões e de repente estávamos tendo de preencher cheques de US$ 100 milhões US$ 200 milhões ou US$ 300 milhões. Isso porque a perfuração de poços de xisto custa cerca de dez vezes mais do que a de um poço convencional. Os poços de xisto também possuem cerca de dez a vinte vezes mais hidrocarbonetos recuperáveis. A partir desse ponto, a escala mudou. E quando isso aconteceu, o tamanho dos fundos que estávamos levantando aumentou consideravelmente, proporcionando-nos uma margem de lucro que, aí sim, nos permitia contratar mais pessoas com as melhores qualidades possíveis. Esse foi o ponto de inflexão para a Quantum.

Vivemos em um mundo dinâmico. A única constante é a mudança. Não importa quanto acreditemos ter nos planejado, as coisas mudam, muitas vezes de maneira muito substancial. Assim, para chegar aonde queremos, é importante ser rápido e capaz de perceber que algo mudou, e então ter disposição e coragem para fazer correções e ajustes no meio do caminho.

CHRISTOPHER:

Você e eu temos algo em comum: ambos lançamos nossos negócios muito jovens. Que conselhos você gostaria de ter ouvido antes de começar o seu negócio, aos vinte e tantos anos?

WIL:

Lançar um negócio é a coisa mais emocionante que uma pessoa provavelmente fará, e a coisa mais assustadora também. Então, é melhor fazer isso enquanto é jovem. Além disso, não se pode temer o fracasso. Você vai falhar, então é melhor falhar logo, aprender com os erros, fazer ajustes necessários e tentar outra vez. A maioria das pessoas tem medo de admitir que fracassou, porque acha que isso as faz parecer fracas ou inferiores. Por isso, elas ocultam o próprio fracasso ou não admitem que falharam, e continuam fazendo a coisa errada indefinidamente. Eu chamo isso de orgulho, que é o fator que mais contribui para a incapacidade que quase todas as pessoas têm de alcançar a grandeza. É preciso colocar o fracasso em sua devida perspectiva. A maioria das pessoas o vê como algo negativo, mas eu o encaro como algo positivo, ou seja, o fracasso é ser bem-sucedido descobrindo outra maneira de não se fazer alguma coisa, e ele nos coloca ainda mais perto de descobrir a maneira certa de se fazer alguma coisa.

A outra coisa que eu diria é para as pessoas se divertirem. A vida é muito curta. Estamos aqui por um período muito curto de tempo. Divirta-se com as pessoas que você ama. Buffett diz que faz negócios com as pessoas de quem gosta, que admira e em quem confia. Esse pode ser o conselho mais sábio que já recebi: fazer negócios com as pessoas de quem eu gosto, que admiro e em quem confio.

CHRISTOPHER:
É verdade. Quando você pensa sobre a história da Quantum, o que você teria feito de forma diferente, se pudesse fazer tudo de novo?

WIL:
No início, éramos, provavelmente, muito conservadores, apavorados com a ideia de fracassar. Acho que, como éramos muito jovens, tínhamos muito medo de que, se cometêssemos um grande erro, nunca mais conseguiríamos levantar outro fundo. Você conhece o velho ditado que diz que um mestre alfaiate mede três vezes e corta apenas uma? Provavelmente, medíamos oito ou nove vezes antes de cortar. Poderíamos até conseguir fabricar o terno perfeito, mas quando o terminávamos, o tamanho já havia mudado. Então, pensando bem, eu gostaria de ter me mostrado um pouco mais disposto a seguir o conselho que acabei de dar sobre acolher adequadamente o fracasso.

CHRISTOPHER:
Quais são os principais fatores que para você fazem diferença na capacidade das empresas de escalar, e por que algumas não conseguem fazer isso?

WIL:
Isso tem a ver com as pessoas que compõem a organização. À medida que a empresa escala e passa a fazer negócios maiores, a complexidade aumenta, o gerenciamento desses negócios e dessas operações aumenta, e isso requer um conjunto de habilidades diferente. **Portanto, é preciso contratar pessoas curiosas, altamente íntegras, com uma ética profissional voraz e um desejo insaciável de continuar aprendendo. Elas podem ser realmente boas no que fazem hoje, mas também precisam querer continuar melhorando e estar comprometidas em aprender continuamente.**

O que procuro são pessoas que tenham inteligência acima da média, que sejam ávidas e tenham uma forte ética profissional, além de honestas. Quando encontro essas três coisas, sei que podemos ensinar a esse tipo de pessoa tudo o que ela precisa saber.

Um grande erro que vejo muitos fundadores e sócios seniores de empresas de investimentos cometendo é que eles monopolizam demais os aspectos econômicos. E essa é a melhor maneira de garantir que os melhores colaboradores procurem outro lugar para trabalhar. Na Quantum, temos um programa em que cada colaborador da empresa participa dos juros transitados que ganhamos como sócios comanditados dos nossos fundos, seja de maneira direta, seja por meio de um grupo de colaboradores. Portanto, todos raciocinam como se fossem donos. E a única maneira de fomentar essa mentalidade é recompensando e tratando-a bem a sua equipe.

TONY:
Existem níveis de inteligência e existem diferentes tipos de inteligência, certo? Inteligência musical, inteligência dos livros, inteligência das ruas. O que separa esses profissionais de melhor desempenho de seus pares? Há algo que não mencionamos?

WIL:
Autoconsciência, humildade e ótimas habilidades de comunicação seriam três atributos que separam os profissionais de melhor desempenho de seus pares. Fomos concebidos para interagir com outros seres humanos. Interagir bem com os outros, construir relacionamentos e saber se comunicar são conjuntos de habilidades essenciais para ser um grande investidor

em fundos de capital privado ou crédito privado. Acho que para ser bom nessas coisas é preciso ser autoconsciente e humilde. É preciso, também, ter um coeficiente emocional razoavelmente alto. E, assim, procuramos muito por esse conjunto de características. **De modo geral, a inteligência emocional é muito mais importante para que um indivíduo se torne um investidor de sucesso do que, simplesmente, ser mais inteligente do que os demais.** Os relacionamentos que estabelecemos e a vida das pessoas que tocamos e influenciamos são, efetivamente, aquilo que permanece depois da nossa partida. Ao construir uma organização com pessoas que possuem essas habilidades, teremos não apenas uma cultura incrível, como também geraremos grandes retornos para os nossos investidores.

TONY:
Concordo. Quando entrevistei Warren Buffett, perguntei-lhe qual tinha sido o melhor investimento que ele já havia feito. Achei que ele responderia a Coca-Cola ou a Geico. Ele disse que era Dale Carnegie, porque se ele não tivesse aprendido a se comunicar todo o restante não teria acontecido.

CAPÍTULO 15
IAN CHARLES

FUNDADOR DA ARCTOS SPORTS PARTNERS

Distinções: Pioneiro na criação da primeira consultoria do lado da venda no setor de transações secundárias em fundos de capital privado.

Total de ativos sob gestão (em agosto de 2023): US$ 6 bilhões.

Área de atuação: Esportes profissionais (MLB, NBA, MLS, NHL, Premier League).

PONTOS ALTOS

- Em 2002, Ian Charles foi cofundador da Cogent Partners, a primeira empresa de consultoria do lado da venda no mercado de transações secundárias, que mais tarde foi vendida por quase US$ 100 milhões. A Cogent é amplamente reconhecida por transformar o mercado das transações secundárias em fundos de capital privado, fornecendo serviços de consultoria de nível institucional e, ao mesmo tempo, proporcionando um fluxo de negócios sem precedentes.
- Tempos depois, Charles foi cofundador da Arctos Partners, a primeira plataforma institucional a buscar uma estratégia de investimento esportivo global, multiligas e multifranquias.
- A Arctos foi a primeira empresa a ser aprovada para adquirir múltiplas franquias em todas as ligas esportivas elegíveis

dos Estados Unidos, e, em 2020, seu investimento em ações do Fenway Sports Group marcou o primeiro investimento de um fundo em uma equipe esportiva profissional realizado por uma empresa de fundos de capital privado.

- O fundo de estreia da Arctos foi o maior fundo inicial de capital privado já levantado, alcançando cerca de US$ 2,9 bilhões, e a empresa foi incluída na Lista de Poder 2023 da *Sports Illustrated*, que destaca os cinquenta personagens mais influentes no esporte.

TONY:
Ian, o que você construiu é surpreendente. Sei que você não é fã de esportes, mas, mesmo assim, conseguiu reunir as coisas mais incríveis que já vi em torno dos esportes. Será que você pode nos falar um pouco sobre como tudo isso aconteceu?

IAN:
Para responder, preciso voltar até onde tudo começou. Sou empreendedor desde os 13 ou 14 anos de idade. Também sou um nerd, e meu primeiro emprego foi em um fundo de fundos de capital privado, aprendendo sobre a classe de ativos em um nível muito elevado, fazendo investimentos em fundos primários e coinvestimentos em ações. Naquela época, o capital privado era muito mais ilíquido do que é hoje. Se alguém investisse em um fundo de capital privado, ficaria retido lá por dez a 15 anos. Se precisasse ou quisesse sair, havia apenas quatro ou cinco empresas no mundo que lhe dariam a opção de comprar a sua parte, e elas exigiriam o que bem entendessem para lhe fornecer liquidez. O mercado de liquidez dos fundos de capital privado é conhecido como mercado de transações secundárias.

Os descontos em transações secundárias em fundos de capital privado costumavam ser substanciais. Eu era muito jovem e muito ingênuo, e tinha alguns colegas que também eram jovens, e éramos todos um pouco ingênuos, eu acho. Pensávamos que poderíamos ajudar aqueles vendedores, e a nossa ideia era lançar a primeira consultoria no setor dos mercados de transações secundárias, ajudando investidores institucionais a vender seus fundos. Esse negócio foi extremamente bem-sucedido e, de fato, transformou a liquidez dos fundos de capital privado em todo o mundo, criando toda a infraestrutura que hoje alimenta o mercado global de transações secundárias. Ajudar a criar aquela empresa e desempenhar o papel que eu desempenhava lá selaram, efetivamente, a minha oportunidade profissional como um empreendedor focado em iliquidez.

A partir daí me associei a um dos primeiros compradores do setor de transações secundárias e, durante 15 anos, os ajudei a criar vantagens competitivas, a aperfeiçoar a estratégia e a criar outros produtos para destravar a liquidez em outros mercados ilíquidos. Um dos que fiquei observando por algum tempo foi o mercado de esportes profissionais nos Estados Unidos.

Os ativos esportivos norte-americanos, como a Liga Principal de Beisebol e a Associação Nacional de Basquetebol, eram um mercado grande e em expansão, com muita participação minoritária e sem acesso ao capital institucional. O mercado esportivo era muito parecido com o mercado de fundos de capital privado de vinte anos atrás. Mas quando comecei a analisar a indústria do esporte, percebi que nenhuma das ligas norte-americanas admitia entrada de capital institucional. Era algo proibido por todas, que, na verdade, eram as próprias reguladoras. Os esportes eram uma classe de ativos bastante interessante, uma vez que era matematicamente muito difícil replicar as características de risco/retorno das modalidades predominantemente norte-americanas. São negócios únicos. Mas se o regulador não permitir que você invista, você não poderá investir. Em 2019, esse veto ao capital institucional caiu. A Liga Principal de Beisebol foi a primeira liga norte-americana a abrir sua arquitetura de propriedade ao investimento institucional, mas apenas a um tipo de fundo muito específico, que requer determinada estrutura, um processo de aprovação oneroso e com uma série de conflitos de investimento que precisam ser administrados por cada novo operador. De qualquer modo, havíamos identificado a oportunidade de sermos os primeiros a atuar na área. **Eu conhecia aquele mercado suficientemente bem para saber que um bando de investidores obcecados por finanças não teria sucesso sozinho. Era preciso firmar parcerias com pessoas que fossem aceitas por aquele setor, que tivessem forte reputação naquele ambiente e experiência operacional em esportes.** Por esse motivo, nossa equipe fundadora conjuga experiências que se parecem com as minhas ou com as do meu parceiro David O'Connor — que todo mundo chama de Doc —, de décadas desenvolvendo, administrando e liderando partes importantes do ecossistema do esporte e do entretenimento ao vivo. Juntamente com os demais colegas fundadores, construímos a primeira empresa voltada para fornecer capital de crescimento de valor agregado e soluções de liquidez para equipes esportivas e grupos de proprietários norte-americanos. Tem sido uma experiência inacreditável. Mas, para mim, a origem remonta há exatos 25 anos, ajudando a criar soluções de liquidez em outros mercados ilíquidos e compreendendo determinados padrões que surgem tanto nos investimentos ilíquidos quanto no desenvolvimento de negócios ligados a ativos alternativos. Ao combinar isso com a experiência de Doc como operador e empreendedor em esportes e entretenimento ao vivo, nos foi dada a oportunidade de construir algo muito especial. E, desde a nossa fundação, temos tentado arduamente não desperdiçá-la.

TONY:
Isso já nos dá uma ideia do que resultou disso tudo, porque vocês não entraram apenas com o capital. De fato, há esse enorme valor agregado que você trouxe para essas entidades esportivas, que, hoje em dia, são efetivamente empresas de mídia. Talvez você possa nos falar um pouco sobre os benefícios disso e como você atende a essas entidades.

IAN:
O que é realmente interessante é que se você tivesse me perguntado isso quando fundamos a empresa, eu teria respondido: "Olha, para ser sincero, não sei. Não sei o que nos será permitido fazer nessa área", porque as ligas ainda não haviam definido claramente as regras. Não sabíamos o que elas permitiriam, nem quais proprietários seriam receptivos [ou] onde eles iriam querer ou precisar da nossa ajuda. Nos últimos três anos, à medida que nossa empresa foi crescendo em reputação, escala, portfólio de ativos e dados, seguimos investindo nas nossas capacidades, na nossa equipe e nos nossos sistemas de dados. O objetivo era construir uma ciência de dados proprietária e um negócio de pesquisa aplicada, que chamamos de Arctos Insights, além de um programa de criação de valor, que chamamos de Plataforma Operacional Arctos, ou seja, o que fizemos foi criar um conjunto completo de serviços em torno de dados, análises e valor agregado. Garanto que se você me fizer essa pergunta daqui a seis meses, a resposta será um pouco diferente. E em um

ano é melhor que seja bem diferente mesmo. Estamos o tempo todo avaliando as necessidades dos nossos clientes. Isso porque temos dois grupos distintos: os proprietários com quem estabelecemos parcerias, e os investidores que nos confiaram seu capital. O ciclo de retroalimentação que mantemos com os proprietários, as ligas e os executivos dos clubes é uma parte constante do processo. **Então, hoje nós os auxiliamos nas aquisições, isto é, na compra de outras franquias, bens imobiliários e complexos de entretenimento ao vivo; a investir em tecnologia; e a melhorar seus estádios. Também gerenciamos áreas como engajamento digital, ciência de dados e aprendizado de máquina.** Somos um grande banco de dados. Construímos um negócio de pesquisa aplicada por meio do qual fornecemos conteúdo e análises de negócios de alta qualidade aos proprietários do nosso portfólio. A expansão internacional é um tema bastante importante para os proprietários, pois eles desejam que suas marcas sejam exportadas para um público e uma base de fãs em escala global. Alguns deles não têm ideia de como fazer isso. Acabamos de abrir nosso escritório em Londres, uma vez que nossos times querem crescer internacionalmente. Queremos ocupar espaços, oferecer recursos e disponibilizar um manual que eles possam simplesmente consultar e utilizar para acelerar o crescimento do negócio e expandir a marca internacionalmente.

Portanto, é um conjunto profundo de capacidades em constante evolução, e esta é uma indústria que, de fato, não teve chances de firmar parcerias com recursos institucionais como o nosso. De modo que há muitas oportunidades ao alcance das nossas mãos. Reconhecemos muitos padrões repetitivos. **Provavelmente, o que um time precisa, 15 outros times da mesma liga também precisarão. Somos capazes de investir centralmente nessas capacidades porque sabemos que podemos distribuir o custo desse investimento por seis, sete e, às vezes, até vinte plataformas.**

TONY:

Peter Guber é um dos meus amigos mais queridos, e sei que você fez várias negociações com ele, obviamente entre o Warriors e o Dodgers. Mas e quanto aos investidores em si? Quais são as vantagens? A ideia desse monopólio legal, o impacto sobre a inflação e o fato de que essas equipes, como as da NBA, detêm um trigésimo de todas as receitas... Quer dizer, os investidores não têm ideia da maioria dessas coisas.

IAN:

Peter é incrível. Ele enxerga quase tudo um pouco antes de nós. Mas você está certo. Você está se referindo a uma característica única dos ativos esportivos norte-americanos. Isso não acontece no futebol europeu nem em outros tipos de oportunidade do ecossistema esportivo. Cada time norte-americano possui uma participação idêntica nos negócios globais que constituem sua liga, e a liga é uma propriedade intelectual global e uma espécie de negócio de gerenciamento de marca. As ligas vendem direitos de mídia, direitos de dados e patrocínio em nível nacional e internacional. As ligas têm uma estrutura de despesas gerais e de custos própria, mas geram dividendos e os pagam anualmente, em proporções iguais, aos seus proprietários. Portanto, independentemente de o investidor estar no mercado menor ou no maior, ele obtém igual distribuição de dividendos. Também não importa se ele terminar em último ou em primeiro lugar: cada investidor receberá o mesmo montante. A participação no capital social da liga e a receita agregada, proveniente de contratos diversificados e de longo prazo com cláusulas de escala móvel nos pagamentos anuais, criam esse ativo realmente estável e durável, compartilhado por todos os que fazem parte da liga.

As ligas e os proprietários não gostam de chamar a licença local de monopólio, mas ela funciona como se fosse um. O proprietário de uma franquia esportiva possui uma região geográfica protegida, exatamente como o franqueado de uma rede de restaurantes — ninguém está autorizado a competir por receitas relacionadas àquele esporte naquela mesma zona geográfica. **O fã-clube em torno dessas marcas é geracional, e são ativos importantes nas respectivas comunidades; portanto, o custo de aquisição de clientes é, essencialmente, zero. Esses negócios são comunitários, são experiências compartilhadas entre gerações, entre partidos políticos... São o único ativo a deter essas características hoje em dia.** Os proprietários podem, então, usar essa licença local para avançar até o setor de bens imobiliários e construir um complexo de entretenimento ao vivo, distribuição digital e marketing direto para o consumidor. Achamos interessante a atividade dessa plataforma local. **Se você fizer as coisas do jeito certo, trata-se de uma plataforma capaz de transformá-lo em uma liderança cívica, mas também de compor sua riqueza de uma forma não correlacionada, com pouquíssima alavancagem, baixíssimo risco**

geopolítico e nenhum risco cambial. Quando se combina a participação acionária na liga com a licença local, um clube esportivo norte-americano oferece um belo "efeito de portfólio", com todos esses atributos realmente únicos e difíceis de encontrar e replicar. Em nosso fundo, pelo fato de fornecermos liquidez aos proprietários minoritários quando eles desejam sair, e também por fornecermos capital de crescimento aos proprietários com planos mais ambiciosos, conseguimos estabelecer parcerias com grandes proprietários em excelentes mercados com marcas e ideias inacreditáveis, e fazemos isso em um ponto de entrada realmente atraente.

TONY:
E você agrega bastante valor. Continuando, temos essa proteção contra a inflação tanto no setor de bens imobiliários quanto no poder de precificação porque, como você disse, essas pessoas são fanáticas — elas são "testadas e aprovadas" nessa área. Agora conte-nos um pouco mais sobre você. Quem foi a pessoa mais importante ou uma das pessoas mais importantes da sua vida que ajudou a moldar o seu crescimento, o seu sucesso e a sua carreira ou trajetória?

IAN:
Isso vai parecer bem cafona, e Christopher pode tirar sarro de mim daqui para a frente, mas é verdade. Sempre digo às pessoas que conheci minha mulher quando eu tinha 13 anos. Ela não sabia da minha existência até, provavelmente, eu completar 16 anos — ela era muito legal e linda demais para prestar atenção em mim! Crescemos na mesma cidadezinha. Decidimos apostar no nosso relacionamento. Nossos pais tinham nos proibido de irmos juntos para a faculdade, mas conseguimos enganá-los um pouquinho e íamos juntos ao colégio. Se não fosse por Jamie, eu nunca teria corrido aquele primeiro risco como empreendedor, lançando um negócio de consultoria em transações secundárias. Ela era professora de educação especial e eu trabalhava como analista naquela empresa de fundo de fundos. Se não fosse pelo seu salário, pela sua fé em mim e pelo seu incentivo, eu não teria tido coragem de deixar o emprego e tentar abrir negócio.

TONY:
Uau!

IAN:
Avançando para quase vinte anos depois, ela sabia que eu estava almejando algo diferente em termos profissionais. Ela sabia que eu estava com vontade de empreender novamente. **Acho que todos nós, provavelmente, projetamos grande parte do peso da nossa carreira sobre a nossa autoestima e a nossa identidade pessoal. Eu, ao menos, tenho certeza de que fiz isso, muitas e muitas vezes. Diante da ideia de largar um ótimo emprego e um cargo importante, enfrentamos uma certa crise de identidade, não é? É assustador.** Mas Jamie me conhecia melhor do que eu mesmo. Ela sabia dessa minha motivação intrínseca de tentar construir algo novo. Ela também sabia que se eu desse aquele salto, gostaria de usar o nome Arctos, porque o nome tem a ver com as nossas raízes no Alasca e com o urso. Ela sabia de todas essas coisas. Em 2018, Jamie me deu presente de Natal um urso de cristal e um bilhete que dizia apenas: "Acho que está na hora". Cinco meses depois, a Liga Principal de Beisebol mudou as regras de participação no capital social.

Jamie sempre acreditou em mim. Ela sempre me incentivou. Ela me deu força e me apoiou quando nem eu mesmo sabia que precisava. Então ela seria, sem dúvida, a resposta para essa pergunta.

CHRISTOPHER:
O que é mais surpreendente para muitos de nós, homens, é que se fizéssemos o que as nossas esposas nos recomendam fazer, estaríamos muito melhor e seríamos muito mais felizes.

IAN:
Seríamos mais felizes. Sem dúvida.

CHRISTOPHER:
Vamos falar um pouco sobre esportes. Obviamente, já abordamos os atributos, que nesse setor são muito diferentes da maioria dos outros investimentos que existem. Você já sabe disso, mas, para deixar claro a todos, demoramos cerca de 18 meses para termos uma conversa extensa e entendermos o modelo de negócios antes de firmarmos nossa parceria. E é algo que, sinceramente, levei muito tempo para entender. Quando você pensa sobre o conjunto de oportunidades no setor, qual é a sua impressão? Quais

são as oportunidades reais e interessantes para os investidores no mundo do esporte profissional ou dos esportes em geral?

IAN:

Estamos focados em ajudar os proprietários norte-americanos a destravar todo o potencial dos ativos que estão na frente deles. Às vezes, é simples assim. Às vezes, existe algo tão especial diante deles, mas com tantos nódulos de crescimento e tantas oportunidades a serem destravadas, que a melhor coisa a fazer é apenas focar e ajudar esses proprietários. Então, nos próximos três ou quatro anos, tudo se resumirá ao entretenimento ao vivo, a melhorar a experiência dos fãs e à valorização cada vez maior dos direitos de mídia, à medida que formos passando de um sistema linear para um sistema de streaming. Trata-se de ajudar essas marcas a crescer internacionalmente, e também de criar uma conectividade direta com o cliente.

Por exemplo, se você possui um ingresso para a temporada do Astros e não pode ir ao jogo, talvez você decida vender esse ingresso em uma daquelas plataformas de trocas de ingressos. Digamos que eu o compre, mas Jamie (minha esposa) me lembra que temos um conflito de agenda (o que, aliás, acontece muito). Posso, então, optar por colocar aquele bilhete em outra troca de ingressos, e Tony poderá comprá-lo de mim.

Nesse momento, o time não sabe quem eu sou (o primeiro comprador do ingresso), e eles não sabem quem é Tony (o comprador seguinte), embora Tony tenha levado toda a família para assistir ao jogo. Em breve, o time ficará sabendo quem exatamente estava de posse daquele bilhete ao longo de toda a cadeia de valor. Em vendas futuras, o time poderá comercializar diretamente para nós três e, nessa transação específica, participar dos ganhos ao longo do caminho. Então, se o seu ingresso tem um valor nominal de US$ 200, mas Tony o comprou por US$ 600, nesse momento o time recebe apenas US$ 200, mas, em breve, eles poderão ficar com uma parte daquele lucro ao longo da cadeia. Essa simples troca destrava de 30% a 50% de vantagem apenas na receita de bilheteria. Existem muitas oportunidades de curto prazo para ajudar os proprietários a monetizar e a desenvolver essas incríveis marcas locais, a aprimorar a experiência dos fãs e a deter um dos tipos de conteúdo cuja importância será ainda maior nos próximos vinte anos. É nisso que estamos focados.

CHRISTOPHER:

À medida que avançávamos em nossa pesquisa sobre o mundo dos esportes em geral, o que me deu um empurrãozinho final e me fez acreditar de verdade foi a resiliência das receitas. Não me parece que a maioria dos investidores consiga avaliar integralmente quanto esses fluxos de receita são previsíveis e consistentes. Então, quando pensamos no que aconteceu, você acertou em cheio nas suas projeções sobre o futuro dos esportes profissionais. Nos últimos anos, porém, aconteceram algumas coisas que você não esperava, certo? Primeiro, quais são as coisas que você esperava que acontecessem e aconteceram? E depois, o que aconteceu nos últimos anos que você, simplesmente, não imaginava?

IAN:

Puxa, cara, essa é uma ótima pergunta. Quando iniciamos tudo isso e começamos a conversar com as pessoas, em março e abril de 2020, os jogos estavam suspensos. Eu não fazia ideia de quando eles voltariam.

TONY:

Isso lhe proporcionou descontos em termos de compras naquela época?

IAN:

O que isso me proporcionou foi uma baita ansiedade. Mas sabíamos que o esporte iria retornar, e estávamos confiantes de que o esporte como indústria, com sua história de inovação, seria, provavelmente, um setor de rápida recuperação. Não sabíamos como ela seria e não sabíamos quão forte seria a curva de demanda. Talvez fosse muito regional. A restauração, a retomada, foi muito mais robusta do que as nossas pressuposições iniciais. Por exemplo, **os portões da temporada regular da NBA de 2022 se fecharam há duas semanas: foi a melhor temporada de todos os tempos em termos de público presente. A velocidade e a força dessa recuperação me surpreenderam.**

CHRISTOPHER:

Isso nos leva à próxima pergunta. Há muitos investidores que compreendem mal os esportes, não entendem do que se trata. Qual seria o principal equívoco das pessoas em relação ao negócio dos esportes?

IAN:

Acho que elas não entendem a estrutura de avaliação desses negócios. **Do lado das receitas, você já percebeu que a estabilidade, a previsibilidade e a durabilidade dos fluxos de receitas nos esportes norte-americanos são realmente incomuns. Eles são mais parecidos com ativos de infraestrutura**: contratos de 15 anos sobre os direitos de nomeação de seus estádios, contratos de cinco a dez anos sobre os direitos de mídia em nível nacional, contratos de sete a vinte anos em nível local para direitos esportivos regionais. Essa previsibilidade não é bem compreendida, mas é uma coisa realmente valiosa em um mundo de incertezas.

O ambiente de avaliação nos esportes também tem permanecido notavelmente estável ao longo dos últimos 15 anos. Lembre-se do que eu disse antes: o capital institucional nunca foi autorizado a adentrar esse espaço.

Outro aspecto sobre o qual as ligas são extremamente protetoras nos Estados Unidos é não permitir que se use muita alavancagem nesses negócios. Ao longo de quase toda a minha carreira, vi o custo de capital diminuir cada vez mais a cada ano. Quando lançamos a Arctos, havia cerca de US$ 18 trilhões em dívida soberana com rendimento negativo. Se você fosse um investidor institucional, aquela reprecificação do risco em todas as classes de ativos tornava muito difícil a consecução dos seus retornos atuariais ou das suas metas de retorno pessoal. Como resultado, você precisava sair da curva de risco para atingir suas metas de retorno ou, simplesmente, ficar parado sem ganhar nada e esperar que as coisas melhorassem. Ficar sentado sobre o dinheiro é realmente difícil para a maioria dos investidores, devido à análise comparativa e do risco à carreira. Assim, a maioria dos investidores se sentiu compelida a investir mais em estratégias cada vez mais arriscadas. Enquanto uma quantidade inédita de liquidez global se espalhava por todo o mundo à procura de coisas para comprar, se alguém tentasse investir nos esportes norte-americanos as ligas proibiam, e a onda de liquidez ricocheteava e saía em busca de outra oportunidade. As limitações das dívidas das ligas quase impossibilitavam o uso de uma quantidade significativa de alavancagem barata para comprar uma equipe esportiva, e as instituições não podiam inundar o mercado com capital. Elas não tinham permissão para isso.

Como resultado, a expansão da avaliação que acontecera em vários setores ao longo de mais de uma década não aconteceu nos esportes. Na verdade, os esportes e os hidrocarbonetos são os únicos setores em que identificamos uma compressão múltipla da relação entre os preços e os lucros de 2011 a 2021, pois a combinação do crescimento dos lucros e do crescimento das receitas nos esportes foi superior ao crescimento da avaliação. Assim, nessa grande descontração, nessa grande reprecificação do risco ao longo dos últimos 18 meses, todos os setores que tiveram suas métricas de avaliação distendidas devido à dívida barata e ao custo inferior do capital constataram uma compressão da avaliação que prejudicou os retornos.

TONY:
Nessas quatro principais organizações esportivas nas quais você investiu, os retornos não foram superiores aos dos índices S&P e Russell 2000?

IAN:
O interessante é que a resposta para esta pergunta é sim, mas o mais importante é que isso aconteceu em ambientes muito diferentes. Bem, eu diria que a década mais confortável da minha carreira foi de 2011 a 2021. Se alguém investisse em capital de risco ou em fundos de aquisição alavancada, teria obtido um retorno de 17% a 20% ao longo de uma década. Isso é incrível. Os mercados públicos teriam proporcionado um retorno de cerca de 10% a 11%, o que também é, historicamente, bastante atraente. Os esportes renderam 18% sem exigir nenhuma habilidade, apenas comprando no mercado amplo, sem qualquer desconto. Mas era um ambiente de mercado bastante fácil, certo? Quase tudo funcionava. Quando o custo do dinheiro cai a cada ano, os ativos passam a valer mais se eles simplesmente forem mantidos. Mas em um ambiente totalmente diferente… De meados da década de 1960 a meados da década de 1980, a volatilidade era muito alta e uma inflação persistentemente elevada. O portfólio 60/40, no qual todo tipo de investidor aposta, não funcionava.

Durante vinte anos, de meados dos anos 1960 a meados dos anos 1980, o retorno composto do S&P 500 foi de cerca de 4%, com uma inflação média de 7%. Então, o investidor teria destruído a riqueza real por vinte anos se tivesse investido em ações de longo prazo. Durante aquele período, de meados dos anos 1960 a meados dos anos 1980, os esportes norte-americanos proporcionaram um [retorno composto] de 16%. **Os esportes têm sido notavelmente resilientes em seu desempenho superior. Eles possuem uma volatilidade muito baixa por uma série de razões matemáticas realmente**

excêntricas. Eles possuem uma correlação negativa mais baixa com outras classes de ativos. E, repito, não há muita alavancagem. Portanto, não há o impacto da liquidez global sobre as avaliações, como acontece em outros setores. É extremamente difícil encontrar essas características.

TONY:

Isso está relacionado à nossa próxima pergunta. Como você sabe, Ray Dalio é um velho amigo meu, e perguntei a ele qual era o princípio de investimento mais importante, e ele o batizou de Santo Graal. O título deste livro é inspirado em Dalio. Uma das razões, obviamente, de sermos parceiros nesta área é que se trata de um investimento não correlacionado, além de tudo o mais que você acabou de falar. Mas, da sua perspectiva, o que você diria que é o Santo Graal do investimento?

IAN:

Conversei com Ray sobre a nossa estratégia há cerca de um ano. Foi uma troca fascinante, e ele logo falou sobre a ausência de correlação. Na verdade, ele transformou a conversa em uma construção matemática ligeiramente diferente, e começamos a falar sobre o custo de manutenção, porque as equipes esportivas costumavam dar despesas todos os anos, levando-se em conta que, para possuí-las, lidava-se com perdas operacionais e mobilização de capital. Mas essa característica de fluxo de caixa mudou nos últimos 15 anos. O custo de manutenção se inverteu, o que produziu uma grande e fundamental mudança nas avaliações nos Estados Unidos.

Durante toda a minha carreira, fui treinado e procurei aconselhamento e orientação de profissionais experientes e bem-sucedidos em mercados ilíquidos. E, **para mim, o Santo Graal de uma sólida e bem fundamentada filosofia de investimento de valor é uma arbitragem do valor intrínseco. Howard Marks e outros investidores de valor chamam isso de margem de segurança. Investir em coisas que não são óbvias, o que significa que, provavelmente, são menos competitivas, com uma margem de segurança atraente, em parceria com equipes de gestão e proprietários em quem você acredite. Se você fizer isso enquanto constrói um portfólio diversificado de oportunidades com tais atributos, terá um desempenho superior ao do mercado em função daquela margem de segurança e em função do desempenho das pessoas que você respaldou.**

TONY:

Essa é uma das perguntas que faço às pessoas: se você tivesse a atenção do mundo por cinco minutos, o que gostaria de dizer?

IAN:

Ah, cara. Se eu tivesse a atenção do mundo por cinco minutos, o que eu diria? Provavelmente, eu diria que vai ficar tudo bem.

TONY:

Isso é ótimo. Concordo com você. Mas então me diga: por quê?

IAN:

Acho que hoje muita gente está assustada, insegura. Acho que muitas pessoas estão sozinhas. Não creio que as pessoas estejam dispondo de conexões significativas ou de tantas interações significativas quanto todos nós precisaríamos ter. **Eu diria às pessoas, especialmente aos homens, para se aproximarem de outras pessoas que eles respeitam e dizerem que elas estão fazendo um ótimo trabalho e que as amam. Se você for amigo de alguém e esse alguém for um bom pai, diga a ele que ele é um bom pai. Ou se você acha que eles são ótimos parceiros/cônjuges, diga isso a eles. Diga a eles que eles são ótimos amigos e o quanto você os aprecia.** Eu diria às pessoas que vai ficar tudo bem.

CHRISTOPHER:

Que coisa linda.

TONY:

Linda mesmo. Agora, vamos falar um pouco sobre o negócio do investimento em si. Como você bem sabe, Ian, fazer uma grande empresa de investimentos crescer é muito mais do que apenas fazer grandes investimentos. A que atribui o principal motivo do sucesso do seu negócio?

IAN:

Acho que a nossa vantagem durante os três anos em que viemos construindo tudo isso são as pessoas que temos aqui. Somos muito, muito seletivos sobre quem pode se aproximar e ingressar nessa jornada conosco, e definimos alguns parâmetros e filtros reais em torno desse processo. Temos seis valores fundamentais que são verdadeiramente importantes para nós. Uma das coisas sobre as quais falamos muito como grupo fundador é que, **se tivermos a sorte de ter sucesso, haverá muitos "objetos brilhantes" pelo caminho. É muito importante saber quando vamos nos abaixar e recolher alguns deles e quando precisaremos continuar em frente e não nos distrair.** Portanto, temos esses termos bem definidos — a nossa paixão e o nosso nicho, do livro *Ganhando tração*, de Gino Wickman — que nos mantêm focados. Os valores fundamentais... há muita discussão em torno do valor da diversidade. **Somos intransigentes na diversidade; não queremos absolutamente nenhuma diversidade de valores. Se não está alinhado com os nossos valores, a Arctos não é o lugar certo para você.**

TONY:
Você se importa em compartilhar esses seis valores conosco? Eu adoraria ouvir.

IAN:
Liderança servidora, confiança, trabalho em equipe, perspicácia, caráter e excelência. A nossa equipe fundadora passou um tempo considerável reunida para definir os conceitos básicos do negócio. Depois disso, apertamos, enfim, o botão de pausa e demos um dia de folga para todos, com um dever de casa. O dever de casa era: no dia seguinte, todos deveriam trazer as duas coisas de que mais gostavam em cada pessoa aqui.

TONY:
Que ótimo.

IAN:
Somos oito fundadores, então isso significa que cada um de nós receberia comentários de sete pessoas diferentes. Havia um pouco de sobreposição e redundância nos comentários, de modo que acabamos obtendo de oito a dez coisas sobre cada pessoa. Analisamos essa [lista], cortando e consolidando, e, no fim do processo, havia um DNA compartilhado. Portanto, nossos seis

valores fundamentais são os atributos essenciais compartilhados pela nossa equipe fundadora, atributos que todos amamos uns nos outros e que nos inspiram a ser mais parecidos uns com os outros.

TONY:

Isso é lindo. É realmente lindo. Obrigado por compartilhar conosco. É uma estratégia que qualquer organização poderia implementar. Qual você diria que foi o ponto de virada no seu negócio, que permitiu que ele desse um salto à frente, deixando de ser bom para se tornar ótimo?

IAN:

Bem, depois de cerca de um ano, ficou fácil olhar ao redor e pensar: "Caramba, isso aqui é uma coisa incrível." Mas, na verdade, tivemos um sentimento oposto. Foi mais um: "Meu Deus, vamos fazer besteira... Como podemos ter certeza de que não vamos estragar tudo?" Aquela ansiedade causada pela síndrome do impostor estava sempre presente. **A única coisa que sei é que, daqui a um ano, o nosso processo não será como é hoje. Os serviços que oferecemos aos nossos proprietários serão diferentes. A maneira como usamos os dados será diferente. Os tipos de dados que coletamos e analisamos serão diferentes. Temos de garantir que o nosso pessoal se sinta confortável ao desafiar a nossa maneira de pensar. Temos de reinvestir e reavaliar, e ficar muito tranquilos na hora de descartar alguma coisa, dizendo: "Isso funcionava muito bem há dois anos, mas vamos parar de falar sobre isso porque amanhã já não terá mais importância."** Então, no nosso caso, cerca de um ano depois demos um passo atrás e dissemos: "Está bem, temos a chance de fazer algo muito especial aqui. Como definimos o nosso direito de ganhar?"

As melhores empresas estão se destacando em quê? E como seria isso? O que José e Behdad fizeram na Clearlake? O que Robert (Smith) fez na Vista? Sabemos que ele dominou seu setor desde o início, mas depois dobrou a aposta e construiu o manual da Vista. Robert e sua equipe continuam reinvestindo naquela montanha de propriedade intelectual aparentemente intransponível. Temos de fazer o mesmo nos esportes. Então, uma das coisas que fizemos foi, simplesmente, desacelerar e dizer: "Olhem para todas essas empresas que admiramos, e são muitas... Bem, o que elas fizeram que as tornou especiais? E o que poderíamos fazer na nossa indústria para replicar alguns desses atributos?"

CHRISTOPHER:
Quais são as poucas coisas que você gostaria de ter feito de forma diferente quando lançou a empresa?

IAN:
Eu gostaria de ter contratado alguns engenheiros de *machine learning*, porque quando abrimos a empresa, há três anos, a maioria das pessoas não sabia nem soletrar o termo inteligência artificial. A ciência de dados tem sido uma parte expressiva do nosso plano de negócios desde o início, mas gostaria que tivéssemos tido um posicionamento firme nessa área. Eu sei que estamos liderando nessa área, sei que estamos inovando e usando a ciência de dados sob formas que a maioria dos gestores ainda nem sequer começou a pensar, mas eu gostaria que tivéssemos realmente dobrado a aposta desde muito cedo.

CHRISTOPHER:
Por que a maioria das empresas de investimentos e a maioria esmagadora das empresas privadas de gestão de ativos não consegue escalar?

IAN:
Bem, para começo de conversa, algumas empresas de gestão de ativos não deveriam escalar. O que elas fazem, algumas, por sinal, muito bem, simplesmente não é escalável. E, se tentarem, elas se afastarão de seu círculo de competência, abandonarão a posição de mercado onde têm o direito de ganhar. Acredito que as áreas em que as empresas podem de fato se destacar estão amplamente documentadas: é possível ser um especialista em determinado setor ou um especialista em determinado país. Existem áreas macro de competência que podem ser dominadas, como crédito ou infraestrutura, mas também existem áreas organizacionais que podem ser dominadas e nas quais é possível se destacar. Cultura, pessoas... na verdade, uma coisa muito fácil de conquistar no nosso setor é, simplesmente, tratar as pessoas com dignidade e entender que este talvez não seja o único lugar em

que elas trabalharão durante toda a carreira. Agradecê-las e investir nelas. É possível ganhar em termos de saúde organizacional e densidade de talentos. É possível ganhar na gestão organizacional e de pessoas. Se você possui um fluxo de negócios próprio, um verdadeiro fluxo de negócios próprio, é como se você tivesse o privilégio de ser um caçador ou um coletor. Você apenas colhe o que qualquer estação abundante lhe oferece, e isso é realmente muito raro. Surgindo no mercado de forma diferente, precificando o risco de forma diferente, gerenciando o risco de forma diferente, gerenciando a liquidez e a monetização do seu portfólio de forma diferente. Todas essas são áreas em que é possível desenvolver competências essenciais e diferenciação. A maioria das grandes empresas é boa em quatro ou cinco dessas coisas. Mas é preciso saber onde, por que e como você tem o direito de ganhar. E é preciso ter confiança e humildade para testar periodicamente essas conclusões de vez em quando.

CHRISTOPHER:
É incrível ver exatamente o que você descreveu, não apenas quanto é difícil ter esses atributos-chave em meio ao grupo fundador, mas também garantir que isso persista através das transferências geracionais que, inevitavelmente, ocorrerão ao longo do tempo. Alguns fazem isso extremamente bem e outros, não.

IAN:
Na minha opinião, este é o maior risco nos mercados privados: a chamada transição geracional. Os investidores não sabem como subscrevê-la. Muitas vezes, têm medo de fazer perguntas sobre o assunto. Sei que são perguntas difíceis de fazer, mas são as mais importantes. É preciso ter curiosidade sobre como cada empresa está trabalhando e saber, novamente, "qual é o direito de ganhar" que está sendo exercido ali. E é preciso ter coragem para clicar duas vezes e se aprofundar nesses tópicos, porque se as pessoas que você está apoiando não estiverem mais lá daqui a três ou quatro anos, a empresa corre um risco real.

TONY:
Adoro sua linguagem e seu raciocínio em torno do direito de ganhar. Somos responsáveis por tudo aquilo que nos garante o direito de ganhar. A maioria das pessoas tem uma maneira muito diferente de enxergar as coisas, Ian.

Falando em talentos em investimentos, para você quais seriam as principais características que separam os profissionais de melhor desempenho de seus pares?

IAN:

Bem, eu preciso dar o crédito a quem o merece. Essa coisa do "direito de ganhar" é algo que o meu amigo Hugh MacArthur me ensinou, e há muito tempo ele vem ajudando os sócios-gerentes de empresas de fundos de capital privado a compreenderem o direito de ganhar. Quais são as principais características que separam os profissionais de melhor desempenho de seus pares? Na verdade, acho que isso é simples. Se você tem uma estratégia e uma tese atraentes que foram avaliadas e financiadas por investidores institucionais bastante sofisticados e que conseguem atrair capital, e **você faz o que diz que vai fazer, e faz isso com bons seres humanos que são realmente talentosos, e você continua investindo nessas pessoas e investindo no seu processo, para mim é exatamente isso o que as empresas de melhor desempenho fazem.** Elas identificam, defendem e ampliam o direito de ganhar.

CAPÍTULO 16

DAVID SACKS

COFUNDADOR DA CRAFT VENTURES

Distinções: Coapresentador do podcast *All In* e membro original da "máfia" do PayPal, com Elon Musk e Peter Thiel.

Total de ativos sob gestão (em agosto de 2023): US$ 3 bilhões.

Área de atuação: Tecnologia empresarial e de consumo.

PONTOS ALTOS

- David Sacks investiu em mais de vinte empresas unicórnio, incluindo Affirm, Airbnb, Eventbrite, Facebook, Houzz, Lyft, Palantir, Postmates, Slack, SpaceX, Twitter e Uber.
- David começou sua carreira como fundador, diretor de operações e líder de produto do PayPal e, depois, fundador e CEO do Yammer, que foi vendido à Microsoft por US$ 1,2 bilhão.
- Ele fundou a Craft Ventures em 2017 e possui, hoje, US$ 3 bilhões em ativos sob gestão em seis fundos. As empresas do portfólio incluem SpaceX, Reddit, Boring Company, ClickUp, SentiLink, OpenPhone, Vanta, Neuralink, Replit e Sourcegraph.

TONY:

É impressionante o que você já fez e conquistou na vida, desde o PayPal até ser um dos primeiros investidores no Facebook, no Airbnb e SpaceX. E ainda continua sendo uma força da natureza, não só na área de tecnologia e como investidor, mas também, em grande medida, na política. Somos grandes fãs do seu podcast. Pode nos contar um pouco sobre a sua trajetória? Como tudo isso aconteceu?

DAVID:

Minha família se mudou da África do Sul para os Estados Unidos quando eu tinha cinco anos. Obtivemos a cidadania norte-americana quando eu tinha dez. Fui criado, principalmente, em Memphis, no Tennessee. Estudei em Stanford e me formei em 1994. Foi mais ou menos nessa época que a internet surgiu no Vale do Silício. O ano de 1995 foi um ano importante, quando a Netscape, o primeiro navegador de internet distribuído comercialmente, abriu seu capital. Infelizmente, eu havia me formado no ano anterior e tinha me mudado para cursar a faculdade de direito. Só voltei ao Vale do Silício em 1999. Um amigo meu de Stanford, Peter Thiel, estava abrindo uma empresa. Conversamos muito sobre o que ele estava fazendo, e por fim eu decidi me juntar a ele. Essa empresa acabou se tornando o PayPal. Foi assim que entrei no mundo da tecnologia. Desde então, estive envolvido, principalmente, em criar e investir em startups de tecnologia.

TONY:

E as startups das quais você participou são algumas das maiores da história. Qual tem sido o seu ingrediente secreto na identificação desses tipos de oportunidade?

DAVID:

Há algumas coisas a que eu me atento. Uma delas eu chamo de "gancho" do produto. **Qual é a ação ou interação simples e reproduzível que está no cerne do produto e que os usuários desejarão fazer continuamente?** No PayPal, tratava-se de inserir o endereço de e-mail de alguém e uma quantia em dólares, e então enviar dinheiro com toda a facilidade. No Uber, coloca-se um destino no mapa e um carro vem buscá-lo. O Google é o mais simples de todos. É apenas uma caixa de pesquisa, uma interação muito simples, com a qual os usuários desejam engajar continuamente. Acho que diversas empresas não percebem isso porque acreditam que, se continuarem agregando mais e mais recursos e acrescentando cada vez mais complexidade, poderão resolver o problema de adequação do produto ao mercado. Mas se você não consegue fazer com que os usuários executem o que desejam de forma simples, será muito difícil fazê-los executar algo complexo. O ideal é começar com algo simples que os usuários consigam adotar sem grandes dificuldades, e, em seguida, ir incrementando os níveis de complexidade.

A outra grande coisa que procuro é algum tipo de inovação na distribuição. Eu chamo isso de "artifício" de distribuição, que é algo único que a empresa venha fazendo para prospectar usuários ou compradores. No PayPal, inventávamos muitos desses artifícios. Os usuários podiam enviar dinheiro por e-mail para alguém que ainda nem era cadastrado como usuário. Incorporávamos botões de pagamento do PayPal nos leilões do eBay, o que acabou incentivando a criação da plataforma deles. Concedíamos bônus de inscrição para novos usuários e pela indicação de outras pessoas. O PayPal lançou muitos artifícios pioneiros desse tipo, e isso ajudou a viralizar o produto. Se observarmos outras empresas cujo crescimento foi exponencialmente rápido, perceberemos que, de modo geral, elas vêm inovando na distribuição, ou seja, vêm alcançando os usuários de uma nova forma. A razão pela qual isso é importante é que o mundo está tão cheio de gente que o simples fato de construir um bom produto não é garantia de sucesso. Gostaríamos que fosse, mas há uma internet vasta por aí, e é preciso encontrar uma maneira de alcançar os usuários de forma econômica, ou talvez eles nunca consigam encontrá-lo, não importa quão bom seja o seu produto.

TONY:
Você formou um grupo incrível de amigos, alguns dos quais são as pessoas mais influentes do mundo na área de tecnologia. Quem teve mais influência na sua vida? E como eles ajudaram a moldá-lo de maneira positiva?

DAVID:
Em termos da minha carreira empresarial, tive muita sorte de trabalhar com dois grandes fundadores na minha primeira startup: Peter Thiel e Elon Musk. Eles foram os dois CEOs para quem trabalhei como chefe de produto

ou diretor de operações. Trabalhar com os dois foi um grande aprendizado para mim. Eles têm estilos bem diferentes como CEOs. Elon é muito prático, muito envolvido em todas as partes do negócio, principalmente no produto. Peter delega mais as tarefas para se concentrar em grandes questões estratégicas. Obviamente, ambos os estilos têm seus méritos e podem funcionar. Quando fundei o Yammer, depois do PayPal, senti que era capaz de aproveitar as melhores técnicas que aprendi com ambos.

TONY:
Você diria que está na interseção [entre os estilos de ambos]? Ou usa estrategicamente um estilo ou outro, a depender da situação?

DAVID:
Eu estou na interseção. Elon é incrivelmente prático em todas as etapas do negócio. Se olharmos seu organograma, veremos que há muitos subordinados, porque ele gosta de uma hierarquia mais horizontalizada. Meu organograma era mais convencional. Eu gostava de trabalhar com meus executivos, mas havia duas áreas em que eu me envolvia mais. Uma delas era o produto. É impossível delegar isso por completo se você for a pessoa que tem a visão do produto. A outra é que quando uma área funcional estava indo bem, eu dava mais liberdade aos meus executivos. Mas se não, eu ficava em cima até consertarmos. Por exemplo, se as vendas estivessem atingindo os números esperados, eu os deixaria em paz, caso contrário, eles sentiriam a minha presença porque eu os controlaria com muito mais frequência. Penso que devo ser mais pragmático nas áreas em que acredito ter uma vantagem especial, ou um determinado conjunto de habilidades, ou, certamente, se algo estiver dando errado. Mas se os executivos já tiverem demonstrado que conseguem operar de forma mais independente com algum sucesso, devo confiar que continuarão fazendo isso.

CHRISTOPHER:
É um equilíbrio delicado, esse. Vemos que, de modo geral, a área de tecnologia tem mudando bastante. Quais são as maiores oportunidades para os investidores?

DAVID:
A grande vantagem do Vale do Silício é que, aproximadamente a cada década, tem ocorrido uma mudança de plataforma. Se voltarmos até a década de 1980, o computador pessoal substituiu o mainframe. Depois, na década de 1990, nasceu a internet e a computação passou do presencial para a nuvem, ou do desktop para a nuvem. Em seguida, vimos o lançamento das redes sociais no início dos anos 2000. Tivemos o nascimento do smartphone no fim dos anos 2000. **Agora, a grande mudança de plataforma é no sentido da inteligência artificial.** Parece que a mudança sempre acontece uma vez por década. É até um pouco estranho eu afirmar que a inteligência artificial é a nova grande onda, mas acho que é mesmo, e estamos apenas no início desse ciclo. Haverá uma enorme quantidade de oportunidades, tanto para novas empresas quanto para as já existentes.

TONY:
Se analisarmos a inteligência artificial neste exato momento, veremos que é um ambiente muito parecido com os [primeiros] dias da internet. Há um zilhão de empresas sendo formadas, e muitas delas não durarão muito tempo. Quando você observa especificamente [as empresas de] inteligência artificial, quais são as que mais chamam sua atenção?

DAVID:
Há alguns fatores que levamos em consideração. Um deles é ter um fundador com visão, tenacidade e criatividade. Alguém que realmente entenda esse ambiente. A inteligência artificial é bastante técnica, portanto, os fundadores capazes de combinar aptidão técnica e visão sobre o futuro daquele ambiente terão mais chances de sucesso. A aposta que se faz nas pessoas é ainda mais importante nessa fase superinicial.

A outra coisa que procuramos são ideias que consideramos adequadas aos rumos do mercado ou ao que o mercado deseja. **Acreditamos que haverá uma oportunidade de mercado no que tem sido comumente chamado de "copilotos" para profissionais. Achamos que haverá um modo copiloto para médicos e um modo copiloto para advogados. Praticamente em todas as profissões que se possa imaginar, em todas as funções de trabalho que se possa imaginar, haverá um copiloto de inteligência**

artificial para ajudar a pessoa a fazer seu trabalho. Achamos que isso criará muitas oportunidades para fundadores capazes de se aprofundar em uma área específica. Eles entendem as especificidades do trabalho, entendem de inteligência artificial e conseguem combinar essas duas coisas.

CHRISTOPHER:
O que aconteceu nos últimos anos que você esperava que acontecesse e o que aconteceu que você não esperava?

DAVID:
No momento, o Vale do Silício está passando por uma enorme redefinição. Passamos pelo estouro da maior bolha de ativos desde a crise das ponto-com, em 2000. Analisando retrospectivamente, as políticas de taxa de juros zero do Fed, ou "ZIRP" (na sigla em inglês), que remontam a 2008, tiveram muito mais impacto do que as pessoas queriam admitir. Isso impactou a quantidade de capital que entrou na indústria. De repente, havia todo aquele dinheiro de graça circulando em busca de retorno.

A convicção geral sobre o capital de risco, há cerca de uma ou duas décadas, era a de que não se tratava de um negócio escalável. Não é o mesmo que investir no mercado público, onde é possível investir bilhões e bilhões de dólares, ou, até mesmo, centenas de trilhões de dólares com muita facilidade. Trata-se, basicamente, de um negócio em que os investidores trabalham de mãos dadas com os fundadores. Essa nunca foi uma classe de ativos capaz de colocar muito dinheiro para circular. Esse era o entendimento convencional. O que aconteceu foi que, durante aquele período de taxa de juros zero, muito dinheiro novo entrou na indústria.

Muitos investidores do mercado público chegaram com esta mentalidade: "Vimos como essas startups se saem bem quando promovem a abertura de capital, então investiremos apenas na última rodada privada antes da oferta pública inicial." Eles analisaram os números e lhes pareceu que havia ali uma possibilidade de arbitragem. Então, começaram a investir na última rodada privada. Mas aí veio o estalo: "Calma aí, os caras que estão investindo na penúltima rodada privada estão sendo marcados por nós, então há uma arbitragem aí também." **Usando essa lógica, eles foram trabalhando em toda a pilha, sem necessariamente ter experiência para avaliar startups**

em estágio inicial. Dá para imaginar o resultado disso. O dinheiro inundou as startups e levou as avaliações às alturas. Porém, à medida que as taxas de juros foram subindo, a liquidez diminuiu e a bolha estourou. Contudo, a indústria está passando por uma enorme redefinição neste momento.

A forma como o comportamento dos mercados de capital se traduziu no das startups é que muitos fundadores pensaram que o dinheiro estaria sempre disponível, que eles poderiam sempre levantar uma nova rodada com uma avaliação mais alta. O dinheiro dava em árvores e os fundadores eram negligentes nos gastos. Me parece que perderam o foco na ideia de, algum dia, chegar à lucratividade, que se tratava apenas da receita de faturamento. Toda a mentalidade estava em crescer, não importasse de quão ineficiente fosse esse crescimento, de quão pouco lucrativo ele fosse. Em sua defesa, os fundadores sentiam que precisavam participar do jogo conforme as regras preestabelecidas. Essas regras estipulavam que se eles não mostrassem o maior aumento de faturamento de todos, abririam espaço para que os concorrentes o fizessem, e então eles levantariam todo o dinheiro e conseguiriam comprar o resto do mercado. **Vimos essa dinâmica em toda a batalha da Uber contra a Lyft, em que as duas empresas estavam levantando enormes somas de dinheiro e implantando-as de forma ineficaz. Mas as duas se sentiam encurraladas pelo dilema do prisioneiro: se houvesse algum investidor disposto a financiar o outro lado, então elas seriam obrigadas a jogar o mesmo jogo. Tal dinâmica treinou essas empresas para serem muito ineficientes.**

Agora que o capital não está tão disponível como costumava estar, os fundadores e as startups tiveram de se tornar muito mais eficazes. Passamos de uma situação em que o único foco era o crescimento para uma situação em que há um foco mais equilibrado. Os fundadores precisam pensar na eficiência do crescimento, que se reflete em métricas como taxa de queima, margens e economia unitária.

Essa foi uma grande mudança na indústria, porque esses maus comportamentos foram se acumulando ao longo de cerca de 15 anos. Há um velho ditado que diz que o mercado é uma escada rolante que sobe e um elevador que desce, e nós, simplesmente, resolvemos descer de elevador. Foi um rude despertar para muitos investidores de capital de risco e muitos fundadores.

CHRISTOPHER:
O que é que os investidores estão deixando de perceber hoje em dia, quando pensam em tecnologia e, especificamente, em crescimento e capital de risco? O que eles deveriam ver e não estão vendo?

DAVID:
É difícil dizer. Estamos no meio desta grande redefinição, e as pessoas estão se dando conta de que o capital está muito menos disponível do que no passado. A última década foi um período bastante incomum. Acredito que, no futuro, estaremos em um ambiente com muito mais restrições de capital. Todos terão de ajustar seu comportamento caso a caso.

CHRISTOPHER:
Você acha que as avaliações já começaram a se ajustar totalmente a essa realidade, ou ainda falta muito?

DAVID:
É uma boa pergunta. Eu diria que os ajustes de avaliação estão acontecendo de forma um tanto desigual. Em muitas áreas, ele já ocorreu e está adequado. Mas sempre que uma área fica em evidência na órbita do capital de risco, as avaliações enlouquecem. Por exemplo, embora estejamos entusiasmados com a inteligência artificial, nos preocupamos também com a desproporção alcançada por algumas dessas avaliações. Estamos começando a ver empresas sem qualquer receita serem avaliadas em centenas de milhões de dólares. Vimos, inclusive, algumas sem nenhuma receita recebendo avaliações equiparáveis às de empresas unicórnio. Voltamos a usar múltiplos de cem vezes a receita recorrente anual (RRA) como parâmetro para a avaliação dessas atraentes empresas de inteligência artificial. Então, nesse sentido, parece que os investidores de capital de risco nunca aprendem a lição, ou pelo menos se esquecem dela quando uma área fica em evidência.

Acredito demais na inteligência artificial, e acredito que ela criará muitas oportunidades. O problema é que ainda há um pouco de euforia em alguns círculos de investimentos em capital de risco. Por isso, é difícil encontrar empresas de inteligência artificial que sejam, ao mesmo tempo, promissoras e avaliadas de forma razoável. Procuramos ambas as coisas.

TONY:
Conheci Ray Dalio há cerca de 14 anos e nos tornamos amigos. Perguntei a ele: "Qual é o princípio de investimento mais importante que o orienta?" Este livro é sobre isso: o Santo Graal do investimento. Ray me respondeu, na época, que era encontrar de oito a 12 investimentos não correlacionados, pois isso reduz o risco em 80% e aumenta os resultados positivos. É um princípio muito simples. Qual seria o Santo Graal do investimento para você?

DAVID:
Bem, é interessante. O tipo de investimento que faço é o oposto do que ele está fazendo. Ele é um macroinvestidor e eu sou o maior microinvestidor que você pode encontrar. Não invisto apenas em empresas privadas, invisto na fase inicial de empresas privadas. Eu invisto em empresas que acabaram de começar, muitas das quais, como nos mostram as estatísticas, não vão dar certo. A esperança é que uma ou duas vinguem e possam recompensar todo o fundo e, depois, render mais alguma coisa. No meu negócio, estamos sempre procurando aquela empresa da lei de potência. A lei de potência estabelece que o investimento mais valioso em qualquer portfólio gerará a maior parte dos retornos daquele portfólio. Portanto, é quase o oposto da estratégia de investimento de Ray.

Eu não recomendaria isso para o investidor médio. Esta não é uma boa forma de construir um portfólio para o investidor dessa escala. É apenas uma classe de ativos dentro do que seria um portfólio equilibrado. Talvez você tenha uma pequena porcentagem do seu portfólio em empresas privadas e, dentro dessa cesta, você tenha essa dinâmica da lei de potência. Estamos sempre procurando por aquela empresa da lei de potência. É possível dizer, pelo que conversamos hoje, que estou totalmente focado na questão do produto. Como ele está sendo distribuído? Como ele vai chegar ao mercado? Qual é a visão do fundador? Quais são as qualidades intangíveis do fundador que poderiam transformar essa empresa em uma empresa fora da curva? É totalmente micro. No caso das startups, a coisa mais importante é encontrar uma empresa que esteja em ebulição. Este é com certeza o truque: descobrir algo que esteja no ponto de inflexão específico rumo à subida.

Desenvolvemos nossa compreensão de quais são as métricas importantes para as startups de software. Não analisamos apenas a receita recorrente anual (RRA) e as taxas de crescimento. Analisamos os custos de aquisição de clientes. Temos várias métricas de eficiência de capital. Conversamos com os clientes por nossa conta. Tentamos nos certificar de que o produto é realmente apreciado e está sendo recomendado pelos clientes para outras pessoas. Estamos sempre tentando identificar os sinais de que a empresa está decolando.

TONY:
E se você conseguir identificar esses sinais no momento oportuno, usará o conhecimento acumulado em décadas de experiência para ajudá-las a crescer. Esta é uma pergunta meio boba, uma vez que você já atrai a atenção do mundo de muitas maneiras diferentes, mas se você tivesse a atenção do mundo por cinco minutos, o que você gostaria de dizer às pessoas?

DAVID:
Um dos temas recorrentes no meu podcast é que o mundo que está surgindo agora é um mundo multipolar. Ele é diferente do mundo por volta da década de 1990, quando o Muro de Berlim caiu e a União Soviética se desintegrou. Os Estados Unidos foram a única superpotência que restou. Agora, cerca de trinta anos depois, estamos em um mundo em que vários países estão se tornando poderosos e inovando em termos de tecnologia. No fim dos anos 1990, quando cheguei ao Vale do Silício, havia realmente apenas um Vale do Silício, um epicentro da tecnologia no mundo, e isso se manteve por muito tempo. Hoje, constatamos que diversos centros de tecnologia surgiram em todo o globo.

É difícil fazer inovações. Frequentemente, precisa-se de gênios para se chegar aos grandes avanços. Mas, quando um avanço acontece, qualquer um pode copiá-lo. Acompanhar o ritmo é muito mais fácil do que abrir novos caminhos. E há muitas partes do mundo que estão acompanhando o ritmo dos Estados Unidos. Acho que isso vai exigir que pensemos sobre o mundo de maneira diferente.

Acredito no caráter excepcional do modelo norte-americano, mas, para mim, isso significa que deveríamos tentar dar um bom exemplo, em vez de impor os nossos valores a todos os demais. Se fizermos um bom trabalho e criarmos um modelo atraente, outras pessoas vão querer nos copiar. Mas uma abordagem de mão pesada encontrará forte resistência onde quer que seja. Se não adaptarmos nosso pensamento para permitir a ascensão de outros agentes, o resultado será razoavelmente conflituoso.

TONY:
Para transformar a Craft Ventures em uma grande empresa, foi necessário mais do que apenas grandes investimentos. Além do forte desempenho, qual foi a principal razão para o sucesso do seu negócio? E qual foi o ponto de virada da sua empresa, se é que teve um, que permitiu que ela deixasse de ser boa para se tornar ótima?

DAVID:
A questão, para nós, é: por que um fundador iria querer ter a Craft em sua tabela de capitalização? Quando Ray Dalio ou Warren Buffett decidem que vão comprar a Apple, eles não precisam da permissão da empresa. Eles podem, simplesmente, ir ao mercado público e comprá-la. Na verdade, a Apple nem sabe se eu possuo uma parte das ações dela, e também não se importa com isso. Eles são agnósticos nessa questão. Mas os fundadores sabem, efetivamente, quem está em sua tabela de capitalização e se importam muito com isso. Sendo assim, precisamos criar uma proposta de valor para eles, da mesma forma que eles criam uma proposta de valor para os clientes.

Passamos muito tempo descobrindo como ser úteis para as startups. Obviamente, tudo começa com o fato de que já estive no lugar dele. Eu criei empresas, e todos os meus sócios na Craft têm experiência operacional e/ou experiência como fundadores, ou seja, todos eles sabem o que é estar nessa jornada. Ao nos especializarmos em empresas de software como serviço (SaaS na sigla em inglês), podemos cultivar e compartilhar muitos conhecimentos e as melhores e mais relevantes práticas para os fundadores de empresas SaaS. Criamos uma ferramenta chamada SaaSGrid, que mostra aos fundadores todas as principais métricas que eles deveriam observar em seus negócios, e para isso basta conectar suas fontes de dados que os gráficos e painéis aparecem automaticamente. Por fim, temos a nossa equipe de plataforma, parceiros operacionais especialistas em áreas nas quais a maioria das startups precisa de conhecimentos pelos quais ainda não pode pagar: recrutamento, marketing, relações públicas, segurança da informação, jurídico, relações governamentais, e assim por diante. Sempre que uma das empresas do nosso portfólio precisa de ajuda, há um especialista com décadas de experiência para ajudá-la. Focamos muito nesta questão: como vamos agregar valor para os nossos fundadores?

TONY:

E, como você disse, não se trata de alguém que está olhando de fora para dentro. Você é alguém que já esteve dentro. Isso é fantástico.

DAVID:

Estamos tentando desenvolver a empresa de capital de risco com a qual gostaríamos de ter contado quando estávamos na posição de fundadores.

CHRISTOPHER:

Com isso em mente, que coisas você gostaria de ter sabido, ou que alguém tivesse lhe dito, antes de abrir a empresa?

DAVID:

Eu gostaria de ter sabido quanto a política do Sistema de Reserva Federal (Fed, na sigla em inglês) impactaria o nosso mundo! Talvez em uma economia que funcionasse perfeitamente, não precisássemos nos preocupar tanto com isso. Mas estamos vivendo uma época de grandes distorções. A política do Fed oscila com muita rapidez, de uma política de taxa de juros zero para o ciclo mais rápido de todos os tempos de aperto da taxa de juros: de zero a 5,5% em um ano. É simplesmente impossível subestimar os efeitos indiretos disso, porque não apenas a disponibilidade e as avaliações de capital foram reduzidas, mas também se criou uma recessão na área dos softwares. As empresas de tecnologia estão demitindo e, à medida que cortam funcionários, comprando menos softwares, porque, de forma geral, os softwares são vendidos com base nas licenças por máquina. O ciclo se retroalimenta. Acho que, provavelmente, chegamos ao fundo do poço e, agora, estamos vendo novas oportunidades com a inteligência artificial. Mas a verdade é que houve uma grande recessão na área dos softwares nos últimos dois anos.

CHRISTOPHER:

Atualmente, uma das maiores preocupações do mercado é uma inflação mais alta por mais tempo. Você acha que a redefinição aconteceu na medida certa para que as pessoas voltem, simplesmente, a construir negócios? Ou você acha que continuaremos oscilando?

DAVID:
Neste momento, o mercado parece acreditar que a inflação é, em grande parte, um problema resolvido, que teremos uma inflação na faixa dos 2,5% a 3% no fim do ano e que há uma boa probabilidade de conseguirmos reduções das taxas no próximo ano. O mercado está começando a fixar preços com base nesse cenário. Por isso, se a inflação se recuperar e não conseguirmos as reduções das taxas, existirá um risco de queda dos atuais níveis de preços. Isso repercutirá nos mercados privados, porque os mercados públicos são nossos modelos comparativos para as saídas.

Foi isso que observamos em 2022. Quando o Fed aumentou as taxas de juros nos Estados Unidos, os mercados públicos quebraram, especialmente as ações de crescimento, e depois isso se propagou até os mercados privados. Os mercados privados se inspiram no que está acontecendo nos mercados públicos. Mas, neste exato momento, as pessoas pensam que já chegamos ao fundo do poço e que esses problemas estão praticamente resolvidos, embora as coisas jamais voltem a ser como eram durante os inebriantes dias da ZIRP (política de taxa de juros zero).

CHRISTOPHER:
Uma das coisas sobre as quais eu adoraria ouvir um comentário seu é que, à medida que a inteligência artificial vai se tornando mais prevalente em toda a comunidade empresarial, e perturba e elimina empresas e empregos, parece que ela também reduziria, ao mesmo tempo, o número de licenças [ou o] número de máquinas, ao mesmo tempo que impactaria diretamente a área dos softwares. Isso entra em uma espiral ascendente por causa da tendência secular da inteligência artificial? Ou seria mais cíclico [e] ligado à maleabilidade da economia?

TONY:
Ou será apenas substituído por algum tipo de venda de software de inteligência artificial?

DAVID:

Acho que ainda estamos muito longe de uma inteligência artificial capaz de substituir por completo as funções exercidas por seres humanos. No momento, a categoria que se mostra mais promissora é a dos copilotos. Acho que essa é a maneira certa de ver o cenário. Em breve teremos um ser humano trabalhando com inteligência artificial para se tornar mais produtivo do que poderia ser, ou para fazer seu trabalho com mais rapidez ou mais qualidade. Trata-se de seres humanos sendo potencializados por meio de ferramentas de produtividade. Isso elimina centenas de empregos? Sou cético quanto a isso. Em primeiro lugar, teremos muitas novas empresas de software criando novos produtos. Esses produtos têm de ser vendidos, têm de ser comercializados. Então, primeiro teremos uma explosão do surgimento de empresas que criarão as ferramentas de inteligência artificial das quais estamos falando. Essa é uma parte disso.

A segunda é que os clientes desse software de inteligência artificial conseguirão fazer mais coisas. O software ajuda a reduzir o custo inicial do fundador ao criar uma empresa. Temos a famosa história de Mark Zuckerberg criando a primeira versão do Facebook em seu dormitório em Harvard. Ele foi capaz de codificar a primeira versão sozinho. Muitos fundadores ou aspirantes a fundadores não têm essa capacidade. Mas agora, graças às ferramentas de inteligência artificial, eles poderão fazer mais coisas desse tipo sozinhos. Portanto, mais pessoas poderão começar a criar mais empresas.

A história das inovações é: à medida que tornamos os seres humanos mais produtivos, nossa espécie vai ficando mais rica. Mas isso não remove as pessoas do trabalho. Sempre encontraremos coisas novas para elas fazerem. Desde que as pessoas sejam adaptáveis e estejam dispostas a participar de um processo constante de aprendizagem, penso que será benéfico.

A história das inovações é: à medida que tornamos os seres humanos mais produtivos, nossa espécie vai ficando mais rica. Mas isso não remove as pessoas do trabalho. Sempre encontraremos coisas novas para elas fazerem.

TONY:

Muitas pessoas têm uma visão muito assustadora do futuro. É claro que sempre haverá desafios, mas me incomoda quando vejo jovens falando em não ter filhos porque acham que o mundo todo vai acabar daqui a 12 anos, coisa que sabemos não ser verdade. Os desafios são muitos, mas estou curioso: para onde você acha que o mundo está indo?

DAVID:

Uma das razões pelas quais fico entusiasmado por estar na área de tecnologia é que acho que ela tem proporcionado, de modo consistente, os maiores progressos para as pessoas. Mesmo que a nossa política se torne mais disfuncional ou divisionista, e que muitas partes da nossa sociedade não funcionem, o progresso tecnológico continuará funcionando e proporcionando um futuro melhor para as pessoas.

Vi isso ao longo de toda minha carreira. Nas três últimas décadas, venho percebendo que a tecnologia continua se tornando uma parte cada vez maior da nossa economia e da nossa maneira de fazer as coisas. Ela cria produtos que tornam nossa vida melhor e mais conveniente, ajuda a curar doenças, ajuda-nos a obter as informações e a aprendizagem de que necessitamos. O verdadeiro segredo é fazer com que o maior número possível de pessoas se beneficie e seja incluído nisso. Isso remonta ao que estávamos falando sobre a aprendizagem: é preciso fazer com que as pessoas vejam a aprendizagem como um processo contínuo ao longo da vida, e não como um diploma a ser carimbado.

CHRISTOPHER:

É uma ótima conexão com uma pergunta que fizemos a todos. Quando você analisa pessoas para compor sua equipe, quais são as principais características que procura? O que faz com que elas se destaquem?

DAVID:

Em um investidor, busco alguém que seja combativo e saiba farejar oportunidades. O termo engraçado que temos para isso é porco trufeiro, que são porcos treinados para encontrar trufas. Não sei como eles fazem isso, mas ficam fuçando a terra e, de alguma forma, desenterram aquelas trufas valiosas. Bons investidores são assim.

CAPÍTULO 17

MICHAEL REES

COFUNDADOR DA DYAL CAPITAL, COFUNDADOR E COPRESIDENTE DA BLUE OWL

Distinções: Líder do mercado de participações em empresas gestoras de ativos.

Total de ativos sob gestão (em agosto de 2023): US$ 150 bilhões.

Área de atuação: Participações em empresas gestoras de ativos.

PONTOS ALTOS

- O maior investidor em participações em empresas gestoras de ativos, com uma participação de mercado de aproximadamente 60% em termos de capital angariado para participações em gestoras de ativos nos últimos 12 anos.
- A empresa tem uma participação de mercado de quase 90% em transações que envolvem participações em gestoras de ativos, realizadas com investimentos superiores a US$ 600 milhões.
- Rees é cofundador e copresidente da Blue Owl, que administra US$ 150 bilhões e foi formada em 2021, quando sua empresa Dyal Capital se fundiu com a Owl Rock Capital.

CHRISTOPHER:
Como forma de preparar o terreno, por que você não nos conta um pouco da sua trajetória? Como chegou à sua posição atual?

MICHAEL:
Comecei minha carreira em serviços financeiros no Lehman Brothers e, meio que por acaso, fui o quarto colega da equipe a ingressar no grupo estratégico. E, se pudéssemos classificar o desempenho dos principais grupos do Lehman, a renda fixa estava na liderança, em seguida vinha a renda variável, depois os bancos de investimento e, por último, a gestão de ativos. Assim, o primeiro contratado do grupo tinha a opção de ingressar no time de renda fixa. E o último da lista ficava um tanto condicionado a uma recém-criada divisão de gestão de investimentos, uma espécie de folha em branco. E acho que eu fui essa pessoa. Tive a sensação de que havia ficado com a parte menos interessante de todas. Era um projeto de desenvolvimento integral, cujo o objetivo era que uma tentativa do Lehman crescer rapidamente na gestão de investimentos para ter uma divisão equiparável à da Goldman Sachs ou da Merrill Lynch.

Na época, só se falava em fundos de cobertura. Estávamos em 2000 ou 2001, e o desempenho dos fundos de cobertura naquele período era bastante forte, e grandes negócios de fundos de cobertura estavam sendo implementados. A questão era: deveríamos comprar um daqueles fundos? Nos reunimos e conversamos sobre o assunto. Parte do motivo pelo qual decidimos não fazê-lo é que nenhum fundo de cobertura que tivesse escapado de Wall Street gostaria de voltar atrás e fazer parte de uma grande empresa. Além disso, chegamos à conclusão de que quem estava criando aqueles negócios eram investidores altamente empreendedores, e queríamos que eles permanecessem altamente alinhados com eles próprios, sem que precisássemos controlá-los dentro dos muros de uma organização com 20 mil pessoas. Perguntamos: comprar 100% do negócio deles lhes tiraria a motivação?

Então, tivemos essa ideia maluca... Pelo menos, era uma maluquice na época: "Vamos comprar 20% de alguns fundos de cobertura, em vez de comprar 100% de apenas um." Para mim, o resto é história. Já fiz perto de noventa transações com participações minoritárias ao longo dos 22 anos transcorridos desde que nos reunimos e definimos essa estratégia. A minha vida se enquadra naquele ditado que diz que quando você é um martelo, tudo parece um prego. **Diante de tudo o que vejo diariamente, de cada negócio no qual eu penso, fico me perguntando: "Poderíamos comprar 20% disto? É um ótimo negócio administrado por pessoas inteligentes, e me alinhar com elas seria uma ideia inteligente?"** Foi assim que tudo começou, e tem sido uma grande jornada desde o começo.

E então, com o passar do tempo, fui adorando esse ambiente e decidi montar minha equipe. A Neuberger Berman era um ótimo lugar para fazer isso. Geramos o negócio de gestão de investimentos na esteira da falência do Lehman, e começamos a construir um negócio de participações minoritárias na Neuberger. Desde o início, a empresa teve uma plataforma multiprodutos em que cada grupo tinha autonomia própria para investir, e cada equipe tinha a vantagem financeira que advinha da construção de um próprio e bem-sucedido núcleo. Conseguimos convencer os investidores de que investir em participações minoritárias em empresas alternativas era uma coisa boa. Isso sinalizou o início das operações da Dyal na Neuberger. E nós crescemos muito rapidamente. **Hoje, detemos cerca de 60% de participação de mercado de todo o capital de investimento já angariado no espaço das participações minoritárias. E, quando olhamos apenas para as negociações mais vultosas, nossa participação de mercado é próxima de 90% em transações acima de US$ 600 milhões.** Portanto, minha trajetória remonta a quando eu entrei no Lehman Brothers e fiquei com a parte menos interessante de todas. Felizmente, ela coube a mim.

CHRISTOPHER:

É um belo exemplo daquela compreensão de como a vida está acontecendo para nós, e não diante de nós, para aqueles que aproveitam a oportunidade e seguem adiante com ela. É uma trajetória fascinante de 15 ou vinte anos. Michael, quem foi a pessoa mais importante da sua vida, que ajudou a moldar seu sucesso, e como isso aconteceu?

MICHAEL:

A resposta é um pouco clichê, mas foram meu pai e minha mãe. Trabalho com meu irmão há vinte anos. Temos um enfoque familiar no que fazemos.

Somos de Pittsburgh, uma cidade predominantemente operária. Meu pai era vendedor e minha mãe, enfermeira. **Eles incutiram em nós, quando crianças, que tudo nesse mundo tem a ver com trabalho duro. Tem a ver com olhar as pessoas nos olhos. Tem a ver com a firmeza do seu aperto de mão.** A indústria de serviços financeiros e de "Wall Street" está cheia de personalidades, está cheia de egos. E uma das coisas que ouço muito, e da qual tenho muito orgulho, é que meu irmão, o restante da equipe e eu levamos essa abordagem humilde e pessoal de Pittsburgh para os negócios. Uma abordagem baseada em relações de confiança, em que a nossa palavra é o nosso vínculo. Somos o tipo de pessoa que se desejaria ter como parceiro de negócios duradouro.

CHRISTOPHER:
Quando pensamos em participações minoritárias, também conhecidas como participações em empresas gestoras de ativos, onde está, neste momento, a maior oportunidade para os investidores?

MICHAEL:
Ainda acreditamos firmemente nos ativos privados e nos mercados em geral. Ainda vemos muita alocação incremental em investimentos alternativos. Vemos uma maré crescente e uma tendência a longo prazo para investimentos alternativos privados como aquisições, crescimento, crédito privado, bens imobiliários. Não será uma linha reta, mas se olharmos para a alocação global dos fundos de pensão, fundos soberanos e individuais nessas estratégias, veremos muitas vantagens. Mas acho que a sua pergunta é: onde é que isso é mais acentuado, e onde está o aspecto que de fato interessa?

Acreditamos na tendência de consolidação das indústrias. Isso acontece em quase todos os setores que estudamos. No mercado de refrigerantes, existem dois fabricantes principais. Com o tempo, a indústria se consolida porque há poder em grande escala. E acho que estamos em uma tendência de longo prazo que beneficiará os maiores representantes de cada setor. Foi um vento favorável que beneficiou as maiores empresas entre 2015 e 2021.

Mas 2022 e 2023 transformaram o vento favorável em um vento realmente potente. É por isso que estamos bastante focados, agora, em operadores verdadeiramente escaláveis, que contem com os benefícios de um alcance global para chegar a investidores no Oriente Médio, na Ásia, possivelmente no varejo, e em redes como a sua. Por isso, achamos que a marca e que a estabilidade são importantes. Acreditamos que esses tipos de investidor dão preferência a quem lhes oferecer segurança. Geralmente, todas essas coisas beneficiam operadores já estabelecidos, que vêm construindo um negócio ao longo do tempo com bases sólidas e reconhecimento de marca. Nosso lema, "os grandes ficam maiores e os fortes ficam mais fortes", é algo em que acreditamos há oito anos. E os últimos 18 meses fortaleceram bastante essa crença.

CHRISTOPHER:
Você acha que as perspectivas para os próximos três anos serão diferentes das perspectivas para os próximos dez, ou acha que serão semelhantes?

MICHAEL:
Os mercados privados têm um ritmo lento, quase glacial. Penso que muito do que é benéfico nos mercados privados é que temos o tempo a nosso favor, e conseguimos sobreviver aos movimentos bruscos nos mercados de capitais públicos e de renda fixa. Portanto, três anos é um piscar de olhos para nós. Assim, penso mais nas semelhanças e na consolidação contínua no topo, e também no crescimento. Acredito piamente que os próximos dez anos serão muitíssimo fortes para os mercados privados. Mas não vejo, realmente, quaisquer tendências significativas de que as coisas venham a mudar de forma drástica nessa janela de três a dez anos.

CHRISTOPHER:
O que aconteceu recentemente no cenário das participações em empresas gestoras de ativos que você esperava que acontecesse, e o que o surpreendeu?

MICHAEL:
Não sei se aconteceu muita coisa que tenha nos surpreendido nos últimos anos. Não assistimos a nenhuma mudança radical no desempenho dos nossos gestores do ponto de vista dos fundos, que, para nós, são negócios estáveis e de longo prazo. Ouvimos todo esse papo sobre investimentos em

softwares, e sobre como os softwares são incríveis e indispensáveis, porque se conseguem contratos de três a cinco anos com taxas de retenção líquida próximas a 100%. Tudo isso é bom, e não há dúvidas de que os softwares impulsionarão a economia. Mas, **dito isso, acredito que o capital privado e os mercados privados são ainda melhores. Possuir participações em empresas gestoras de ativos no mercado privado é um negócio fantástico, pois são camadas e mais camadas de fluxos de receita, assim como na área dos softwares.** Esse é o modelo básico. O crescimento acontece razoavelmente bem à medida que vamos acrescentando um fundo após outro, indefinidamente.

Eu gosto dos softwares. Acho que muitos dos nossos parceiros investem em softwares, mas vou me ater sempre ao negócio de fundos de capital privado e ao de mercados privados. Acredito que empresas vitais e de alta qualidade do mercado privado foram feitas para tempos como estes — **quer seja a pandemia de covid-19, quer seja a recente crise bancária, quer seja apenas os ambientes gerais de aumento da inflação e das taxas de juros que temos visto nos últimos dois anos. As empresas dos mercados privados e as estratégias que elas empregam foram construídas para resistir a essa tempestade e ser bastante estáveis.**

CHRISTOPHER:
Você conversou com muitos investidores sobre participações em empresas gestoras de ativos nos últimos oito anos, em especial porque a Dyal cresceu exponencialmente. O que você acha que os investidores geralmente não conseguem perceber nesse ambiente, ou o que eles desconsideram quando estão avaliando as participações em gestoras de ativos e as oportunidades ali configuradas?

MICHAEL:
A palavra que mais me incomoda, que acho que nunca vou superar, é o termo "sacar". As pessoas presumem que o dinheiro investido em uma participação na empresa gestora de ativos vai direto para o bolso do grupo proprietário. E, então, se quiserem levar isso um pouco mais adiante, que o dinheiro vai para um iate ou um carro sofisticado. **Mas o que realmente desencadeou a indústria de participações em empresas gestoras de ativos e criou esse**

crescimento tão expressivo foi: quando analisamos uma empresa de mercados privados, especialmente uma empresa de sucesso, constatamos que ela consome capital. E, nessa tendência de crescimento de uma empresa, há uma janela de tempo em que ela precisa de capital incremental. Assim, a maior parte do capital, ou seja, quase a totalidade do capital investido em participações em empresas gestoras de ativos, não tem nada a ver com "saque". Tem tudo a ver com o apoio ao crescimento dessas empresas de excelência. E uma das coisas singulares que supusemos, e a qual foi confirmada, é que as empresas dispostas a negociar são as que apresentam melhor desempenho. Alguns investidores dizem: "Você terá o problema da seleção adversa. Você só será procurado por pessoas que estão apreensivas e não estão se saindo bem, e elas vão tentar lhe vender alguma coisa." O que constatamos, empiricamente, é exatamente o contrário. **As empresas que estão se esforçando ao máximo e que vislumbram um enorme potencial e oportunidades pela frente — são estas as que precisam de capital de crescimento. Se a empresa não estiver crescendo, não precisa de capital de crescimento.**

CHRISTOPHER:
É interessante, porque muita gente pensa que é uma estratégia de saída para esses caras, quando, na verdade, trata-se de um motor de crescimento para as pessoas, que é a motivação principal por trás dessas transações.

MICHAEL:
Exato. Todo investidor sabe que uma empresa de tecnologia que está crescendo e desenvolvendo seu negócio precisa passar por uma rodada A, uma rodada B, uma rodada C, uma rodada D. O mercado de risco e o mercado de crescimento giram, basicamente, em torno disso. Me surpreende que tenha sido necessária tanta pedagogia ao longo do tempo para convencer os investidores de que um negócio de mercados privados, uma bem-sucedida empresa gestora de ativos, se comportaria da mesma forma. Elas precisam de capital para financiar seu crescimento. E estou contente por ser a rodada C, D e E para várias dessas empresas realmente boas.

CHRISTOPHER:

É uma forma muito diferente de enquadrar a conversa, porque toda empresa que deseja crescer consumirá capital em algum momento. E há diferentes lugares onde elas podem obtê-lo. E se o capital não apenas estiver disponível, mas também for estratégico e puder agregar valor, esse é, definitivamente, o melhor tipo de capital de crescimento a que se pode ter acesso. Pois bem, se você tivesse a atenção do mundo por cinco minutos, e pudesse recomendar alguma coisa na qual se concentrar, o que seria?

MICHAEL:

Bem em meio a toda essa situação bancária nos Estados Unidos, sou uma espécie de minoria que acredita que ela ainda não acabou, e talvez nem tenha começado. Sei que isso estabelece uma linha divisória do ponto de vista do tempo, de modo que seremos capazes de julgar se eu estava certo ou errado, mas lembro-me perfeitamente da minha época no Lehman Brothers. O caso do Bear Stearns tinha acontecido seis meses antes, e a situação que vimos em 2007 e 2008 evoluiu ao longo de um período de 12 a 18 meses. Estou muito esperançoso de que não seja esse o caso. Mas penso que ainda há muito mais por vir neste contexto causado por um rápido aumento nas taxas de juros e pela liquidez governamental sem precedentes injetada no sistema na pandemia, e também, muito provavelmente, por uma incompatibilidade entre obrigações e financiamentos em muitos balancetes de bancos de médio porte. Espero estar errado, mas se pudesse ter a atenção do mundo por cinco minutos, pelo menos a atenção dos elaboradores de políticas, diria para agirmos de forma rápida, potente e convincente, porque não há nada pior do que uma crise financeira causada pelo excesso de confiança.

CHRISTOPHER:

Verdade. Tivemos um grande terremoto inicial que chamou a atenção de todos. Os tremores secundários também podem ser muito problemáticos se não forem controlados.

Pensando no crescimento de uma grande empresa de investimentos, qual seria o principal motivo do sucesso da Dyal?

MICHAEL:

A coisa que mais me irrita quando me reúno de tempos em tempos com uma empresa de mercados privados, ou com qualquer empresa de investimentos, é a frase "Vou me concentrar apenas em ter retornos excelentes e tudo o mais no meu negócio se resolverá por si só". Por incrível que pareça, ouvi isso centenas de vezes nos últimos vinte anos. A frequência não está diminuindo. Acho que isso não poderia estar mais errado. Essa maneira de pensar ignora todos os outros aspectos que contribuem para forjar uma grande empresa e uma empresa boa. Uma coisa é certa: investir (e fazer isso bem) é fundamental. Mas há muito mais coisas envolvidas em uma empresa de sucesso.

É difícil alcançar uma média de mil acertos. Não se pode acertar tudo o tempo todo. O que tem sido importante na Dyal e na Blue Owl é o foco no negócio como um todo. O atendimento ao cliente e o relacionamento com o mesmo estão no topo da lista de coisas que exigem foco, assegurando que não vamos ficar pedindo dinheiro de anos em anos, garantindo que estamos tentando ajudar os investidores a resolver seus problemas. Talvez isso venha na forma de um novo produto, ou, quem sabe, com consultorias sobre algo que estamos observando no setor. Para mim, o desempenho nos investimentos é muito importante. Mas a forma como administramos o restante do negócio e a forma como interagimos com nossos clientes são partes cruciais da construção de um negócio de gestão de dinheiro. Todos vimos o que aconteceu no fim dos anos 1990, quando a maioria dos fundos de cobertura não tinha outra atividade a não ser a vertente de investimentos. Eles eram meros geradores de retorno, e os relatórios eram ruins, as interações com os clientes eram ruins, as operações não eram excelentes. E isso causou problemas ao longo do tempo. O que observamos é que, nos últimos vinte anos, muitas das melhores empresas decidiram se transformar em um verdadeiro negócio. Elas decidiram pensar em todos os aspectos do jogo e tentar disseminar as melhores práticas.

CHRISTOPHER:

Quando se pensa no crescimento da Dyal, qual foi o ponto de virada? Qual foi esse evento seminal, por assim dizer?

MICHAEL:
Nos concentrávamos intencionalmente em fundos de cobertura de médio porte como meta dos nossos dois primeiros fundos, e até hoje eles continuam apresentando um bom desempenho. Entretanto, ao passarmos para o fundo três, decidimos lançar um fundo muito maior, focado não em empresas de médio porte dos mercados privados, mas, sim, nas maiores e melhores marcas. E quando se está comercializando uma história, alguns investidores tendem a acreditar nela automaticamente, mas há um número maior de investidores querendo comprovar os resultados na prática. A capacidade de levantar capital para o nosso fundo de mercados privados com investimentos da Vista, EnCap, Starwood e Silver Lake, e aparecer ao lado desses grandes parceiros, realmente preparou o terreno e nos colocou em uma excelente posição. E esse, com certeza, foi um ponto de inflexão para nós. Mostrou ao mercado e ao grupo de investidores que é possível firmar parcerias com empresas de alta qualidade e de primeira categoria (o que, naquela época, era questionado), e que esses investimentos poderiam resultar em um investimento de crescimento melhor do que a média.

CHRISTOPHER:
Que coisas você gostaria que alguém tivesse lhe contado antes de você abrir a sua empresa?

MICHAEL:
Acho que nunca é demais reiterar que nunca é fácil. Se chegássemos a um ponto em que parecesse fácil, saberíamos que algo estava errado. É preciso aprimorar as suas habilidades, mês após mês, fundo após fundo, seja lá o que for. E é preciso conquistar continuamente a confiança dos seus investidores. Isso é algo que todos deveriam ter anotado em algum lugar de seus escritórios. Nada vai ficar mais fácil, mas vai ficar mais agradável. E é ótimo ter uma equipe que vem trabalhando junto e colaborando há muito tempo.

CHRISTOPHER:
Olhando em retrospecto, se você pudesse fazer algo diferente no seu negócio, o que seria? Ou o que você aconselharia alguém a fazer de modo diferente do que você fez?

MICHAEL:

Acho que, embora tenhamos crescido em grande velocidade e criado uma posição de liderança nesse cenário, na verdade crescemos de forma muito metódica. Não contratamos uma segunda pessoa até que tivéssemos renda suficiente para pagá-la. E o tamanho do fundo que almejamos foi suficiente apenas para executar nossa estratégia. Desde o início, adotamos uma abordagem muito cautelosa em relação ao crescimento. Conseguimos, batendo na madeira, ficar um pouco à frente da concorrência. E continuamos nos sentindo muito bem com a nossa posição competitiva.

Mas o que se ouve e se vê no mundo da tecnologia e do capital de risco é que grande parte do crescimento na área da inovação provém de pessoas na faixa dos 20 anos, que não têm nada a perder e se empenham 1000%, e não 100%. Então, talvez nos estágios iniciais tenhamos investido 110% nessa ideia e a desenvolvemos de maneira muito metódica e consistente. Quem sabe onde estaríamos hoje se tivéssemos nos dedicado mais e ido muito mais rápido, se tivéssemos realmente expandido o conjunto de oportunidades?

Para mim, uma das coisas mais difíceis na nossa indústria é encontrar inovações entre o público profissional que está na minha faixa etária, porque esse grupo tem um foco muito maior nos aspectos negativos, e talvez haja mais inovações vindo dos "jovens e ignorantes" (coisa que eu, com certeza, era), na faixa dos 20 ou 30 anos, que não têm nada a perder. Esse talvez seja um atributo que deveria ser mais celebrado.

CHRISTOPHER:

Na sua opinião, qual é a principal razão pela qual a maioria das empresas de investimentos não consegue escalar?

MICHAEL:

No fundo, existem barreiras muito baixas à entrada no espaço de investimentos em geral, e isso também se aplica à gestão de ativos alternativos. Pode se conseguir alguém para apoiá-lo no seu primeiro negócio, ou talvez, até mesmo, no seu primeiro fundo. Portanto, sempre teremos uma base muito ampla na pirâmide desse setor e muitos participantes novos. No entanto, é uma indústria em que a primeira janela de cinco anos tem uma porcentagem muito baixa de sucesso. Acho que se esse obstáculo for superado… e chegarmos a um ponto em que se tenha um grupo de investidores principais de alta qualidade, e um processo com alguma consistência e alguma prática, o fosso começa a ficar cada vez mais fundo.

Na verdade, nós não nos concentramos no que acontece quando uma empresa consegue fazer com que aquele primeiro fundo escale de US$ 100 milhões para US$ 300 milhões. Essa não é a minha área de atuação, mas é nesse ponto que a eliminação acontece. Me parece raro que uma empresa de grande porte não consiga resistir a um mercado difícil ou a uma fase delicada e chegar ao outro lado. No caso das empresas menores, chegar ao outro lado significa sobreviver dez, 15 anos. Trata-se de uma daquelas indústrias que nos eliminam rapidamente, que nos mastigam e nos cospem fora. Mas se conseguirmos romper essa barreira, se conseguirmos construir uma base sólida, será uma indústria bastante complacente e estável.

CHRISTOPHER:
Nesse aspecto, ela é de fato única. Em matéria de talentos — obviamente, você contratou muitas pessoas ao longo dos anos, e a Dyal e a Blue Owl cresceram de forma espantosa —, quais são as principais características que você procura que separam os profissionais de melhor desempenho de seus pares?

MICHAEL:
Acho que isso difere drasticamente, dependendo do tipo de empresa e o objetivo principal daquela empresa ou daquele grupo. A pergunta que tento fazer é: qual é o objetivo, e qual é a melhor pessoa para aquela organização? Existem empresas que querem ter muitos graduados de Wharton, Harvard, Yale e Stanford. Nós temos um grupo representativo de graduados das menores universidades dos Estados Unidos. Trata-se, simplesmente, de um tipo diferente de contratação e de abordagem de equipe. Descobrimos que o sucesso dos nossos colegas foi efetivamente impulsionado pela capacidade de gerar uma mentalidade de parceria e confiança com os investidores e com os nossos parceiros nas empresas gestoras de ativos. Não se trata de ser a pessoa mais inteligente. Trata-se de ser um bom parceiro para quem está do outro lado da mesa. Sim, é preciso ser inteligente e estar motivado, mas o histórico escolar não nos leva ao sucesso.

Não se trata de ser a pessoa mais inteligente. Trata-se de ser um bom parceiro para quem está do outro lado da mesa.

CHRISTOPHER:
Essa é uma ótima maneira de ver as coisas. É muito idiossincrático, ancorado no negócio, nas personalidades desse negócio e nas pessoas que irão prosperar e se mostrar satisfeitas enquanto trabalham nesse negócio específico.

TONY:
Michael, como você sabe, estamos escrevendo um livro com um título audacioso: *O Santo Graal do investimento*. Isso vem da frase que Ray Dalio usou para descrever seu princípio mais importante dos investimentos. O que você construiu ao longo dos anos é incrível, e estamos muito orgulhosos e entusiasmados por sermos seus parceiros nas empresas gestoras de ativos. Quando você olha para os investimentos, qual você diria que é o princípio mais importante, o Santo Graal?

MICHAEL:
No que se refere ao investimento privado em uma empresa de capital humano, o Santo Graal é algo tão simples como fazer parcerias com pessoas boas. Eu sei que isso parece trivial, e talvez superficial, mas quando estamos procurando estabelecer um relacionamento do qual não se pode sair, e pensando nos nossos investimentos como algo permanente, não podemos nos dar ao luxo de discutir, brigar e nos separar. Então, encontramos 58 investimentos diferentes, e 55 deles foram com pessoas boas. E gastamos 90% do nosso tempo lidando com aqueles três que, digamos, têm indivíduos mais desafiadores.

Isso [o Santo Graal] não diz respeito apenas aos nossos relacionamentos. Significa também que, quando nossos parceiros fazem negócios em seu próprio ambiente, eles tratam os outros parceiros com a mesma simpatia e cordialidade que procuramos. Então, com certeza nos beneficiamos do relacionamento ponto a ponto, mas ele também permeia todos os investimentos subjacentes realizados do outro lado. A mim surpreende que, nesse ramo de participações em empresas gestoras de ativos, tenhamos visto esse fenômeno (o sucesso da nossa negociação ser uma função da "bondade" do parceiro) realmente ocorrer com uma correlação quase perfeita desde o início, mas essa é a verdade.

TONY:
Todos sabemos que as pessoas certas podem fazer com que uma empresa péssima se torne forte. Como você faz essas escolhas? Que critérios que você usa para saber se uma empresa vai oferecer o tipo certo de relacionamento?

MICHAEL:
O processo de conhecer uma organização pode ser longo. Já houve casos em que se passaram mais de sete ou oito anos para que eu conhecesse uma empresa e pudesse ajudá-la nesse processo. Ou pode durar apenas quatro ou cinco meses. Mas é fácil perceber, quando nos aprofundamos nos detalhes da negociação, se a contraparte está vendo tudo como um jogo de soma zero e apenas tentando ganhar o máximo de pontos possível, ou se está disposta a considerar os problemas de ambos os lados da mesa. E essa é a lente mais fácil de enxergar as coisas. Se um parceiro senta e diz: "Entendo por que essas três são importantes para você, e gostaria que você entendesse por que essas outras três coisas são importantes para mim", bem, esse é o tipo de diálogo que funciona e prenuncia seu comportamento na próxima década, ou nas próximas duas décadas.

Na maioria dos casos, uma empresa que conseguiu atingir o tamanho e a escala que estamos buscando terá esse tipo de capital humano dentro de seus quadros. De vez em quando, porém, ao avançarmos um pouco mais, percebemos que aquelas pessoas discutirão por cada centavo. Um bom teste decisivo para entender como será o futuro é prestar atenção na negociação do termo de compromisso como um verdadeiro preditor da relação no futuro.

TONY:
Mesmo sendo uma coisa simples, é de fato superútil. Se a pessoa estiver tentando maximizar cada dólar, não estará comprometida a longo prazo com mais ninguém, muito menos com você. Faz todo o sentido.

CHRISTOPHER:
Uma das coisas interessantes sobre a Dyal é o quão ela é diversificada. Como você vê essa mistura entre fundos de capital privado, aquisições, crédito privado, bens imobiliários, tecnologia etc.?

MICHAEL:
Temos a sorte de estarmos investindo em uma grande indústria. E aqueles que chegaram ao segmento mais selecionado construíram negócios realmente bons. O nosso objetivo é tentar estabelecer parcerias com empresas que sejam especializadas no que fazem. Empresas que sejam as melhores em X ou Y. Acreditamos que a generalização é uma espécie de corrida para a mediocridade. Não creio que possamos afirmar que um gestor de energia *upstream* terá um desempenho melhor do que um gestor de tecnologia, mas queremos firmar parcerias com os melhores em cada setor. E esse tipo de diversificação certamente nos ajudou. Existe uma espécie de maldição do vencedor no investimento em participações em gestoras de ativos, e isso significa que quanto melhor o desempenho de uma empresa, geralmente mais rápido ela cresce, e maior a probabilidade de precisar de capital de crescimento.

Existe uma espécie de maldição do vencedor no investimento em participações em gestoras de ativos, e isso significa que quanto melhor o desempenho de uma empresa, geralmente mais rápido ela cresce, e maior a probabilidade de precisar de capital de crescimento.

Portanto, temos sorte de não sermos muito procurados por empresas medíocres. Parece que só somos procurados pelas boas. Sendo assim, podemos tentar entender e determinar quem é mesmo especial em sua área de atuação. Existem algumas empresas generalistas que são boas de verdade, mas, a nosso ver, as empresas de alta qualidade que serão longevas são aquelas que realmente fazem algo diferenciado e especializado. E isso é óbvio em muitos setores.

TONY:
Entrevistamos vários operadores para preparar este livro, muitos dos quais se tornaram nossos parceiros por seu intermédio. E de fato constatamos isso em uma empresa como a Vista, por exemplo. Vemos o nível de especialização que [Robert tem] em SaaS. É extraordinário. Quando analisamos o mundo em que vivemos hoje, como você acha que o setor dos fundos de capital privado está sendo afetado pelo aumento das taxas de juros, após 45 anos de queda lenta? Isso afeta esse setor de forma significativa, e afeta os seus parceiros?

MICHAEL:
Tony, é engraçado você ter se referido ao número 45. Eu ia mencionar isso na minha resposta. Há um punhado de empresas de fundos de capital privado que existem há 45 ou cinquenta anos, tendo gerado enormes retornos para os investidores e uma riqueza considerável para seus proprietários em ambientes de taxas de juros bastante diversos. Isso abrange os anos 1970, 1980, 1990. E estamos falando de mínimas históricas nas taxas de juros globais quando medidas ao longo daquele período. Sendo assim, muitos investimentos foram feitos quando as taxas estavam baixas, e o fato é que elas subiram rapidamente. E isso pode exercer alguma pressão sobre os investimentos recentes. Mas, ao realizar a medição por um período mais extenso, continuamos constatando uma acomodação nas taxas e ainda vemos muito crescimento pela frente.

Em geral, dependendo do índice multiplicador que você deseja usar e como visualiza seu valor final, é possível ganhar dinheiro com as taxas de juros no ponto em que elas estão hoje. Será necessário apenas um tipo diferente de abordagem de criação de valor e, certamente, um paradigma de avaliação diferente. **Não é preciso estar em uma era de dinheiro grátis para se obter um bom retorno. Certamente, foi mais fácil entre 2009 e 2020, quando simplesmente bastava jogar os dardos contra a parede e muitas coisas funcionavam. Acredito que, nesta próxima fase, veremos uma clara separação entre empresas de alta qualidade das demais.**

Em contrapartida, o crédito privado está destruindo a participação de mercado que os bancos detinham no crédito aos poucos. E há muitos motivos pelos quais é melhor trabalhar com um credor privado que entenda as necessidades do seu negócio e esteja disposto a trabalhar com você nos bons e nos maus momentos. Isso não significa que eles sempre vão lhe dar uma folga, mas vão torcer por você. E essa flexibilidade que um credor privado direto traz para o espaço das aquisições continuará a ganhar participação de mercado. **Vimos muitas pessoas muitíssimo talentosas desistindo dos bancos nas últimas duas décadas, e muitas delas acabaram recorrendo a empréstimos diretos com gestores de crédito privado.** Penso que esses gestores acabaram construindo uma ratoeira melhor. É óbvio que nos sentimos honrados na Blue Owl por termos uma das melhores ratoeiras existentes. No total, como indústria, temos uma participação de mercado de apenas 9% ou 10%, aproximadamente. Portanto, o crédito privado ainda tem muito espaço para crescer, e isso constitui uma parte significativa do nosso programa de investimento.

TONY:
Última pergunta: neste estágio, o que lhe dá mais satisfação pessoal na vida? Estou curioso.

MICHAEL:
Ah, cara. É tudo uma questão de equipe, e o Christopher teve a sorte de conhecer várias pessoas da equipe da Blue Owl. E, em todos os períodos de remuneração, fico honrado pelas reações da maioria dos membros da equipe, porque demonstra uma gratidão pela riqueza financeira que todos conseguimos criar juntos, mas também um reconhecimento de que a maioria dessas pessoas viria até aqui e faria tudo de graça. Quando ouço isso, que as pessoas estão dispostas a trabalhar duro por todo esse tempo, tudo porque amam o companheirismo, amam a descontração... bem, é o melhor sentimento que posso ter como líder empresarial. É por isso que volto todos os dias para firmar parcerias com pessoas excelentes como os meus colegas aqui na Blue Owl, como Christopher e a equipe da CAZ, e como muitos dos nossos excelentes acionistas.

TONY:
Vou lhe fazer mais uma pergunta, visto que chegamos até aqui. Como você constrói essa cultura? Voltando ao primeiro princípio usado para investir... Seria encontrando as pessoas certas?

MICHAEL:

Não há uma boa resposta para isso, mas é o bom e velho teste do aeroporto de Pittsburgh quando se está entrevistando alguém. Conhecer bem a pessoa com quem você passará muito tempo junto, e não será apenas analisando planilhas. [Ora], nos aeroportos e nos carros há tempo de sobra, e você precisa sentir conexão e confiança. É isso o que procuramos. Acho que o grupo que reunimos é bastante especial na forma como interage e no tipo de amizade que se criou entre nós.

CAPÍTULO 18

BILL FORD

CEO DA GENERAL ATLANTIC

Distinções: Membro do Conselho de Relações Exteriores, do Conselho Consultivo da McKinsey e presidente da Universidade Rockefeller.

Total de ativos sob gestão (em agosto de 2023): US$ 77 bilhões.

Área de atuação: Consumidores, serviços financeiros, ciências biológicas e saúde.

PONTOS ALTOS

- Em julho de 2023, a GA investiu mais de US$ 55 bilhões em mais de quinhentas empresas em diversos estágios de crescimento. Possui US$ 77 bilhões em ativos sob gestão em mais de 215 empresas do portfólio atual e implementa de US$ 8 bilhões a US$ 9 bilhões em capital anualmente, com aproximadamente 60% investidos fora dos Estados Unidos.
- Hoje opera em seis setores globais e em cinco grandes regiões geográficas, com uma equipe de 272 profissionais de investimento que trabalham em 16 localizações globais.
- No momento, a General Atlantic está classificada em nono lugar na PEI 300 da Private Equity Internatio-

> nal, que lista as maiores empresas de capital privado do mundo, em grande parte graças à liderança do Sr. Ford.

TONY:
Estamos trabalhando em um novo livro e estou fazendo o terceiro volume dessa série. Entrevistamos os melhores investidores do mundo, e você está perto do topo, com todo o seu histórico. O que você fez na General Atlantic é simplesmente inacreditável. Gostaríamos de começar, se possível, perguntando se você poderia nos contar um pouco sobre a sua trajetória, como chegou à posição que ocupa, e o desenvolvimento e a expansão da General Atlantic ao longo desses anos, desde que você começou.

BILL:
Obrigado, Tony. Este é o nosso 43º ano. Começamos em 1980 como uma empresa familiar, e, durante a nossa primeira década, nos concentramos em administrar capital para um indivíduo chamado Chuck Feeney, que era um empreendedor independente de Nova Jersey.

TONY:
O mesmo Chuck Feeney que decidiu doar todo o dinheiro dele? Eu o entrevistei. Ele é extraordinário.

BILL:
Você deve ter entrevistado ele, Tony, porque ele é considerado o pai da Giving Pledge. Segundo Warren Buffett e Bill Gates, pelo fato de Chuck ter inventado essa ideia de doar enquanto vivo, ele era muito focado em retribuir, e, no fim das contas, acabou fazendo disso a sua razão de viver. Em 1980, quando lançamos a General Atlantic, Chuck já havia acumulado uma riqueza significativa e estava obtendo fortes fluxos de caixa do negócio da Duty Free Shoppers. Àquela altura, Chuck contratou duas pessoas da McKinsey: Steve Denning, nosso fundador, e um profissional chamado Ed Cohen. Os dois sujeitos deram início à empresa e, durante dez anos, tivemos apenas um investidor: Chuck Feeney. Ele estava construindo riqueza para si mesmo e também para o que viria a se tornar a Atlantic Philanthropies.

Então, por volta de 1990, aconteceu um fato na vida de Chuck que o fez abandonar totalmente a empresa — sair das operações, sair da liderança —, e se comprometer integralmente com a filantropia para reencontrar o equilíbrio pessoal. Chuck então decidiu investir todo o seu dinheiro dele na Atlantic Philanthropies e, depois, doá-lo ao longo da vida. Com isso em mente, ele incentivou a General Atlantic a sair em busca de outros investidores. Isso foi em 1990, e eu entrei em 1991.

Iniciamos, então, o processo de nos tornarmos uma empresa mais institucionalizada, acrescentando outros clientes, começando com famílias prósperas, antes de passar para as dotações e as fundações, e depois para instituições com grandes concentrações de capital, como companhias de seguros, fundos soberanos e fundos de pensão. Mas, como mencionado, o nosso ponto de partida foi Chuck, que vendeu o negócio da Duty Free Shoppers à Louis Vuitton em 1997, por US$ 3,7 bilhões. Entre esse momento e o que compusemos para ele, Chuck acabou doando cerca de US$ 10 bilhões em vida. Portanto, ele cumpriu a meta de doar enquanto se está vivo, e essa jornada levou ao nosso estilo de investimento e à formação da cultura da empresa. [Chuck] se preocupava com duas coisas: uma delas era a filantropia e, especificamente, aumentar o capital para que pudesse retribuir mais; a segunda era uma convicção que tinha a respeito dos empreendedores. **Ele acreditava totalmente que os empreendedores melhorariam o mundo. Assim, a empresa foi concebida sob o espírito de apoiar empreendedores e de ajudar a agregar valor aos seus esforços para desenvolver novas empresas e promover mais filantropia.**

Continuamos levando essas ideias adiante. Hoje, como empresa, seguimos concentrando nossos esforços em retribuir, ao mesmo tempo que mantemos a paixão por apoiar empreendedores. Investimos em muitos setores no mundo inteiro, não apenas em tecnologia nos Estados Unidos, mas o que de fato impulsiona o nosso programa de investimento é uma estratégia chamada capital de crescimento, que, basicamente, tenta identificar empresas que passaram do estágio de capital de risco e precisam de ajuda para crescer rapidamente. Ao identificar as empresas e os empreendedores certos, e ao participar desse crescimento, podemos gerar retornos excepcionais para os nossos investidores.

Passados mais de trinta anos, a General Atlantic se tornou global. Estamos nos Estados Unidos, na Europa, na Índia, na China, no Sudeste Asiático e na América Latina, com cerca de 60% do nosso portfólio fora de um país norte-americano. Para mim, uma das maiores jornadas pessoais foi trabalhar e construir relacionamentos em todo o mundo. Sempre estivemos fora da curva quando se trata de perceber para onde estão indo as inovações, e, em função disso, preparamos o nosso capital humano para capitalizar essa visão. Portanto, agora somos quase 560 pessoas em 16 localizações globais em cinco regiões geográficas, investindo cerca de US$ 8 a US$ 9 bilhões por ano em capital de crescimento.

TONY:
Quem foi a pessoa mais importante que ajudou a moldar seu sucesso? E o que você aprendeu com essa pessoa, ou absorveu dela?

BILL:
Essa é uma ótima pergunta, Tony. Steve Denning e Chuck Feeney tiveram uma enorme influência sobre mim. Como eu disse, Steve é o fundador da General Atlantic e foi ele quem me contratou. Muitos dos valores fundamentais da nossa empresa vêm dele, pois Steve era uma pessoa movida por valores. Depois que assumi o cargo de CEO da empresa, Steve se tornou presidente do conselho da Universidade de Stanford, tendo exercido essa função durante uma década. Ele foi um grande mentor, e aprendi muito com ele.

Chuck também moldou quem eu me tornei, porque ele era um homem incrível que fez algo que ninguém costuma fazer, não é verdade? Na época, Chuck era um dos homens mais ricos do mundo. Ele criou uma indústria, o varejo de viagem, construiu uma empresa vencedora e foi um empreendedor brilhante. Pôs um ponto-final nisso, mudar radicalmente para se comprometer com a filantropia aos 55 anos de idade e, por fim, doar todo o dinheiro que tinha, é uma coisa notável. Não conhecemos muitas pessoas assim. Ele foi muito impactante.

Por fim, a última grande influência foram todos os empreendedores com quem trabalhei. Pessoas como você. A meu ver, empreendedores são as pessoas mais interessantes do mundo. Eles veem o mundo de forma diferente. São pessoas que ouviram cerca de cinquenta vezes que a ideia deles não daria certo e, de alguma forma, perseveraram. São pessoas com quem se poderia aprender implicitamente. Penso em todos os empreendedores com quem trabalhei ao longo dos anos e muitos me vêm à mente. Por exemplo, Larry Fink, Jamie Dimon e James Gorman. Coloco esses três na categoria de mentores e pessoas que admiro demais como líderes, que me ajudaram a crescer e a ser bem-sucedido.

A meu ver, empreendedores são as pessoas mais interessantes do mundo. Eles veem o mundo de forma diferente. São pessoas que ouviram cerca de cinquenta vezes que a ideia deles não daria certo e, de alguma forma, perseveraram.

CHRISTOPHER:

É um ótimo grupo a quem se associar, sob muitos aspectos. Mas agora vamos mudar um pouco o foco e falar sobre a questão dos investimentos. No momento, a sua empresa atua em mais setores do que muitas outras, mas tudo está compreendido dentro da cesta do capital de crescimento. Na atual conjuntura do mundo do capital de crescimento, neste ciclo econômico com o qual estamos lidando, onde você identifica a maior oportunidade, à qual as pessoas não estão dando a devida atenção?

BILL:

Acredito que três grandes temas irão moldar o ambiente de investimento nas próximas décadas e moldar, também, o nosso conjunto de oportunidades. Um deles é a expansão contínua daquilo que chamo de economia digital global. Temos visto isso acontecer há anos... Cada vez mais indústrias, partes da economia e regiões geográficas estão sendo fundamentalmente impactadas pela tecnologia. Estamos no meio da quarta onda de computação que testemunhei na minha carreira. Na década de 1980, quando comecei, estávamos na era do mainframe, ou da computação centralizada. Vimos o advento da computação pessoal. Agora, estamos no advento da inteligência artificial. Isso vai transformar o panorama da computação e da tecnologia, e certamente abrirá muitas possibilidades de investimento.

O segundo grande tema de investimento são as ciências da vida. **Estamos em um momento áureo de inovações na biologia e nas ciências da vida, com base no que sabemos sobre o genoma e a biologia celular. A inteligência artificial potencializa todas essas inovações pelo modo com que contribui para a descoberta de medicamentos. Veremos uma aceleração real na terapêutica humana.** Sabemos que o acesso aos cuidados de saúde é um grande problema, principalmente nos mercados emergentes, mas precisamos repensar os nossos sistemas de cuidados de saúde para criar mais eficiência, mais acesso e melhores resultados. Portanto, embora existam [oportunidades de investimento] nas ciências da vida, trata-se, também, de uma indústria muito grande que necessita de disrupção, mudança e inovação. É aqui que a inteligência artificial pode desempenhar um papel importante.

O terceiro tema é a transição energética. Olho para um mundo que utiliza 110 milhões de barris de petróleo por dia, e esse número poderá aumentar para 180 milhões de barris de petróleo por dia. Primeiro, o carbono não conseguirá satisfazer as necessidades energéticas do mundo nas próximas duas ou três décadas. E, segundo, precisamos reduzir os 110 [milhões de barris] para utilizar fontes de energia mais limpas. A quantidade de inovações e investimentos necessários para fazer isso será enorme. Poderia ser a tecnologia climática. Poderia ser a geração de energia verde. Poderia ser a captura de carbono. Seja o que for, precisamos pensar na ideia de mudar a base energética do carbono para o não carbono e lidar com as questões climáticas.

TONY:
Você quer dizer que estes são temas para décadas e não para alguns anos apenas.

BILL:
Exato, para várias décadas. Temas que podem ter um crescimento excepcional, podem gerar retornos de investimento excepcionais.

CHRISTOPHER:
Nós nos referimos a isso como um vento a nosso favor ou um vento contra.

BILL:

Queremos ventos favoráveis, e esses ventos favoráveis criarão oportunidades para que novos agentes entrem no mercado e criem valor. Se tivermos nosso capital humano focado nisso, seremos capazes de encontrar boas oportunidades.

CHRISTOPHER:

Nos últimos 18 a 24 meses, o que aconteceu que você esperava que acontecesse e o que você não esperava?

BILL:

A maior mudança no cenário foi nas relações Estados Unidos-China. Operamos em um mundo em que a integração da China à economia global tem sido um vento favorável e um resultado positivo para o crescimento global. No mundo de hoje, as relações entre os Estados Unidos e a China serão muito mais desafiadas, levando a uma mudança fundamental no ambiente de investimentos. Isso tem implicações para o comércio mundial. Tem implicações para as inovações. Tem implicações para os investidores globais.

CHRISTOPHER:

Em relação a isso, o que você acha que os investidores estão deixando passar despercebido hoje em dia? Onde eles não estão posicionados corretamente?

BILL:

Penso que muitos investidores estão subestimando as inovações que virão da tecnologia, das ciências da vida e dos cuidados de saúde. É muito fácil subestimar a quantidade de inovações potenciais que continuarão surgindo e a duração dessas tendências, e acho que as ciências da vida e o espaço tecnológico são os melhores exemplos disso. Há um ano, ninguém teria qualquer expectativa sobre quanto a inteligência artificial se tornaria impactante, e com que rapidez ela se tornaria impactante. Penso que estamos subestimando o impacto disso no ambiente de investimentos e no conjunto de oportunidades de investimento.

CHRISTOPHER:
Isso remonta àquela velha frase: as pessoas superestimam o que pode ser feito em dois anos e subestimam o que pode ser feito em dez.

BILL:
Corretíssimo. Outra coisa: é fácil quantificar os empregos que poderão ser perdidos em virtude dessa mudança tecnológica, mas é muito difícil identificar exatamente quais empregos serão criados. Acredito que, neste momento, muitas pessoas não conseguem avaliar os aspectos positivos que surgirão desses desenvolvimentos.

Agora, ponderando o lado negativo como investidores, estamos saindo de um mundo com excesso de oferta em relação à demanda, o que significava inflação baixa, e entrando em um mundo em que a demanda excede a oferta. Poderemos ter uma inflação basal durante um período de tempo ou, pelo menos, ficar sem capacidade deflacionária. Acho que estamos diante de uma mudança no ambiente de investimentos que nos acompanhará por algum tempo, e que os investidores terão de aprender a se recalibrar. A festa acabou com o fim das duas décadas de dinheiro fácil que vivenciamos. Agora, estamos de volta a um mundo onde existe uma taxa de juros real. Hoje, temos uma taxa de juros nominal um tanto elevada a ser considerada. Temos uma taxa de desconto real para fluxos de caixa futuros que não tínhamos antes. Esses são os grandes ventos contrários e as grandes mudanças que tornam as inovações ainda mais valiosas, porque elas significam crescimento, e o crescimento pode neutralizar parte dos reveses.

TONY:
Claro, Ray Dalio é um macroinvestidor, e isso é uma coisa diferente. Mas ele fala sobre o Santo Graal, isto é, o princípio máximo que ele adota nesse ambiente que você está descrevendo. Quando você vai investir em empresas, quando procura grandes empreendedores, qual é o seu Santo Graal do investimento?

BILL:
Quero voltar ao que você acabou de dizer, Tony. Somos microinvestidores operando em um contexto macro. Pensamos no tamanho do mercado que a

empresa está tentando atender e na rapidez com que esse mercado crescerá. Mas [também] pensamos em como ele está estruturado e se haverá lucros atraentes no fim. Estamos na parte micro disso tudo. E qual tem sido o nosso Santo Graal? Na verdade, tudo se resume a três coisas. A primeira, que acabei de mencionar, é o mercado. A segunda, estamos falando de um prêmio suficientemente grande? Trata-se de um modelo de negócios capaz de gerar altos níveis de lucratividade ao longo do tempo? Às vezes, é possível construir um negócio em um grande mercado, mas o modelo de negócios é, fundamentalmente, uma indústria com margem bruta de 20% e margens de lucro de 1% ou 2%. É possível construí-lo, mas ele não vai gerar um lucro muito significativo. Na verdade, fazemos treinamento em modelos de negócios com as nossas equipes para entender quais são os fundamentalmente atraentes e quais são os fundamentalmente pouco atraentes. E a terceira coisa são pessoas e gestão. Chamamos de gestão, mas, na verdade, é a qualidade do empreendedor. Este é o tipo de indivíduo ou líder que pode fazer algo acontecer, superar as adversidades e atrair seguidores para aprimorar uma equipe? Cada vez que olhamos para a nossa micro-oportunidade, estamos analisando essas três variáveis em profundidade.

TONY:
Você disse que treina seu pessoal para observar esses modelos de negócios, os que são atraentes. Mas alguns não são tão atraentes assim. Nessa área, quais os critérios que você considera, para além da margem, obviamente? E então, em segundo lugar, a mesma coisa em relação às pessoas. Como saber se aquela é a liderança certa ou o empreendedor certo?

BILL:
Analisamos o poder de precificação, a intensidade de capital e as margens brutas elevadas. A intensidade de capital cria um risco de investimento fundamental. Você precisa de mais capital, e isso dilui sua base patrimonial. De modo geral, trata-se de um custo fixo que não pode ser gerenciado, por isso temos a tendência de gostar mais de negócios com baixa intensidade de capital. E o poder de precificação. Se você tem poder de precificação, isso em geral está associado a margens brutas e margens operacionais mais elevadas. O pior cenário possível é atuar na comercialização

de matérias-primas sem que se tenha poder de precificação e o capital seja intensivo. **Portanto, adoramos estas duas coisas: o poder de precificação combinado com a baixa intensidade de capital leva a margens brutas elevadas, a grandes barreiras à entrada e, em última análise, a margens de lucro elevadas.**

E então, [no que se refere] às pessoas fazemos muitas coisas. Fazemos avaliações formais de gestão com outras empresas. Investimos na compreensão do que as fez chegar aonde estão, o que as está motivando a realizar o que desejam e o que há no histórico de realizações delas indicando que serão capazes de enfrentar os desafios que terão pela frente. E há sempre o aspecto intrínseco. O melhor comentário que ouvi ao longo dos anos, e que sempre ressoou em mim, é que as melhores pessoas são ambiciosas em relação às empresas e nem tão ambiciosas em relação a si mesmas.

TONY:
Adorei isso.

BILL:
Dito isso, nunca se deve retirar o ego da equação, porque ele é necessário. Mas algumas pessoas estão nisso por si mesmas e pelo que podem obter com isso, seja riqueza, seja poder seja notoriedade. Outras têm a ambição de realmente resolver um problema complexo. Para mim, isso significa ambição voltada para a empresa, e é isso o que as motiva. Para chegar ao resultado, elas não permitirão quase nada atrapalhando o caminho.

TONY:
Isso é tão simples e tão claro. São critérios fantásticos.

CHRISTOPHER:
Agora voltemos um pouco para o seu lado empresarial, Bill. Fazer uma grande empresa de investimentos crescer exige muito mais do que apenas grandes investimentos. Assim, além do forte desempenho, qual foi a principal razão para o sucesso do negócio? E qual foi o verdadeiro ponto de virada, aquele que permitiu que seu negócio deixasse de ser bom para se tornar ótimo?

BILL:
As três coisas que levaram ao nosso sucesso foram foco em talento, cultura e processo. No fim das contas, devemos ter ótimas pessoas. Se não estivermos absolutamente comprometidos em ser uma organização movida por talentos, sairemos perdendo. Portanto, temos um foco incansável no talento e no capital humano, e no desenvolvimento do nosso pessoal da melhor maneira possível.

Em segundo lugar está a cultura, que é difícil de desenvolver e de construir, mas fácil de perder. Portanto, contar com as pessoas e ter o compromisso de preservar uma cultura — não apenas falar sobre ela, mas vivenciá-la — é vital.

Finalmente, como mencionei, não se pode crescer sem um processo. Quer se trate de um processo de comitê de investimentos, quer de um processo de comitê de portfólio, é preciso prestar atenção à implementação dos processos corretos para permitir que a organização continue sendo eficaz e fazendo o que faz.

Outra coisa é: não se pode obter talento e cultura sem compartilhar generosamente a economia. Se os profissionais seniores mantiverem um controle muito rígido sobre os aspectos econômicos, não serão capazes de atrair e reter a próxima geração de grandes talentos. É notável como muitas organizações não seguem isso e, como resultado, acabam perdendo o foco no talento e na cultura.

Meu antecessor, Steve Denning, sempre defendeu receber menos e dar mais, e isso nos permitiu atrair ótimas pessoas. As pessoas querem ficar, elas querem construir uma carreira conosco.

CHRISTOPHER:
Você cresceu na organização e depois assumiu o comando dela. O que você gostaria que alguém tivesse lhe dito antes de assumir o papel que ocupa agora?

BILL:
Sou bom com números e finanças. Acho que sou muito bom em estratégia. Acho que sou bom em vender e em me comunicar. E então logo percebi que [o sucesso] depende das pessoas. **Todas as alegrias do trabalho têm**

a ver com as pessoas, e todos os desafios do trabalho têm a ver com as pessoas. Ninguém me contou explicitamente isso, e tive de aprender com a experiência. Se você for uma pessoa empática e afetuosa, ainda assim é difícil. Nunca deveria parecer fácil, e não é fácil.

CHRISTOPHER:
Sabe, é fascinante observar como algumas empresas escalam e se tornam grandes, como a General Atlantic se tornou, e outras não. Sendo essa pessoa que construiu uma empresa da maneira que você construiu durante um longo período de tempo, por que você acha que algumas empresas conseguem escalar e outras não?

BILL:
Penso que tem a ver com a partilha dos aspectos econômicos, mas há também outras considerações importantes. Trata-se, também, de compartilhar as responsabilidades e a tomada de decisões. Alguns dos melhores investidores são grandes investidores individuais, mas querem controlar a tomada de decisões. Se você construir uma empresa em torno disso, de um seleto grupo de pessoas que são excelentes investidoras, obviamente estará limitando sua escala ao que esse grupo de pessoas é capaz de fazer. Consigo pensar em várias empresas que tiveram períodos fabulosos de dez ou vinte anos em torno de um conjunto de indivíduos ou de um único indivíduo e, finalmente, começaram a desaparecer aos poucos, porque não conseguiam escalar para além daquele grupo. E isso pode se dever [à falta de partilha] dos aspectos econômicos, mas talvez mais do que isso.

TONY:
Você mencionou seu foco incansável no talento, que também tem a ver com isso. Eu adoraria ir um pouco mais fundo nesse aspecto. Quando você pensa sobre o universo de talentos em investimentos, quais são as principais características que separam esses profissionais de alto desempenho de seus pares?

BILL:
Isso é difícil de identificar, Tony. É a coisa mais difícil de fazer, e é por isso que precisamos de tempo para permitir que as pessoas cresçam e evoluam.

No fim das contas, é uma mistura maravilhosa de coeficiente intelectual e coeficiente emocional que produz os grandes talentos. Para ser bem-sucedidas, as pessoas devem ser inteligentes e estar altamente motivadas. Também é preciso ter um quê de insegurança, mas bons talentos serão capazes de administrar o próprio ego de forma que possam sintetizar essas informações, ser excelentes ouvintes e tomar boas decisões. Vou tentar explicar de forma mais concreta. Consideremos alguém que diz: "Eu realmente quero fazer esse investimento, porque, no íntimo, acredito que terei um ganho triplo. Estou condenado [*sic*] a isso, e estou condenado [*sic*] pelos motivos certos." Outra pessoa vai colocar o ego de lado, usar o intelecto e chegar a um ponto em que conseguirá dizer: "Tenho a capacidade de reunir todas essas informações e toda essa incerteza, manter minha convicção e, ainda assim, delegar a decisão para um comitê de investimentos." Para mim, tem sido difícil descobrir quem é capaz de chegar a esse ponto, mas, com o passar dos anos, começamos a perceber um pouco melhor.

TONY:
Na verdade, isso também é um reflexo do que você observa junto aos empreendedores, certo? Você procura saber qual é o sistema de valores. Sou "eu, eu, eu"? Ou estou investindo em algo maior do que eu? O que é consistente com toda a cultura que começa lá atrás, com seus fundadores. Isso é realmente lindo. Só uma última pergunta. Estou curioso: quando você olha em volta e vê pessoas que entraram no negócio e têm aquele senso de missão absoluta, em contraste com aquelas que não o têm, de onde você acha que isso vem? Eu sei que é diferente para cada pessoa, mas por trás de tudo isso existe algum padrão que você perceba?

BILL:
É difícil [porque] estamos sempre tomando decisões sob certo grau de incerteza. Nunca temos todas as informações. Se você vier aqui e disser "Quero fazer isso porque quero ser muito rico e quero ser um grande executivo dos fundos de capital privado", provavelmente irá fracassar de forma retumbante. Se [em vez disso] você for uma pessoa que adora competir e disser "Quero, realmente, encontrar ótimos investimentos, quero aprender o meu ofício e ser muito, muito bom nisso." E se você for intelectualmente

curioso, o fato de conhecer pessoas, aprender coisas novas e ser apresentado a novos mercados vai motivá-lo bastante. Se você for esse tipo de pessoa, então este é o negócio mais divertido do mundo, porque ele está sempre mudando. Nunca é estático, nunca é a mesma coisa. Ele envolve pessoas, e sempre se aprende alguma coisa.

Quando começamos, os fundos de capital privado eram o fim do mundo. Ninguém sabia o que era. Não havia sequer um nome para isso. As pessoas vinham trabalhar com isso porque adoravam investir e adoravam, no nosso caso, construir empresas e trabalhar com empreendedores. Somos uma indústria de US$ 11 trilhões, mas me preocupo com as pessoas que chegam aqui e afirmam: "Este é um trabalho premiado." Isso me assusta como recrutador. Eu quero [pessoas que] digam: "Quero estar aqui porque adoro isso." Aí, sim, eu vou saber que elas poderão se apaixonar e adquirir as habilidades corretas.

CAPÍTULO 19

TONY FLORENCE

COPRESIDENTE DA NEA

Distinções: Fundada há mais de quarenta anos, a NEA foi uma das primeiras empresas de capital de risco do Vale do Silício, com notáveis investimentos iniciais no Slack, Airbnb e Stripe.

Total de ativos sob gestão (em agosto de 2023): US$ 25 bilhões.

Área de atuação: Tecnologia e cuidados de saúde.

PONTOS ALTOS

- Os ativos sob gestão da NEA mais do que duplicaram na última década, totalizando mais de US$ 25 bilhões em 31 de março de 2023.
- Os investimentos da empresa em todo o espectro de tecnologia e cuidados de saúde resultaram em mais de 270 aberturas de capital e mais de 450 fusões e aquisições.
- A NEA ajudou a desenvolver mais de cem empresas avaliadas em US$ 1 bilhão ou mais.
- As empresas do portfólio da NEA geraram mais de US$ 550 bilhões em valor de mercado acumulado.

TONY ROBBINS:
Você tem uma carreira de 17 anos na NEA e, basicamente, elevou a divisão de tecnologia a outro nível. Também abriu o capital de algumas grandes empresas, e vendeu algumas delas. Como você chegou a essa posição, de ser o avô de todas essas empresas de capital de risco?

TONY FLORENCE:
Bem, as minhas origens remontam a Pittsburgh, na Pensilvânia. E muito do que sinto estar por trás do meu atual foco foi construído naquela época. Desenvolvi uma paixão por algumas coisas, mas uma delas, certamente, é ter uma perspectiva de longo prazo sobre as pessoas e reconhecer que elas podem mudar sob muitos aspectos. Isso realmente remete ao empreendedorismo e aos fundamentos básicos do que fazemos aqui. **A maioria de nós contou com algumas pessoas que ajudaram a trazer um pouco de sorte para a nossa vida, e então [nós] criamos nossa sorte a partir daí.**

Tive a sorte de trabalhar com a NEA por um longo período quando gerenciava o banco de tecnologia no Morgan Stanley, outro lugar que foi fundamental para mim. Eu queria muito trabalhar com empresas jovens e ajudá-las em suas jornadas de uma, duas ou três décadas e tentar desempenhar um pequeno papel auxiliando as pessoas a realizarem seus projetos e seus sonhos, e o efeito de rede que isso teria. Então, comecei essa jornada há muito tempo, assim como você e assim como Christopher. Tem sido um dia após outro.

TONY ROBBINS:
Conte-nos um pouco sobre uma empresa, digamos, como a Casper ou a Jet.com, que eu sei que vocês venderam para a Walmart. O que você viu no início, como você analisa uma empresa como essa e como você decide fazer os investimentos. Eu adoraria ouvir alguns dos critérios que você leva em consideração.

TONY FLORENCE:
Posso dizer que a Jet é um ótimo exemplo. Ela começa com um fundador chamado Marc Lore. Marc foi o meu primeiro investimento na NEA, em 2009. E, para mim, esta é a joia escondida, a parte mais divertida e gratificante do que eu faço. Vou trabalhar com Marc até não conseguir mais trabalhar. Estou na minha terceira empresa com ele; investi, originalmente, na Diapers.com,

que se tornou a Quidsi. Depois, vendemos essa empresa para a Amazon, e eu reservei um lugar na primeira fila para aquele fundador que construiu um negócio [que] começou na garagem dele, literalmente revendendo fraldas. Marc era pai e sempre que entrava na farmácia CVS e percebia que [eles] não tinham nenhuma fralda no estoque, batia aquela frustração.

Quando conheci Marc, e ele me contou as razões pelas quais tinha construído aquele negócio, percebi que ele não iria parar até que fosse bem-sucedido. Não importava o que estivesse na frente dele. **Assim, uma das principais coisas que buscamos é esse nível de perseverança e obsessão, que não passa pelo dinheiro nem por um reconhecimento qualquer.** Para Marc, nesse caso específico, tudo começou com uma paixão e obsessão como cliente e a frustração da esposa, para logo depois se tornar: "Como posso ajudar todas as mães desse país?"

Eu me lembro que, quando saí da minha primeira reunião com Marc, liguei para o meu sócio e disse: "Fiz o meu primeiro investimento. Vocês vão odiar, mas quero apenas dizer que esse cara vai vencer. Ele está vendendo produtos com margem bruta de 10% na internet, e vai derrotar a Amazon." Seis anos depois, Jeff Bezos estava telefonando para ele, ameaçando-o no primeiro minuto e, no minuto seguinte, tentando convencê-lo a entrar para Amazon. Então, o conselho da Walmart me ligou e disse: "Ei, por que vocês não vendem para nós?" E foi assim que **percebi que um cara de Nova Jersey que havia lançado em sua própria garagem a ideia de vender fraldas on-line tinha construído algo com relevância para os dois maiores varejistas do país: a Amazon e a Walmart.**

Essa pequena ideia gerou meio bilhão de dólares (em vendas) e centenas de funcionários e centenas de milhares de clientes que adoraram não precisar mais ir à loja e passar a receber seus produtos em casa no dia seguinte. Aprendi muito com Marc sobre o poder desse relacionamento de alta frequência com o cliente. Se você conquistar isso, o restante vem fácil. Para cada duas mães clientes que chegavam, uma nunca mais voltava. Mas a outra voltava 26 vezes.

Vendemos o negócio por US$ 3,5 bilhões. Há muitos detalhes nessa história, mas Marc foi a figura central e o motivo por trás de tudo. Agora, estou na minha terceira empresa com Marc, chamada Wonder, e acredito que, em uma década, ela será sua maior empresa.

Então, se eu puder contar com um negócio desses na minha carreira, e quem sabe até mais alguns, será bem divertido. Acho que uma das melhores coisas de ser um investidor, um fundador e um empreendedor é que é preciso ser um bom administrador de riscos e oportunidades. Marc e muitos outros fundadores com quem trabalhei são assim, inclinados na direção do risco, mas ao mesmo tempo têm a capacidade de analisar os dados, o mercado, as pessoas e os comentários, e ficam felizes em aprimorar o raciocínio e aquilo que realizam ao longo do caminho.

TONY ROBBINS:
Você já viu muita coisa no espaço do comércio eletrônico. Li um artigo em que você descreveu dois tipos diferentes de pessoas: a pessoa que está lá para resolver o problema, como Marc, e a pessoa que realmente enxerga como dinamizar ou potencializar a interação. Onde [os colchões] Casper se enquadram nisso, apenas como exemplo? Estou curioso para escutar essa história. E, depois, adoraria saber quem mais o influenciou ao longo do caminho?

TONY FLORENCE:
Acho que a Casper foi uma história um pouco diferente. Construiu-se uma história de eficiência ali, quando eles romperam com a cadeia de distribuição e, em última análise, com o intermediário. No fim das contas, este é o poder da internet. A Casper havia alcançado uma otimização na distribuição, e também deu sorte com uma pequena reviravolta no marketing. O conceito de "uma cama em uma caixa" foi apresentado em um vídeo que viralizou, e isso os ajudou a estourar, por assim dizer.

Quer dizer foi um pouco de sorte, um pouco de engenhosidade, um pouco de "podemos fazer melhor do que eles", mas acho que aquele modelo de negócios realmente me chamou a atenção porque todos nós precisamos de colchões, certo? Escolher e finalizar a compra é um problema e uma experiência pela qual, em certa medida, todos nós já passamos e não há ninguém que a consideraria uma experiência positiva. No mínimo, tínhamos um mercado que todos conseguiam entender e uma experiência diante da qual todos se diziam neutros ou não gostavam.

Foi quando alguns jovens, literalmente uns garotos da Universidade do Texas e alguns outros incorporados ao longo do caminho, criaram esse conceito de que seria possível implodir toda a cadeia de abastecimento e de distribuição para torná-la eficiente. E que seria possível, de fato, entregar (um colchão) em uma caixa na casa do cliente, em vez do cliente ter de ir buscá-lo e colocá-lo no teto do carro. Esse grupo desenvolveu uma marca em torno disso, totalmente on-line e baseada no marketing para construir eficientemente um grande negócio.

Nosso papel foi tentar ajudar a estabelecer uma missão. Temos esperança de que ela já tenha se consolidado um pouco, e seguimos ajudando discretamente ao longo do caminho para amplificar as coisas de que eles precisam para concretizar essa visão. Mas a verdade é que os fundadores queriam construir algo único, e conseguiram.

TONY ROBBINS:
Quem mais o influenciou ao longo do caminho? O que você aprendeu com essa pessoa? Talvez tenha havido mais de uma na sua vida, tenho certeza, mas quem você destacaria?

TONY FLORENCE:
Bem, nada começa e termina sem a nossa avó e a nossa mãe. Então, para mim, foram as duas. Fui criado pelas duas, e depois por minha esposa. Então, acho que, provavelmente, eu diria que acertei o passo de forma melhor do que esperava graças ao apoio e à firmeza dessas mulheres. Tive [também] muita sorte de ter muitos mentores ao longo do caminho, tanto na NEA quanto fora da NEA. E os fundadores com quem trabalho são aqueles em quem me inspiro todos os dias.

Eu estava conversando com um deles hoje cedo e fiquei muito animado. Eu disse: "Está bem, vamos trabalhar nisso." Quer dizer, até certo ponto, me sentir energizado nesse negócio é uma coisa que acontece todos os dias. A esta altura da minha vida, procuro inspiração e pequenas coisas ao longo do caminho, nada muito radical. Recebi uma ótima base da minha família, e é isso que me coloca no eixo. Neste momento, todo o restante é simplesmente um bônus.

CHRISTOPHER:
A NEA é considerada uma empresa de capital de risco e uma empresa de crescimento. Obviamente, agora você dispõe de capital para implantar. Para você, quais são as maiores oportunidades?

TONY FLORENCE:
Não há dúvida de que quando empenhamos todo o nosso potencial em nome dos nossos sócios comanditários, fazemos duas coisas muito bem. A

primeira é pegar uma empresa logo no começo e a segunda é ajudá-la durante uma ou duas décadas. Algumas das nossas melhores empresas, com capitalizações de mercado de US$ 50 bilhões, não começaram assim. Elas começaram com um cheque de US$ 5 milhões (de investimento) e poucas pessoas. É exatamente aí que podemos contribuir para uma verdadeira criação de valor, e nos planejamos para sermos capazes de fazer isso em todas as etapas, com o mesmo nível de paixão por riscos e oportunidades que tínhamos há mais de uma década, quando chegamos à empresa. Para a NEA, este é o significado de compromisso.

Em um domingo, quando recebo um telefonema, mesmo que eu já esteja trabalhando na empresa há uma década, é como se nada mais importasse e eu recobrasse o mesmo nível de dedicação que mostrava no início. Hoje, temos muita sorte de poder escolher os momentos no desenvolvimento de uma empresa em que podemos tirar proveito de todas essas coisas. Nos estágios iniciais, estamos vendo oportunidades extraordinárias para a inteligência artificial e o desenvolvimento de softwares. Assim, no caso das empresas que se encontram nas fases inicial e intermediária, apoiamos fortemente os investimentos nessas áreas. E depois, na fase de crescimento, aguardamos que aquela oportunidade de fato acelere, mas estamos começando a enxergar um valor real nas empresas em fase de crescimento.

São negócios que já estão estabelecidos, cujos riscos foram retirados do modelo de negócios, e que só precisam de capital para crescer. **Temos atuado em um ambiente em que as empresas jovens têm muita dificuldade de obter capital, e, portanto, estamos apenas começando a ver a dinâmica de preços se tornar bem mais favorável.**

CHRISTOPHER:
Em janeiro, tivemos a oportunidade de conversar em um café da manhã, quando você se apresentou em nosso evento para falar sobre o que aconteceu no mundo em 2022. O que aconteceu recentemente no mundo do risco e do crescimento que você não esperava que acontecesse, desde a época da pandemia até hoje? E o que aconteceu que você esperava que fosse acontecer?

TONY FLORENCE:
O que me vem à cabeça é que tivemos uma crise de crédito na área de tecnologia com o SVB, coisa que ninguém teria previsto. Felizmente, nos antecipamos e retiramos nosso capital do SVB antes que houvesse algum

problema. Mas acho que a velocidade com que uma grande empresa de capital aberto como essa faliu foi, provavelmente, a maior surpresa do ano para nós. Parece que foi há muito tempo. A outra coisa interessante é que o mercado se restabeleceu com bastante rapidez, o que também foi uma grande surpresa.

Penso que a segunda coisa é que os mercados públicos se recuperaram muito rapidamente, ainda mais no que se refere às empresas de tecnologia de alta capitalização. Acreditávamos que a fase de desconforto seria mais prolongada e que teríamos um ambiente de taxas de juros mais difícil. Mas a economia tem se mostrado um pouco mais forte e mais dinâmica do que esperávamos.

CHRISTOPHER:
Isso nos leva à próxima pergunta. O que os investidores estão deixando de perceber quando analisam o risco e o crescimento neste momento? O que é que eles não estão conseguindo compreender plenamente no lado dos riscos ou compreender plenamente no lado das oportunidades?

TONY FLORENCE:
Bem, **penso que as crises criam oportunidades. Houve uma liquidez no mercado de capitais, e com isso criou-se uma crise nas taxas de juros.** Então, esse é o momento em que é melhor optar pelas transações secundárias e por operações não tradicionais. Tentamos fazer isso enquanto pensamos nos nossos negócios nas transações secundárias, no crédito e em outros locais. A segunda coisa que eu diria é que a inovação não para. As pessoas que fundam empresas hoje em dia não estão tão preocupadas com o Fed e a recessão como nós três poderíamos imaginar.

Assim, **é preciso diversificar os investimentos ao longo do tempo, especialmente em capital de risco e empresas em estágio inicial, e buscar uma perspectiva precisa em relação à duração.** Há empresas criadas no ano passado, este ano, as que serão criadas no próximo ano, e, daqui a dez anos, vamos olhar para trás e [dizer]: "Uau, foi uma época incrível para se investir em capital de risco." Então, acho que o que aconteceu no nosso negócio é que ele se tornou um pouco mais cíclico do que deveria, porque são ativos de longa duração. É preciso muito tempo para se construir uma empresa, e ninguém consegue saber quando surgirá o próximo Marc Lore com uma grande ideia que exigirá oito anos para ser implementada. Mas quando isso acontecer, os sócios comanditários terão um resultado incrível.

Então, é preciso gerenciar isso tudo de acordo com o ambiente. Fechamos um grande fundo em fevereiro. **Acreditamos que o momento é oportuno, saudável para investir, mas sempre com responsabilidade. Às vezes, é difícil os sócios comanditários entenderem isso porque quando o ambiente não se mostra favorável, trata-se, por vezes, do melhor momento para se ter uma perspectiva de longo prazo.**

CHRISTOPHER:
Se alguém lhe desse um balde de dinheiro e dissesse "só me devolva daqui a vinte anos, 25 anos, trinta anos", você ficaria entusiasmado? Ou ficaria com medo? Você falou sobre quanto tempo leva para esses negócios serem desenvolvidos, mas a estrutura típica das sociedades em comandita, de ter de devolver capital, é a própria natureza do setor em que operamos. No entanto, parece que o capital permanente seria uma solução muito melhor no mundo do risco e do crescimento.

TONY FLORENCE:
Sem dúvida, e penso que, para muitas empresas de investimentos, um pouco do Santo Graal é ter mais capital permanente. É por isso que muitas empresas promoveram a abertura do capital. Estamos sempre em busca de parceria de longa duração. Nós temos alguns. Não tiramos nenhuma vantagem disso porque temos estruturas tradicionais, mas estamos, de fato, tentando entender qual é o equilíbrio adequado.

Mais uma vez, cada dólar que recebemos, recebemos com níveis extremos de responsabilização e responsabilidade e, portanto, deve-se ter a expectativa adequada nesse caso. Acho que, com o tempo, a indústria continuará amadurecendo. Acho que sentimos a mesma coisa em relação ao capital de risco e ao crescimento.

A vida útil do nosso fundo é de 12 anos, muito mais longa do que a de um fundo tradicional. Esses fundos costumam durar oito anos, talvez dez, então estamos no lado mais longo exatamente por esse motivo. Mas a boa notícia é que isso não nos impediu de tentar maximizar o valor para os nossos sócios comanditários.

TONY ROBBINS:
Você mencionou o Santo Graal. Esse é o título deste livro, *O Santo Graal do investimento*. Em uma entrevista, perguntei a Ray Dalio, que é um grande

amigo meu: "Qual é o princípio de investimento mais importante que orienta a sua tomada de decisão?" E a resposta, que ele chamou de Santo Graal, foi que era preciso ter de oito a 12 investimentos não correlacionados. Estou curioso: o que você considera ser o Santo Graal do investimento de uma perspectiva sua?

TONY FLORENCE:
Bem, para ser bem direto, Tony, é isso e não é. Qualquer pessoa que atue no nosso ramo, e não tenha lido tudo o que Ray Dalio escreveu, ou o que você escreveu sobre ele, provavelmente estará se autossabotando. Temos sorte de ter esse material disponível. Nossa empresa foi fundada há 45 anos, com uma visão centenária, e sempre levou em consideração algumas coisas importantes. Uma é que sempre tivemos como foco a tecnologia e os cuidados de saúde. Portanto, por definição, temos atividades de investimento não correlacionadas, apenas pela nossa própria natureza. Temos uma diversificação que, provavelmente, é mais parecida com o que Ray afirmou. Também alocamos capital de forma dinâmica, que é outro dos princípios deles, dentro de uma estrutura de fundo, baseada em um determinado ambiente. **Podemos sobrealocar em algumas áreas ou subalocar em outras, e temos essa flexibilidade incorporada em nossas práticas.** Então, temos a diversificação ao longo do tempo.

Mas mais interessante em nossa atuação é poder realizar um investimento hoje, mas ter de sete a oito anos para tomar decisões de investimento na empresa. Como temos muita diversificação ao longo do tempo, podemos averiguar quais ciclos tecnológicos de fato floresceram. A ideia original e o produto ou as tecnologias originais em que investimos ainda são relevantes no presente? Nós nos debruçamos sobre isso.

E, então, por último, eu diria que, devido à nossa escala, fazemos pequenas apostas que não têm correlação alguma, que são mais futurísticas, que talvez não estejam nas redes sociais clássicas, no comércio eletrônico ou na inteligência artificial, mas que podem estar em uma empresa de robótica ou de automação que não têm nada a ver com 95% do nosso portfólio, mas que, se funcionarem, podem ser bastante especiais. Ou fazemos uma pequena aposta em uma área das ciências da vida, como a CRISPR. Na época em que investimos nessa tecnologia, era uma insanidade, era algo que ia contra tudo o que havia sido feito no campo das ciências da vida, e era justamente esse o ponto positivo. Nós temos a capacidade de fazer esses experimentos, mas em pequenos investimentos que não arriscam uma quantidade expressiva de capital, embora proporcionem o nível agradável de diversificação do qual você está falando.

TONY ROBBINS:
Você trabalhou com muitos empreendedores ao longo dos anos. Se você tivesse de citar um, dois ou três princípios que tornam os empreendedores bem-sucedidos em todos os aspectos, o que você destacaria?

TONY FLORENCE:
Odeio ser repetitivo, mas diria que um deles ser obcecado pelo que estão fazendo, o que é o caso desses fundadores. **São todos pessoas obcecadas pela oportunidade, e pelo risco. São dois fatores muito importantes.** Em segundo lugar, e têm uma visão muito clara da própria capacidade de construir e recrutar. Isso é muito, muito importante, e eles conseguem comunicar isso. E a terceira coisa é que eles têm algo dentro deles que está trabalhando em nosso nome 24 horas por dia, e nós percebemos isso. Não é apenas a parte da obsessão, mas uma crença de que tudo aquilo precisa acontecer, então há uma razão para que eles existam.

Ontem, quando eu estava conversando com Marc sobre sua mais recente empresa, ele disse, com estas exatas palavras: "Tony, há milhões de pessoas que precisam disso." No íntimo, ele realmente acredita que o que está fazendo é uma coisa importante, e isso não tem nada a ver com um painel de pontuação.

TONY ROBBINS:
Fazer uma grande empresa de investimentos crescer exige muito mais do que apenas grandes investimentos ou [ter] um ótimo desempenho. Qual você acha que foi a principal razão do sucesso da sua empresa ao longo desses 45 anos? E houve um ponto de virada que permitiu que a empresa realmente decolasse?

TONY FLORENCE:
Acho que, como tudo, isso se deve ao fato de que somos uma organização de capital humano. Então, tudo gira em torno das pessoas e da equipe. A maioria das pessoas que começa aqui acaba se aposentando aqui. A maioria dos nossos parceiros está conosco há 15, vinte anos. É uma cultura muito, muito coesa, baseada no trabalho em equipe, na confiança e na excelência, e tentamos viver

isso todos os dias. Somos obcecados por essas coisas. Tudo o que fazemos tem de reforçar o trabalho em equipe, a confiança e a excelência da nossa cultura. E quando vemos coisas que não estão alinhadas com isso, nós as removemos muito rapidamente, seja uma pessoa, seja um comportamento. E tentamos estruturar a forma como fazemos as coisas, a forma como trabalhamos, a forma como reconhecemos as pessoas, a forma como incentivamos as pessoas, tudo para reforçar essas partes fundamentais da cultura.

A segunda coisa que eu diria é que temos um conceito de resultados compartilhados. **No fim das contas, somos apenas uma pequena parte da jornada de uma empresa e da jornada de um fundador**, mas somos uma equipe inteira. Então, em média, de oito a dez pessoas na NEA irão lidar com uma determinada empresa, e isso é muito importante. Se você conversar com alguns dos fundadores que estão conosco, eles poderão dizer algumas coisas boas sobre os outros parceiros, mas o que realmente queremos é que eles falem da NEA. O que realmente queremos é que eles falem que todas as pessoas aqui amam o que fazem, se dedicam e são entusiasmadas. Esse conceito de resultado compartilhado é vital.

A última coisa é que temos um foco de longo prazo nos relacionamentos. Então, alguns de nossos sócios comanditários estão ao nosso lado há trinta anos.

TONY ROBBINS:
Uau!

TONY FLORENCE:
Quando se consegue trabalhar com alguém durante uma, duas ou três décadas, é algo que realmente devemos valorizar e nos orgulhar.

Aplicamos essa mesma abordagem de relacionamento a longo prazo aos fundadores, é algo muito importante para nós.

CHRISTOPHER:
Que coisas você gostaria que alguém tivesse lhe contado antes de você assumir as rédeas da empresa?

TONY FLORENCE:
Não é algo que acho que alguém pudesse ter me contado, mas me sinto bastante privilegiado, muito mais privilegiado por estar fazendo o que faço

hoje do que pensei que me sentiria. Eu trabalho com pessoas ótimas. Mas é um negócio difícil de lidar — todos os dias, há muitas decisões que dizem respeito ao longo prazo. Assim, o que mais debatemos são as consequências a longo prazo das nossas decisões. É muito fácil tomar uma decisão apressada nisso que fazemos. O que é difícil é tomar essas decisões no contexto do que elas podem significar quando não estivermos mais aqui.

Assim, tentamos administrar a empresa seguindo os princípios básicos que gostaríamos que alguém seguisse em relação a nós. Somos todos agressivos. Somos todos pessoas do tipo A. Somos todos competitivos, mas, por vezes, é preciso ser ponderado e criterioso na forma com que tomamos decisões reais que podem parecer muito pequenas no momento e muito fáceis de tomar, mas que têm implicações duradouras. Passamos muito tempo convivendo com isso, e [no início] esse aspecto não me agradava muito.

CHRISTOPHER:
Isso remonta ao que você disse anteriormente, que a empresa foi fundada há 45 anos com um horizonte de cem anos. Essa é uma maneira muito bonita de ver as coisas. Analisando em retrospectiva, se você pudesse refazer alguma coisa no seu negócio, qual seria ela?

TONY FLORENCE:
Venho de uma formação modesta em Pittsburgh e de uma formação conservadora no Morgan Stanley, por isso sou obcecado por não perder dinheiro. E no fundo é isso mesmo. Nenhum investidor quer perder dinheiro. Mas é preciso correr riscos. No nosso negócio, eu diria que talvez pudéssemos [ter corrido] mais riscos em determinados momentos. Olhando para 2008 e 2009, gostaria que tivéssemos corrido um pouco mais de riscos naquela época, quando, tínhamos uma posição de força como a que temos agora. Eu diria que, logo após a pandemia, as coisas aconteceram muito rapidamente, mas houve um momento, um período de seis a 12 meses, em que foi criada uma enorme quantidade de oportunidades.

Pensando bem, não cometemos muitos erros e não tropeçamos. Mas havia um monte de coisas que eu sabia que eram grandes investimentos e, ainda assim, acabei concluindo que não era o momento certo para pisar no acelerador porque, simplesmente, não tínhamos certeza. É muito mais fácil falar olhando em retrospecto, é claro, mas, sim, gostaria que tivéssemos feito algumas dessas coisas.

CHRISTOPHER:
Tomamos a melhor decisão possível com base nas informações que estão disponíveis no momento. Vocês construíram um negócio muito incomum, um negócio de risco e crescimento que existe há muito tempo e que atingiu um tamanho e uma escala enormes. Quais são as razões pelas quais você acredita que a maioria das empresas de investimentos não consegue escalar, ou não consegue dar esse passo em direção a um negócio longevo?

TONY FLORENCE:
É engraçado... Há duas semanas jantei em Nova York com 11 ou 12 CEOs de fundos de capital privado e de cobertura e falamos um pouco sobre isso. Para mim, há muita psicologia envolvida em ser um empreendedor financeiro. No fim das contas, uma empresa de investimentos em geral é dirigida por empreendedores financeiros, e é difícil criar um alinhamento. As personalidades são muito diferentes, a vida das pessoas é dinâmica. Nós, por exemplo, costumamos rastrear as empresas que estavam em uma ótima posição, mas não sobreviveram, porque queremos ser humildemente lembrados do fato de que a empresa X em 1996, 1997, 1998 e 1999 era a melhor no nosso setor, mas hoje ela já não existe mais.

Por que isso acontece?

Geralmente, porque os parceiros não se davam bem, não estavam alinhados, não haviam definido os objetivos de longo prazo, e, francamente, penso que não queriam de fato se sacrificar para que a empresa escalasse. Para que isso aconteça é preciso ter uma visão clara do que se deseja ser daqui a dez, 15 ou vinte anos, e eles estavam mais concentrados no momento presente. Da mesma forma utilizada para se construir uma empresa, é preciso ter uma visão de escala, ser capaz de colocar as peças no lugar e estar disposto a continuar fazendo isso mesmo quando as coisas não forem tão óbvias. Muitas empresas de capital de risco têm evitado escalar. É muito confortável ter apenas quatro pessoas ao redor da mesa, sem precisar incorporar novos parceiros e lidar com todas as tomadas de decisões e prestação de contas que o crescimento demanda. É preciso estar realmente disposto a retribuir à empresa e à equipe mais do que se recebe, a questão é essa.

TONY ROBBINS:
Tony, quando você pensa sobre o universo de talentos em investimentos, quais você acredita serem algumas das principais características que sepa-

ram os profissionais de melhor desempenho de seus pares? Porque, no fim das contas, a construção do negócio depende de capital humano, certo?

TONY FLORENCE:

É preciso ter uma grande equipe de investimentos e estar sempre reabastecendo o banco de talentos. Em nosso caso, somos obcecados pelo desempenho. Levamos isso muito a sério e, todos os anos, nos certificamos de estar sempre contratando pessoas melhores do que as que temos hoje e nos esforçando cada vez mais. E eu acho que é preciso equilibrar esse esforço deixando clara nossa disposição de dar bastante autonomia às pessoas, que precisam de espaço suficiente para crescer. Como somos uma empresa de crescimento, sempre oferecemos oportunidades ao nosso pessoal, criando uma cultura atraente para os melhores talentos.

TONY ROBBINS:

Quer dizer, você procura pessoas que tenham senso de visão próprio, pessoas que possam construir os mesmos tipos de relacionamentos de confiança, pessoas que possam equilibrar riscos com oportunidades, aqueles fundamentos básicos sobre os quais você falou. É isso, Tony?

TONY FLORENCE:

Sim, certíssimo. E eu acho que, quando estamos recrutando pessoas, queremos escolher aquelas que vão melhorar seus pares, vão melhorar a empresa e vão acrescentar coisas. Poderia ser um outro tipo de formação. Talvez com uma forma diferente de pensar, uma forma diferente de ambição. Diferenças são coisas boas e deve se estar disposto a correr um pouco desse risco no âmbito da equipe, porque isso é importante para nos mantermos revigorados.

CAPÍTULO 20

BOB ZORICH

COFUNDADOR DA ENCAP INVESTMENTS

Distinções: A EnCap é uma das dez maiores investidoras em energia nos Estados Unidos. Zorich é membro da Independent Petroleum Association of America e também atua no conselho de várias instituições beneficentes de Houston, incluídos a WorkFaith Connection e o Hope and Healing Center.

Total de ativos sob gestão (em agosto de 2023): US$ 40 bilhões.

Área de atuação: Capital de crescimento para empresas independentes de energia.

PONTOS ALTOS

- Zorich e seus parceiros levantaram e administraram com sucesso US$ 40 bilhões em 24 fundos, atraindo a confiança e o apoio de mais de 350 investidores institucionais de todas as partes do mundo.
- Com um compromisso inabalável em identificar e estimular talentos, a EnCap apoiou mais de 275 startups de energia ao longo de sua história.
- Essas equipes utilizaram a experiência e o foco para criar bilhões em valor para investidores, além de terem sido as principais instigadoras da revolução do xisto.

CHRISTOPHER:

Podemos começar com você nos contando um pouco de sua trajetória, Bob? Fale um pouco sobre como você chegou aonde está e um pouco sobre o seu negócio.

BOB:

Eu nasci e fui criado na Bay Area, na região que veio a se tornar o Vale do Silício. Steve Jobs cursou o ensino médio na mesma escola que eu, só cinco anos depois de mim, e Wozniak um ano depois. Meu pai não era engenheiro, mas os pais de muitos outros colegas eram. Era um ambiente bastante competitivo, e algo de que, provavelmente, me beneficiei. Fiz graduação em economia na Universidade da Califórnia em Santa Bárbara, onde conheci e me casei com minha atual esposa, há 41 anos. Depois, nos mudamos para Phoenix, onde fiz o mestrado na Thunderbird, e em seguida para Dallas, onde ingressei no departamento de energia do Republic National Bank of Dallas, em 1974. Estou, por assim dizer, há cerca de cinquenta anos nesse ramo. Quando comecei, a energia não era uma área da minha expertise, mas foi a primeira no banco em que fui chamado a operar. Em vez de participar de empréstimos negociados em Nova York, éramos um dos líderes no financiamento de energia. E uma das coisas que logo aprendi sobre petróleo e gás é que quem está fora desse setor dificilmente irá entendê-lo. É um campo com muitas nuances. Os engenheiros podem atribuir um valor a uma propriedade, mas se não souber quais premissas foram utilizadas para gerar aquele valor, não é possível compreender a importância qualitativa do valor atribuído.

Avançando rapidamente, fui para Londres realizar algumas coisas com o banco, grandes financiamentos no mar do Norte, o que aumentou minha autoconfiança para competir com pessoas muito inteligentes. Também aprendi, enquanto estive em Londres, que era divertido trabalhar por conta própria, me levantar com o propósito de fazer coisas que mudariam o resultado da minha vida. Às vezes era angustiante, mas também era divertido. Essa experiência me deixou preparado para deixar o banco assim que a oportunidade surgisse, o que aconteceu no início da década de 1980. Em 1981, um dos meus melhores amigos do Republic e eu deixamos o banco para formar uma startup de petróleo.

Fizemos isso por cinco ou seis anos no início dos anos 1980, durante um período em que os preços estavam caindo. Isso nos fez aprender muito mais sobre petróleo e gás e sobre todos os detalhes técnicos e operacionais que permitem avaliar riscos e valores. Não sei se você se lembra, mas em 1986 o mercado do petróleo colapsou, e acabamos vendendo a empresa. Tínhamos cinco tipos de ações preferenciais, então aprendemos muito sobre capitalização, estrutura de capital, risco, dívida bancária e tudo o mais. Naquela época, eu já tinha quase 15 anos de experiência investindo e gerenciando riscos de petróleo e gás. Eu me mudei para Houston a fim de trabalhar para um gestor financeiro que administrava fundos de pensão. Eles tinham um produto com financiamento de mezanino relacionado ao petróleo e ao gás. Comecei a trabalhar com eles em meio à crise e, em 1988, observei que eles estavam muito concentrados em dívidas altas. Mencionei isso ao meu chefe, e ele respondeu que queria continuar focando no produto com financiamento de mezanino. Embora me sentisse grato pela oportunidade, o desejo de seguir meus instintos me levou a pensar em fazer outra coisa. Conversei sobre a oportunidade de levar produtos financeiros derivados de petróleo e gás para a comunidade institucional com meu antigo parceiro na empresa petrolífera, e decidimos discutir a ideia com dois outros grandes amigos de petróleo e gás do Republic Bank. Foi quando nasceu o conceito da EnCap, uma parceria que já dura 35 anos. **De forma muito simples, Christopher, nosso objetivo era usar nossa experiência e os nossos contatos para oferecer produtos de investimento de alta qualidade derivados do petróleo e gás às instituições.** E foi isso que fizemos.

CHRISTOPHER:
Que legal. E é interessante porque, quando pensamos na EnCap, observamos que é um time do setor de petróleo e gás que é muito, muito bom em finanças, ao contrário das pessoas do setor financeiro, que acham que são boas em petróleo e gás. Na minha opinião, essa é uma vantagem real que a EnCap tem trazido, há muito tempo, para a equação. Mudando um pouco de assunto, quem foi a pessoa mais importante que ajudou a moldar seu sucesso, e como ela fez isso?

BOB:
Tenho pensado um pouco sobre isso ao longo do tempo. **Eu realmente atribuo meu sucesso aos meus parceiros e à ética que compartilhamos. Trabalhar duro, estar presente, tratar os outros com o respeito que**

gostaríamos de receber, e fazer a coisa certa. Talvez, em última análise, a atribuição devesse ser feita aos nossos pais, que nos criaram. Além disso, minha esposa é claramente responsável por me apoiar durante todo o tempo e em todo o trabalho necessário para fazer da EnCap um sucesso. Sem os meus parceiros, eu não teria sido tão bem-sucedido. Então, acho que quando se trata de ética, quando você decide que vai permanecer em determinado caminho, você vai querer trabalhar com as outras pessoas que também estejam dispostas a segui-lo. Três décadas e meia depois, só posso me sentir grato pelo destino que promoveu a nossa união.

CHRISTOPHER:
Qual seria a maior oportunidade para os investidores na área da energia, pensando a partir de 2023?

BOB:
Hoje, temos uma sobreposição: em resumo, os formuladores de políticas mundiais afirmaram que existe um modelo climático que indica que o excesso de CO2 está superaquecendo a Terra. Há evidências de que há 600 milhões de anos havia muito CO2 na atmosfera e de que a Terra era muito quente. É claro que muitas coisas aconteceram ao longo desse período imenso. Tenho lido muito sobre formulação de modelos. Como todo modelo tem variáveis limitadas pelo mundo real, ele tende a ignorar certas variáveis, o que pode fazer com que os resultados sejam bastante diferentes na prática. A econometria e a modelagem climática são dois bons exemplos de coisas interessantes, mas não confiáveis. Portanto, basear decisões e políticas em um modelo imperfeito cria uma oportunidade nos dias de hoje. Resumindo: apesar dos dólares que investimos, não estamos sendo eficientes em relação ao impacto causado pela produção de energia. Se pensarmos na energia como se fosse comida e estivermos tentando alimentar o mundo, precisaremos investir em alimentos com alto teor calórico para sermos mais eficientes. Será preciso comer muitos quilos de couve para cada quilo de proteína se quisermos obter a mesma ingestão calórica. O mesmo acontece com a energia — o petróleo, o gás, o carvão e a energia nuclear são os combustíveis densos equivalentes às proteínas. A madeira, a energia solar e a energia eólica são os combustíveis de baixa densidade equivalentes à couve. Nossas políticas estão direcionando o capital a favor das respostas

de baixa densidade e contra as soluções de alta densidade. O resultado será um desastre, pois ficaremos sem a energia necessária para atender à demanda energética mundial. **Isso torna este período único. Quando os formuladores de políticas acordarem para a necessidade de soluções com elevada densidade energética, teremos oportunidades de investimento incomuns, de risco baixo e retorno alto.**

Nossas políticas estão direcionando o capital a favor das respostas de baixa densidade e contra as soluções de alta densidade. O resultado será um desastre, pois ficaremos sem a energia necessária para atender à demanda energética mundial.

CHRISTOPHER:

Eu diria que, possivelmente, cerca de 99% das pessoas nunca imaginariam que um investidor em energia não estaria envolvido com o lado da exploração, mas mais concentrado no lado da engenharia. Nos dias de hoje, como você disse, só precisamos descobrir como chegar lá. E isso representa uma relação risco/recompensa muito diferente daquela que a maioria das pessoas percebe na efetiva implantação do capital. Assim, quando pensamos nesse desastre, como você chamou, de potencialmente subinvestir em combustíveis fósseis, superinvestir em energias renováveis, não obter rendimento suficiente das energias renováveis para compensar o inevitável declínio dos combustíveis fósseis… tudo isso é um problema para daqui a três anos? Ou dez?

BOB:

Acho que é bastante evidente que isso já está acontecendo. Para mim, não chega nem perto de ser um mistério. Mas quando somamos as redes sociais, as mídias tradicionais, o excesso de pensamento positivo, os formuladores de políticas mal-informados, e assim por diante, se cria o infortúnio em que nos encontramos. E é óbvio. Vai acontecer. Quando o mundo ocidental vai acordar para isso? Quem sabe, daqui a três anos, mas se forem dez?

Cada país será impactado de forma diferente por esse desastre. Os que possuem recursos energéticos — Estados Unidos, Canadá, Austrália, Rússia — estarão em melhor situação; os que não os possuem, como China, Europa, África, estarão em desvantagem. Outras questões não relacionadas ao setor energético também criarão complicações, mas a energia tenderá a ser o catalisador de um panorama totalmente alterado.

TONY:
Quando pensamos nos últimos cinco, seis, sete anos, o campo da energia mudou muito. Mas o que aconteceu que você realmente esperava que acontecesse? E o que aconteceu que você realmente não esperava que acontecesse?

BOB:
O fracasso dos experimentos europeus veio tão rápido que me surpreendeu. Sabe, o fracasso das várias decisões da Europa, como acabar com toda energia nuclear, ser dependente do gás russo, construir moinhos de vento ou construir energia solar no norte da Europa. Morei no norte da Europa durante três anos e meio e posso apostar que víamos o sol apenas por umas três semanas por ano. Coisas assim me surpreenderam. E, depois, ver que os formuladores de políticas em qualquer parte do mundo se recusaram a aprender com esse erro foi algo igualmente surpreendente. A maioria das pessoas do setor fica perplexa com isso, porque nos parece uma coisa óbvia. Um cara lá no Missouri que dirige uma cooperativa de energia disse exatamente a verdade: não se pode contar com energias renováveis como parte do suprimento de base, simplesmente porque o vento pode não soprar e o sol pode não aparecer. Portanto, se as pessoas que você atende precisam de energia 24 horas por dia, sete dias por semana, ou de alguma fração disso, não é possível depender das energias renováveis. E se você for o responsável por esse processo, e receber uma ordem para usar as energias renováveis primeiro, isso subverte a lógica. Está tudo virado de cabeça para baixo, infelizmente.

CHRISTOPHER:
Você está na indústria há muito tempo e com certeza tem uma boa percepção. Então pergunto: o que aconteceu que você esperava que acontecesse?

BOB:

Bem, o sucesso do xisto foi muito previsível. Vivemos em um mundo interessante, porque sempre há alguém apontando algo negativo em tudo. E, ainda assim, quando conhecemos nosso nicho, podemos garantir que o que estamos fazendo faz sentido. Embora a indústria petrolífera tenha sido castigada por fazer muitos investimentos ruins, a verdade é que, no geral, muitos investimentos bons também foram realizados. A estabilidade dos preços e a estrutura de custos é que não foram boas. Entretanto, quando os preços sobem, a estrutura de custos acaba subindo junto, e isso retira grande parte da margem originalmente prevista pelas empresas que compraram os arrendamentos.

No nosso caso, tentávamos ser muito cautelosos em relação aos preços pagos pelos terrenos e utilizávamos de maneira modesta a alavancagem contra o fluxo de caixa comprovadamente relacionado à produção. Mas não éramos perfeitos. A conclusão é que a indústria, em geral, não foi irresponsável, mas fazer uma retrospectiva mensurada por variáveis dinâmicas pode fazer com que muitas indústrias pareçam frágeis de vez em quando, ainda mais aquelas que usaram financiamento de forma significativa.

CHRISTOPHER:

Quando você conversa hoje com investidores, com pessoas que estão analisando a indústria e considerando fazer investimentos, o que elas deixam passar batido quando pensam no setor de energia?

BOB:

Honestamente, são tão poucas pessoas interessadas que não acho que elas estejam distraídas. Mas acho que muita gente evita os combustíveis fósseis por causa dos conselhos e/ou comitês empresariais. Algumas delas voltaram e continuaram investindo em coisas que fazem sentido. A EnCap é o fundo de melhor desempenho em muitos portfólios dos nossos investidores, porque estamos restituindo muito dinheiro, e isso é perceptível. Mas, por razões políticas, muitos CEOs não podem aparecer no comitê com um investimento em combustíveis fósseis. Mais cedo ou mais tarde, acredito que isso vá mudar.

CHRISTOPHER:

Bem, vamos mudar um pouco de assunto. Se você tivesse a atenção do mundo por cinco minutos, o que você diria sobre as consequências de não se investir adequadamente em energia tradicional, para além da energia renovável ou da energia verde?

BOB:
Acho que a mensagem envolveria focar nas verdades fundamentais e acreditar no que o seu cérebro lhe diz a respeito de seus desdobramentos. A importância da densidade em relação às soluções energéticas é um desses fundamentos. Outro, é a importância da energia para o desempenho da humanidade. **Precisamos de políticas que promovam a energia em prol do bom desempenho da humanidade e que também gerem respeito pelo ambiente em que vivemos.** Esse é um problema mundial e não um problema do Ocidente. **Existem sete bilhões de pessoas que não fazem parte do Ocidente e apenas precisam de energia e de soluções que estejam a serviço do mundo, e essas pessoas têm acesso restrito ao capital.**

CHRISTOPHER:
Além do forte desempenho que, obviamente, vocês tiveram, qual foi o principal motivo do sucesso da EnCap?

BOB:
Eu diria que somos adaptáveis. Não creio que nenhum de nós quatro pudesse ter conquistado o que conquistamos se estivéssemos sozinhos. Acho que a força da nossa união é a razão do nosso sucesso. E a capacidade de permanecermos juntos e não cortarmos os laços durante esse período de tempo tem sido altamente benéfica para todos nós e para o sucesso da EnCap.

TONY:
Qual foi o ponto de virada que permitiu ao seu negócio dar um salto, deixando de ser um bom negócio para se tornar um grande negócio, e realmente acelerar o crescimento?

BOB:
Bem, sem histórico é impossível se estabelecer neste negócio. Assim, buscamos construir um histórico de retornos seguros, consistentes e sólidos nos nossos primeiros anos. Isso foi importante. Permanecer dentro da

nossa área de atuação também foi algo bem importante. **Acontecimentos exógenos, que incluem a revolução do xisto e a nossa rápida adaptabilidade a esse novo conjunto de indicadores econômicos e oportunidades, foram um ponto de virada crítico.** Os demais, que abordaram o negócio com um processo de decisão menos orientado tecnicamente, demoraram mais para se adaptar. Isso nos permitiu ter muito sucesso e crescer substancialmente durante esse período.

CHRISTOPHER:
Quais são algumas coisas que você gostaria que alguém tivesse lhe contado antes de abrir sua empresa?

BOB:
A resposta, honestamente, é nada, porque isso teria nos roubado a alegria da descoberta. **Acho que precisamos ser testados pelos erros, aprender com eles e aceitá-los.** Por isso, me alegro pelo fato de a nossa parceria ter buscado as melhores práticas à medida que as oportunidades foram surgindo. Talvez as nossas origens comuns na área de crédito tenham facilitado muito esse processo para que chegássemos a um acordo quanto às decisões que precisaram ser tomadas ao longo do caminho.

CHRISTOPHER:
É claro que nenhum de nós se alegrou com as dificuldades que tivemos no caminho para o crescimento, mas quando olhamos para trás, fica um sentimento de "Que bom ter passado por isso, porque me tornou mais forte, me fez mais sábio, me fez perceber coisas diferentes". Analisando em retrospecto, que coisas você teria feito de maneira diferente?

BOB:
Acredito que, considerando o objetivo de me tornar forte, estou perfeitamente satisfeito com a forma como tudo ocorreu. Havia maneiras de ganhar mais dinheiro? Com certeza. Havia maneiras de fazer isso ou aquilo, mas isso teria envolvido sacrifício por parte da família, ou sacrifício por parte dos parceiros? É difícil dizer. Quando tudo o que aconteceu, todos os ingredientes somados se transformarem em um bolo delicioso, é difícil dizer.

CHRISTOPHER:
Por que você acha que a maioria das empresas não consegue escalar?

BOB:
Volto à questão da adaptabilidade. Vimos muitas pessoas se posicionando contra o xisto, porque a tecnologia era mais complicada. Nossa empresa sugeriu o contrário, que era algo bom porque o risco técnico, na verdade, era mais baixo. Acho que ter esses parceiros, que mencionei anteriormente, deu à EnCap quatro pontos de vista diferentes sobre o que era melhor e mais seguro. Acho que essa diferenciação é saudável. E o que realmente aprendemos é que ninguém tem um ponto de vista perfeito. Então, as falhas vão acontecer, mas acho que evitamos as de grande escala quando há mais de um ponto de vista a considerar.

CHRISTOPHER:
Sabemos que pessoas são animais complexos — portanto, as parcerias também são. Que características separam os profissionais de melhor desempenho de seus pares?

BOB:
A parte do caráter é a número um. Todos podem apresentar um desempenho diferente e, ainda assim, se enquadrar na equipe desde que, por assim dizer, tenham caráter. **Todos nós somos pessoas presentes, que trabalham duro, pessoas curiosas e capazes de defender nosso ponto de vista dentro dos nossos limites para proporcionar um retorno seguro e sólido do investimento.** Temos pensamentos individuais, mas um objetivo comum de proporcionar investimentos seguros e sólidos aos nossos clientes.

TONY:
Bob, uma vez me apresentei em uma das conferências do J.P. Morgan, realizadas para cerca de 250 pessoas, todas elas bilionárias. Ray Dalio [se apresentou] logo antes de mim, e disse que o Santo Graal do investimento é encontrar de oito a 12 investimentos não correlacionados nos quais ele acredite, porque isso reduzirá o risco em 80%. Para ele, não existe princípio mais importante do que esse, e toda a ideia deste livro tem base nesse conceito. Adoraríamos saber qual é o Santo Graal do investimento na sua opinião, depois de décadas investindo no setor de energia.

BOB:

Sabe, Tony, encaramos nossos investimentos da mesma forma com que encaramos nossa vida: é preciso ser fiel aos valores para ser feliz a longo prazo. Para nós, isso significa reduzir riscos em relação ao que estamos tentando realizar. Se pensamos em bens imobiliários, nosso objetivo é ter apartamentos cheios de gente. Os inquilinos nos dão um cheque todos os meses. Isso é bastante seguro. Se pensamos em petróleo e gás, o equivalente seriam poços que já foram perfurados, que estão produzindo e têm fluxo de caixa. E existem outros métodos até mesmo para se proteger, digamos, contra o pagamento do aluguel, como os fundos de cobertura, que podem reduzir os riscos. O outro extremo seria a exploração, que é optar por ir para um lugar em que nenhum poço foi perfurado antes. E podemos presumir que teremos 10% de chance de sucesso se tivermos sorte e usarmos os melhores conhecimentos científicos disponíveis. Sempre ficamos longe desse tipo de coisa. Não gostamos de nos preocupar com esse tipo de risco. E esse tem sido, realmente, o nosso Santo Graal, se você quiser chamar assim. Estabelecer alguns valores em torno dos riscos e em torno do que estamos tentando realizar. Esses riscos podem ser operacionais, de preço ou relacionados à produção. Observando o desenrolar dos fatos, estabelecemos onde estamos e onde não interferiremos no negócio.

TONY:

Uma das maneiras pelas quais vocês fizeram isso foi firmando parcerias com empresas maduras e, depois, chegando a um acordo quanto a esse plano de crescimento. A relação risco/recompensa assimétrica é o sonho de todo investidor, obviamente, mas a maneira de fazer isso é reduzir os riscos tanto quanto possível. Eu entendo a questão da exploração. Tiro o chapéu para as pessoas que conseguem fazer isso. Eu ficaria bastante desconfortável com 10% de chance de sucesso em alguma coisa.

BOB:

Na verdade, estabelecemos parcerias com equipes de gestão enxutas, mas maduras e experientes, que provavelmente foram treinadas em empresas sólidas. **Sempre tentávamos firmar parcerias apenas com equipes experientes que interpretavam os riscos da mesma forma que nós.** Nosso capital só era liberado em grande quantidade em situações em que o crescimento tinha grande probabilidade de sucesso. Isso nos manteve, primordialmente, na área de desenvolvimento de conceitos já comprovados.

CHRISTOPHER:
O interessante sobre o que Bob está descrevendo, Tony, é como isso se encaixa em muitos dos outros conceitos sobre os quais falamos. Embora ela [EnCap] não esteja no ramo de bens imobiliários, crédito etc., dentro de seu ambiente ainda se aplicam as mesmas regras — oito a 12 fluxos de ativos não correlacionados, que, no caso dela em particular, podem ser diferentes bacias em diferentes partes do país. Poderia ser a perfuração em áreas com diferentes profundidades. Poderia ser infraestrutura *versus* energia *upstream*. Tudo isso não se correlaciona necessariamente entre si.

BOB:
A premissa básica que sustentou a formação da EnCap é que é complicado investir em petróleo e gás. Vejamos, por exemplo, a produção de xisto. O conceito principal é que existiam grandes áreas geográficas nos quais havia muito petróleo e, com a simples ruptura da rocha, seria possível extrair mais petróleo ou mais gás. Se compreendêssemos a dinâmica do reservatório e a história da formação rochosa, poderíamos começar a entender, então, quais áreas iriam fornecer quantidades econômicas e quais não iriam. Havia, sim, meios de minimizar os riscos e, ao mesmo tempo, aplicar tecnologia razoavelmente comprovada para obter retornos econômicos. Se transferirmos essa história para Wall Street e agirmos como alguém que precisa do seu dinheiro e não como alguém que o protege, então haverá um desalinhamento de interesses. O cara com mais poder de persuasão possivelmente ganha e o investidor possivelmente perde. Quando isso acontece repetidas vezes, as pessoas começam a se afastar da indústria, e ela ganha a reputação de ser de alto risco. Na verdade, se estivermos muito embrenhados no setor, poderemos entender a diferença entre o perfil de risco de diferentes ativos e diferentes oportunidades e ajudar as instituições que representamos, mantendo baixo o perfil de risco do investimento.

TONY:
Certamente você testemunhou décadas de altos e baixos pelos quais a indústria passou. E, claro, teve de gerenciar seu risco muitíssimo bem para chegar

a um desempenho tão bom quanto seus investimentos de US$ 40 bilhões. Estou curioso: qual é a sua opinião sobre a energia verde mais promissora? Promoveu-se bastante a energia verde, mas parece que ela ainda não está preparada para ser plenamente aceita. Vocês fizeram investimentos nessa área, se entendi bem. O que você pensa a respeito?

BOB:
As nossas metas de investimento nesse setor são em áreas onde algo se mostre seguro e comprovado, ainda que economicamente desafiador. Não estamos no negócio para obter uma taxa de retorno de 3% a 4% sobre uma determinada infraestrutura de contrato. Sendo assim, montamos uma equipe de investimentos com especialistas que já atuavam no ramo de energia havia bastante tempo. Na opinião deles, as baterias eram o tópico mais perturbador. Simplificando, se fosse possível colocar uma bateria em uma área em que já existe uma infraestrutura prévia, poderíamos distribuir a energia dessas baterias ao longo da rede de uma forma bastante econômica. **É possível carregar as baterias durante períodos de baixo custo e despachar a energia quando os preços sobem, de forma muito semelhante ao armazenamento de gás.** Esse é um exemplo de como pensamos em fazer um investimento sólido em termos de retorno, porém seguro, em espaços verdes. E tudo indica que o nosso primeiro fundo de transição energética terá uma taxa de retorno bastante elevada durante um período de quatro anos. Negociações e equipes de gestão de boa qualidade. O nosso segundo fundo terá um foco semelhante, mas incluirá oportunidades diferentes.

Na minha opinião, a Lei de Redução da Inflação não significará nada em termos de redução da inflação nos Estados Unidos, mas vai, sim, mudar o cenário econômico. Não se pode negar o fato de que os subsídios irão influenciar a atividade de investimento. Quando o volume desses subsídios for despejado no mercado, muito dinheiro será gasto em muitas direções, e parte disso não terá um bom desfecho. **O nosso foco estará em áreas com gestão e tecnologias comprovadas e estabelecidas, nas quais os processos possam ser implementados com um benefício econômico confiável.**

CAPÍTULO 21
DAVID GOLUB

FUNDADOR DA GOLUB CAPITAL

Distinções: Premiado como "Financiador da Década" pela revista *Private Debt Investor.*

Total de ativos sob gestão (em agosto de 2023): US$ 60 bilhões.

Área de atuação: Crédito privado.

PONTOS ALTOS

- David Golub foi nomeado pela revista *Private Debt Investor* como um dos trinta principais agentes de mudança que impulsionam a evolução e o crescimento da classe de ativos de crédito privado.
- A Golub Capital recebeu vários prêmios, entre eles, o prestigioso prêmio PDI Financiador da Década, Américas, em 2023, sendo também reconhecida como Financiador do Ano nas Américas em 2015, 2016, 2018, 2021 e 2022.
- Golub investiu em mais de mil empresas e foi colaborador do *Wall Street Journal*, do *New York Times* e da *Bloomberg Businessweek*.
- Também criou o "Índice Golub Capital Altman", que se tornou uma medida importante e bastante aguardada de desempenho de empresas privadas de médio porte.

CHRISTOPHER:
Como você chegou aonde está hoje, liderando uma das maiores empresas de crédito privado do mundo?

DAVID:
Adoro contar a história de origem da Golub Capital. Vamos voltar algumas décadas e imaginar a mesa de jantar da família Golub. Meu irmão Lawrence tem 11 anos e eu tenho nove. Mamãe e papai estão conversando sobre psicoterapia. De novo. A título de informação, meus pais eram psicoterapeutas. Imagine como meu irmão e eu ficávamos desesperados para mudar de assunto. Então fizemos o que as crianças normalmente fazem: criamos um plano de negócios para criar uma empresa de crédito de médio porte.

Ok, ok. A única parte verdadeira é que meus pais eram mesmo psicoterapeutas. No fundo, a verdade sobre o surgimento da Golub Capital se resume a uma história sobre o acaso e dependência da trajetória.

Comecei minha carreira como investidor em fundos de capital privado. Meu irmão começou como banqueiro de investimentos e, depois, passou a ser investidor em fundos de capital privado. **No fim da década de 1990, tivemos a mesma percepção: a indústria de fundos de capital privado continuaria a crescer e a prosperar. E, com tal crescimento, vislumbramos uma grande oportunidade de criar um negócio de operação de crédito para atender os mantenedores dos fundos de capital privado.** O que aconteceu depois disso contou com uma grande dose de sorte. A crise financeira abalou alguns credores menos cuidadosos do que nós quanto à subscrição e ao financiamento. E, na década de 1990, por mais que tivéssemos grandes esperanças quanto ao crescimento da indústria de fundos de capital privado, ela cresceu muito mais do que qualquer um de nós imaginava. Portanto, a história de origem da Golub Capital é como muitas: começou com uma boa ideia, a ideia de criar um credor especializado orientado para parcerias com empresas que operavam no mercado dos fundos de capital privado. **Mas como chegamos a ter a dimensão que temos hoje, isso é tanto uma história sobre surpresas, coincidências e sorte quanto uma história sobre um excelente planejamento.**

TONY:
Ao longo do caminho, quem foi a pessoa que mais notavelmente ajudou a moldar seu sucesso, e como ela influenciou você?

DAVID:
Tive muitos mentores que foram muito importantes para mim. Meus mentores foram fundamentais no meu desenvolvimento como líder e no sucesso da minha empresa. Um deles foi Jay Fishman, meu primeiro chefe quando saí da faculdade de administração e comecei a carreira na então Shearson Lehman/American Express. Mais tarde, Jay se tornou presidente e diretor-executivo da Travelers. Jay me ensinou muitas coisas, mas a mais importante foi como ser um bom líder e ser gentil ao mesmo tempo. **Aprenda o nome de todos, até mesmo da equipe de serviços gerais. Faça o possível para estar ao lado dos colaboradores que estão passando por dificuldades. E tenha cuidado com o que você pede para o seu pessoal fazer.** Jay tinha um aforismo sobre isso. Ele dizia: "Tenha cuidado com o que você pede para o seu pessoal fazer, porque eles vão fazer."

Um dos segredos da vida é aprender com os erros dos outros, além dos nossos. E uma das razões pelas quais acho que os mentores podem ser tão valiosos é que, muitas vezes, eles compartilham uma sabedoria oriunda de decisões que se arrependeram de ter tomado.

CHRISTOPHER:
E, muitas vezes, eles também observaram outras pessoas errando, não é? Há muita sabedoria coletiva compartilhada no ecossistema de gestão que as pessoas desenvolvem ao longo do tempo. Mas agora voltemos um pouco ao mundo dos investimentos para falar sobre o crédito privado e sobre o mercado em que você opera todos os dias. Hoje, onde está a maior oportunidade para os investidores que se concentram no crédito privado?

DAVID:
Para responder à sua pergunta, preciso começar falando sobre a filosofia em que me baseio para abordar os investimentos e na qual nós, como empresa,

também nos baseamos para abordar os investimentos. Algumas pessoas pensam que os investimentos são diferentes de outros negócios. Elas acreditam que bons investidores são gênios. Pense em Warren Buffett ou Bill Ackman. Considero esse tipo de indivíduo extremamente raro. **Acho que boas empresas de investimentos não dependem de um gênio atuando nos bastidores. Ao contrário, bons negócios de investimento são como quaisquer outros bons negócios, no sentido de que possuem algumas fontes identificáveis e realmente atraentes de vantagem competitiva.** Portanto, no nosso ramo, a chave do sucesso é ter um conjunto de vantagens competitivas que nos dê a capacidade de produzir retornos elevados e consistentes ao longo do tempo.

A que tipos de vantagem estou me referindo? São vários. Primeiro, acreditamos muito nos relacionamentos. Trabalhamos sem parar com o mesmo grupo nuclear de cerca de duzentas empresas de fundos de capital privado. Elas representam um subconjunto muito pequeno do universo de fundos de capital privado, mas constituem 90% do nosso negócio todos os anos. Elas gostam de trabalhar conosco, repetidamente, porque gostam das nossas competências e da nossa abordagem. Podemos ajudá-las em uma ampla gama de necessidades de financiamento. Realizamos pequenas transações e grandes transações. Temos profundo conhecimento em diversos setores. Ajudamos as empresas a crescer, providenciando mais financiamento para aquisições ou programas de gastos de capital. Agregamos valor aos processos de diligência. Somos orientados para situações de lógica ganha-ganha. Então, se houver um contratempo, se houver um obstáculo no caminho, seremos orientados para soluções e não tentaremos detê-las. Outro exemplo: oferecemos soluções que elas não encontrariam facilmente em outro lugar. Fomos pioneiros no desenvolvimento dos chamados empréstimos one-stop, ou unitranche. É uma forma de financiar empresas que facilita incrivelmente o processo de aquisições, em comparação com a tradicional estrutura de capital do tipo multicamadas, que é muito difícil de gerir.

Esses são alguns exemplos de como chegamos à mesa de negociação com uma abordagem diferenciada. E essa abordagem diferenciada, por sua vez, nos torna um parceiro atraente para os nossos clientes.

CHRISTOPHER:
Você bem sabe que a indústria mudou no ano passado de forma bastante radical, simplesmente por causa da mudança no regime das taxas de juros.

Quando as pessoas pensam em crédito, elas pensam nisso como algo negativo. A bem da educação de quem nos lê, você se importaria de explicar por que razão o aumento das taxas de juros é menos problemático, ou até mesmo positivo, para uma empresa de crédito privado como a Golub?

DAVID:

Claro que posso explicar. Temos sido grandes beneficiários do aumento das taxas de juros. Concedemos empréstimos a uma taxa variável, bem como obtemos uma margem de lucro bruto sobre uma taxa de referência chamada SOFR (taxa de financiamento overnight garantida, na sigla em inglês). Assim, um empréstimo típico que faríamos no ambiente atual seria a SOFR mais 6%. E a SOFR hoje está em torno de 5%. Respondendo à sua questão, Christopher, há pouco mais de um ano, a SOFR estava em cerca de 1%. **Assim, por um lado, enquanto um empréstimo típico que tínhamos havia um ano e meio nos pagaria 7%, esse mesmo empréstimo para esse mesmo mutuário nos pagaria hoje 11%, e isso** é bom para os nossos investidores. Por outro lado, os mutuários têm de pagar um montante mais elevado em despesas com juros, o que coloca mais pressão sobre eles. Isso prejudica a margem de segurança. Em algum nível das taxas de juros, a balança se desequilibra, deixando de ser algo bom para os investidores e passando a ser ruim, uma vez que os mutuários não conseguem pagar as taxas mais altas — mas essa não é a nossa realidade hoje.

CHRISTOPHER:

Penso que os investidores dos mais variados graus de sofisticação não conseguiram antecipar o regime de taxas crescentes e a forma como isso mudaria a perspectiva das diferentes classes de ativos. Foi uma das coisas que nos deixaram muito otimistas em relação ao crédito privado e, particularmente, em relação à aquisição de participações em empresas que estão no ambiente do crédito privado, por conta do benefício que obtêm das taxas mais elevadas. Como você disse, a qualidade do crédito ainda é muito importante — a capacidade de evitar inadimplências e coisas desse tipo. Pensando nos próximos três a dez anos, quais seriam as suas perspectivas para o crédito privado como indústria e, especificamente, que impacto as taxas de juros poderiam ter durante esse período de tempo?

DAVID:
Penso que há um contraste importante entre as perspectivas de curto prazo e as de médio e longo prazo. Vamos começar com as de curto prazo. Estamos em um momento um tanto estranho agora. As taxas de juros aumentaram com rapidez. Estamos observando um declínio muito rápido da inflação. A economia está um pouco confusa. Os valores de patrimônio líquido caíram significativamente. E, como consequência dessa gama de fatores e da incerteza a eles associada, estamos assistindo a uma desaceleração nos negócios. As empresas de fundos de capital privado estão tendo dificuldades para chegar a um acordo com os vendedores sobre o preço. Algumas empresas de fundos de capital privado estão adiando as vendas, acreditando que as coisas ficarão melhores no futuro. Portanto, neste momento, estamos diante de um ambiente favorável para o tipo de empréstimo que fazemos, ainda que não haja tantas transações novas quanto gostaríamos. A comida é boa, mas as porções são pequenas.

Agora, vamos considerar a visão de longo prazo. Embora eu não possa dizer exatamente quando os negócios vão acelerar, acho que é, claramente, uma questão de "quando" — e não de "se". Olhando para os próximos três a sete anos, o nosso negócio contará com três ventos favoráveis fundamentais. O primeiro sinal favorável é que o ecossistema de fundos de capital privado crescerá significativamente. Sabemos disso porque hoje existem cerca de US$ 2 bilhões de capital comprometido, mas não investido, no ecossistema de fundos de capital privado. E esse "pó seco" tem um detonador embutido. As empresas de fundos de capital privado terão de utilizá-lo ao longo dos próximos anos, ou perderão o acesso a ele. Estou neste ramo há trinta anos e sei que, quando se tem essa combinação de fatores, o capital será efetivamente usado.

O primeiro sinal favorável é que o ecossistema de fundos de capital privado crescerá significativamente. Sabemos disso porque hoje existem cerca de US$ 2 bilhões de capital comprometido, mas não investido, no ecossistema de fundos de capital privado. E esse "pó seco" tem um detonador embutido. As empresas de fundos de capital privado terão de utilizá-lo ao longo dos próximos anos, ou perderão o acesso a ele.

O segundo fator é que, historicamente, o ecossistema do capital privado tem procurado capital de dívida tanto de operadores de crédito privado, como a Golub Capital, quanto do mercado de crédito líquido. **Ao longo dos últimos anos, o mercado de crédito privado vem avançando sobre o mercado de crédito líquido e ocupando sua participação de mercado, e imagino que essa tendência deve continuar.** Existem vários motivos diferentes para isso. Uma das razões realmente importantes é que a indústria do crédito privado cresceu. Por isso, agora, bem mais do que antes, ela é capaz de fornecer soluções para empresas muito maiores. Em 2019, era incomum encontrar uma negociação de crédito privado de US$ 500 milhões. Em 2023, tivemos uma negociação de crédito privado de US$ 5 bilhões. Portanto, o segundo fator positivo é que estamos ganhando participação de mercado.

O terceiro fator favorável está no setor de crédito privado. Se observarmos quem está ganhando e quem não está ganhando no setor, veremos que os vencedores são os grandes operadores — aqueles com escala, capacidade de fornecer uma ampla variedade de soluções diferentes, profundo conhecimento em uma gama de setores e longo histórico de confiabilidade. Novamente, isso é previsível. Se nos imaginássemos como CEOs de uma empresa líder de capital privado, também escolheríamos trabalhar com os maiores e mais bem dimensionados operadores de crédito privado. Portanto, o terceiro grande fator favorável significa que nós e alguns outros grandes operadores ganharemos mais participação de mercado dentro do nosso setor.

CHRISTOPHER:
Quando pensamos no que se passou com o ciclo das taxas de juros, quando pensamos no que se passou com a indústria como um todo, o que aconteceu recentemente que você não esperava e o que aconteceu que você realmente esperava?

DAVID:
Vou começar com o que eu não esperava, embora talvez devesse ter esperado. **Um dos padrões mais consistentes na história do mundo financeiro é que os bancos cometem grandes erros.** Nem todos os bancos e nem em todos os anos. Olhando em retrospecto, eu não deveria ter ficado surpreso com o fato de alguns bancos não estarem preparados para o considerável aumento das taxas de juros que temos visto desde o início de 2022.

Algo que não me surpreende é o contínuo desempenho superior dos fundos de capital privado. Sobre esse fenômeno, tenho uma opinião diferente de muitos colegas. Acho que o capital privado compete em pé de igualdade com as outras duas principais formas de propriedade empresarial. A primeira é a propriedade pública. Qualquer pessoa que tenha atuado como executivo, membro do conselho ou conselheiro de uma empresa de capital aberto sabe quão desafiador se tornou esse modelo. Há custos pesados e encargos regulatórios, e, a menos que você seja uma empresa de grande porte, não conseguirá uma boa cobertura por analistas de pesquisa, não terá boa liquidez em suas ações e não obterá uma avaliação segura. **O modelo de capital aberto é prejudicial para a maioria das empresas, exceto para as muito grandes.**

A segunda forma de propriedade é a familiar, o que pode ser vantajoso para o empreendedor-fundador, mas depois as coisas se complicam. Imagine que um empreendedor crie uma empresa. O empreendedor toma todas as decisões — a governança é simples! Pode ser que isso funcione até a geração seguinte, porque o empreendedor só tem alguns filhos e todos concordam quanto à forma de gerenciar a empresa. No entanto, à medida que o grupo cresce, talvez lá pela terceira geração, começa a ficar muito difícil manter o consenso entre os proprietários. É preciso equacionar o problema da remuneração dos membros da família quando alguns familiares desejam trabalhar na empresa e outros não. Alguns talvez queiram liquidez e outros não. É muito, muito desafiador.

Portanto, a minha opinião sobre o sucesso dos fundos de capital privado é que, para várias empresas, trata-se, em termos simples, de um modelo de propriedade melhor do que a propriedade pública ou familiar. Acho que, provavelmente, continuaremos observando a expansão dos fundos de capital privado.

CHRISTOPHER:

Fala-se muito sobre algumas das transações de maior envergadura que funcionaram ou que não funcionaram ao longo do tempo no mundo dos fundos de capital privado. Contudo, na minha opinião, quase não se comenta, ou pelo menos comenta-se muito pouco, sobre todas as centenas e centenas de histórias de sucesso que levaram a um grande avanço de inúmeras empresas. Por isso, é uma perspectiva realmente interessante ouvir você afirmar isso em relação aos fundos de capital privado.

Quando os investidores tentam decidir onde deveriam alocar os ativos, o que eles não estão conseguindo perceber na área do crédito privado?

DAVID:
Penso que alguns investidores subestimam os incentivos à mediocridade promovidos pelas grandes empresas de gestão de ativos. É difícil ser excelente em diversas estratégias de investimento diferentes. **Em vez de focar em empresas gigantes com marcas bem conhecidas, sugiro focar em gestores com fontes de vantagem claras e identificáveis.** Quem tem um histórico comprovado naquele nicho? Quem tem vantagens competitivas que lhes permitirá manter esse histórico ao longo do tempo? Em muitos casos, não é muito difícil descobrir essas informações, mas a minha experiência mostra que, muitas vezes, os investidores preferem migrar para um nome bem conhecido em vez de fazerem esse trabalho.

CHRISTOPHER:
Vamos mudar um pouco de assunto. Se você tivesse a oportunidade de ter atenção do mundo inteiro por alguns minutos, o que você diria?

DAVID:
Acredito muito no impacto das organizações sem fins lucrativos. **Talvez os Estados Unidos sejam um país politicamente polarizado, mas acho que quase todos conseguimos concordar que organizações sem fins lucrativos prósperas e eficazes têm um impacto extremamente positivo na vida norte-americana.** Então, minha mensagem, Christopher, é muito simples: envolva-se em uma organização local sem fins lucrativos. Escolha alguma coisa pela qual você tenha paixão. Pode ter algo a ver com o fomento da música e das artes, ou que ajude pessoas em situação de rua, os dependentes químicos. Qualquer coisa vale. Eu encorajaria todos a encontrar uma organização sem fins lucrativos com a qual queiram se envolver. Acho que vocês descobrirão que isso é transformador.

TONY:
Você falou muito sobre ter um nicho muito bem definido, e vantagem foi a palavra que você usou. O que mais você diria que foi importante para o sucesso da Golub Capital?

DAVID:

Ser bem-sucedido nos negócios é difícil, sim, mas afirmo que todos os negócios de sucesso que observei de perto ao longo do tempo têm alguns princípios básicos que se refletem em tudo o que eles fazem. Temos dois. Já falamos sobre o primeiro: investir é difícil, mas não é diferente de qualquer outro negócio. Não se pode depender de um gênio ao nosso dispor. Não se pode depender de um modelo proprietário. **É preciso identificar um conjunto de vantagens competitivas e é preciso cultivar essas vantagens ao longo do tempo se quisermos superar a concorrência.** O segundo princípio subjacente ao nosso negócio é que os relacionamentos são importantes. Somos antiquados. Não acreditamos no mantra moderno de Wall Street de que todos são contrapartes. Achamos que as boas empresas trabalham repetidamente com as mesmas partes. Trabalham com os mesmos fornecedores, com os mesmos clientes, com os mesmos investidores. E fazem isso porque são capazes de desenvolver uma proposta de valor atraente para cada um desses grupos, de modo que todos queiram continuar trabalhando com a mesma empresa.

Esses dois princípios são muito norteadores. Eles nos levaram a sustentar uma missão muito específica: ser os melhores em soluções de financiamento. Não estamos tentando ser os melhores no setor de bens imobiliários. Não estamos tentando ser os melhores na extração de petróleo. Estamos tentando ser os melhores na concessão de empréstimos a empresas controladas por empresas de fundos de capital privado. E também temos uma cultura muito precisa, que, mais uma vez, vai ao encontro daqueles dois princípios fundamentais. A nossa cultura se define em uma palavra: padrão-ouro. E o que queremos dizer com padrão-ouro é que tratamos todos os nossos parceiros da mesma forma que gostaríamos de ser tratados se estivéssemos do outro lado da mesa.

CHRISTOPHER:

Você teve uma longa e fantástica carreira na Golub Capital, mas sempre há coisas que aprendemos ao longo do caminho que, às vezes, são menos agradáveis. Que coisas você gostaria de ter ouvido antes de lançar o negócio, para poupá-lo de algumas dessas experiências de aprendizagem menos agradáveis?

DAVID:
A lista é extensa. Cometemos muitos erros ao longo dos anos. **Uma das coisas que aprendi foi sobre o valor dos processos e da infraestrutura de investimentos. Muitas vezes, as partes menos glamorosas de uma empresa não recebem a devida atenção.** Na concessão de crédito, isso é um erro. Aprendemos, desde o começo, que essa é uma área na qual precisávamos realmente nos concentrar, e ela se tornou um dos nossos principais pontos fortes. Mas eu gostaria, sim, que alguém tivesse me dito isso lá no início.

CHRISTOPHER:
Inevitavelmente, são essas movimentações nos bastidores que permitem que o negócio prospere e obtenha sucesso. Analisando retrospectivamente, se você pudesse fazer alguma coisa de modo diferente no seu negócio, o que seria?

DAVID:
Meu objetivo não é fugir da pergunta, mas me sinto bastante satisfeito. Não há muito do que me arrepender. Há coisas que poderíamos ter feito melhor, e tenho certeza de que poderia citar umas dez aqui. Mas elas não são tão importantes. Sinto-me um felizardo por ter acertado nas coisas importantes, e muitas delas giram em torno das pessoas. Temos uma equipe fenomenal.

CHRISTOPHER:
Você, seu irmão e o restante da equipe da Golub Capital permaneceram muito fiéis ao seu nicho e conjunto de competências. E é interessante, porque existe uma escola de pensamento que diz que a forma como se escala um negócio no mundo dos investimentos é ter muitas ofertas diferentes, muitos setores diferentes e muitos segmentos diferentes. Certas empresas fizeram isso com muito, muito sucesso. Vocês escolheram fazer isso com um foco bastante restrito. Muitas poucas empresas com esse foco restrito conseguiram escalar. Quais são os principais motivos pelos quais você acha que a maioria das empresas de investimentos não consegue alcançar essa escala?

DAVID:
Acho que você levantou um ponto muito importante. Se pensarmos na maioria das empresas de investimentos, o desafio da escalabilidade é de que

é preciso passar para a ideia seguinte, e ela precisa ser melhor do que a atual. Imagine, por exemplo, que você é um gestor de um fundo com posições apenas compradas e alguém lhe dá US$ 100 milhões. Você faz um ótimo trabalho com isso e, no ano seguinte, em vez de ter US$ 100 milhões para investir, você consegue ainda mais investidores, e tem US$ 1 bilhão para investir. Então, se antes você elaborava um portfólio com as suas vinte melhores ideias, agora você precisa elaborar um portfólio com as suas cem melhores ideias. E, provavelmente, a sua centésima melhor ideia não será tão boa quanto a vigésima melhor ideia. Isso demonstra que a maioria dos negócios de investimento não é escalável porque, fundamentalmente, a estratégia de investimento não é escalável.

Comparemos isso com o nosso negócio. O nosso crescimento realmente nos colocou na posição de sermos um parceiro mais valioso para os nossos clientes, as empresas de fundos de capital privado. Somos o oposto daquele gestor de fundos com posições apenas compradas. **O crescimento não diminui os retornos: ele aumenta as nossas vantagens competitivas, permitindo-nos fazer mais pelos nossos clientes, isto é, as empresas de fundos de capital privado.** Eu diria que o nosso crescimento aprimorou a nossa capacidade de sustentar o nosso histórico de retornos excepcionais ao longo do tempo.

CHRISTOPHER:
É realmente interessante a forma como você descreve isso, porque o que acontece com a maioria das empresas é que elas, em nome do crescimento, acabam tendo de sacrificar a qualidade, ou o nível de trabalho e de diligência. Quando você pensa sobre o universo de talentos no setor de investimentos, quais seriam as principais características que separam os profissionais de melhor desempenho de seus pares?

DAVID:
Acho que existem alguns modelos diferentes para pensar sobre os talentos no espaço de investimentos. Certamente existe um conjunto de empresas de investimentos em que as estrelas são muitíssimo importantes — em que se precisa de um Michael Jordan. Não operamos dessa forma. **Para nós, o**

sucesso é um esporte coletivo. Ninguém é ótimo em tudo. Todos se saem melhor em um ambiente colaborativo. Então, ao gerenciar a empresa, seja no nível micro, seja no nível macro, estamos focados o tempo todo em garantir que tenhamos a combinação adequada de pessoas e em garantir que estejamos oferecendo oportunidades de desenvolvimento para todos os nossos colaboradores, para que eles possam continuar crescendo com o tempo. E, ao fazer isso, podemos medir o sucesso de algumas maneiras diferentes. Podemos medir o sucesso com os nossos investidores por meio dos nossos retornos. Podemos medir o sucesso com os mantenedores dos fundos de capital privado por meio da repetição das operações de negócios. Podemos medir o sucesso com os nossos parceiros financeiros por meio de seu desejo de continuar a trabalhar conosco. E podemos medir o sucesso da equipe observando os dados das pesquisas de engajamento e as estatísticas de retenção. E, nestes últimos tempos, quando todos tomamos conhecimento do extraordinário crescimento das demissões durante a pandemia, ou, mais recentemente, de todos os artigos sobre o movimento de abandono silencioso, acho que é possível dizer muito sobre uma empresa observando se esses fenômenos estão atingindo-a ou não. Eu diria que se encontrarmos uma empresa com altos níveis de comprometimento e baixos níveis de desgaste, provavelmente teremos encontrado uma vencedora. Acho que, no fim das contas, embora todas as questões estratégicas sobre as quais falamos ao longo de nossa discussão sejam realmente importantes, se não tivermos a equipe certa nada mais vai funcionar.

CHRISTOPHER:
Falamos muito sobre diferentes negócios e a dinâmica da liderança. No seu caso, você conta com o seu irmão, com quem tem trabalhado desde o início do negócio. Não conheço muitos irmãos que tenham construído negócios com tanto sucesso quanto os irmãos Golub.

TONY:
E que ficaram juntos por muitas décadas também. Isso, por si só, é uma arte.

DAVID:

Calma, temos desentendimentos acalorados. Nem tudo são flores, é claro. Mas uma das melhores coisas de trabalhar com meu irmão é que podemos ter desentendimentos acalorados sabendo que ao acordar na manhã seguinte ainda seremos irmãos, e ainda seremos melhores amigos e ainda seremos parceiros de negócios.

TONY:

David, o título deste livro é *O Santo Graal do investimento*, o que parece um tanto exagerado. Mas a razão é que, quando escrevi o meu primeiro livro, entrevistei cinquenta dos melhores investidores financeiros do mundo. Quando conversei com Ray Dalio, ele me disse que o Santo Graal do investimento é encontrar de oito a 12 investimentos não correlacionados que nos pareçam pertinentes. Portanto, este livro fala integralmente sobre todas essas oportunidades alternativas de investimento que nos ajudarão a compor essa lista. Gostaríamos de lhe perguntar, David: na sua opinião, qual é o Santo Graal do investimento?

DAVID:

Minha perspectiva, Tony, é de que, na verdade, investir não é diferente de outros negócios. Se invertêssemos a sua pergunta e perguntássemos o que constitui um ótimo negócio, acho que haveria um enorme consenso em torno dessa resposta. Falaríamos sobre vantagens competitivas e sobre como o negócio constrói um fosso ao redor, o que dificulta a concorrência. Para mim, no nosso nicho, que é financiar empresas mantidas por fundos de capital privado, está tudo ligado às nossas vantagens competitivas. **Ao cultivá-las, somos capazes de continuar produzindo retornos excepcionais de modo consistente.**

Bem, Ray Dalio é um gênio, e ele consegue identificar quais são as ideias que se mostram particularmente atraentes no momento. Eu não sou um gênio. Minha empresa não depende de genialidade para produzir retornos realmente bons e consistentes ano após ano. O que precisamos fazer é continuar cultivando e nos beneficiando daquelas vantagens competitivas fundamentais. **Isso é o que eu descreveria como o Santo Graal: querer investir junto a gestores que tenham um negócio, e não apenas um fundo**

— gestores que se beneficiem de alguma fonte sustentável de vantagens competitivas.

TONY:

É muito semelhante ao que Robert [Smith] faz na Vista. A mesma mentalidade de saber mais sobre aquele assunto do que qualquer outro operador no setor. Ser profundamente especializado, ter clientes constantes que sempre retornam até ele. Vocês dois se saíram muitíssimo bem em setores diferentes. Mas tenho mais uma pergunta rápida para você. Estive há pouco tempo com Sheikh Tahnoon, que está sendo assessorado financeiramente por várias pessoas. Uma delas era um cavalheiro do SoftBank, que lhe disse que agora havia chegado o momento do crédito privado. Ele defendeu o crédito privado até mesmo em detrimento dos fundos de capital privado. E ele lhe deu todas as razões para isso, e assim por diante. Estou curioso: por que o crédito privado agora, e por que ele é ainda mais importante do que nunca na sua perspectiva? Por que os investidores deveriam considerá-lo?

DAVID:

Em julho de 2022, vimos as taxas de juros subirem. Vimos o crescimento desacelerar. Portanto, ambos são fatores que constituem obstáculos muito significativos para muitas classes de ativos diferentes. No caso das participações acionárias, por exemplo, diminui-se o lucro líquido em função do aumento das despesas e, ao mesmo tempo, exerce-se uma pressão sobre os índices multiplicadores. **A renda fixa tradicional tem um desempenho sofrível em um contexto de taxas crescentes. Em contrapartida, os ventos são favoráveis ao nosso negócio.** Temos um ecossistema crescente de fundos de capital privado. **O aumento das taxas resulta em lucros mais elevados, desde que controlemos as perdas de crédito. Os bancos saíram do nosso mercado e não retornarão.** A escala é uma importante fonte de vantagem competitiva. Existem muitas razões para se estar otimista.

Penso que isso está no cerne da alegação do seu colega. E acho que ele está certo, no momento existem oportunidades incomuns no crédito privado se você trabalhar com os gestores corretos. Mas eu ainda aconselharia cautela. Podem-se cometer erros em qualquer classe de ativos. Talvez minhas palavras soem como as de um típico cara do crédito, mas acho que se alguém lhe disser "Esta classe de ativos é à prova de falhas", segure a carteira!

CAPÍTULO 22

BARRY STERNLICHT

COFUNDADOR, PRESIDENTE E CEO DA STARWOOD CAPITAL

Distinções: A Starwood era uma das maiores empresas hoteleiras de capital aberto do mundo (desde então, suas participações hoteleiras se fundiram com a rede Marriott). Eles também são um dos maiores proprietários de residências multifamiliares, um dos maiores fundos de investimentos imobiliários públicos e um dos maiores proprietários e operadores de aluguéis residenciais unifamiliares.

Total de ativos sob gestão (em agosto de 2023): US$ 115 bilhões.

Área de atuação: Bens imobiliários globais — todas as classes de ativos de bens imobiliários em trinta países.

PONTOS ALTOS

- Barry Sternlicht é cofundador, presidente e CEO do Starwood Capital Group, fundado em 1991.
- Atualmente, a Starwood tem US$ 115 bilhões em ativos sob gestão e investiu mais de US$ 240 bilhões nos últimos trinta anos em todas as principais classes de ativos de bens imobiliários.

- Os investimentos da Starwood incluem líderes de mercado em residências, hotéis, escritórios, indústrias e varejistas.
- A empresa foi fundada durante o auge da crise da poupança e do crédito, e, atualmente, tem cinco mil colaboradores em 16 escritórios espalhados pelo mundo.
- Sternlicht faz parte do conselho de administração da Estée Lauder Companies, da Baccarat Crystal, da Robin Hood Foundation, do Dreamland Community Theatre, do programa nacional de liderança em advocacia da Juvenile Diabetes Research Foundation e do Business Committee for the Arts.

TONY:
Barry, conte-nos um pouco sobre a sua jornada, como você passou [de um financiamento] de US$ 20 milhões para ter hoje, se entendi bem, US$ 115 bilhões em ativos sob gestão. É uma jornada e tanto. Poderia nos contar um pouco sobre a sua trajetória, apenas para situar as pessoas?

BARRY:
Obrigado, Tony. Claro. Minha mãe era professora e meu pai, engenheiro, e ele chegou ao país após a Segunda Guerra Mundial, na qual lutou contra os guerrilheiros tchecos. Então, acho que a coisa mais marcante sobre a minha carreira e a minha vida, é que meu pior dia foi melhor do que o melhor dia dele, considerando que cresceu em meio a uma guerra. Sempre gosto de manter isso em mente. Nós realmente somos abençoados. E ele amava tanto os Estados Unidos e as oportunidades que o país nos dava, que dizia: "Você pode fazer qualquer coisa se trabalhar duro e se comprometer."

Éramos da classe média. Morávamos em uma casinha em Long Island, e nos mudamos para Connecticut quando eu tinha cinco anos. Minha mãe dava aulas enquanto os três filhos iam para a escola. Estudei no ensino médio público, uma turma com duas mil crianças. E aí me disseram que eu poderia ir para a faculdade, mas precisaria ser perto de casa. Então, fui para Brown, porque eu não era muito fã de matemática. Meu processo de seleção foi escolher a melhor faculdade na qual eu não precisaria ter aulas de matemática. As pessoas me conhecem como um mago das finanças, e a verdade é que eu não sou. Só sei usar muito bem uma calculadora, tenho boa memória e, tendo sido artista no ensino médio, penso tanto com o lado esquerdo quanto com o lado direito do cérebro. Então, me formei em algo chamado Direito e Sociedade. Eu brincava, chamando o curso de "Perdido em Sociedade", porque eu era um estudante que sabia um pouco sobre uma porção de coisas, mas não sabia muito sobre nada. Quando me formei, passei por três empregos nos dois anos seguintes, e o último foi como operador de arbitragem em Wall Street. Meu pai, sendo quem era, me perguntou: "Você vai querer ficar olhando para uma telinha verde pelo resto da vida?" Então, mesmo ganhando um bom dinheiro, decidi que, se conseguisse passar, continuaria estudando e iria para a escola de administração. Tentei apenas duas instituições. Uma delas era Harvard, e até hoje não sei como consegui entrar.

Pensei que duraria cinco minutos lá dentro quando descobrissem que eu não sabia somar nem subtrair. Mas sobrevivi a isso e me saí muito bem. Sempre fui bom em conversar, e metade da nossa nota vai para a participação nas aulas! Arranjei um emprego em Chicago em uma imobiliária chamada JMB, pois tinha recebido um telefonema de um amigo que tinha acabado de se licenciar de lá. Eu estava precisando escolher entre a JMB ou trabalhar em Wall Street, na Goldman Sachs, que era o único emprego que eu tinha condições de conseguir. Mas eu gostava bastante de projetos, eu gostava de arte, gostava de arquitetura. Eu gostava de viajar e gostava de pessoas. Portanto, o setor de bens imobiliários, como foco principal, parecia um bom lugar para começar. A JMB me contratou, e eu cresci rapidamente na empresa. Sempre fui um cara bem criativo.

Havia um professor de finanças na HBS (Harvard Business School) que ensinava Finanças Empresariais. Eu não estava matriculado na disciplina, mas me recomendaram aparecer na última aula dele, e então eu fui. E o professor disse algumas coisas. Ele falou: "Tenha cuidado com o que você deseja, porque você pode conseguir." Era um lema interessante, e tenho pensado nele ao longo de toda a carreira. E, então, ele disse: **"Encontre os trens de carga da sua vida e entre, em vez de ficar na frente deles."**

Na verdade, penso em ambas as frases o tempo todo. Dizem que a sorte é quando a preparação encontra a oportunidade. Você cria a própria sorte. Você se prepara para ter sorte. E acho que você precisa ter as fichas na mesa para ter sucesso e participar do jogo.

Dizer não para tudo não requer nenhuma habilidade. Precisamos correr riscos, e vamos falhar. Acho que os marcos mais importantes do meu início de carreira foram os piores negócios que fiz, porque aprendi muito com eles. Meu filho acabou de se formar na HBS, na semana passada, e eu estava dizendo a ele que a parte mais interessante de investir e aprender é que eu realmente abordo cada investimento como se fosse um idiota. Penso em tudo que poderia dar errado... Eu me preocupo com o lado negativo, pois o lado positivo cuidará de si mesmo. Portanto, nos investimentos, tentamos correr os riscos certos e nunca ultrapassamos os limites da ética. Acho que, entre outras coisas, essa foi a razão pela qual o Starwood Capital Group teve tanto sucesso. Sempre colocamos nossos investidores em primeiro lugar, e sempre fizemos a coisa certa, mesmo quando eles não sabiam que estávamos fazendo a coisa certa. Hoje, nos nossos fundos, temos a mesma estrutura de taxas que tínhamos em 1991. Os investidores recebem o dinheiro deles de volta, um retorno sobre o dinheiro deles, e só aí recolhemos a nossa parte. Como dizia meu pai: "Se você fizer a coisa certa, sempre poderá se sentir bem ao se olhar no espelho toda manhã."

Então, eu diria que o momento crucial da minha carreira foi ter sido demitido da JMB aos 31 anos. Eu fazia o tipo prodígio. Eu morava em Chicago. Aí, veio a crise da poupança e do crédito, e os caras me dispensaram. Foi um choque. Peguei um ônibus para solicitar o seguro-desemprego. Mas eu era muito próximo do homem que administrava a JMB. Ele estava na lista da *Forbes 400* e eu valia cerca de US$ 8 mil, mas éramos bons amigos. Eu frequentava a casa dele, convivia com a esposa e os filhos. Eu esquiava com ele. Esse cara me deu US$ 1 milhão para eu abrir minha empresa. Com outras duas famílias, montamos nosso primeiro fundo de US$ 21 milhões. Foi que começamos. Não conseguíamos comprar nada. Não tínhamos crédito... Não conseguíamos arranjar nem mesmo um aparelho de fax. Pegamos emprestados os escritórios da AMA, em Chicago. Pegamos emprestados até mesmo os funcionários, e fizemos com que eles se instalassem do nosso lado do prédio, para que pudéssemos parecer mais robustos do que éramos. Foi uma jornada e tanto.

Primeiro, compramos vários apartamentos. Vendi-os para Sam Zell, e triplicamos o dinheiro dos nossos investidores em 18 meses. E então, eu e o meu sócio, que era meu amigo desde a universidade, nos separamos e eu fui para o leste. Esbarrei com uma empresa de capital aberto de aparência realmente duvidosa e aproveitei para fundir ali um monte de ativos que possuíamos. Alterei o nome da empresa para Starwood Lodging. Na época, ela possuía um valor de mercado de US$ 8 milhões e uma dívida de US$ 200 milhões. Compramos grande parte da dívida, depois promovemos a fusão e assumimos o controle da empresa. A partir daí, a Starwood começou a fazer muitos negócios. Compramos a Westin Hotels por US$ 5 bilhões. Depois, compramos a ITT Sheraton por US$ 14 bilhões. Éramos uma empresa de US$ 7 bilhões comprando uma empresa de US$ 14 bilhões, tendo concorrido com a Hilton Worldwide na licitação. **De repente, em três anos, éramos a maior empresa hoteleira do mundo, medida pelo fluxo de caixa.**

TONY:
Uau, como você fez isso mesmo tendo tão pouco capital?

BARRY:
Sempre tratamos nossos acionistas públicos como se fossem nossos parceiros. Portanto, a Fidelity possuía 10% da empresa. Eu conhecia todo mundo lá. Precisávamos do apoio deles. Fizemos uma oferta de ações para a ITT. Na época, nossas ações estavam sendo negociadas a um índice multiplicador relativamente alto e a Hilton fez uma oferta em dinheiro. Eles não estavam usando o mesmo índice multiplicador, porque estávamos crescendo num ritmo muito mais rápido. Em geral, as ações do comprador caem após uma oferta de aquisição, mas o gestor do portfólio do grupo de bens imobiliários da Fidelity declarou: "As ações da Starwood valem mais do que dinheiro." Quando anunciamos o acordo, nossas ações estavam custando US$ 53. Depois do anúncio, elas subiram para US$ 60. Portanto, essa oferta foi ainda maior do que a nossa primeira, e ainda colocamos algum dinheiro em cima. A Hilton ofereceu, basicamente, US$ 81 por ação em dinheiro. Nós chegamos a US$ 84 em ações e mais US$ 30 em dinheiro. Os acionistas votaram em nós.

TONY:
E você tinha 38 anos na época?

BARRY:
Eu tinha 38 anos. Às vezes, juventude e inocência podem significar estupidez, e acabamos descobrindo isso bem diante do público.

CHRISTOPHER:
Isso remonta à tese daquele professor, que é ter cuidado com o que você deseja. Você pode conseguir. De uma hora para outra, você já estava com 120 mil funcionários.

BARRY:
E de repente eu tinha três exemplares de tudo. Eu tinha três diretores financeiros, três conselheiros principais, três chefes de tecnologia da informação e [era] uma escolha um tanto aleatória. Então, fui procurar ajuda. Contratei uma consultoria para avaliar a equipe, e foi uma jornada intensa. Meu trabalho diário passou a ser administrar a Starwood Hotels, e fiz isso por dez anos. Foi o melhor e o pior dos tempos. Aos olhos da mídia, eu era um gênio e um idiota. Eu não gostava muito da publicidade. Sou um cara sensível. E a imprensa, você sabe... os caras me amavam. E também me odiavam.

TONY:
Você fez alguns comentários realmente interessantes [em Miami] na conferência do J.P. Morgan, quando disse que a indústria da hotelaria está enlouquecendo. Todos nós já vimos isso. Os preços estão disparatados. Todos estavam confinados por causa da pandemia. Qual é a sua visão do mercado de bens imobiliários hoje? Como a sua empresa o encara?

BARRY:
Historicamente, o setor de bens imobiliários tem sido responsável pelas grandes crises. Você deve se lembrar: em torno de 2007, 2008, o setor imobiliário, os empréstimos ninja, a venda de empréstimos com derivativos, tudo isso era lixo tóxico. Eu não trabalhava como empreiteiro, mas o meu

setor como um todo foi fundamental para praticamente derrubar todo o sistema bancário mundial. Podia se pegar emprestado 110% do preço de compra de um ativo, e aquilo, do nada, se tornava agressivo. Um dos outros fatores importantes quando se investe em bens imobiliários é que não é realmente uma boa ideia comprar um imóvel quando o financiamento sai mais caro do que a rentabilidade do imóvel. Chamamos isso de alavancagem negativa, [porque] se você estiver com um financiamento de 9% e uma rentabilidade de 6% em uma determinada propriedade, estará endividado desde o início. Era assim que estava o mercado em 2007-2008. É claro que não foi o mesmo caso em 2020 e 2021, uma vez que nenhum banco jamais concedeu empréstimos tão agressivos depois de 2007, 2008. Eles meio que aprenderam as lições e, por um tempo, houve alavancagem positiva em todas as classes de ativos.

Então, no fim de 2021, o Fed disse: "Podemos controlar a inflação e as taxas ficarão 'mais baixas por mais tempo'." Como todos sabem, o Tesouro imprimiu US$ 6 trilhões durante a pandemia, e as prateleiras ficaram vazias. A cadeia de abastecimento quebrou. Todo mundo saiu correndo para comprar não apenas mantimentos, mas também carrinhos de golfe, casas de veraneio, fraldas, mesas. Sem oferta, os preços aumentaram, os preços dos carros usados enlouqueceram e a inflação disparou. Em 2021-2022, quando a inflação atingiu o mundo dos bens imobiliários, os aluguéis e os apartamentos subiram cerca de 20%. Em quarenta anos, eu nunca tinha visto nada parecido. Foi uma loucura. E então o governo finalmente se deu conta e começou a aumentar as taxas de juros de forma contínua, o mais rápido crescimento da história. E aí, basicamente, o setor de bens imobiliários foi pego de surpresa. No entanto, os fundamentos permanecem bons. Se olharmos para as classes de ativos imobiliários, o negócio residencial está forte. Em todo o país, os apartamentos estão 95% ocupados. Os aluguéis estão subindo, não 20%, mas cerca de 4% em nível nacional, e isso é sinônimo de um mercado muito saudável. Normalmente, antes da pandemia, ficaríamos felizes com um aumento de 4% nos aluguéis. Quanto às moradias unifamiliares, já não se constroem tantas casas desse tipo, porque as pessoas não estão conseguindo comprar uma casa nova agora, devido à hipoteca estar muito cara. Há uma leva de novos apartamentos sendo concluídos, mas nada além disso. Somando-se as unidades unifamiliares e multifamiliares, a política de Powell vai criar um déficit ainda maior de unidades habitacionais. Portanto, sempre que nos desviarmos da posição em que estamos agora, haverá pressão tanto sobre os preços das casas quanto sobre os aluguéis dos apartamentos.

E, como vocês sabem, o mercado hoteleiro decolou, em especial o mercado de resorts, assim que a pandemia começou a arrefecer. As pessoas tiravam férias e trabalhavam em qualquer lugar, menos no escritório. E esse mercado tem se mantido muito forte, tanto em termos de ocupação quanto de tarifas. No começo, eu pensava: "Bem, a passagem aérea estava muito barata." Agora, a passagem aérea está muito cara e as pessoas continuam viajando. Na verdade, trata-se de um enigma. Estou tentando decifrá-lo. Eu realmente não entendo como essas tarifas hoteleiras permanecem tão altas em todo o mundo.

TONY:
Será que essa quantidade de dinheiro ainda está circulando na economia por causa de todo o dinheiro que foi injetado nos bolsos das pessoas? Se entendi bem, esse dinheiro vai acabar em outubro de 2022. Isso ainda está acontecendo?

BARRY:
Acho que aqueles norte-americanos — aqueles de quem ouvimos falar que não tinham nem US$ 400 nas contas poupança, e depois receberam vários milhares de dólares em auxílios do governo —, acho que eles estão sem reservas de poupança, ou perto disso agora. E estão usando seus cartões de crédito. A dívida do cartão de crédito está na estratosfera. Estou observando as inadimplências no Bank of America. Eles dizem que são endividamentos normais, mas não acho que continuarão sendo normais. Agora, a razão de tudo isso ainda estar ocorrendo neste exato momento é que as pessoas ainda estão empregadas. As pessoas estão gastando um dinheiro que talvez não tenham, mas elas têm um emprego e se sentem seguras com isso. Portanto, se o Fed conseguir realmente o que pretende, que é aumentar a taxa de desemprego e desacelerar o aumento dos salários, isso poderá reverter muitas coisas.

Tenho conversado bastante com os nossos clientes sobre uma coisa: o escritório "virtual" norte-americano.

TONY:
Isso é o que eu quero saber. Atualmente, estamos reclamando por ter de trabalhar no escritório três dias por semana. No mundo todo, [as pessoas estão] dispostas a frequentar seus locais de trabalho, exceto aqui. É uma loucura.

BARRY:
Ah, sim, é uma loucura. **Para se ter uma ideia, no Oriente Médio, está todo mundo de volta ao escritório. Ontem, estive em um prédio em Dubai que estava tão movimentado quanto possível. Parecia Manhattan antes da pandemia. E, depois, na Europa e na Ásia, especialmente em Tóquio, as pessoas não apenas estão nos escritórios, como as taxas de desocupação também estão muito baixas. Na maioria das principais cidades da Alemanha, as taxas de desocupação dos escritórios estão abaixo de 5%. Podemos comparar isso com as taxas de 25% em São Francisco e acima de 20% na cidade de Nova York.**

Portanto, há alguns problemas nos Estados Unidos. Um deles é este: ficamos muito satisfeitos por trabalhar remotamente de Jackson Hole, e trabalharemos da praia, e trabalharemos de onde quer que estejamos. E esse foi um movimento liderado pelas empresas de tecnologia, que são as nossas maiores empresas, as integrantes mais importantes do S&P 500. Tudo o que elas fazem é percebido por todo mundo. Mas agora a Amazon pediu que todos voltem a trabalhar presencialmente, quatro dias por semana, na nova sede da empresa, na Virgínia. Na semana passada, o Google disse aos seus colaboradores: "Queremos vê-los de volta ao escritório. Os CEOs vão demitir primeiro as pessoas que ficarem em casa." Quer dizer, os caras já deixaram a sutileza de lado. Todos os CEOs estão nos escritórios, mas não há ninguém ao lado deles. No começo da minha carreira, quando o chefe aparecia no escritório aos sábados, adivinha quem ia ao escritório aos sábados? Eu poderia ficar jogando no meu computador, mas queria que ele visse que eu estava lá. É uma geração diferente, e acho que a garra, para eles, é definida de forma diferente.

TONY:
Até onde acha que isso vai? Você acha que as pessoas vão começar a mudar o estilo de vida daqui a dez anos, ou daqui a dois anos?

BARRY:
Se observarmos o que aconteceu nos escritórios desde a pandemia, veremos que houve cerca de nove milhões de metros quadrados alugados em edifícios construídos a partir de 2015 e nove milhões de metros quadrados vagos em edifícios antigos. Portanto, houve uma mudança na demanda. As pessoas querem edifícios realmente agradáveis, que façam com que os colaboradores se sintam estimulados a voltar ao trabalho presencial. Construí um prédio em Miami, e alugamos tudo durante a pandemia. Está 100% arrendado. Não recorremos a corretores. A minha equipe simplesmente cuidou de tudo sozinha. Começamos com um aluguel diário de US$ 52, e o final foi de US$ 95. Assim, há partes do país onde os escritórios estão indo bem — Nashville, no Tennessee, Austin, no Texas, e até mesmo as redes Atlanta e Raleigh estão caminhando bem.

E temos os derivados dos escritórios. As ciências da vida estão em franca expansão, as centrais de dados estão em franca expansão. Não são propriamente escritórios, mas as pessoas estão convertendo edifícios de escritórios em centrais. Então, é um outro uso. Muito parecido com os negócios de varejo, em que os bons centros comerciais continuam ocupados e prosperando, e os maus centros comerciais seguiram o caminho do pássaro dodô. De modo que veremos os mercados de escritórios praticamente se bifurcando. Os prédios realmente bons ficarão lotados, com bons inquilinos. Mas há uma nova incursão chegando aos mercados de escritórios, e ela se chama inteligência artificial. A inteligência artificial está indo atrás de trabalhadores qualificados, como advogados e contadores, e também das agências de publicidade. E será muito interessante de acompanhar, porque esses são os principais usuários dos espaços de escritórios, certo? Quem vai preencher esse espaço? De onde virá a demanda? Por alguns anos, será um período bastante estressante para a classe de ativos de escritórios. **A propósito, o Fed pode consertar tudo isso. A redução das taxas de juros daria às pessoas tempo para refinanciar e cobrir seus custos. Hoje, ninguém sabe qual é o preço adequado para um edifício de escritórios porque não se consegue obter financiamento.** E caso alguém consiga financiamento, eles vão cobrar cerca de 10% por isso. E a pessoa poderá ter comprado um prédio belíssimo, com uma rentabilidade de 6%. Então, tecnicamente, essa pessoa é insolvente.

CHRISTOPHER:

Barry, você falou sobre alguns temas que muitos investidores sabem que virão por aí. Mas eles desconhecem a magnitude. Eles não sabem o que poderá consertar essa situação. Eles não sabem quanto tempo isso vai durar. Do seu ponto de vista, o que a maioria dos investidores está deixando de perceber neste momento, ao analisar o setor de bens imobiliários?

BARRY:

Em primeiro lugar, no meu caso, penso no longo prazo. Tipo: quais setores não serão impactados pela inteligência artificial. E quando digo que não serão impactados, [quero dizer] que a demanda permanecerá estável. A forma como escolhemos chegar ao nosso hotel ou como escolhemos uma casa poderá mudar, mas a demanda por residências seguirá robusta. Acho que os investidores tendem a jogar fora o bebê junto com a água suja do banho. É isso o que procuramos. Procuramos os bebês que estão sendo jogados fora junto com a água suja do banho. Procuramos um prédio de escritórios realmente bom, com um plantel de inquilinos bom de verdade, e tentamos comprá-lo por um preço bem abaixo do custo de reposição. Nós o compraremos com capital próprio, ou principalmente com capital próprio, aplicaremos um pequeno financiamento, e aí as taxas cairão e nós o refinanciaremos. Os investidores sabem que, na história dos Estados Unidos, a curva de juros nunca ficou eternamente invertida. Isso nunca aconteceu. Isso nunca vai acontecer. As taxas de curto prazo vão cair.

TONY:

Os investidores devem casar com a propriedade e namorar as taxas.

BARRY:

Exato. E o que procuramos são grandes ativos com balancetes desequilibrados. Dessa forma, podemos ajustá-los. Ou encontrar um vendedor realmente em dificuldades, e há muitas pessoas em dificuldades nesse momento. Há muitos ativos estressados, mas não percebemos isso até o vencimento dos empréstimos. Ora, os empréstimos vencem todos os meses, e será um campo minado durante anos, mas tudo será facilitado se as taxas baixarem. No momento, há muito medo e muita ansiedade no mercado. Mas [também] há muito pó seco. Então, vai funcionar.

E alguns de nós seremos ousados e compraremos coisas, e as pessoas pensarão que somos malucos, mas saberemos que, no futuro, essas poderão ser as melhores compras de nossa vida. **Acho que se escolhermos os mercados certos e prestarmos atenção, o mercado de bens imobiliários é a aplicação mais pragmática do bom senso que existe. Ele não requer genialidade, mas precisamos ser totalmente objetivos. Não devemos nos apaixonar por nada.** As pessoas não percebem isso. Elas ficam emocionadas, não prestam atenção aos detalhes. E é o bem imobiliário físico o que importa.

No entanto, há uma coisa que eu diria: o mercado de bens imobiliários é um pouco como o mercado de ações. Não sei quem disse isso, mas os mercados podem ser irracionais por mais tempo do que você e eu podemos ser solventes. Isso também se aplica ao setor de bens imobiliários. Assim, por vezes, o fluxo dos fundos subjuga os fundamentos. Como se os europeus decidissem que não se importam com a rentabilidade daquele edifício em Greensboro, na Carolina do Sul, ou em Charleston, Murfreesboro ou Orlando. Eles querem Nova York ou o Distrito de Columbia. Eles nunca serão demitidos por comprarem um lindo prédio de escritórios na Park Avenue, em Nova York. Portanto, independentemente de quais sejam os fundamentos, não se consegue encontrar um comprador. Tive de aprender a observar detidamente os fluxos de capital, assim como os fundamentos. E isso é verdade em qualquer coisa em que investimos, não é?

TONY:

Ray Dalio se tornou meu amigo nos últimos anos e, quando o conheci, uma das perguntas que lhe fiz foi: "Qual é o princípio mais importante dos investimentos?" Ele é um operador macro, obviamente, mas eu perguntei: "Qual é o princípio mais importante que orienta todas as suas tomadas de decisão?" Ele quis saber: "Você quer dizer, o Santo Graal do investimento?" Em seguida, ele respondeu: "Investir no Santo Graal é encontrar de oito a 12 fluxos de retorno ou investimentos não correlacionados nos quais eu realmente acredite, porque isso reduz o meu risco em 80%." Portanto, uma das razões pelas quais escrevemos este livro é mostrar os investimentos alternativos e seus respectivos impactos, para que as pessoas possam chegar àqueles oito ou 12 investimentos. Então, estou curioso: no seu campo de atuação, qual é o Santo Graal do investimento?

BARRY:

Boa pergunta. Algumas coisas vêm à mente. A primeira delas é que perguntei a um amigo muito bem-sucedido no mundo dos fundos de cobertura qual tinha sido o pior investimento que ele tinha feito. E ele respondeu: "Vender minhas ações campeãs antes da hora." Quando temos alguma coisa que realmente funciona para nós, é melhor manter e aproveitar. Mas tendo consciência de que cada dia que a mantemos nós a compramos novamente. É da natureza humana pensar que, se não vendemos, não ganhamos dinheiro algum. Vendemos nossos ganhos, e mantemos as nossas perdas esperando que haja uma melhora. Essa é uma péssima estratégia no mercado de ações, e uma péssima estratégia no mercado de bens imobiliários.

É da natureza humana pensar que se não vendemos, não ganhamos dinheiro algum. Vendemos nossos ganhos, e mantemos as nossas perdas esperando que haja uma melhoria. Essa é uma péssima estratégia no mercado de ações, e uma péssima estratégia no mercado de bens imobiliários.

Tínhamos um negócio chamado Intown Suites. Era uma empresa hoteleira econômica, que cobrava US$ 350 por semana, não por dia. Estávamos fazendo algumas centenas de milhões de dólares por ano em fluxo de caixa. E, após o serviço da dívida, foram US$ 100 milhões de fluxo de caixa livre. Então, eu pensava: "Por que iria vender isso? Não há uma oferta nova, não há concorrência. Ninguém conseguirá desenvolver um negócio rentável cobrando US$ 350 por semana." Então, mantivemos o negócio por mais alguns anos e ganhamos meio bilhão de dólares extras. Só o vendemos no ano passado.

Eu diria que outra coisa no setor de bens imobiliários é que é muito importante pensar em quem poderia ocupar as posições de destaque no futuro, assim como quem está ocupando essas posições hoje. E, então, ser realmente objetivo em relação ao seu grupo de concorrentes. Tipo: contra o que você está competindo e como é possível melhorar essa propriedade? Usarei a Post Properties como exemplo.

A Post Properties era uma empresa de apartamentos muito legal, com sede em Atlanta. Tínhamos um prédio de apartamentos bem ao lado de um imóvel da Post, construído no mesmo ano. Eles eram clones físicos. Se olhássemos para a propriedade deles, era linda. O paisagismo deles era fantástico. Eles tinham uma taxa de ocupação 4% maior do que a nossa e um aluguel US$ 150 mais alto do que o nosso, simplesmente porque a aparência era melhor. Isso é o que chamo de bom senso. A única vez que gritei com um gerente-geral em dez anos na Starwood Hotels foi quando entrei em uma unidade do W Hotels em Chicago e as plantas da recepção estavam mortas. As primeiras impressões são importantes. Não se pode colocar flores mortas em uma planilha.

Nas férias de verão da faculdade de administração, trabalhei para uma empresa chamada Arvida Davis. Eles construíram algumas das maiores comunidades de resorts da Flórida — Boca, West Boca, Longboat Key, Saw-grass, um monte de comunidades planejadas realmente bem-sucedidas. Eles gastavam, se bem me lembro, US$ 15 mil em paisagismo em cada casa, enquanto todo mundo costumava gastar US$ 5 mil. Não era tão complicado assim. Eles conseguiam vender as casas mais rapidamente e a preços mais altos, e obtinham um incrível retorno sobre o investimento. Mas isso é apenas a aplicação do bom senso. A expressão mais utilizada no setor de bens imobiliários é "abaixo do custo de reposição". Bem, se for um produto com vinte ou trinta anos, hoje ele não tem mais relevância, independentemente de quanto se pague por ele! As pessoas ficam presas naquela frase genérica. Eu digo que é "custo de reposição relevante". Estive na Arábia Saudita há alguns dias e afirmei que o nosso objetivo, se continuarmos a atuar nos mercados de escritórios, será "agir como os sauditas". Vamos comprar aquele lindo prédio de escritórios na Park Avenue pelo qual alguém pagou, digamos, US$ 4 mil o metro e vamos comprá-lo por US$ 650 o metro e alugá-lo por US$ 65 o metro, líquidos. Ficaremos sem nenhuma vaga, pois teremos, então, o menor custo de fornecimento. Se conseguirmos comprar o prédio a um preço muito baixo, desestabilizaremos o mercado. Podemos alugar para obter uma vantagem competitiva e ocupar o prédio inteiro, e ninguém mais conseguirá nos igualar, porque ninguém mais comprou o prédio por US$ 650 o metro.

TONY:

Comecei a trabalhar com Paul Tudor Jones há 25 anos, e uma das primeiras lições que ele me deu foi: "Quero lhe mostrar esta ação." E ele me mostrou uma ação que não parava de subir. Ele perguntou: "O que você faz?" Eu respondi: "Bem, não sou um investidor profissional, mas deixaria como está." E ele disse: "Isso é exatamente o que eu tento ensinar. Quase todo mundo vende." Então, ele me disse que uma das razões pelas quais Warren Buffett é tão rico é que ele odeia pagar impostos. Assim, ele se apega às coisas eternamente. Mas como você sabe quando está de posse das ações campeãs? Quando você as vende? Estou curioso sobre o princípio que adota para isso. Você tem um ativo que é campeão quando o vende?

BARRY:

Tentamos vender se percebermos uma grande quantidade de ofertas novas adentrando um mercado ou uma categoria de ativos. Se chegarmos à conclusão de que haverá uma mudança nos fluxos de capital, como se as pessoas fossem perder o interesse em determinada coisa e se dedicar a outra. Acho que, em primeiro lugar, quando se administra um fundo, é preciso olhar para o fundo como um todo e então refletir: "Quais são as melhores coisas que posso manter e aproveitar mais um pouco e o que se trata apenas de uma negociação?" Em segundo lugar, sempre haverá um comprador para grandes ativos.

Inauguramos um Baccarat Residence em Dubai e todas as coberturas foram vendidas primeiro. Todas elas. Sete. As vendas foram instantâneas. Meu amigo tinha um apartamento na 59th Street, no mais novo prédio da cidade de Nova York, uma linda e incrível torre residencial. Ele comprou seu apartamento por US$ 95 milhões. Estávamos convencidos de que ele perderia US$ 50 milhões com isso. Ele nunca terminou de pagar. Colocou o imóvel à venda. Um comprador da China veio e pagou a ele US$ 200 milhões. Ele só estava querendo reaver o dinheiro. **Sempre haverá um comprador para grandes ativos.**

O VERDADEIRO SANTO GRAAL

"Porque onde estiver o vosso tesouro,
aí estará também o vosso coração."

MATEUS 6:21

Como um maratonista que finalmente cruza a linha de chegada, espero que você tenha uma sensação de satisfação e realização depois de ler o conteúdo deste livro. Tratamos de vários assuntos, e o meu desejo pessoal mais profundo é que os conhecimentos, as estratégias e as percepções aqui contidos se tornem fundamentais na sua busca pela liberdade financeira (como se tornaram para mim e para minha família). Mais importante ainda, gostaria de lembrá-lo de uma verdade fundamental: **conhecimento não é poder, é poder potencial. A execução supera o conhecimento todos os dias da semana.** O meu primeiro mentor, Jim Rohn, costumava dizer: "Não deixe que o seu aprendizado leve ao conhecimento. Você se tornará um tolo. Deixe que o seu aprendizado leve à ação!"

Então, como você construirá seu portfólio do Santo Graal? Como Dalio nos ensinou desde o início, quais são as oito a 12 estratégias não correlacionadas que você poderia considerar implementar para maximizar as vantagens e reduzir os riscos em até 80%? Que passos você poderia adotar imediatamente na sua jornada pela liberdade financeira? **E isso levanta a questão: o que é liberdade financeira para você?**

Quando entrevistei Sir John Templeton (falecido em 2008), um dos primeiros grandes investidores internacionais a se tornar bilionário, perguntei:

"Qual é o segredo da riqueza?" Ele respondeu: "Tony, é o que você ensina." Eu ri e disse: "Eu ensino muitas coisas. Qual coisa?"

Com um grande sorriso, ele respondeu: "Gratidão! Sabe, Tony, nós dois conhecemos pessoas que têm US$ 1 bilhão, mas vivem em um estado de frustração e de raiva. Elas são infelizes. Então, no fundo, são pobres. E ambos conhecemos pessoas que, aparentemente, não têm nada, mas são gratas pelo mero fato de estarem vivas, por tudo. Então elas são incomparavelmente ricas."

No íntimo, todos sabemos que não é o dinheiro que nos torna ricos. Estou certo que você já descobriu isso, mas os maiores tesouros nunca são financeiros. São aqueles momentos de graça em que apreciamos a perfeição e a beleza de tudo o que nos cerca. São aqueles momentos em que sentimos algo eterno e invencível dentro de nós, o cerne do nosso espírito. É o carinho afetuoso dos nossos relacionamentos com a família e os amigos. É uma risada. É encontrar um trabalho significativo. É a capacidade de aprender e crescer, de compartilhar e servir. **Este é o verdadeiro Santo Graal.**

Para mim (Tony), é também a alegria de ajudar as pessoas a ultrapassar seus limites e vê-las se iluminando ao lembrarem quem realmente são e o que são capazes de alcançar. É o prazer de ver a vida de cada uma delas se tornar uma celebração, em vez de uma batalha. É a sensação mágica de que, de alguma forma, desempenhei um papel no despertar de um ser humano maravilhoso e único. É reconhecer que tudo o que passei serviu não apenas para mim, mas para os outros — que até o sofrimento mais profundo que experimentei levou a algo lindo. Na verdade, não pode haver presente maior do que saber que a sua vida tem um significado para além de você mesmo. Esse é o divisor de águas definitivo. Encontre algo para servir, uma causa pela qual você possa se apaixonar e que seja maior do que você, e isso o tornará rico. Nada nos enriquece mais do que ajudar os outros.

A segunda dica que recebi de Sir John Templeton foi a importância do dízimo, ou seja, pegar uma parte do que você tem — não importa quão pequena seja — e ofertá-la a quem precisa Templeton afirmou que nunca conhecera ninguém que tivesse doado fielmente 10% da própria renda por mais de uma década e que também não tivesse se tornado abundantemente rico. E o dízimo não precisa ser destinado a uma igreja. Pode ser ofertado a uma instituição beneficente, sua comunidade ou qualquer coisa que tenha um impacto positivo no mundo.

Essa mudança psicológica da escassez para a abundância nos torna verdadeiramente ricos e traz uma gloriosa sensação de liberdade. Ao fazer essa mudança, você treina seu cérebro para reconhecer que há muito mais coisas disponíveis para dar, apreciar e amar. E lembre-se: não é apenas dinheiro que você pode doar. Você também pode doar seu tempo, o seu talento, o seu amor, sua compaixão e seu coração.

Muitas vezes, ouço as pessoas dizerem que doarão quando ficarem ricas. Isso é uma farsa. Há pouco tempo, um amigo meu de infância estava em um voo e o cavalheiro ao lado dele estava lendo *A energia da vida*, meu livro mais recente sobre o futuro da medicina regenerativa e da saúde de precisão. Eles puxaram conversa, e o cavalheiro só tinha coisas positivas a dizer sobre o livro, e sabia que todos os lucros das vendas do livro estavam sendo doados. Apesar de adorar o livro, ele menosprezou a doação, quando disse: "Mas ele é rico, então ele pode fazer isso." O meu amigo sorriu e decidiu revelar a nossa amizade de mais de 45 anos. Ele disse ao homem que eu fazia doações desde que era um adolescente falido, e que se lembrava de muitos momentos em que eu procurava US$ 5 ou US$ 10 no bolso para dar a um sem-teto, embora tivesse menos de US$ 100 na conta.

Eis aqui o que eu sei: esperar até ficar rico para doar é um grande erro, porque você roubará de si mesmo a realização que merece sentir, e é bem provável que nunca consiga se tornar generoso. E se uma pessoa não dá um centavo de um dólar, ela nunca dará cem mil em um milhão nem dez milhões em cem milhões.

Como um aparte, quero agradecê-lo por adquirir este livro, pois 100% dos lucros serão destinados à Feeding America. Quando eu tinha 11 anos, a Feeding America ajudou a nos alimentar, pois a minha família, muitas vezes, tinha dificuldade de colocar comida na mesa. Isso mudou o curso da minha vida e me fez iniciar uma jornada para fornecer refeições aos necessitados. Já atingimos a nossa meta de um bilhão de refeições servidas, e agora estou trabalhando no desafio global de 100 bilhões de refeições!

Dito tudo isso, quero que você saiba que oro diariamente para ser uma benção na vida de todos aqueles que conheço. Se você transformar as ferramentas e os princípios deste livro em parte da sua essência, será capaz de receber — e de dar — mais do que jamais poderia imaginar. À medida que essa abundância extraordinária fluir de e para você, você se sentirá verdadeiramente abençoado

— e se tornará uma bênção maior na vida de outras pessoas. Essa é a sensação de se possuir uma verdadeira riqueza.

Estou grato a você, leitor, por ter nos permitido o privilégio de passar esse tempo na sua companhia. Sei que os gigantes que entrevistamos também estão gratos por fazer parte da sua história. Espero, sinceramente, que o conteúdo do livro tenha sido útil para você na sua jornada. Talvez, um dia, nossos caminhos se cruzem, e eu terei o privilégio de ouvir a história de como este livro o ajudou a acelerar a construção da vida que você deseja e merece ter.

Por favor, retorne a estas páginas sempre que precisar se lembrar de quem você realmente é e de tudo o que é capaz de criar. Lembre-se de que você é mais do que este momento. Você é mais do que a sua vida financeira. Você é mais do que qualquer fase desafiadora que possa vir a enfrentar.

Deus o abençoe e VIVA COM PAIXÃO!

Continue a jornada conosco! Um livro é um instantâneo no tempo, mas ofereceremos formação e recursos contínuos no nosso podcast no boletim informativo e muito mais...

www.TheHolyGrailofInvesting.com

AGRADECIMENTOS

TONY ROBBINS

Ao refletir sobre mais de quatro décadas e meia da minha missão, muitas pessoas incríveis estiveram comigo ao longo do caminho. Gostaria de expressar brevemente a minha profunda gratidão àqueles que participaram deste projeto específico.

Primeiro, minha família, é claro. Isso começa e termina com minha esposa, Bonnie Pearl — minha Sage. Eu amo você. Agradeço pela graça divina que exala o nosso amor e a nossa vida. À minha querida filha, Violet Pearl — o presente incrível que Deus trouxe para a nossa vida de uma forma linda e inesperada. A Mary B., meu braço direito, melhor amiga e mãe de aluguel da nossa pequena Violet. Ao meu filho, Josh, sem o qual este livro não teria sido possível. Você fez um trabalho muito intenso para que esta obra se materializasse, e serei eternamente grato, pois foi muito divertido trabalhar com meu filho em um projeto tão impactante.

Ao meu querido amigo e sócio Christopher Zook e a toda a equipe da CAZ Investments. Serei eternamente grato pela nossa parceria e pelos conhecimentos e pelas percepções que você traz para a mesa todos os dias. Este livro fará parte do seu impressionante legado. A Ajay Gupta, meu irmão de outra mãe, e sócio no nosso escritório familiar conjunto, o Robbins Gupta Holdings. Obrigado por sua amizade infinita, sua lealdade e suas sessões noturnas de estratégia!

Meus mais profundos agradecimentos, meu respeito e minha admiração por aqueles que compartilharam seu precioso tempo e o trabalho da vida deles nas nossas sessões de entrevistas. Especificamente, às 13 mentes brilhantes que generosamente contribuíram, com uma sabedoria de décadas de experiência, para benefício dos nossos leitores. A Robert F. Smith, Vinod Khosla, Michael

Rees, Barry Sternlicht, Michael B. Kim, Bill Ford, Bob Zorich, Ian Charles, David Golub, Wil VanLoh, David Sacks, Tony Florence e Ramzi Musallam.

Um agradecimento especial ao meu querido amigo Ray Dalio, cujo princípio fundamental do Santo Graal do investimento inspirou tanto o título quanto a missão deste livro.

Obrigado, mais uma vez, a todos os meus parceiros da Simon & Schuster, especialmente ao CEO Jonathan Karp. E a minha incrível agente e querida amiga há quarenta anos, Jan Miller.

À minha equipe principal na Robbins Research International — todos os nossos funcionários executivos extremamente leais e orientados pela nossa missão —, todos os dias incluo vocês em minhas orações.

Ao pessoal da Tiny Wins pelo brilhante projeto visual e pela execução.

A minha vida foi fortemente moldada por grandes amizades com quatro homens brilhantes. Aos meus modelos de inspiração Peter Guber, Marc Benioff, Paul Tudor Jones e Steve Wynn.

Logicamente, a missão deste livro não é servir apenas àqueles que irão lê-lo. Por isso, os meus mais profundos agradecimentos a todos da Tony Robbins Foundation e aos nossos parceiros estratégicos, nomeadamente Claire Babineaux-Fontenot.

E Dan Nesbit, da Feeding America, por nos ajudar a coordenar o nosso próximo Desafio de 1 Bilhão de Refeições!

À Providência divina, que guiou todo esse processo, e a todos aqueles amigos e professores ao longo do caminho da minha vida — são muitos para mencionar, alguns famosos, outros desconhecidos, cujas percepções, estratégias, exemplo, amor e carinho são os ombros nos quais tive a honra de me apoiar. Neste dia, agradeço a todos vocês e continuo a minha incessante busca para que cada dia seja uma bênção na vida de todos aqueles que tenho o privilégio de conhecer, amar e servir.

CHRISTOPHER ZOOK

Do começo ao fim, todo o projeto de produção deste livro foi surreal. Há três décadas, comecei a ouvir os treinamentos de Tony Robbins, quando o único meio de comunicação era por meio de uma fita cassete. Se alguém tivesse me dito que, mais de trinta anos depois, Tony e eu seríamos coautores de um livro, não sei o que eu teria respondido. No entanto, também sei que Deus tem uma maneira maravilhosa de unir as pessoas no momento certo. Tony, não posso expressar com palavras o impacto que você teve na minha vida, de um jovem ouvindo seus ensinamentos até um investidor experiente que, agora, opera uma empresa com presença no mundo inteiro. Serei eternamente grato pela parceria e amizade que se desenvolveu nos últimos anos, e estou ansioso para ver o que o futuro nos reserva.

Josh Robbins, este livro não teria sido possível sem o intenso trabalho que você teve do começo ao fim. Você é extremamente talentoso, e é uma alegria trabalhar com você. Tenho a honra de chamá-lo de amigo.

Ajay Gupta, sou grato pela nossa amizade e pelo quanto você apoia nossa equipe, e especificamente a mim. Seu espírito alegre traz um sorriso ao meu dia.

À equipe da CAZ Investments, agradeço diariamente a Deus por vocês, e este escritório, o nosso escritório, não estaria onde está hoje sem cada um de vocês. Todos na nossa equipe tiveram um impacto, e gostaria de agradecer especialmente a Matt, Clark, Mark, Steve, Lucia, Isaiah e Heather, por tudo que fizeram para nos colocar em evidência. Não estaríamos onde estamos hoje sem o trabalho hercúleo de vocês. E a Bailey e Kirk, que fizeram de tudo para manter o turbilhão sob controle, para que eu pudesse dedicar o tempo necessário a este projeto.

Meus infinitos agradecimentos aos acionistas da CAZ. Vocês arriscaram em um jovem com um sonho. Serei eternamente grato.

Para minha mãe, Dee; minha sogra, Winona; minha irmã, Kimberly; e minha família estendida, cada um de vocês me inspirou de maneiras diferentes. Eu sou o homem que sou hoje graças ao que vocês significaram na minha vida.

Todo o meu amor ao meu filho e à minha nora, Christopher e Cecelia, que estão sempre presentes para compartilhar nossa empolgação e nos encorajar. E para Christopher III (Tripp), meu primeiro neto, você ilumina cada um dos nossos dias. É em vocês três que sempre penso quando me lembro do motivo pelo qual passo pela rotina e pelos estresses diários. Vocês são a minha motivação.

Acima de tudo, e com amor profundo e duradouro, quero agradecer à minha esposa, Lisa. Você é a minha melhor amiga, a minha namorada do ensino médio e a minha líder de torcida. Quando necessário, você me corrige, e, quando sou muito duro comigo mesmo, você me faz rir. Além de Deus, a única razão pela qual posso alçar voo é porque você sempre acreditou em mim. Não consigo imaginar como seria a minha vida sem você. Você é o meu maior presente.

NOTAS

CAPÍTULO 1 – A BUSCA PELO SANTO GRAAL

1. Moriah Costa, "Private or Public: Investing in Private Credit vs Bonds", *MoneyMade*, 18 de outubro, 2022. Disponível em: https:/moneymade.io/learn/article/private-credit-vs-bonds
2. Bridgewater Associated, LP, Berkshire Hathaway Inc., 30 de junho, 2023. Disponível em: https:/whalewisdom.com/filer/bridgewater-associates-inc
3. Carolina Mandl, "Bridgewater's flagship fund posts gains of 32% through June", Reuters, 5 de julho, 2022. Disponível em: https:/www.reuters.com/business/finance/bridgewaters-flagship-fund-posts-gains-32-through-june-2022-07-05
4. Ye Xie, "Bonds Are Useless Hedge for Stock Losses as Correlation Jumps", *Bloomberg*, 2 de agosto, 2023. Disponível em:https:/www.bloomberg.com/news/articles/2023-08-02/bonds-are-useless-hedge-for-stock-losses-as-correlation-jumps
5. Roger Wohlner, "REITs: Still a Viable Investment?", *Investopedia*, 22 de setembro, 2021. Disponível em: https://www.investopedia.com/articles/financial-advisors/030116/reits-still-viable-investment.asp
6. Hannah Zhang, "Crypto Is Becoming More Correlated to Stocks—And It's Your Fault", *Institutional Investor*, 9 de fevereiro, 2023. Disponível em: https:/www.institutionalinvestor.com/article/b8xcj9wtd1gjb5/Crypto-Is-Becoming-More-Correlated-to-Stocks-And-It-s-Your-Fault
7. Anne Tergesen, "America's Retirees Are Investing More Like 30-Year-Olds", The *Wall Street Journal*, 4 de julho, 2023. Disponível em: https:/www.wsj.com/articles/it-isnt-just-boomers-lots-of-older-americans-are-stock-obsessed-ca069e1a
8. Henry H. McVey, *KKR Blog*, 10 de maio, 2017. Disponível em: https:/www.kkr.com/global-perspectives/publications/ultra-high-net-worth-investor-coming-age
9. Global PE vs MPME MSCI All Country World Index — Cambridge and Associates. Caryn Slotsky, "Global ex US PE/VC Benchmark Commentary: Calendar Year 2021", Cambridge Associates LLC, agosto, 2022.
10. Como medido pelo Cambridge Private Equity Index. https:/www.cambridge associates.com/insight/us-pe-vc-benchmark-commentary-first-half-2021/. Caryn Slotsky, "US PE/VC Benchmark Commentary: First Half 2021", Cambridge Associates, janeiro, 2022.
11. "Current benchmark statistics", Cambridge Associates, Q1, 2023. Disponível em: https:/www.mckinsey.com/industries/private-equity-and-principal-investors/our-insights/mckinseys-private-markets-annual-review

12. "McKinsey Global Private Markets Review: Private markets turn down the volume", McKinsey & Company, 21 de março, 2023. Disponível em: https:/www.mckinsey.com/industries/private-equity-and-principal-investors/our-insights/mckinseys-private-markets-annual-review
13. McKinsey Private Markets Annual Review 2021 "A year of disruption in the private markets: McKinsey Global Private Markets Review 2021", McKinsey & Company, 5 de abril, 2021.
14. Hugh MacArthur et al., "The Private Equity Market in 2021: The Allure of Growth", Global Private Equity Report, Bain & Company, 7 de março, 2022. Disponível em: https:/www.bain.com/insights/private-equity-market-in-2021-global-private-equity-report-2022/
15. Robin Wigglesworth, "US has fewer listed public companies than China", *Financial Times*, 6 de outubro, 2019. Disponível em: https:/www.ft.com/content/73aa5bce-e433-11e9-9743-db5a370481bc
16. "Share of companies that were profitable after their IPO in the United States from 2008 to 2021", Statista, 30 de junho, 2022. Disponível em: https:/www.statista.com/statistics/914724/profitable-companies-after-ipo-usa/
17. Preqin: World Federation of Exchanges; "2021 Preqin Global Private Equity & Venture Capital Report", Preqin Ltd., 4 de fevereiro, 2021.
18. Anthony Tutrone, "Private Equity and Your Portfolio", Neuberger Berman Global Insights, janeiro, 2019. Disponível em: https:/www.nb.com/en/global/ insights/investment-quarterly-asset-matters-private-equity-and-your-portfolio
19. Austin Ramsey, "Private Equity Firms Are Winning the Fight for Your 401(k)", *Bloomberg Law*, 31 de janeiro, 2022. Disponível em: https:/news.bloomberglaw.com/daily-labor-report/private-equity-firms-are-winning-the-fight-for-your-401k
20. Miriam Gottfried, "Buying Stakes in Private-Equity Firms, Not Just Their Funds, Pays Big", *The Wall Street Journal*, 18 de novembro, 2018. Disponível em: https:/www.wsj.com/articles/buying-stakes-in-private-equity-firms-not- just-their-funds-pays-big-1542542401#
21. PitchBook Data, em abril de 2022; "April 2022 Global Markets Snapshot", PitchBook News & Analysis, 3 de maio, 2022.

CAPÍTULO 2 – PARTICIPAÇÕES EM EMPRESAS GESTORAS DE ATIVOS: UM PEDACINHO DA AÇÃO

1. Rachel Sandler, "Nearly Half of America's Richest Billionaires Have Fortunes in These Two Industries", *Forbes*, 26 de outubro, 2021. Disponível em: https:/www.forbes.com/sites/rachelsandler/2021/10/26/nearly-half-of-americas-richest-billionaires-have-fortunes-in-these-two-industries/?sh=79ec65d7445b
2. Nota do autor: No investimento típico em fundos de capital privado, a Curva J significa que, inicialmente, os investidores em um fundo apresentam "perdas", enquanto o capital está sendo mobilizado para comprar ativos daquele fundo. Logo depois, quando os ganhos começam a se materializar, esse fenômeno é revertido, criando uma curva em forma de "J" em um gráfico.
3. Erik Fogelstrom e Jonatan Gustafsson, "GP Stakes in Private Equity: An Empirical Analysis of Minority Stakes in Private Equity Firms", Dissertação de Mestrado em Finanças, Stockholm School of Economics, primavera, 2020. Disponível em: http:/arc.hhs.se/download.aspx?MediumId=4842
4. Benjamin Summers, "GP Stakes: What You Should Know About Designer Financial Structures", *Forbes*, 18 de novembro, 2022. Disponível em: https:/

www.forbes.com/sites/forbesfinancecouncil/2022/11/18/gp-stakes-what-you-should-know-about-designer-financial-structures/?sh=3957bbbd57a2

CAPÍTULO 3 – PROPRIEDADE DE EQUIPES ESPORTIVAS PROFISSIONAIS: EMPENHANDO-SE AO MÁXIMO

1. Dayn Perry, "Report: Dodgers, Time Warner agree to more than $7 billion TV deal", CBSSports.com, 22 de janeiro, 2013. Disponível em: https://www.cbssports.com/mlb/news/report-dodgers-time-warner-agree-to-more-than-7-billion-tv-deal/
2. Michael Haupert, "The Economic History of Major League Baseball", EH.net (Economic History Association), 2007. Disponível em: https:/eh.net/encyclopedia/the-economic-history-of-major-league-baseball/
3. Joseph Zucker, "LAFC Tops Forbes List of MLS Team Values; 1st Billion Dollar Franchise", Bleacher Report, 2 de fevereiro, 2023. Disponível em: https:/bleacherreport.com/articles/10063920-lafc-tops-forbes-list-of-mls-team-values-1st-billionbillion-billion-dollar-franchise
4. Austin Karp e John Ourand, "Politics aside, sports still dominated the list of the 100 most-viewed programs of 2020", *Sports Business Journal*, 11 de janeiro, 2021. Disponível em: https:/www.sportsbusinessjournal.com/Journal/Issues/2021/01/11/Media/Top-100.aspx
5. Comunicado à imprensa, "2021 Commercial Gaming Revenue Shatters Industry Record, Reaches $53B", American Gaming Association, 15 de fevereiro, 2022. Disponível em: https:/www.americangaming.org/new/2021-commercial-gaming-revenue-shatters-industry-record-reaches-53b/
6. Alex Wittenberg et al., "Private Equity Funds Are Pushing Deeper Into Pro Sports", *Bloomberg*, 24 de março, 2022. Disponível em: https:/www.bloomberg.com/news/articles/2022-03-24/private-equity-funds-encroach-on-sports-owners-box
7. Marie Kemplay, "US private capital scores big in European soccer", PitchBook, 3 de agosto, 2023. Disponível em: https:/pitchbook.com/news/articles/european-soccer-us-private-market-capital

CAPÍTULO 4 – CRÉDITO PRIVADO: LÍDERES EM FINANCIAMENTO

1. Stacy Francis, "Op-ed: Demystifying private credit amid a frozen IPO market", CNBC, 21 de junho, 2023. Disponível em: https:/www.cnbc.com/2023/06/21/op-ed-demystifying-private-credit-amid-a-frozen-ipo-market.html
2. Kelsey Butler, "How Private Credit Soared to Fuel Private Equity Boom", *Bloomberg*, 22 de setembro, 2019. Disponível em: https:/www.bloomberg.com/news/articles/2019-09-22/how-private-credit-soared-to-fuel-private-equity-boom-quicktake
3. Dados de 31 de outubro de 2022, utilizando o S&P500 e o Barclays U.S. Aggregate para as obrigações e assumindo o rebalanceamento anual. O retorno de 2022 corresponde ao retorno anualizado no acumulado do ano.
4. Akane Otani, "The 60/40 Portfolio Is Delivering Its Worst Returns in a Century", The *Wall Street Journal*, 14 de outubro, 2022. Disponível em: https:/www.wsj.com/livecoverage/stock-market-news-today-2022-10-14/card/the-60-40-portfolio-is-delivering-worst-returns-in-a-century-yrOrYOfkthr BQhSbf5By
5. Ye Xie, "Bonds Are Useless Hedge for Stock Losses as Correlation Jumps", *Bloomberg*, 2 de agosto, 2023. Disponível em: https:/www.bloomberg.com/news/articles/2023-08-02/bonds-are-useless-hedge-for-stock-losses-as-correlation-jumps

6. Jeffrey Bartel, “Private Credit Investing: Current Opportunities and Risks”, *Forbes*, 30 de março, 2023. Disponível em: https://www.forbes.com/sites/forbes financecouncil/2023/03/30/private-credit-in vesting-current-opportunities-and-risks/?sh=368627993821
7. Paula Seligson, “U.S. Junk Bonds Set $432 Billion Record in Rush to Beat Rates”, *Bloomberg*, 9 de novembro, 2021. Disponível em: https:/www.bloomberg.com/news/articles/2021-11-09/u-s-junk-bonds-set-432-billion-record-in-rush-to-beat-rates#xj4y7vzkg
8. Giulia Morpurgo et al., “Global Junk-Bond Sales Drop Most Ever With No Signs of Recovery”, *Bloomberg*, 24 de outubro, 2022. Disponível em: https:/www.bloomberg.com/news/articles/2022-10-24/global-junk-bond-sales-drop-most-ever-with-no-signs-of-recovery
9. Jessica Hamlin, “Blackstone sees a ‘golden moment’ in private credit after bank failures”, PitchBook, 20 de abril, 2023. Disponível em: https:/pitchbook.com/news/articles/blackstone-first-quarter-earnings-private-credit-pe

CAPÍTULO 5 – ENERGIA: A FORÇA DA NOSSA VIDA (PARTE UM)

1. “China increased electricity generation annually from 2000 to 2020”, U.S. Energy Information Administration (EIA), 22 de setembro, 2022. Disponível em: https:/www.eia.gov/todayinenergy/detail.php?id=53959
2. Editorial, “John Kerry Tilts at Chinese Coal Plants”, *Wall Street Journal*, 17 de julho, 2023. Disponível em: https:/www.wsj.com/articles/john-kerry-china-climate-economy-xi-jinping-beijing-e50b9ef4?mod=hp_trending_now_opn_pos1
3. “China permits two new coal power plants per week in 2022”, Centre for Research on Energy and Clean Air (CREA)”, fevereiro, 2023. Disponível em: https:/energyandcleanair.org/publication/china-permits-two-new-coal-power-plants-per-week-in-2022/
4. Alex Lawler, “OPEC sees 2.2% oil demand growth in 2024 despite headwinds”, Reuters, 13 de julho, 2023. Disponível em: https:/www.reuters.com/business/energy/opec-upbeat-over-2024-oil-demand-out look-despite-headwinds-2023-07-13/
5. “2021–2025: Rebound and beyond”, International Energy Agency (AEA), 2020. Disponível em: https:/www.iea.org/reports/gas-2020/2021-2025-rebound-and-beyond
6. Neil Ruiz et al., “Coming of Age”, International Monetary Fund, março, 2020. Disponível em: https:/www.imf.org/en/Publications/fandd/issues/2020/03/infographic--global-population-trends-picture
7. Vivienne Walt, “Saudi Arabia has the most profitable company in the history of the world, and $3.2 trillion to invest by 2030. Who will say no to that tidal wave of cash?” *Fortune*, 1º de agosto, 2023. Disponível em: https:/fortune.com/2023/08/01/saudi-aramco-profitable-oil-company-trillions/
8. Thomas Zambito, “NY’s fossil fuel use soared after Indian Point plant closure; officials sound the alarm”, *Journal News* and lohud.com, 22 de julho, 2022. Disponível em: https:/www.lohud.com/story/news/2022/07/22/new-york- fossil-fuels-increase-after--indian-point-nuclear-plant-shutdown/65379172007/
9. Philip Oltermann, “Stop dismantling German windfarm to expand coalmine, say authorities”, The *Guardian*, 26 de outubro, 2022. Disponível em: https:/www.theguardian.com/world/2022/oct/26/german-windfarm-coalmine-keyenberg-turbines-climate
10. Dan Murtaugh e Krystal Chia, “China’s Climate Goals Hinge on a $440 Billion Nuclear Buildout”, *Bloomberg*, 2 de novembro, 2021. Disponível em: https:/www.bloomberg.com/

news/features/2021-11-02/china-climate-goals-hinge-on-440-billion-nuclear-power--plan-to-rival-u-s

11. "Democratic Republic of the Congo—Country Commercial Guide", International Trade Administration, 14 de dezembro, 2022. Disponível em: https://www.trade.gov/country-commercial-guides/democratic-republic-congo-energy
12. "California moves to accelerate to 100% new zero-emission vehicle sales by 2035", California Air Resources Board, CA.gov, 25 de agosto, 2022. Disponível em: https:/ww2.arb.ca.gov/news/california-moves-accelerate-100-new-zero-emission-vehicle-sales-2035
13. "2021 Total System Electric Generation", California Energy Commission, acessado em 27 de agosto, 2023. Disponível em: https:/www.energy.ca.gov/data-reports/energy-almanac/california-electricity-data/2021-total-system-electric-generation
14. "Critical minerals market sees unprecedented growth as clean energy demand drives strong increase in investment", International Energy Agency, 11 de julho, 2023.

CAPÍTULO 6 – ENERGIA: A FORÇA DA NOSSA VIDA (PARTE DOIS)

1. Shannon Osaka, "The U.S. is the world's largest oil producer. You'll still pay more for gas", The *Washington Post*, 8 de outubro, 2022. Disponível em: https://www.washingtonpost.com/climate-environment/2022/10/08/us-is-worlds-largest-oil-producer--why-youre-going-pay-more-gas-anyway/
2. Matthew Mailloux, "Where American Gas Goes, Other Clean Energy Can Follow", ClearPath, 16 de junho, 2022. Disponível em: https:/clearpath.org/our-take/where--american-gas-goes-other-clean-energy-can-follow/
3. "2022 Global Gas Flaring Tracker Report", The World Bank, 2022. Disponível em: https:/thedocs.worldbank.org/en/doc/1692f2ba2bd6408db82db9eb3894a789-0400072022/original/2022-Global-Gas-Flaring-Tracker-Report.pdf
4. Carl Surran, "No new refineries ever built again in the U.S., Chevron CEO warns", Seeking Alpha, 3 de junho, 2022. Disponível em: https:/seekingalpha.com/news/3845705-no-new-refineries-likely-ever-built-again-in-the-us-chevron-ceo-warns
5. Scott Disavino, "U.S. poised to regain crown as world's top LNG exporter", Reuters, 4 de janeiro, 2023. Disponível em: https:/www.reuters.com/business/energy/us-poised-regain-crown-worlds-top-lng-exporter-2023-01-04/
6. Atalay Atasu et al., "The Dark Side of Solar Power", *Harvard Business Review*, 18 de junho, 2021. Disponível em: https:/hbr.org/2021/06/the-dark-side-of-solar-power
7. "Patents by Inventor Simon K. Hodson", JUSTIA Patents, Arquivos 1990–1995; Patentes registradas entre 1992–1997, acessado em 27 de agosto, 2023. Disponível em: https:/patents.justia.com/inventor/simon-k-hodson
8. "Operating with Ethics and Integrity; a proud history of responsibility", Consol Energy, acessado em 27 de agosto, 2023. Disponível em: https:/www.consolenergy.com/about/
9. Mirza Shehnaz, "Tesla supplier warns of graphite supply risk in 'opaque' market", *Financial Times*, 20 de novembro, 2022. Disponível em: https:/www.ft.com/content/46e5c98e-f9cd-4e88-8cd5-23427522c093
10. Jennifer Chu, "Physicists discover a 'family' of robust, superconducting grapheme structures", comunicado à imprensa, MIT News, 8 de julho, 2022. Disponível em: https:/news.mit.edu/2022/superconducting-graphene-family-0708

CAPÍTULO 7 – CAPITAL DE RISCO E TECNOLOGIA DISRUPTIVA

1. Alice Park, "Scientists Have Reached a Key Milestone in Learning How to Reverse Aging", *Time*, 12 de janeiro, 2023. Disponível em: https:/time.com/6246864/reverse-aging-scientists-discover-milestone/

CAPÍTULO 8 – BENS IMOBILIÁRIOS: OS MAIORES ATIVOS DO MUNDO

1. Paul Tostevin, "The total value of global real estate", Savills, setembro, 2021. Disponível em: https:/www.savills.com/impacts/market-trends/the-total-value-of-global-real-estate.html
2. Isso se aplica apenas aos contribuintes dos Estados Unidos, e você deve procurar um consultor tributário licenciado.
3. "Obsolescence Equals Opportunity", Report, Cushman & Wakefield, acessado em 27 de agosto, 2023. Disponível em: https:/www.cushmanwakefield.com/en/united-states/insights/obsolescence-equals-opportunity
4. Alena Botros, "Housing market shortage is so acute and the office glut is so big that Boston will offer 75% tax breaks on office-to-residential conversions", *Fortune*, 13 de julho, 2023. Disponível em: https:/fortune.com/2023/07/13/boston-housing-market-shortage-commercial-real-office-glut-pilot-program/
5. "Profile, Midjourney Company Stats", *Forbes*, acessado em 27 de agosto, 2023. Disponível em: https:/www.forbes.com/companies/midjourney/?sh=6d4292edf049
6. Elizabeth Pritchett, "New York City has lost nearly half a million residents since start of COVID pandemic", FoxBusiness, 19 de maio, 2023. Disponível em: https:/www.foxbusiness.com/lifestyle/new-york-city-lost-nearly-half-million-residents-since-start-covid-pandemic
7. Arthur Laffer e Stephen Moore, "'The 'Hotel California' Wealth Tax", The *Wall Street Journal Opinion*, 5 de março, 2023. Disponível em: https://www.wsj.com/articles/the-hotel-california-wealth-tax-high-taxes-resident-flight-new-jersey-massachusetts-new-york-texas-florida-utah-tennessee-cost-of-living-education-crime-silicon-valley-south-c39602ac
8. "19 Corporations & Businesses Fleeing California for Texas", postagem em blog, Concordia University Texas, 16 de junho, 2021. Disponível em: https:/www.concordia.edu/blog/19-corporations-and-businesses-fleeing-california-for-texas.html
9. Sarah Chaney Cambon e Danny Dougherty, "Sunbelt Cities Nashville and Austin Are Nation's Hottest Job Markets", The *Wall Street Journal*, 1º de abril, 2023. Disponível em: https:/www.wsj.com/articles/sunbelt-cities-nashville-and-austin-are-nations-hottest-job-markets-5a454a53
10. Natalie Wong et al., "The World's Empty Office Buildings Have Become a Debt Time Bomb", *Bloomberg*, 23 de junho, 2023. Disponível em: https:/www.bloomberg.com/news/articles/2023-06-23/commercial-real-estate-reset-is-causing-distress-from-san-francisco-to-hong-kong?srnd=premium
11. Neil Callanan, "A $1.5 Trillion Wall of Debt Is Looming for US Commercial Properties", *Bloomberg*, 8 de abril, 2023. Disponível em: https:/www.bloomberg.com/news/articles/2023-04-08/a-1-5-trillion-wall-of-debt-is-looming-for-us-commercial-properties
12. "Housing Inventory: Active Listing Count in the United States", FRED Economic Resource, atualizado em 8 de agosto, 2023. Disponível em: https:/fred.stlouisfed.org/series/ACTLISCOUUS

13. "United States Total Housing Inventory", Trading Economics, julho, 2023. Disponível em: https://tradingeconomics.com/united-states/total-housing-inventory
14. Hannah Jones, "Data, Economic Coverage, Housing Supply", Realtor.com, 21 de novembro, 2022. Disponível em: https://www.realtor.com/research/us-housing-supply-gap-nov-2022/
15. *Imigrante indiano e ex-profissional de tecnologia da informação*: Will Parker et al., "A Housing Bust Comes for Thousands of Small-Time Investors", The *Wall Street Journal*, 23 de maio, 2023. Disponível em: https:/www.wsj.com/articles/a-housing-bust-comes-for-thousands-of-small-time-investors-3934beb3
16. Konrad Putzier e Will Parker, "A Real-Estate Haven Turns Perilous With Roughly $1 Trillion Coming Due", The Wall Street Journal, 7 de agosto, 2023. Disponível em: https:/www.wsj.com/articles/a-real-estate-haven-turns-perilous-with-roughly-1-trillion-coming-due-74d20528?mod=hp_lead_pos2

SOBRE OS AUTORES

TONY ROBBINS é empresário, autor mais vendido segundo a lista do *NY Times*, filantropo e o maior estrategista de vida e de negócios do país. Ele capacitou mais de cinquenta milhões de pessoas de cem países em todo o mundo por meio de programas de áudio, vídeos educativos e seminários ao vivo. Por mais de quatro décadas e meia, milhões de pessoas desfrutaram da simpatia, o humor e o poder transformacional dos eventos empresariais e de desenvolvimento pessoal de Tony.

O Sr. Robbins é autor de seis campeões de vendas internacionais, incluído o livro mais vendido de 2014 na área de finanças, segundo o *New York Times*, ***DINHEIRO: Domine esse jogo*** (2017) e ***INABALÁVEL: Um guia prático para a liberdade financeira*** (2018). Seu livro mais recente, ***A ENERGIA DA VIDA: Como as novas descobertas da ciência podem transformar nosso modo de pensar a saúde***, foi lançado em novembro de 2023.

O Sr. Robbins está envolvido em mais de cem empresas privadas, com vendas combinadas superiores a US$ 6 bilhões por ano. Ele foi homenageado pela Accenture como um dos "Cinquenta Maiores Intelectuais Empresariais do Mundo" pela Harvard Business Press como um dos "200 Maiores Gurus Empresariais", e pela American Express como um dos "Seis Principais Líderes Empresariais do Mundo". A matéria de capa da revista *Fortune* o chamou de "CEO encantador", e ele ocupou uma das cinquenta primeiras posições na lista das cem pessoas mais poderosas nas finanças globais, publicada pela revista *Worth*, por três anos consecutivos.

O Sr. Robbins é chamado de líder pelos líderes. Ele trabalhou com quatro presidentes dos Estados Unidos, grandes nomes do entretenimento — do Aerosmith a Green Day, Usher e Pitbull, e atletas e equipes esportivas, incluída a grande tenista Serena Williams, o campeão do UFC Conor McGregor e os Golden State Warriors, da NBA. Líderes empresariais e magnatas financeiros, desde Marc Benioff, fundador da Salesforce.com, até Ray Dalio, da Bridgewater Associates, o contrataram para treinamento pessoal.

O Sr. Robbins é um importante filantropo. Por meio da parceria com a Feeding America, o Sr. Robbins forneceu mais de um bilhão de refeições por meio do desafio "1 Bilhão de Refeições", que foi concluído antes do previsto. No momento, ele está trabalhando em um "Desafio de 100 Bilhões de Refeições" global. Por intermédio da Tony Robbins Foundation, ele também concedeu mais de duas mil subvenções e outros tipos de recursos para organizações de saúde e serviços humanos, implementou um currículo transformador em mais de 1.700 instalações correcionais e reuniu milhares de jovens líderes de todo o mundo em seus programas para a juventude.

CHRISTOPHER ZOOK é fundador, presidente e diretor de investimentos da CAZ Investments (www.CAZInvestments.com). Ele acumula mais de trinta anos de experiência em investimentos em classes de ativos tradicionais e alternativos. Recentemente, Zook foi agraciado com o prêmio Conjunto da Obra, da Texas Alternative Investments Association (Taia), em reconhecimento às contribuições e apoio sustentado à indústria no Texas. Ele é colaborador regular dos principais veículos de comunicação, incluídos CNBC, Fox Business e *Bloomberg*.

Em 2001, Zook fundou a CAZ Investments com um objetivo: selecionar oportunidades de investimento únicas e exclusivas para uma rede de investidores — investimentos aos quais, de outra forma, a maioria dos indivíduos não teria acesso, uma vez que, geralmente, eles são acessíveis apenas aos grandes investidores institucionais. Avançando 23 anos, a CAZ Investments reuniu, em todo o mundo, mais de três mil famílias com patrimônio líquido elevado (e vários consultores de investimentos) que optaram por unir esforços e investir como uma frente unificada. Coletivamente, a CAZ Investments equivale a um grande investidor institucional, com acesso e poder de compra diferenciados.

A missão da CAZ Investments é liderar com alinhamento. Zook e os acionistas investem primeiro o capital pessoal, para que os clientes possam se assegurar de que os incentivos corretos estejam em ação.

Antes de lançar a CAZ Investments, em 2001, Zook ocupou cargos de liderança sênior na Oppenheimer, na Prudential Securities, na Lehman Brothers e na Paine Webber. Zook está ativamente envolvido em políticas públicas, e frequentemente serve como fonte para autoridades estaduais e locais. Em 2019, Zook recebeu um convite do governador do Texas para integrar a Comissão de Revisão da Previdência do Estado do Texas, onde atua como presidente do Comitê de Investimentos. Recentemente, também serviu como membro do comitê executivo do Greater Houston Partner por dois mandatos e foi presidente de inúmeras organizações beneficentes. Ele se formou na Universidade de Tecnologia do Texas, que o agraciou recentemente com o título de Ex-Aluno de Destaque.

Zook sempre viveu em Houston, e a maior alegria dele é ser casado com a namorada do ensino médio e passar um tempo com o filho, a nora e o neto.

Este livro foi composto na tipografia Minion Pro,
em corpo 11/15, e impresso em
papel off-white no Sistema Cameron da
Divisão Gráfica da Distribuidora Record.